AF372166

Filosofía: Conceptos
Fundamentales

EDICIONES UNIVERSIDAD CATÓLICA DE CHILE
Vicerrectoría de Comunicaciones
Alameda 390, Santiago, Chile

editorialedicionesuc@uc.cl
www.ediciones.uc.cl

FILOSOFÍA: CONCEPTOS FUNDAMENTALES
Una nueva introducción al pensamiento crítico

Segunda Edición

Cristóbal Orrego Sánchez

© Inscripción N° 2020-A-2981
  Derechos reservados
  Abril 2020
  ISBN 978-956-14-2628-3

Diseño:
versión productora gráfica SpA

Impresor:
Salesianos Impresores S.A.

CIP - Pontificia Universidad Católica de Chile

Orrego Sánchez, Cristóbal, autor.
Filosofía : conceptos fundamentales : una nueva introducción al pensamiento crítico /
Cristóbal Orrego Sánchez. Segunda edición.
Incluye bibliografía.

1. Filosofía.
2. Pensamiento crítico.
I. t.

2020   100 + DDC23   RDA

FACULTAD DE DERECHO

Filosofía: Conceptos Fundamentales

Una nueva introducción
al pensamiento crítico

Segunda Edición

Cristóbal Orrego Sánchez

EDICIONES UC

*Patri meo desideratissimo
magistro scientiarum vitaeque mirabili.*

In memoriam.

ÍNDICE

Abreviaturas 13

Prefacio a la segunda edición 15

Introducción de la primera edición 17

1. Filosofía consciente *vs.* manipulación inconsciente 23

2. Jurista *vs.* leguleyo 37

3. Filósofo *vs.* sofista 45

4. *Aut, aut vs. et, et* 57

5. Sobre sabios y expertos: sabiduría *vs.* técnica 63

6. Amar la verdad: confiar en que es posible 71

7. Hedonismo y filosofía: ¿pasarlo bien o hacer el bien? 83

8. Tú y nosotros: bien común *vs.* individualismo 89

9. La cárcel de la mente: realismo *vs.* idealismo 101

10. Honestidad intelectual: ¡nada de neutralidad! 111

11. Una mente ordenada: defensa de la lógica 117

12. La lógica formal 123

13. La analogía: rigor y flexibilidad mental 131

14. El comienzo del rigor: aprender a definir 139

15. El momento de la verdad: juzgar, afirmar o negar 145

16. Razonar con rigor: deducción e inducción 155

17. Persuadir: la palabra al servicio de la verdad 163

18. Falacias o sofismas 173

19. Lo natural y lo racional: *physis, logos, polis* 183

20. La noción metafísica de naturaleza 189

21. Sobre las diferentes naturalezas 195

22. El movimiento: acto y potencia 201

23. Hilemorfismo: la estructura íntima de la naturaleza 211

24. Las categorías: sustancia y accidentes 221

25. Los trascendentales del ser: unidad, verdad, bondad, belleza 233

26. Las cuatro causas: material y formal, eficiente y final 239

27. Sobre el ser y la esencia: un *«qué es»* que *«es»* 247

28. Madre tonta y maestra muda: sobre el logos en la naturaleza 255

29. La imagen del hombre y su felicidad 261

30. La unidad de la persona humana: cuerpo y alma 269

31. Los grados de vida y las funciones vitales 283

32. Las potencias del alma humana: el conocimiento 295

33. Las potencias del alma humana: los apetitos o tendencias 309

34. La voluntad y el libre albedrío 315

35. El alma humana: espíritu inmortal 327

36. Sobre hombres y simios 339

37. Dios, dioses y hombres 351

38. La demostración metafísica de la existencia de Dios 361

39. La esencia de Dios 373

40. Dios y la ética 387

Epílogo: breves consideraciones para un estudiante de derecho 393

Bibliografía 397

ABREVIATURAS

- CG: SANTO TOMÁS DE AQUINO. *Suma contra los gentiles.*
- *Confes.:* SAN AGUSTÍN. *Confesiones.*
- *contra Gaunilo:* SAN ANSELMO DE CANTERBURY. *Apología contra Gaunilo.*
- DA: ARISTÓTELES. *Acerca del alma.*
- *De civ. Dei:* SAN AGUSTÍN. *La Ciudad de Dios.*
- *De Doctrina Christiana:* SAN AGUSTÍN. *De la doctrina cristiana.*
- *De duabus naturis et una persona Christi:* BOECIO. *Sobre la persona y las dos naturalezas. Contra Eutiques y Nestorio.*
- *De gen. an.:* ARISTÓTELES. *Reproducción de los animales.*
- *De gen.:* ARISTÓTELES. *Acerca de la generación y la corrupción.*
- *De interpr.:* ARISTÓTELES. *Sobre la interpretación.*
- *De natura deorum:* CICERÓN. *Sobre la naturaleza de los dioses.*
- *Disp.:* SUÁREZ, Francisco. *Disputaciones metafísicas.*
- DK: DIELS, Hermann y KRANZ, Walther. *Die Fragmente der Vorsokratiker.*
- *Dz:* DENZINGER, Enrique. *El Magisterio de la Iglesia.*
- ECH: LOCKE, John. *Ensayo sobre el conocimiento humano.*
- EE: ARISTÓTELES. *Ética eudemia.*
- EN: ARISTÓTELES. *Ética a Nicómaco.*
- *Fedón:* PLATÓN. *Fedón.*
- *Fedro:* PLATÓN. *Fedro.*
- *Fis.:* ARISTÓTELES. *Física.*
- GA 9: HEIDEGGER, Martin. *Carta sobre el humanismo.*
- GM: NIETZSCHE, Friedrich. *La genealogía de la moral.*
- *Gorgias:* PLATÓN. *Gorgias.*

- *Ideas:* HUSSERL, Edmund. *Ideas relativas a una fenomenología pura y una filosofía fenomenológica.*
- *IEH:* HUME, David. *Investigación sobre el entendimiento humano.*
- *In Anal. Post.:* SANTO TOMÁS DE AQUINO. *Comentario de los Analíticos posteriores de Aristóteles.*
- *In Met.:* SANTO TOMÁS DE AQUINO. *In XII Libros Metaphysicorum.*
- *In Phys.:* SANTO TOMÁS DE AQUINO. *Comentario a la Física de Aristóteles.*
- *KpV:* KANT, Immanuel. *Crítica de la razón práctica.*
- *KrV:* KANT, Immanuel. *Crítica de la razón pura.*
- *Leyes:* PLATÓN. *Leyes.*
- *Liber pro insipiente:* GAUNILO DE MARMOUTIER. *En favor del insensato.*
- *Meditationes:* DESCARTES, René. *Meditaciones acerca de la filosofía primera. Seguidas de las objeciones y respuestas.*
- *Menón:* PLATÓN. *Menón.*
- *Met.:* ARISTÓTELES. *Metafísica.*
- *Pensées:* PASCAL, Blaise. *Pensamientos.*
- *Pol.:* ARISTÓTELES. *Política.*
- *Proslogion:* SAN ANSELMO DE CANTERBURY. *Proslogion.*
- *Regulae:* DESCARTES, René. *Reglas para la dirección del espíritu.*
- *Rep.:* PLATÓN. *República.*
- *Ret.:* ARISTÓTELES, *Retórica.*
- *S. Th.:* SANTO TOMÁS DE AQUINO. *Suma de teología.*

PREFACIO A LA SEGUNDA EDICIÓN

La originalidad de este libro estriba en toda la investigación necesaria para recoger, adobada a mi manera, una pequeña parte de la sabiduría acumulada durante siglos de filosofía clásica, más extensamente recogida en los tratados y manuales, tan sólidos y tan queridos, a los que me remito en las citas y las notas.

Mis amigos, mis estudiantes, mis lectores han sido amablemente receptivos con la primera edición y en tal manera que han provocado algo inédito en mi biografía: que tenga que dar a la imprenta una segunda. Ahora hemos ampliado las fuentes y redondeado algunas ideas. Aparte de añadir aproximadamente ochenta obras a la bibliografía y casi doscientas citas y notas, he redactado otra vez los párrafos que fueron poco comprendidos por mis estudiantes y he ofrecido algunas explicaciones adicionales.

Vuelvo a agradecer el apoyo de la Facultad de Derecho de la Pontificia Universidad Católica de Chile, ahora en las personas de Gabriel Bocksang, decano, y de Felipe Widow, director del Departamento de Fundamentos del Derecho, quienes me han permitido dedicar tiempo a la investigación necesaria para actualizar este libro y para impulsar simultáneamente otros proyectos. Agradezco también al Fondo Nacional de Ciencia y Tecnología de Conicyt Chile, por financiar el proyecto Fondecyt 1181573, que toca algunos de los temas actualizados en la presente edición. Sobre todo querría, en esta ocasión, manifestar mi profunda estima y agradecimiento a los estudiantes de Derecho UC, de las generaciones 2016 al 2019, quienes con sus preguntas exigentes y sinceras, pero con respeto, confirmaron la oportunidad de esta obra y la urgente necesidad de que la filosofía sustituya a la sofística, a la propaganda ideológica que tantas veces confunde a nuestros jóvenes. Toca a la benevolencia de los futuros lectores ponderar en qué medida seguimos por esa senda, porque en cada una de estas páginas se asomarán a nuestras clases y compartirán el amor a la verdad de quienes estuvimos en ellas, uno como profesor, otros como alumnos, y todos aprendiendo los unos de los otros en una creciente amistad académica y personal.

Finalmente, Francisco Javier Valdés Costa ha sido, en esta ocasión, el ayudante de investigación a quien debo sumo reconocimiento por quemarse las pestañas buscando libros y páginas y referencias remotamente recordadas. Lo más difícil fue encontrar una cita de Juan de Salisbury, aquella donde recoge la sentencia de su maestro Bernardo de Chartres, quien decía que somos como enanos a hombros de gigantes y solo por eso podemos ver más lejos. Si de alguien es eso verdad, que es un enano asombrado ante las alturas del pensamiento clásico, es de quien se ha atrevido a sintetizar tanta filosofía en tan poco espacio. El asunto es que, trabajando los dos mano a mano, tardamos un día completo en encontrar la dichosa cita de Juan de Salisbury, en su latín original, y antes en castellano y en inglés. Luego vimos que gastar tantas horas en una sola referencia era algo desproporcionado; que no había que repetir la gracia so pena de no terminar nunca. Así que acuñamos dos expresiones nuevas en la historia del pensamiento. «Hacer una Salisbury», que es lo que nunca se debe hacer: obsesionarse con encontrar una cita (o cualquier cosa) de la que cabe prescindir, y «Aplicar la Navaja de Salisbury», que es la operación inversa y de sentido común: desistir de hacer algo para lo que no tenemos ya los recursos o el tiempo razonable.

Y eso es lo único original en este libro. Lo demás es plagio. Y las alabanzas son calumnias.

CRISTÓBAL ORREGO
Santiago de Chile, 23 de febrero de 2020

INTRODUCCIÓN DE LA PRIMERA EDICIÓN

«Todos los hombres desean por naturaleza saber».[1] Así comienza uno de los libros fundacionales de la filosofía. Esta convicción preside las conversaciones, tantas veces peripatéticas, y también las clases formales, los seminarios académicos, el apasionado trabajo científico de quienes nos dedicamos a la Universidad. Los cuarenta temas filosóficos que ahora se presentan constituyen una introducción a la filosofía especulativa que sirve de base al auténtico pensamiento crítico.

No se trata de exposiciones acabadas de cada tema, sino de la explicación de algunos conceptos filosóficos fundamentales tal como han cristalizado tras siglos y siglos de enseñanza en la tradición filosófica, especialmente en la que arranca de la síntesis de santo Tomás de Aquino. En rigor, no cabe atribuir estas ideas, así consolidadas, a ningún autor en particular, pues su continua transmisión permite hallarlas, con variaciones múltiples, en diversos tratados y manuales de filosofía, a algunos de los cuales remitimos en la bibliografía. La tradición escolástica ha construido definiciones pedagógicas y útiles a partir de textos de Platón, Aristóteles, san Agustín, santo Tomás de Aquino, etcétera, sin que la formulación cristalizada se halle necesariamente en alguno de ellos. Así, pues, procuro ofrecer, más que un tratamiento erudito y detallado –cosa imposible e innecesaria para una introducción–, una selección de aquellos puntos de la sabiduría clásica que conviene aprender como base de una ulterior discusión racional más profunda. Las asignaturas

---

[1]   *Met.*, I, 1, 980a1.

filosóficas en todas las carreras universitarias se justifican precisamente como un primer contacto de estudiantes jóvenes con las nociones fundamentales de la filosofía. En estos cursos propedéuticos siempre es útil una exposición sucinta de cada asunto para dar paso enseguida a un tiempo de conversación, más desordenada en apariencia, pero igualmente imprescindible. Se trata de cuestiones sobre todo especulativas, puesto que los asuntos éticos, políticos, jurídicos, los de la filosofía práctica en general, se tratan después con rigor sobre la base de unos fundamentos de lógica, metafísica, epistemología, teología natural y antropología, someramente investigados. Un libro como este, que no evade la dureza y la profundidad de la metafísica y de la antropología, como preparación o complemento de una buena formación ética a un nivel universitario, nos parece necesario en cualquier carrera de una universidad abierta a la plenitud de los saberes.

Los profesores universitarios no se atreven, normalmente, a publicar exposiciones elementales. No quieren arriesgar su prestigio científico. Por contrapartida, nos asiste a algunos la convicción de que nuestros estudiantes no leerán jamás las publicaciones especializadas, sobre las que se asienta el reconocimiento académico que cada uno pueda haber merecido de la benevolencia de sus colegas. Mi propia experiencia es bastante triste, por decirlo así: nunca he enseñado en clases el tema de mi tesis doctoral;[2] nunca he discutido, más allá de cursos especializados, los artículos académicos sobre Kelsen, Hart, Finnis o Rawls, entre otros.[3] No lo haré jamás, de acuerdo con este antiguo dicho: *el profesor joven enseña lo que no sabe; el profesor maduro enseña todo lo que sabe; el profesor viejo enseña lo que necesitan los estudiantes.* Yo lo aprendí de mi padre, el más grande universitario que he podido conocer en mi vida, a quien dedico esta obra en señal de reconocimiento y homenaje. Gracias a esa transmisión de la sabiduría acumulada, puedo decir que he quemado etapas, porque, como suele decirse, la juventud se cura con los años. No le temo a enseñar pocas cosas, muy sabidas por los filósofos, poco originales, pero que son las que tantos olvidan y las que un estudiante necesita escuchar alguna

---

2 Cf. H.L.A. Hart. *Abogado del positivismo jurídico*, Eunsa, Pamplona, 1997.

3 Por nombrar algunos, cf. *Poder estatal y libertad religiosa. Fundamentos de su relación* [con Javier Saldaña], UNAM, México DF, 2010 [Instituto Res Publica, Santiago, 2016]; "Gains and Losses in Jurisprudence since H.L.A. Hart" en *The American Journal of Jurisprudence* 59, 2 (2014), 111-132; "Principio de proporcionalidad y principio de Doble Efecto. Una propuesta desde la Filosofía del Derecho", en *Dikaion*, 24-1 (2015), 117-143.

vez, para discutirlas y analizarlas, para aprenderlas y asimilarlas, o bien, aun si las rechaza, para rehusar estos conceptos elementales con la libertad de quien sabe y ha leído algo y no con la excusa de quien ignora y no ha leído nada.

La experiencia de enseñar verdades antiguas –y *pocas*: a veces, como se dice, menos es más–, a gentes abiertas al raciocinio y todavía no derrotadas ni por el escepticismo ni por la corrupción, ha sido gozosa *sin interrupciones y sin excepciones*. He visto a centenares de hombres y de mujeres jóvenes adquirir rigor para argumentar, convicción de que la verdad es posible, estructuras mentales sólidas –la mejor preparación para cualquier aprendizaje futuro–, y, muy frecuentemente, también un mejoramiento de las virtudes personales, un refuerzo del carácter al que de suyo tiende toda buena filosofía. Hablo a propósito de un *mejoramiento* de las virtudes, porque mis estudiantes han sido habitualmente, en todas las universidades adonde la Providencia de Dios ha querido llevarme, notablemente respetuosos, dados al estudio, alegres, idealistas, con la alta aspiración de encontrar un amor noble, deseosos de la verdad aun cuando, a veces, atenazados por la duda en esto o en aquello, solidarios con los pobres y con los ignorantes y, en su mayoría, sin odio ni resentimiento hacia los más ricos y poderosos –no obstante la prédica contraria de ciertas minorías–, inquietos por la vida eterna aun cuando tantas veces como huérfanos, lejos de la Iglesia.

Por eso no temo ahora presentar esta introducción embrionaria al pensamiento crítico, que puede servir para iniciar un diálogo fecundo. Me he convencido de que a muchos otros lectores podrán ayudarles estos conceptos tradicionales, quizás también a alguno de esos abogados o comerciantes que dicen que no están para filosofías. Naturalmente, animo vivamente, a quienes piensen que esto es poco, a bucear en la bibliografía.

Primero presentaré diez cuestiones que exigen una opción fundamental: filosofar conscientemente o someterse a lo que han pensado otros (cap. 1); en el caso de los abogados –aunque a los dieciocho años ningún estudiante lo es más que en sueños o *en potencia* (cf. cap. 22)–, ser un jurista de verdad o un *leguleyo* o tinterillo (cap. 2); ir en pos de la verdad, como el filósofo, o usar las técnicas intelectuales solamente para dominar (cap. 3); contraponer y separar, absolutizándolos, los diversos aspectos de la realidad, o mejor distinguir para unir (cap. 4); quedarse en la tecnocracia o subir hasta la sabiduría, sin despreciar las técnicas en su propio ámbito (cap. 5); buscar la verdad o dejarse atrapar por el sueño malo del escepticismo (cap. 6); someter los placeres a la razón o al revés (cap. 7); encerrarse en sí mismo o abrirse a los demás (cap.

8); la gran alternativa entre el idealismo filosófico y el realismo clásico (cap. 9); fingir una neutralidad pseudocientífica o tomar partido con honestidad intelectual por todo lo que se reconoce como bueno, bello, verdadero (cap. 10).

En seguida nos introduciremos en los rudimentos del pensar y del uso de la palabra al servicio de la verdad: una defensa de la lógica como instrumento del pensamiento riguroso (cap. 11), el esquema de la lógica formal (cap. 12), la importancia de la analogía para ser flexibles sin equívocos (cap. 13), el análisis de los tres actos fundamentales del pensamiento (definir, juzgar y razonar: caps. 14 al 16), los principios de la retórica (cap. 17) y una vacuna contra las falacias o sofismas (cap. 18). A esas alturas, el lector habrá visto que el mundo existe y que su mente no es un cúmulo de arbitrariedades: funciona, aunque, a veces, funciona mal. Y que a veces fallemos demuestra que también acertamos, porque, sin el trasfondo del acierto y de la verdad, ¿cómo podemos afirmar que nos hemos equivocado, para rectificar?

Los siguientes capítulos abordan los conceptos fundamentales de las ramas de la filosofía especulativa. En la filosofía de la naturaleza y la metafísica, precisamos la noción filosófica de naturaleza (caps. 19 a 21) y cómo el cambio visible supone algunas distinciones metafísicas como las de acto y potencia (cap. 22), materia y forma (cap. 23), sustancia y accidentes (cap. 24), y nos lleva a descubrir las profundidades del ser con sus varios aspectos trascendentales (cap. 25), las cuatro causas (cap. 26), la gran distinción real entre el ser y la esencia (cap. 27) y la convicción fundamental que subyace a toda investigación científica: la inteligibilidad de la naturaleza penetrada por el *logos* (cap. 28). La antropología filosófica o filosofía del hombre comienza por presentar una imagen unitaria del hombre y apunta ya cómo la felicidad –tema propio de la ética– depende de una adecuada antropología (cap. 29). Luego se estudia la unidad de alma y cuerpo en la persona humana (cap. 30), los tres grados de vida –separados en la naturaleza biológica, compendiados en el ser humano– y las potencias correspondientes (cap. 31), el conocimiento y las inclinaciones que se siguen de lo conocido (caps. 32 y 33), la libertad (cap. 34), la inmortalidad demostrada racionalmente (cap. 35) y la superioridad esencial del hombre –por su espiritualidad– sobre todo el resto de la creación material, incluidos los simios superiores (cap. 36). Finalmente, a partir del ser natural y de la dignidad del hombre nos remontamos, con los instrumentos metafísicos ya disponibles, a analizar las cuestiones más difíciles de la teología natural (*i.e.*, la metafísica en cuanto referida a la divinidad): el carácter antropológicamente natural y necesario de la religión y del impulso del hombre hacia la divinidad (cap. 37), una somera presentación –ciertamente insuficiente, pero ilustrativa– de las tradicionales pruebas de la existencia de Dios (cap. 38), un elenco igualmente limitado de las perfecciones divinas que describen su esencia en cuanto pobremente cognoscible por la mente humana (cap. 39) y una reflexión sobre la importancia ética de resolver bien estas cuestiones metafísicas sobre Dios (cap. 40).

Son temas difíciles, que se presentan aquí, para colmo de males, de una manera elemental. Sin embargo, *todos los hombres desean por naturaleza saber*, y hemos de confiar en que los estudiantes jóvenes –también los viejos y algún otro lector– pueden echar sobre sus hombros los conceptos y el bagaje que los sabios antiguos elaboraron para comprender el universo, al hombre y a Dios. Con esos presupuestos metafísicos duros, con la penetrante luz de la filosofía acumulada en conceptos y raciocinios de validez permanente, nos veremos mejor capacitados para comprender más tarde los problemas y las respuestas de la ética filosófica, y para llevar adelante las discusiones políticas y jurídicas mediante un discurso que supere el sentimentalismo, la ideología, el eslogan irracional.

Este libro procede de mi docencia universitaria. Agradezco a los estudiantes sus aportes, sus preguntas, su paciencia, su crítica constructiva. También recuerdo especialmente la asistencia de los ayudantes de cátedra. Sobre todo agradezco la ayuda posterior de uno de mis colaboradores, Juan Leonardo Lagos, quien ha trabajado codo a codo conmigo en la preparación del manuscrito final: corroborando o buscando citas, corrigiendo erratas, sugiriendo complementos. Les estoy especialmente reconocido a quienes me impulsaron a volver a la Pontificia Universidad Católica de Chile, contratándome como profesor ordinario en la Facultad de Derecho: el decano Roberto Guerrero, el vicedecano Carlos Frontaura, el secretario académico Gabriel Bocksang y el director del Departamento, Gonzalo Rojas. Agradezco especialmente la acogida que ha encontrado esta obra en la prestigiosa editorial de nuestra Pontificia Universidad Católica de Chile, así como a un revisor anónimo que sugirió cómo mejorar algunos capítulos para la versión final.

Por último, debo señalar que algunos frutos de sendas investigaciones recientes dan sustento, aquí y allá, indirectamente, a la docencia universitaria. Tal es el ideal en las universidades clásicas. En este sentido debo agradecer el apoyo recibido del Fondo Nacional de Ciencia y Tecnología de Conicyt Chile, a través de diversos proyectos de investigación Fondecyt. Entre estos se halla el actual Proyecto Fondecyt 1130409, que ha permitido organizar seminarios y equipos de trabajo con ayudantes unidos en la reflexión y el estudio en torno a algunos de los temas que sirven de fundamento filosófico para todo pensamiento genuinamente crítico y reflexivo.

CRISTÓBAL ORREGO

1. FILOSOFÍA CONSCIENTE *VS.* MANIPULACIÓN INCONSCIENTE

La vida no tiene precio, pero tiene su costo. Nos enfrentamos ante severas opciones intelectuales y vitales. En la filosofía también hay alternativas abiertas. Si no se toma la senda adecuada, dejan de tener sentido las propuestas más difíciles y comprometedoras del resto de la síntesis de la sabiduría clásica, que presentamos en esta pequeña obra para inconformistas. Existe la alternativa entre hacer una filosofía consciente y asumir una filosofía inconsciente; la opción entre ser un jurista que va al fondo de los asuntos o uno que se limita a repetir las leyes;[4] se ha de escoger entre el realismo metafísico, que procura adaptar la mente a una realidad que está ahí, esperando nuestro conocimiento, y la postura básica del idealismo gnoseológico, que piensa que la verdad consiste en la adaptación de nuestra mente a unos objetos que ella misma produce;[5] y así sucesivamente, en relación con otras opciones que se nos presentan tanto en la vida como en la filosofía. Consciente o inconscientemente, el lector ya ha tomado muchas de estas opciones y, en ese sentido, estos capítulos iniciales son una invitación a confirmar o a revisar qué tan sabias fueron esas decisiones, adoptadas quizás de manera menos consciente, menos informada y por eso menos libre de lo que sería deseable. Las primeras opciones metafísicas se hacen cuando se comienza a usar la razón, normalmente cerca de los siete años, aunque algunas personas particularmente dotadas se *abren al ser*, a la realidad, incluso antes. Santa Teresa del Niño Jesús recuerda sus primeros

---

4   Cf. *infra* cap. 2.
5   Cf. *infra* cap. 9.

actos de uso de razón, que fueron como a los tres años de edad, más o menos.[6] También murió muy jovencita, así que, si nosotros nos atrasamos un poco en despertar al uso de la razón, no nos preocupemos: quizás vamos a vivir un tiempo más largo para compensar nuestra lentitud y la tibieza o el error inicial de nuestra opciones, y para dar el fruto bueno con paciencia, en el plazo más largo –no lo sabemos– que Dios quiera concedernos.

Recordemos la historia de ese hombre –es una anécdota muy conocida–[7] que va por los alrededores de una cantera y encuentra a un trabajador y le pregunta: «Usted, ¿qué está haciendo?». Y él contesta: «Pero, ¿cómo, que no lo ve? Estoy picando piedra, ¡esto es lo que se hace en una cantera!». Va después y le pregunta a otro: «Y usted, ¿qué está haciendo?». Y este responde: «Estoy labrando un sillar, es decir, trabajo en los fundamentos de un edificio». Aunque materialmente estaba haciendo lo mismo, su visión era más profunda. En tercer lugar, el visitante se encuentra con otro picapedrero, y le pregunta: «¿Qué está haciendo usted?». El último afirma, con un tono pleno de alegría y de sentido: «¡Yo estoy construyendo una catedral!». Estaba haciendo lo mismo. Entonces, ¿qué es lo que cambia? Es otra la visión, la profundidad, la conciencia de sí mismo en el marco de un orden que le trasciende. Es otro el sentido y la amplitud del horizonte vital.

En cambio, tiene un sabor contrario esa historia, que contaba Ronald Dworkin, del que encuentra a una pareja en el Metro. La muchacha llora desconsoladamente. Su novio la toca en el hombro, la abraza tiernamente y trata de consolarla. «Vamos», le dice, «no te entristezcas: sé filosófica... ¡no pienses más en eso!». Esa es la visión pragmática de la filosofía: filosofar es no pensar más en las cosas, tomárselo todo como viene, mantener la serenidad a fuerza de evadirse de la dureza de la vida. En cambio, la filosofía de verdad –la opción que propongo para comenzar a abrir la mente– es justamente lo contrario: es pensar acerca de las cosas, enfrentar los problemas con la cabeza, de frente, incluso si alguna vez tenemos que llorar.

A la vista de tales incomprensiones, intentemos comprender qué es la filosofía. Así veremos que todos los hombres somos, por naturaleza, filósofos.

---

6   Cf. SANTA TERESA DEL NIÑO JESÚS. *Historia de un alma*, p. 25 y VAN DER MEERSCH, Maxence, *Santa Teresita. Vida de Teresa de Lisieux, doctora de la Iglesia* (Manuel Morera Rubio, traductor), Palabra, Madrid, 2003, p. 11.

7   Cf. MELENDO, Tomás. *Introducción a la filosofía*, Eunsa, Pamplona, 2004, p. 17.

Por eso propongo, finalmente, una opción radical a favor de la filosofía consciente y reflexiva.

Se atribuye a Pitágoras el que, cuando alguno de sus discípulos le llamaba sabio (*sofós*/σοφός), él replicaba que no lo era, sino que era solo filósofo (*fílos-sofós*/φίλος-σοφός).[8] Si la verdadera sabiduría es el conocimiento profundo de todas las cosas, yo no la poseo: ningún humano la alcanza jamás. Sí podemos ser, en cambio, amigos de la sabiduría. Las palabras griegas *filía* (φιλία) y *sofía* (σοφία) significan, respectivamente, amistad, amor de amistad (desinteresado) y sabiduría. El filósofo es el amante de la sabiduría, el amigo desinteresado, el que se goza en acercarse y en contemplarla, aunque nunca llegue a poseerla del todo. Hay muchos tipos de amor. Hay un amor de utilidad: yo quiero algo o a alguien por el beneficio que me reporta, y, cuando deja de proporcionármelo, lo desecho. Hay también un amor de placer: quiero algo o a alguien porque lo disfruto o me lo paso bien con esa persona, pero, cuando ya dejo de pasarlo bien, ¡a otra cosa! Hay, en fin, un amor de amistad, en sentido estricto, que es un amor desinteresado. Los seres humanos mezclamos todas estas cosas. Para nosotros es muy difícil tener un amor de amistad pura, en el que no se mezcle ningún interés. Y es que somos seres contingentes, limitados; por lo tanto, siempre estamos buscando algo que nos complete, que nos satisfaga, que colme nuestra indigencia. Sin embargo, también tenemos esa tendencia, esa tensión hacia la donación, hacia lo desinteresado, y eso es lo que expresa más la palabra amistad en su sentido fundamental. Sé que estas líneas pueden provocar una tristeza, una nostalgia del amor verdadero; pero hay esperanza, si optamos por la vida filosófica: abierta a la verdad, empeñada en el bien, fiel a la belleza, desinteresada y serena.

La sabiduría en el ser humano siempre es limitada, siempre puede crecer; por lo tanto, esta expresión de humildad de Pitágoras —ese saber que no es sabio, pero sí que es amigo de la sabiduría y que la busca— refleja lo que todos los filósofos posteriores aceptaron como natural: ¡qué incómodo es para una persona que la consideren sabia! Es un pecado contra la filosofía creerse sabio, ufanarse o engreírse por los propios supuestos logros intelectuales. Les sucede al revés a los grandes científicos, que, mientras más progresan en el conocimiento, más líneas nuevas de investigación se abren hacia lo desconocido; por lo tanto, mientras más saben realmente —conocen la verdad—, más conscientes

---

8   Cf. MILLÁN PUELLES, Antonio. *Fundamentos de filosofía*, Rialp, Madrid, 2009, p. 15.

son de la amplitud de los límites de todo cuanto se sabe y cuánto es lo que sabemos que no sabemos. Si se me permite la comparación, una persona que está encerrada en una habitación pequeña puede creer que eso es lo único que existe; pero, si sale a una casa donde hay varios pasillos, se da cuenta de que en realidad hay mucho que explorar. Un niño quizás conoce un día toda la casa y sale al jardín y se da cuenta de que, en realidad, hay mucho más todavía que explorar. Y así sucesivamente. La filosofía es ese amor a la sabiduría por sí misma, no por la utilidad que pueda proporcionarnos, no por el placer que pueda prestarnos, sino por sí misma. Esta convicción fundamental sobre el valor superior de la filosofía –porque es inútil– no se opone a reconocer la utilidad que, secundariamente –*per accidens*, como dice el lenguaje más preciso de los filósofos–, nos presta el conocer bien la filosofía. Tampoco se opone al placer, sino solamente a que el placer sea el motivo fundamental de la búsqueda filosófica. De hecho, los gozos del intelecto son los más altos que existen, y el cristianismo cifra el fin último de toda criatura racional en la visión de Dios cara a cara, que redunda en el máximo gozo intelectual.[9] De la verdad buscada por sí misma, y no por el gozo derivado de poseerla, y de Dios amado por Sí mismo, y no por la alegría de contemplarlo, se derivan paradójicamente los más altos gozos y las más profundas alegrías como un fruto maduro: *gaudium de veritate*.[10]

Aristóteles abre su *Metafísica* así: «Todos los hombres desean por naturaleza saber».[11] Después va mostrando cómo se manifiesta este deseo natural de saber, por ejemplo, en el agrado de los sentidos, en la adquisición de experiencia, y, por encima de la experiencia, en las distintas artes o técnicas, y, por sobre las artes, en las ciencias, y, en fin, entre todas las ciencias y por sobre ellas, en una que investiga los principios más profundos, que es la metafísica. En el punto de partida, que finalmente arriba a la metafísica, está un deseo de saber cualquier cosa y todas las cosas, que es natural –todos nosotros lo tenemos– y que se manifiesta en la curiosidad. Este deseo puede tener expresiones desordenadas, cuando alguien intenta saber lo que no le corresponde saber o no le conviene saber o lo distrae del cumplimiento de un deber. Esto es una curiosidad mala, es el vicio de la curiosidad; pero, en general, el deseo de saber es bueno y se

---

9   Cf. *infra* cap. 39.

10   Cf. *Confes.*, X, XXIII, 33 y JUAN PABLO II. *Ex Corde Ecclesiae*, §1.

11   *Met.* I, 1, 980a 20.

manifiesta ordenadamente en querer conocer cada vez más aquellas cosas que nos haría bien saber, que nos compete saber; por ejemplo, las cuestiones generales sobre la vida y sobre la profesión de cada uno. Immanuel Kant, en el siglo XVIII, también afirma que todo hombre es por naturaleza metafísico.[12] Kant niega la posibilidad de la metafísica en el sentido de conocimiento del ser en sí mismo y sus causas más profundas, del conocimiento de lo que él llama el *noúmeno* o *cosa en sí*;[13] pero no desconoce la experiencia fundamental de la humanidad, que es que queremos conocer las cosas como son y conocer cada vez más e ir más allá de las apariencias y de los fenómenos.

Desde luego, si tomamos esto de ser filósofo por naturaleza como referido al que cultiva una disciplina filosófica especializada, como su profesión académica, en forma erudita, que todo el día lee y medita obras de filosofía, las comenta y las enseña, entonces es falso afirmar que todos los hombres son naturalmente filósofos. Existe ese profesor de filosofía, el investigador profesional de la filosofía, el erudito de la filosofía; pero no todos los hombres lo son, no todos pueden serlo, y, paradójicamente, hay algunos que son eruditos de la filosofía y no son filósofos, y hay auténticos filósofos que no han sido eruditos en la filosofía académica, como Gilbert K. Chesterton.[14] Es duro decirlo, pero es verdad: hay eruditos de la filosofía, que conocen distintas variantes de los textos de Heráclito, de Hume o de Hegel, que dominan toda la discusión filológica que se ha dado acerca de cada párrafo, pero que, por una lamentable corrupción de la admiración filosófica que por primera vez los atrajo hacia ese camino, han dejado de preguntarse sobre la realidad de las cosas, sobre el sentido de la vida y del universo, sobre el bien y el mal. ¿De qué me aprovecha –a mí, a mi alma– conocer todos los textos del mundo y todos los detalles de cada texto y todos los debates eruditos, si pierdo mi conexión con la comprensión más profunda de la realidad, del misterio de la existencia, del enigma de la libertad, del deseo de infinito? Si me pasa eso... dejo de ser

---

12   Cf. MELENDO, *Introducción a la filosofía, op. cit.*, p. 17.

13   Cf. *KrV*, A254/ B310 y ss.

14   G. K. Chesterton (1874-1936). Escritor y periodista británico de inicios del siglo XX. Entre sus obras más notables destacan: *Ortodoxia*; *Lo que está mal en el mundo*; *San Francisco de Asís*; *El hombre que fue jueves* y la saga detectivesca del *Padre Brown*. Respecto de esta última, Jorge Luis Borges señaló: "Cada una de las piezas de la saga del Padre Brown presenta un misterio, propone explicaciones de tipo demoniaco y mágico y las reemplaza, al fin, con otras que son de este mundo. La maestría no agota la virtud de esas breves ficciones": BORGES, Jorge Luis. *Nueva antología personal*, Brugera, Madrid, 1980, p. 247.

amigo de la sabiduría; he cesado de ser filósofo, aunque sea un erudito de la filosofía académica, y domine la técnica de partir un texto en cuatro y un pelo en dos. Gracias a Dios, también son muchos los eruditos especializados en un sector de la filosofía académica, que son, además, verdaderos filósofos, amantes de la sabiduría, como, por ejemplo, John Finnis.[15]

La erudición no es la opción fundamental que propongo, porque, muy legítimamente, no todos se sienten inclinados a ser especialistas en filosofía académica. Aunque quizás alguno sienta que, de estas líneas mal engranadas, salta una chispa que enciende esa inclinación. Mas si no fuere así, ¿significa eso que cabe desoír las voces de estos dos grandes filósofos, de Aristóteles y de Kant, y de muchos otros, que dicen: «Todo hombre desea por naturaleza saber», y saber cada vez más, o: «Todo hombre es naturalmente metafísico»? No hagamos oídos sordos a esa voz, que es el impulso de la naturaleza y lo natural es seguirlo; lo antinatural es cortarlo, aplastarlo.

Hay una filosofía, por tanto, en un sentido real, vital, no de erudito o especialista, que puede seguir cualquier persona. De hecho, los niños lo hacen. Ellos preguntan «¿Qué es esto?», «¿Por qué?». Tantas veces, penosamente, el padre ha dejado de ser filósofo –aunque lo sea por naturaleza–, y le tapa la boca al niño. «Papá, ¿qué es un eclipse?». «Un eclipse», responde el padre, «es el oscurecimiento de la tierra durante el día». «¿Y por qué ocurre el eclipse?», pregunta el niño. «Bueno, porque la luna se interpone entre el sol y la tierra, y entonces tapa la luz que llega a la tierra». «Ah… ¿y por qué la luna se interpone entre…?» «¡Ya, déjeme tranquilo, no pregunte tanto!», termina por exclamar el cariñoso, pero impaciente progenitor. El niño tiene la tendencia filosófica espontánea, que es el preguntar el porqué del porqué del porqué, y todos hemos sido niños. Calicles, en el *Gorgias* –un diálogo de Platón que ha convertido a pragmatistas extremos en filósofos de verdad–, le dice a Sócrates, socarronamente:

> [E]stá muy bien ocuparse de la filosofía en la medida en que sirve para la educación, y no es desdoro filosofar mientras se es joven; pero, si

---

15   John Finnis (1940-). Filósofo del derecho australiano. Profesor emérito de la Universidad de Oxford y catedrático en la Universidad de Notre Dame. Autor de *Ley natural y derechos naturales* y de Tomás de Aquino. *Teoría moral, política y jurídica* (Fabio Morales, traductor), IES, Santiago, 2019.

cuando uno es ya hombre de edad aún filosofa, el hecho resulta ridículo, Sócrates, y yo experimento la misma impresión ante los que filosofan que ante los que pronuncian mal y juguetean. En efecto, cuando veo jugar y balbucear a un niño que por su edad debe aún hablar así, me causa alegría y me parece gracioso, propio de un ser libre y adecuado a su edad. Al contrario, cuando oigo a un niño pronunciar con claridad me parece algo desagradable, me irrita el oído y lo juzgo propio de un esclavo. En cambio, cuando se oye a un hombre pronunciar mal o se le ve jugueteando, resulta ridículo, degradado y digno de azotes. Esta misma impresión experimento también respecto a los que filosofan. Ciertamente, viendo la filosofía en un joven me complazco, me parece adecuado y considero que este hombre es un ser libre; por el contrario, el que no filosofa me parece servil e incapaz de estimarse jamás digno de algo bello y generoso. Pero, en cambio, cuando veo a un hombre de edad que aún filosofa y que no renuncia a ello, creo, Sócrates, que este hombre debe ser azotado. Pues, como acabo de decir, le sucede a éste, por bien dotado que esté, que pierde su condición de hombre al huir de los lugares frecuentados de la ciudad y *de las asambleas donde*, como dijo el poeta [Homero, *Ilíada* IX 441], *los hombres se hacen ilustres*, y al vivir el resto de su vida oculto en un rincón, susurrando con tres o cuatro jovenzuelos, sin decir jamás nada noble, grande y conveniente.[16]

Esa es la forma cínica de despreciar a la filosofía; no es un argumento, sino un ataque o una apelación a la superioridad del hombre maduro sobre el joven inexperto. Obviamente es una burla, y la burla es una de las armas más eficaces para destruir las mentes jóvenes. A Sócrates no le afecta, pero a la gente joven le lanzan una pulla y quizás ya no solo no se atreven a preguntar, sino ni siquiera a preguntarse las cuestiones fundamentales. Y eso es la destrucción total de la filosofía, en su sentido real, el que más importa, aunque no en su sentido erudito.

Esta es la opción que propongo: la opción por la filosofía real, la del que se pregunta por las explicaciones últimas de las cosas y trata de encontrarlas usando la razón natural. Llegamos así a otra definición clásica de la filosofía: (i) un conocimiento o ciencia (ii) acerca de la totalidad de la cosas, (iii) por sus

---

16   *Gorgias*, 485a-e.

causas primeras o principios últimos –los más profundos, los más explicativos–, (iv) adquirido mediante la luz natural de la razón (*i.e.*, sin una revelación divina aceptada por la fe).[17] He aquí los elementos fundamentales de lo que busca quien ha hecho su opción filosófica: lo busca cuando conversa con sus amigos; lo busca cuando pasea; lo busca cuando tiene un tiempo libre, porque trata de ir al fondo de las cosas. En primer lugar, se trata de un verdadero conocimiento, de una ciencia rigurosa que tiene un objeto: la verdad. En segundo lugar, el interés de la filosofía, por así decirlo, es omniabarcante: se extiende a la totalidad de las cosas. No hay nada que quien posee auténtica mentalidad filosófica no procure conocer en profundidad. No hay nada que quede fuera de la filosofía; pero, en tercer lugar, la filosofía no se interesa por los detalles superficiales, por las apariencias, ni por las causas más próximas al fenómeno o a la experiencia, sino que busca los principios últimos, los más explicativos, aquellos a los que se llega al preguntar por el tercer o el cuarto porqué. Otra forma de decirlo es que la filosofía pregunta por las causas primeras. Decir causas últimas y causas primeras es lo mismo, adoptando distintos puntos de vista: a partir del fenómeno que se debe explicar o a partir de las causas que lo explican. Las ciencias particulares también buscan la verdad y un porqué, y en los orígenes del pensamiento sistemático constituían una parte de la filosofía precisamente porque buscaban el porqué. Actualmente, esas ciencias especializadas están como independizadas –relativamente– y buscan una explicación parcial: válida, pero parcial. El filósofo, no: él inquiere hasta el último porqué. Si pensamos, por ejemplo, en la explicación fisiológica de por qué se produce la muerte de una persona y la contrastamos con la reflexión conmocionada de quien se pregunta por qué ha muerto un padre, una madre, un hijo, un hermano, un amigo, y si cabe o no esperar un encuentro ulterior y trascendente, comprenderemos de inmediato la diferencia de nivel entre la filosofía y la ciencia particular. Por eso todos nosotros podemos ser filósofos, en este sentido real, de fondo, no erudito; pero no todos nosotros podemos ser fisiólogos, físicos nucleares, químicos, psicólogos o médicos. Uno puede cultivar una ciencia particular, como la ciencia del derecho o la psicología, y entonces conocerá infinitos detalles que no es necesario que toda persona conozca; pero, como ser humano, uno busca las explicaciones más profundas de la totalidad, esas que a todos nos afectan, porque son, literalmente, de

---

17   Cf. ARTIGAS, Mariano. *Introducción a la Filosofía*. Eunsa, Pamplona, 1995, p. 20.

vida o muerte. Finalmente, en filosofía se trata de buscar esas respuestas a las preguntas fundamentales usando la luz natural de la razón. Esta acotación sobre la razón como fuente e instrumento del saber filosófico es clave, porque hay respuestas que derivan de la fe, por la cual acogemos la verdad contenida en la revelación divina. La divina revelación también da origen a un estudio científico, que se sirve de la filosofía, que es la teología, llamada, con más precisión, teología sobrenatural o teología de la fe, para distinguirla de la teología natural, una parte de la filosofía que estudia a Dios de manera puramente racional.[18] Muchas de las verdades de la fe no se pueden comprobar racionalmente (*v.gr.*, el misterio de la Santísima Trinidad o la Presencia de Cristo en la Eucaristía). La filosofía, en cambio, se refiere a aquello que se puede probar racionalmente y solamente admite como verdad filosófica –sin por eso negar a priori las verdades sobrenaturales– aquello que es evidente racionalmente de modo inmediato, sin necesidad de demostración (*v.gr.*, el principio de no contradicción), o que de hecho ha sido racionalmente demostrado (*v.gr.*, que Dios existe o que el hombre goza de libre elección entre alternativas limitadas).[19]

En todos despierta la pregunta filosófica en algún momento, y, a veces, en varios momentos de la vida hay una oportunidad, una nueva oportunidad. Hay algunas experiencias que desencadenan el acto filosófico.[20] A pesar de que normalmente uno esté dedicado a actividades poco profundas –a lo que se llama el mundo del trabajo, la vida cotidiana–, de repente ocurren cosas que nos sacan un poco de esa cotidianidad y nos llevan a preguntarnos por las causas más profundas, por el porqué, el qué hago con mi vida. Hace años me contaba un amigo que, en un momento de su juventud, poco después de los veinte años, de repente, como que le cayó un rayo y se dijo: «Pero, ¿qué estoy haciendo? ¡Estoy perdiendo mi vida!». Estaba metido en todo tipo de vicios. Una persona, de repente, tiene la buena oportunidad –quizás única, quizás irrepetible– de darse cuenta de que se está yendo hacia abajo por un

---

18   Cf. *infra* caps. 37 a 40.

19   Cf. MARITAIN, Jacques. *Introducción a la Filosofía* (Leandro de Sesna, traductor), Club de Lectores, Buenos Aires, 1948, pp. 81-108; y MILLÁN PUELLES, Antonio. *Fundamentos de Filosofía, op. cit.*, pp. 40-54.

20   Cf. PIEPER, Josef. *El ocio y la vida intelectual* (Alberto Pérez Masegosa, Manuel Salcedo, Lucio García y Ramón Cercós, traductores), Rialp, Madrid, 1962, p. 86. Véase también MILLÁN PUELLES, Antonio. *Fundamentos de Filosofía, op. cit.*, pp. 26-31.

abismo. Y este tuvo la buena suerte de tener una experiencia filosófica, de detenerse un momento a pensar: «¿Por dónde me voy en este instante?». Ese es un caso extraño, porque fue a propósito de nada, aparentemente. En cambio, hay casos que son corrientes, en el sentido de que les ocurren a todas las personas prácticamente, aunque no con mucha frecuencia. Es lo que Aristóteles llama el origen de la filosofía –su origen psicológico en cada persona, no su origen histórico– en la admiración, el asombro, ante algo que acontece. Aquí no tomamos la palabra «admiración» en el sentido restringido que normalmente tiene en español, como el ver algo que nos parece excelente y que provoca en nosotros la alabanza, como cuando uno admira una obra de arte. No, sino que tiene ese sentido más bien de experimentar una conmoción, de maravillarse, asombrarse, desconcertarse y, por eso, comenzar a hacerse preguntas de fondo: avanzar precisamente hacia esas cuestiones que el diario trajín aparta de nuestra mirada interior.

La primera de esas experiencias es la muerte.[21] ¡Nosotros no estamos hechos para morirnos! Esto lo sabemos por la fe; pero, por la simple experiencia humana –sin fe: basta con no ser un autómata–, nos damos cuenta del trauma que significa la muerte; y la muerte de un ser querido, la muerte de un hermano, o la muerte de uno de los padres o la muerte de un abuelo o una abuela que han sido muy cercanos, es algo que, cuando se produce –a la edad que sea– hace que la persona piense en lo que va más allá de la vida cotidiana. Si va al funeral, no se va a sentar casi a las afueras de la iglesia; no se va a poner atrás para poder salir a fumar mientras suceden unos ritos ante el cadáver de la señora o del niño. Quien hace eso –lo he visto algunas veces– va para cumplir un trámite social: no le afecta para nada esa muerte. Si a uno le afecta esa muerte, se sienta más adelante –los más cercanos, cerca del altar–; atiende a lo que dice el sacerdote, incluso cuando no comparte la fe del difunto. Entonces uno ha de pensar: ¿Es esto verdad? ¿O es un cuento de curas, un consuelo fácil, un invento psicológico, un recurso mítico terapéutico? La muerte gatilla preguntas importantes y las personas comienzan a buscar respuestas, a pensar por sí mismas, incluso –los que tienen fe– a ir más allá de lo que la fe les dice.

La segunda experiencia que despierta profundidades filosóficas es el amor, incluso cuando se lo experimenta en sus estadios iniciales y más sensibles,

---

21   Cf. PIEPER, *El ocio y la vida intelectual*, *op. cit.*, p. 86.

como enamoramiento.[22] José Ortega y Gasset definía el enamoramiento como «un fenómeno de la atención, un estado anómalo de ella que en el hombre normal se produce».[23] Definitivamente, cuando uno se enamora, la atención está alterada; ya no está uniformemente distribuida sobre todas las actividades ordinarias del día, sino que está perturbada, concentrada en un solo objeto de manera preferente y hasta exclusiva. El enamoramiento también despierta preguntas, la búsqueda de respuestas. Por ejemplo, ¿cómo compatibilizo esta sensación de eternidad que está en el enamoramiento, la íntima convicción de que esto es para siempre, con el conocimiento racional, fundado sólidamente en lo que he visto mil veces, de que el amor no es eterno? ¿O quizás sí lo es, solo que a mucha gente no le resulta el empeño por eternizar el amor? Hemos de pensarlo. Hay gente que se compromete con la persona amada, de por vida. Y, entonces, aparte de pensar el amor, ¿no significa, ese compromiso, que debemos pensar también la libertad? ¿Somos capaces de un compromiso así de radical: contigo hasta la eternidad, aunque te enfermes y enloquezcas, aunque te deprimas o te empobrezcas, aunque me seas infiel una y mil veces, aunque envejezcas y engordes? ¿O no? ¿O nos engañamos cuando nos comprometemos de esa forma? ¿Qué tan libres somos realmente? Todo esto hay que pensarlo a propósito, simplemente, de que los seres humanos nos enamoramos, y llegamos a creer y a sentir que hemos nacido para amar. ¿Será verdad? El auténtico filósofo no lo duda, pero tampoco deja de preguntarse, de ir al fondo del asunto, de explorar los límites del amor y de la ilusión.

Hace años pregunté a un curso en pleno si alguno no había tenido esta experiencia del amor. Y hubo un hombre que levantó la mano, a pesar de tener ya dieciocho años. «¡Lo lamento infinitamente», le dije, «tiene usted dieciocho años y… ¿nunca ha estado enamorado? ¿De nadie? ¿Ni siquiera una semana? ¡Pobre hombre!». Nunca más haré esa pregunta indiscreta y cruel. Si a alguien le pasa, todavía no le ha llegado el momento de la maduración ni quizás de un acto filosófico fundamental, que es impulsado por una experiencia profunda y conmovedora. Son las dos grandes experiencias centrales de la humanidad: el amor y la muerte. Los más sublimes poemas, y los más populares, son sobre el amor y sobre la muerte.

---

22   Cf. Pieper, *El ocio y la vida intelectual*, *op. cit.*, pp. 86, 294-299 y 309-317.

23   Ortega y Gasset, José. "Amor en Stendhal", en *Obras completas*, vol. 5, Revista de Occidente, Madrid, 1947, p. 573.

Mas hay otras experiencias que conmocionan: quizás la desesperación, el júbilo, el aburrimiento, como cree Heidegger;[24] ciertamente el gozo ante la belleza y el arte, y la simple admiración por el cómo ocurren las cosas. El afán científico llega a un momento en que topa con la filosofía. Durante toda la historia de la humanidad, las personas buscan estas respuestas. Algunos dedican más tiempo a reflexionar sobre estas cuestiones, pero todos las buscan y todos necesitan la filosofía, de alguna manera. Esas ideas, alumbradas por los filósofos, se difunden después a toda la humanidad. Por eso, estamos ante una opción. O asumir una filosofía conscientemente, críticamente, pensadamente, o vivir en la inconsciencia filosófica. No es que quienes no optan por la filosofía reflexiva y explícita no tengan ideas filosóficas en su cabeza, sino que van a tener esas ideas sin saber de dónde vienen, sin haber hecho el ejercicio crítico de confrontar unas ideas con otras. Van a ser parte de esa masa manipulable, que por desgracia existe, que oye un buen discurso y va para allá; oye un discurso contrario y va para el otro lado. No vamos a encontrar a ninguna persona en el planeta que no tenga una filosofía. Vamos a encontrar personas que reflexionan, que estudian, que se ponen en contacto con las fuentes más profundas, con esos gigantes sobre cuyos hombros nos podemos empinar nosotros, según la feliz comparación que Juan de Salisbury atribuye a su maestro Bernardo de Chartres. «Decía Bernardo de Chartres que nosotros somos como enanos montados a hombros de gigantes, para que podamos ver más cosas y más lejanas que ellos, no ciertamente porque tengamos una vista más aguda, ni un cuerpo más elevado, sino porque somos transportados y elevados a lo alto de una estatura gigantesca».[25] O bien, a la inversa, vamos a descubrir, por desgracia, a esas otras personas que un día piensan una cosa y al otro la contraria, que creen lo que dijo un comentarista en la radio en la mañana y en la noche ya adoptan la opinión contradictoria,

---

24   Cf. HEIDEGGER, Martin. *Introducción a la Metafísica* (Emilio Estú, traductor), Ed. Nova, Buenos Aires, 1959, págs. 39-40.

25   DE SALISBURY, Juan. *Metalogicus*, III, 4, en *Saresberiensis, Ioannis. Policraticus sive De nugis Curialium, et vestigiis Philosophorum, libri octo*. Accedit huic editioni eiusdem Metalogicus, Ex Officina Ioannis Maire, Lugduni Batavorum, CID IDC XXXIX [1639], libro III, capítulo 4, pp. 855-856. Trad. del latín es mía. Puede verse la versión inglesa en John, of Salisbury, Bishop of Chartres, d. 1180, and Daniel D McGarry. *The Metalogicon of John of Salisbury: a Twelfth-century Defense of the Verbal And Logical Arts of the Trivium*. University of California Press, Berkeley, 1955. Sobre Juan de Salisbury, véase LADERO, Miguel Ángel. "Introducción" a John de Salisbury. Policraticus, Editora Nacional, Madrid, 1983.

lo que acaba de gritar un personaje de la farándula. Este es el hombre masa, el sujeto inconsciente, el individuo que piensa como piensan todos porque nunca piensa nada. Son gigantes atados al suelo por una multitud de enanos.

Y esta es la primera alternativa que pongo ante los ojos del comprensivo lector. Espero que reflexione, y que adopte, en efecto, la opción filosófica. En realidad, ya está perdido: si sigue leyendo, la opción ya está hecha, aunque no sea irrevocable.

2. JURISTA *VS.* LEGULEYO

Este capítulo es una interpelación muy concreta dirigida a los estudiantes de derecho. La alternativa que propone, sin embargo, puede adaptarse a cualquier profesión. El estudiante de derecho debería plantearse la cuestión de si va a aprender el derecho con cierto nivel de profundidad o va a memorizar un montón de leyes, que se pueden aplicar relativamente bien sin estudiar cinco años. Por lo tanto, tiene que optar entre estudiar derecho con mentalidad filosófica o con mentalidad meramente pragmática; si estudiar derecho con la actitud del que busca la verdad y la justicia o con la actitud del que quiere que las cosas funcionen, y le paguen sus honorarios, y que del resto se ocupen los profesores de filosofía del derecho. Para defender una opción por la alternativa correcta –ser hombre y no ratón–, me voy a referir primero al jurista como ser humano y, en segundo lugar, a la necesidad de lo inútil: cómo puede haber cosas que son necesarias y que no sirven para nada; entre ellas, la filosofía. Es una necesidad para el jurista porque el jurista es un ser humano. *Oh, my God!*: igual que el médico, el arquitecto, el comerciante o el marinero.

A la propuesta de este capítulo subyace una pregunta:[26] ¿quién es el hombre? No qué es el hombre, sino quién es... Un animal más, de los que cumplen una función cósmica; un animal que se come unos bichos, un pajarito que caza gusanos, un gusano que come unas plantas, una planta que sirve para hacer nidos de pájaros... ¿Eso es el hombre? ¿O el hombre –varón y mujer– es algo que es más bien alguien porque trasciende todo lo material? El hombre

---

[26]   Cf. *infra* cap. 29.

puede hacer cosas que valen por sí mismas, aunque no sirvan para otras y porque no sirven para otras… Cuando contemplamos una obra de arte, por ejemplo, cuando cultivamos una amistad, cuando investigamos la edad del universo… Interroguemos a un físico astrólogo: ¿para qué le sirve saber la edad del universo? Para nada. Ese es el hombre. El hombre es el animal que necesita cosas inútiles. Y esa es parte de su grandeza. Si eso no fuera así, uno sería un simple hámster. Uno no quiere llevar la vida de un hámster, dando siempre vueltas en una rueda, comiendo, durmiendo y apareándose. ¡Cuántos humanos son como hámsteres, como una mascota simpática…! O, peor aún, ser como un racimo de uvas, que se deja madurar, que se exprime, se convierte en vino, y alguien lo bebe. Eso es el hombre meramente productivo, simplemente objetivado como cosa útil. ¿Qué diferencia hay entre un hombre meramente productivo, que hace todo el tiempo cosas para que otros las disfruten –cosas que sirven para algo–, y un hermoso hámster que rueda, come y duerme? Es el *homo faber*, el *animal laborans*; pero su vida comienza a carecer de sentido… Eso se le puede hacer a un hombre, desde luego; pero tratar a un hombre como a un hámster no es hacerle justicia. Y, lo peor de todo: ¡eso es algo que un hombre se puede hacer a sí mismo!, por algunas opciones desgraciadas que toma en su vida, opciones que van orientadas al puro placer o a la pura utilidad, dos tipos de bienes que deben estar ordenados, en su lugar justo, pero que no son el bien absoluto ni lo más necesario.

El hombre, en realidad –si pensamos en un alguien y no en un algo–, tiene una inteligencia para ir más allá de lo inmediato, para ver por debajo de las apariencias de las cosas, para tomar decisiones libres, para perfeccionarse con el conocimiento y la sabiduría, y también para fortalecer su voluntad con elecciones razonables, plenas de sentido, que hay que descubrir, que no vendrán dadas con autoridad, desde arriba, ni tampoco automáticamente: el que se deja llevar y va haciendo lo que se le presenta, sin deliberación, probablemente termina convertido en hámster.

El hombre es el animal racional, el animal libre, el animal que sabe amar, el animal que se puede elevar sobre su propia sombra, el animal que puede mirar al cielo y disfrutarlo, que puede descubrir figuras en las nubes, que puede soñar y puede hacer realidad una parte importante de esos sueños, y que a veces hace más de lo que había soñado, con la ayuda de Dios. Eso es el hombre. Entonces, si el estudiante de derecho pudiera ser convertido en una máquina productora de escritos para el archivo judicial, ciertamente que eso sería un crimen; pero no tendría a nadie a quien echarle la culpa más que a sí mismo, porque es libre. Así que me atrevo a defender la necesidad de un saber inútil para el jurista porque los juristas son seres humanos y son humanos también en cuanto que juristas: ¡quieren saber más que la superficie de las leyes! Recuerdo hace años un buen profesor, que era un buen hombre, un humanista –no un hámster–, pero que, por darle importancia a su asignatura y siguiendo la tradición exegética y legalista, nos decía que, cuando nos preguntaran en el examen por qué tal o cual norma era así, siempre había que responder: porque así lo dice el código… ¡y eso bastaba para ganarse el 7! Hasta que una vez nos dio la clase otra persona y expuso un tema difícil; alguien preguntó que por qué eso era así, y contestó: «Porque así lo dice el código»; entonces otro alumno contraatacó: «Pero, ¿por qué lo dice el código?», y la respuesta concluyente fue: «¡Eso a mí no me lo pregunten, que yo vengo a enseñar el código!"». En una universidad decente, consciente y reflexiva –más todavía si es católica–, hay que explicar, si lo dice el código, por qué es justo –por tal o cual razón– o por qué es injusto; pero no se puede decir: «eso a mí no me lo pregunten». Esto sería renunciar al pensamiento, abdicar del ideal de Universidad que hemos recibido de Bolonia y de París, de Salamanca y de Oxford. Si uno responde algo así, ¿dónde está la crítica? ¿Dónde está la justicia? ¿Dónde están las reformas, que frecuentemente hemos de emprender para mejorar las cosas? Me refiero a las reformas, no a la destrucción; al mejoramiento, que es tomar algo que hay y darle una mejor forma, no echarlo abajo. ¿Cómo puede hacer alguien esas preguntas y tender esforzadamente a las respuestas, si no tiene filosofía en su cabeza? Por tanto, es necesario este saber inútil.

Todo esto podría resumirse en seis razones por las que la filosofía es necesaria para los juristas, como lo son otros bienes necesarios e inútiles. Con mínimas adaptaciones, cualquier profesional puede ver que igual se le aplican a él.

Primera. La filosofía es necesaria para adquirir profundidad en la comprensión de toda la realidad, y asimismo de la realidad jurídica o profesional; para llegar a las causas de las cosas; para conocer no solamente la regla, sino también los principios fundamentales en los que se basa esa regla. Por ejemplo, hay una regla que establece que, una vez que se agotan todas las instancias en un proceso judicial, cuando se han agotado todos los recursos, la cosa está juzgada –la sentencia adquiere la autoridad de cosa juzgada– y no se puede revisar. ¿Por qué? ¿No podría ser injusto? Es necesario ir al principio fundante de esa regla para comprenderla en todo su alcance y justicia. Parece injusto porque los jueces pueden equivocarse, y, entonces, ¿por qué no se puede volver sobre el caso una vez más? Se responde que habrá que tolerar algunos errores para que haya suficiente paz social y no se estén abriendo y reabriendo todas las heridas de los conflictos de manera indefinida; y que, si no hubiera una palabra definitiva –aunque falible, como todo lo humano–, no tendría sentido que las partes en conflicto acudieran a un tribunal imparcial, ya que sin cosa juzgada ese tribunal sería, por definición, incapaz de zanjar el asunto. La parte perdedora siempre puede opinar que el juez se ha equivocado, y volver a empezar; pero, si no se puede terminar, tampoco tiene sentido comenzar. Tal es el principio –la razón de fondo– que subyace a la institución de la cosa juzgada. La regla específica admite excepciones en causas gravísimas. Por ejemplo, si alguien está en la cárcel, por el principio de cosa juzgada eso no se puede reabrir para argumentar todo de nuevo, sobre las mismas bases; pero, si aparece una prueba nueva que dejaría libre a esa persona, ya no se trata de discutir todo de nuevo con los datos que ya teníamos y que ya analizamos tres veces, sino que se trata de algo nuevo y relevante respecto de un asunto grave –encarcelar a un inocente es más grave que asignar injustamente una propiedad–, por lo cual cabe admitir una excepción a la regla de la cosa juzgada. Por ende, tanto la regla como la excepción tienen principios explicativos y justificatorios. Sin una buena filosofía, no se puede llegar a esa profundidad.

Segunda. Con una buena filosofía, uno puede ser un jurista de convicciones y no solo de convenciones.[27] Yo asumo una convicción por las razones que hay detrás, que me convencen. En algunas materias, se trata de una verdad por la que incluso vale la pena dar la vida. La convención, en cambio, es un consenso social, un acuerdo entre personas que se pueden equivocar, y que a veces es meramente estratégico. En un grupo de parlamentarios, cuando unos quieren hacer una cosa y otros la contraria, finalmente se llega por mayoría a un punto medio... El acuerdo, el consenso, la convención son necesarios y útiles muchas veces; pero no a cualquier precio. El hombre de convenciones solo es esclavo, la mayor parte de las veces, de lo que ya han decidido otros; ocasionalmente, del resultado de una negociación en la que ha tenido algo

---

27   Cf. DWORKIN, Ronald. *El imperio de la justicia* (Claudia Ferrari, traductora), Gedisa, Barcelona, 2008, pp. 104-106.

que decir. Además, va a ser muy voluble, porque las convenciones cambian, mientras que las convicciones son más firmes. Uno puede cambiar sus convicciones al darse cuenta de que está equivocado; pero el mismo valor que afirma la convicción –el amor a la verdad– es el que puede mover a cambiarla, porque uno se da cuenta de que estaba equivocado, y eso es muy bueno. Es bueno rectificar esa convicción, cuando se estaba convencido de una cosa y, con buenos argumentos, se nos convence de otra. Eso es ser esclavo de la verdad y no de la convención. Es una maravillosa esclavitud, porque la verdad nos libera de las convenciones y del arbitrio humano, del capricho de los poderosos. Esto no significa que las convenciones sean malas; nosotros seguimos convenientemente muchas convenciones, pero no somos esclavos de ellas, porque no sometemos la verdad a la convención. La filosofía nos permite ser hombres de convicciones y no de simples convenciones.

Tercera. Con la filosofía podemos articular los conocimientos jurídicos –o científicos o profesionales en general– en una síntesis más alta; coordinarlos con otros saberes distintos, que ponen el derecho en su lugar, pues la ciencia jurídica no es la más importante en la vida. Que uno se dedique a algo no lo autoriza a decir que eso precisamente es lo más importante. Si uno se dedica al derecho, no quiere decir que el derecho sea lo más importante en el mundo. Esa es la profesión que mejor me viene, pero obviamente la familia es más importante, lo mismo que defender la verdad es más importante que el derecho. El conocimiento sobre las verdades filosóficas fundamentales es más importante que el conocimiento de las leyes. Si alguien no sabe nada de leyes, pero conoce o atisba esas verdades filosóficas insondables sobre las cuestiones vitales (*v.gr.*, ¿quiénes somos?, ¿de dónde venimos?, ¿adónde vamos?, ¿qué es lo bueno?, ¿qué es lo malo?), está en una mejor situación que alguien que conoce todas las leyes del mundo y es un criminal o desconoce el sentido de su vida y no sabe para dónde va. El primero está en una mejor situación porque esas verdades están por encima del conocimiento de las leyes. Y para articular el conocimiento jurídico en ese marco más amplio y más importante se necesita la filosofía. La filosofía permite ubicar cada cosa en su lugar y proporciona a cada hombre un sentido preciso de su propio lugar en el mundo.

Cuarta. El rigor y la lógica nos vienen de la filosofía más que de cualquier otra ciencia. La filosofía proporciona un pensamiento lógico, riguroso, coherente. Y esa mentalidad filosófica, con esa capacidad para pensar bien, que se proyecta en hablar bien, se transmite a todas las áreas de nuestra vida, también a la del ejercicio del derecho. Por eso, quienes aprenden la filosofía con más profundidad –también la filosofía del derecho y la filosofía política– pueden actuar de manera más lógica, coherente y racional en los diversos terrenos específicos.

Quinta. Con la filosofía nos convertimos en ciudadanos activos y no en elementos meramente pasivos de la sociedad. ¿Cómo van a intervenir en un debate quienes no tienen una adecuada profundidad y estructura sólida en la cabeza, que va más allá de repetir lo que dice la Constitución, o quienes no comprenden los principios más profundos y las proyecciones de más largo alcance de los problemas? Sin filosofía no podemos ni siquiera comprender lo que dice la Constitución. Esas mismas letras negras de la Constitución adquieren un significado distinto según la interpretación que se les da, basándose en principios filosóficos. Uno de los ejemplos más chocantes nos lo ofrece el artículo 19 número 1 de la Constitución, que asegura a todas las personas el derecho a la vida y como consecuencia establece que la ley protege la vida del que está por nacer.[28] Esta redacción se ha interpretado por mucho tiempo como una prohibición de ese crimen nefando, el aborto directamente provocado. Sin embargo, desde hace algunas décadas, la campaña

---

[28] "Artículo 19.- La Constitución asegura a todas las personas:/1°.- El derecho a la vida y a la integridad física y psíquica de la persona./La ley protege la vida del que está por nacer". Un ejemplo categórico de lo señalado se aprecia en el fallo del Tribunal Constitucional sobre requerimiento de inconstitucionalidad sobre las normas nacionales de regulación de fertilidad, conocido como *Fallo píldora del día después* (rol 740 de abril de 2008), cuyo voto mayoritario acogió el requerimiento, entre otras cosas, por constatar que el embrión o el *nasciturus* es persona desde el momento de la concepción (54°). Los votos disidentes de los ministros Juan Colombo Campbell y Hernán Vodanovic Schnake basan el rechazo del requerimiento, entre otras cosas, por no concederle titularidad al *nasciturus* de los derechos fundamentales reconocidos por la Constitución. Cf. pp. 169 y 184. En definitiva, la discusión constitucional en este caso (como en la mayoría) no solo se quedó en el mero procedimiento, sino que también se expresaron principios filosóficos, cuya disparidad es fiel reflejo de la diferencia en los votos de los ministros. Disparidad que incluso se traslada al comentario académico de este fallo, como es posible apreciar, por citar a algunos autores con posturas contrarias, en ALVEAR, Julio y CISTERNA, Vanessa. "La sentencia del Tribunal Constitucional sobre la 'píldora del día después': ¿liberalismo posesivo o respeto a la ley natural?", en *Actualidad Jurídica*, n° 18, julio de 2008, pp. 23-54 y BORDALÍ, Andrés y ZÚÑIGA, Yanira. "Análisis del fallo del Tribunal Constitucional sobre la píldora del día después", en *Anuario de Derechos Humanos*, 2009, pp. 173-182.

conocida como el día mundial de la legalización del aborto en América Latina, que las organizaciones abortistas promueven cada 28 de septiembre, repite machaconamente que el derecho a la vida exige que se garantice la posibilidad de efectuar abortos libres y seguros. ¿Cómo pueden torcer así la voluntad protectora de la Constitución? Con filosofía, una filosofía perversa, en este caso. Se dice que la vida es un concepto amplio, que incluye la calidad de vida, también la salud psíquica, y, por lo tanto, cuando en algunas circunstancias se produce un conflicto inevitable entre la vida de un feto y la vida o la salud de su madre, en esas circunstancias tiene que ser lícito matar al feto. Entonces, con el mismo texto, donde dice «la ley protege la vida del que está por nacer», significa que la protege, pero –se añade– no de forma absoluta. Así como existe el derecho a la legítima defensa, también puede haber derecho a provocar un aborto. El texto de la Constitución, aislado de una buena filosofía, no va a servir para nada frente a esa férrea voluntad de poder sobre los pobres niños no nacidos. Se necesita que alguien explique filosóficamente que el niño no es un agresor, y que, por lo tanto, no cabe una legítima defensa en su contra; y que aclare, por otra parte, que no se puede interpretar un texto que protege de modo especial la vida del no nacido de una manera que termine protegiéndolo menos que a los ya nacidos, de forma que la pérdida de un nonato solamente sería tolerable en los mismos casos en que fuera tolerable la muerte de los adultos y los niños ya nacidos.

Hay millones de debates jurídicos y políticos similares. Si queremos ser ciudadanos activos y no meramente pasivos, hemos de tener una filosofía reflexiva, en ese sentido real de la filosofía de que he hablado.[29] No es necesario ser expertos en el último renglón de la *Crítica de la razón pura* (Kant) o de la *Fenomenología del espíritu* (Hegel); pero sí necesitamos ser filósofos en un sentido real, profundo y esencial de la palabra.

Sexta. Algunos de nosotros seremos algo más que un ciudadano activo, que ya es algo importante. Algunos seremos quizás gobernantes, en el sentido amplio de la palabra, el de una autoridad que gobierna en cierto ámbito: jueces, alcaldes, legisladores, presidentes, ministros, etcétera. Y quienes lo sean van a necesitar una prudencia especial, superior a la que se aprende manejando bien casos legales rutinarios. En esas circunstancias, lo que más hace falta es

---

[29] Cf. *supra* cap. 1.

la filosofía: no solo una buena propaganda, que también es importante; no solo mucho dinero para las campañas, que igual se necesita; sino mucha y buena filosofía, claridad de ideas: cuáles son los fines, cuáles son los medios más adecuados para esos fines, cuáles son las acciones legítimas, cuáles son ilegitimas, qué niveles de mal hay que tolerar en este mundo, qué injusticias no deberían ser toleradas jamás. ¿Cómo responder a todo esto sin filosofía, a punta de eslóganes, sentimientos, mitos y relatos?

En conclusión, es necesario optar entre ser un jurista cabal, formado en una profundidad que va más allá de la técnica de las leyes, y ser un simple leguleyo, superficial en sus juicios y mero aplicador de lo que han pensado otros. Para ser un verdadero jurista, la filosofía es sumamente necesaria, y, como de su sobreabundancia, resulta también de gran utilidad: gracias a ella, el jurista comprende mejor los asuntos, fundamenta sus convicciones, integra los conocimientos jurídicos en los más elevados, adquiere rigor lógico, se convierte en un ciudadano activo y puede llegar a ser un gobernante prudente. Paradójicamente, la filosofía, que se aprecia por sí misma con independencia de cualquier utilidad práctica, se demuestra imprescindible y, finalmente, incluso útil casi como por añadidura.

3. FILÓSOFO *VS.* SOFISTA

Estamos acostumbrados a oír, de vez en cuando, en el fragor de una discusión, que uno de los participantes le dice a otro: «¡Tú eres un sofista!». ¿Qué quiere decir esto? ¿A qué alude? O: «Ese comentarista –un personaje de la radio, la televisión o la prensa escrita– es un sofista». Normalmente es una descalificación que reconoce que una persona habla bien, pero niega el valor de lo que afirma: nos engaña, aun cuando no sepamos cómo desenmascararlo. Tiene un buen discurso, una buena pluma, pero –en alguna parte, a veces bien escondida– hay una trampa con la que nos convence o casi nos convence de algo que es falso. Esa es la imagen del sofista, que quedó inmortalizada después de ese gran choque histórico –quizás uno de los enfrentamientos intelectuales que marcaron nuestra cultura– entre Sócrates y esos personajes refinados del siglo V a. C., que eran los sofistas. No obstante, a pesar de todo lo malo –de la muerte de Sócrates, condenado injustamente por amar la verdad–, voy a recordar, en primer lugar, los méritos de los sofistas. No todo fue perverso en ellos, aunque hayan pasado a la historia con este prestigio bastante negativo. Después intentaré mostrar que hay que optar, efectivamente, entre dos modelos humanos: el del filósofo y el del sofista. No es esta la disyuntiva que hemos visto antes, entre el que es un filósofo de manera consciente y el pobre ciudadano que inconscientemente asume ideas que nunca ha pensado.[30] No; ahora se trata de una opción más radical, la elección deliberada entre dos modelos humanos asumidos por personas que piensan, que enfrentan las

---

[30]   Cf. *supra* cap. 1.

cuestiones fundamentales y que moldean su vida de acuerdo con una de estas posibilidades. Finalmente, procuraré mostrar cómo se ha renovado la sofística, especialmente en el siglo XX y lo que llevamos del siglo XXI, de manera que la confrontación actual es, por decirlo así, una reanudación de ese gran choque cultural que hubo entre Sócrates y los sofistas. Sócrates venció en su lucha: cuando bebió la cicuta, ganó la batalla por la cultura de Atenas y del mundo. El ideal de la humanidad desde Sócrates hasta el siglo XIX siempre había sido el ideal socrático; pero, a partir del siglo XX, ya son cada vez más los intelectuales, incluso a veces filósofos profesionales, que en realidad han rechazado la opción socrática y han abrazado nuevamente la sofística. Quizás podríamos llamarlas, a esas pseudofilosofías actuales, una «sofística *reloaded*», recargada, inmunizada contra la crítica tradicional socrática.

Los méritos de los sofistas

Consideremos brevemente los méritos de los sofistas.[31] Hasta antes del siglo V a. C., en los siglos VI y VII a. C., con el despertar de la filosofía en la antigua Grecia, los primeros pensadores se habían ocupado del mundo de la naturaleza, de explicar la realidad subyacente a las apariencias. Tales de Mileto decía que todo, en realidad, es agua; nos aparecen las cosas diferenciadas, pero lo más profundo de ellas es agua: agua que se evapora, agua que se condensa, agua que se solidifica.[32] A nosotros, ahora, nos puede parecer muy elemental esta visión; pero después vienen otros filósofos, que identifican como principio del mundo material esas unidades indivisibles de materia: los átomos de Demócrito.[33] Y entonces ya no nos parece tan elemental la explicación, porque nosotros todavía usamos esa categoría filosófica en las ciencias empíricas, que hablan de átomos, aunque los conocen con un detalle que Demócrito no pudo alcanzar nunca. Sin embargo, después de dos siglos de ocuparse de la naturaleza, de la φύσις, especialmente por causa de la crisis cultural en la antigua Grecia —notoria en Atenas—, esa típica crisis posterior a una época de apogeo, comienzan a surgir estos intelectuales cuyo fin no es la filosofía.

---

31 Sobre algunos méritos de los sofistas, especialmente en educación, véase FRAILE MARTÍN, Guillermo. *Historia de la Filosofía*, Biblioteca de Autores Cristianos, Madrid, 1957, Volumen I, p. 195.

32 *Met.*, I, 3, 983b20.

33 Cf. MARTÍNEZ MARZOA, Felipe. *Historia de la filosofía antigua*, Akal, Madrid, 1995, p. 70.

Ellos no se consideran a sí mismos filósofos, sino educadores de la juventud, formadores de las élites que tienen que gobernar; es decir, no les dan clases a esclavos o artesanos, sino a los ciudadanos que habrán de ejercer el poder. El pueblo los sigue llamando sofistas, sabios. Esa es la fama que tienen, la de hombres sabios; pero ya no se ocupan de la física, ni de las grandes cuestiones metafísicas, sino de la política, la ética, el hombre, y siempre con una mira práctica –pragmática, utilitaria–, que es formar a la gente joven para que tenga éxito en la política.

Uno de los méritos de estos sofistas –a pesar de la lamentable subordinación del saber al poder, renovada en el siglo XVI por Bacon y Descartes– es haber sido los fundadores de la educación formal en Occidente. En todas las culturas hay un tipo de educación. Las generaciones nuevas son educadas por las anteriores, al interior de la familia, al interior de un gremio profesional, mediante los ritos de iniciación de la tribu, etcétera. Siempre tiene que haber educación, que es como el alma de la familia; pero un maestro que viaja de ciudad en ciudad, reuniéndose con los hijos jóvenes de los dirigentes de cada *polis*, para enseñarles a hablar bien, a leer, a escribir, a intervenir en un debate… ¡eso era algo nuevo!: la educación formal, lo que hacen ahora los colegios y las universidades, todas las instituciones de educación básica, media y superior. Los universitarios se forman para tener una preparación intelectual superior. La educación con unos programas, con unos objetivos claros, incluso con una utilidad práctica en el sentido más elevado –la política–, fue un invento de los sofistas. Fue un gran aporte a la cultura de la humanidad: la idea de que para gobernar hay que prepararse de un modo sistemático. Los que se formaban de manera rigurosa tenían más éxito que los que no lo hacían. Por eso las familias estaban dispuestas a pagarles, a los sofistas, por sus clases.

Otro mérito de los sofistas fue el de revitalizar la retórica. La retórica ya se conocía como arte; pero ellos le dan una importancia muy grande, la enseñan a niveles que antes no se habían alcanzado y que se pueden apreciar en los diálogos platónicos, porque tanto Sócrates como los sofistas –que se contraponen a Sócrates en su actitud respecto de la verdad– hacen uso de este arte que es la retórica. Si uno se situara mentalmente o viajara con la máquina del tiempo a uno de estos diálogos entre Sócrates y los sofistas, y los comparara con los filósofos anteriores, quizás pensaría que Sócrates era uno de los sofistas, simplemente porque él también cultivaba la retórica: hablar bien, dirigir los argumentos, llevar al otro de un argumento al siguiente por la fuerza de la lógica, refutarlo, hacerlo incurrir en contradicciones... Nos parecería de entrada que Sócrates es uno más de los sofistas. Si tuviéramos tiempo de convivir con Sócrates, en cambio, y de convivir con los sofistas, de tener la experiencia que tuvo Platón –su despertar al amor de la verdad–, entonces nos daríamos cuenta de que Sócrates no es simplemente uno más de los sofistas, aunque pueda compartir con ellos algunos rasgos exteriores.

Dos modelos humanos: filósofos y sofistas

Sócrates es y no es uno de los antiguos sofistas. Esta idea nos lleva a la confrontación entre dos modelos humanos, que podemos simplificar de la siguiente manera: poniendo a un lado a los sofistas y, al otro lado, a Sócrates. Primero, en relación con ese asunto de la verdad y de la filosofía, para Sócrates hay una verdad que se ha de investigar. Ya no es solo la verdad de la naturaleza física, sino que es esencialmente la verdad interior acerca del hombre. Y está claro que él es irónico y que se da cuenta de que no se puede dominar la verdad. En los diálogos platónicos, se ve que Sócrates, después de avanzar un trecho en la elucidación de la definición de una virtud o de otro problema, termina el diálogo y nos deja no pocos cabos sueltos. No se ha llegado a una definición acabada. ¿Por qué? Porque la verdad no es algo que nosotros dominemos, sino que es algo que vamos descubriendo poco a poco, y podemos cometer errores, y entonces agradecemos que alguien nos refute, porque la refutación del error es una forma de alcanzar un aspecto de la verdad. En cambio, el sofista es normalmente escéptico, piensa que no se puede conocer la verdad. Para él, ser refutado es ser derrotado. Uno puede darse cuenta de si está más cerca del modelo socrático o del modelo sofístico cuando discute sobre cualquier cosa. Si a mí me refutan, ¿me defiendo hasta el final –aquí yo no pierdo la discusión– o, por el contrario, si comienzo a ver que el argumento del otro es bueno, le digo: «En realidad, parece que en eso tienes razón, a ver veámoslo un poco mejor»? La primera actitud es la del sofista, la del niño de ocho años que nunca da su brazo a torcer... o el adolescente de dieciséis... La segunda actitud es la del filósofo socrático, que no se deja convencer con cualquier argumento –algo de un razonable escepticismo tiene: mira las cosas con distancia–; pero, cuando el argumento es bueno, dice: «Sí, parece que esto que tú dices es verdad: ¡gracias por refutarme!». Agradecer la refutación implica un compromiso con la verdad; en cambio, el otro no puede agradecer la refutación porque detrás de la refutación no descubre una verdad que sea común a los dos, que los engrandezca a los dos, sino que ve solamente una derrota.

Otra diferencia entre el sofista y Sócrates es que a menudo el sofista es brillante, aunque sea poco sólido; y, al revés, muchos filósofos son un poco apagados porque pretenden ser rigurosos y se fijan menos en los oropeles. Se da la paradoja de que, ante el público incauto, inculto, ignorante, el sofista parece más filósofo que el filósofo. Esta es la cuestión de la diferencia entre la realidad y la apariencia. Podemos encontrarnos en la vida con personas que son verdaderos filósofos, pero que, como no hacen ningún empeño de propaganda, de brillo, pasan inadvertidos. Otros, en cambio, están vacíos, no creen en ninguna verdad, pero son tan brillantes que parecen verdaderamente sabios. Ahí está el dilema de la retórica. La retórica es un arte ambiguo. La retórica es el arte de persuadir a otro mediante la palabra y puede concebirse de una forma completamente amoral. ¡Y de hecho funciona como una técnica al servicio del mal! Se puede usar como mera propaganda o se puede concebir de una forma según la cual la retórica está conectada con la ética. Siempre goza de su autonomía como técnica, pero posee también una cierta conexión con la ética porque se usa como instrumento para persuadir de la verdad. En el caso del sofista, se rompe este vínculo. En el diálogo de Sócrates con Gorgias se plantea la cuestión de si la auténtica retórica es mera técnica de persuasión amoral o exige la virtud en el hablante y en los que aprenden a persuadir. Lo propio del sofista es el uso amoral de la capacidad de pronunciar discursos. El sofista se enorgullece de que con las palabras puede hacer de la mejor razón, la peor; y de la peor razón, la mejor, como dice Gorgias.[34]

El sofista se caracteriza por la voluntad de poder, de dominación. El filósofo, en cambio, tiene voluntad de verdad; y eso significa una voluntad de servicio, porque, cuando nosotros conseguimos no solo descubrir la verdad, sino también que otro la descubra, lo estamos sirviendo, le estamos prestando un servicio, no le estamos imponiendo nuestra voluntad. Nadie se puede sentir dominado cuando le ayudan a descubrir algo que es verdadero, porque esa verdad no se identifica ni con la persona ni con la voluntad de quien nos ayuda a descubrirla. Si yo voy a las clases de un gran físico nuclear y me explica la estructura del átomo, las cuatro fuerzas subatómicas, etcétera, voy descubriendo todo aquello y me maravillo. Al final de la clase, le digo

---

[34] Cf. *Gorgias*, 456b-c.

simplemente «¡gracias!», porque se me ha abierto un mundo nuevo. Yo sé que ese profesor no es el dueño de ese mundo; no lo domina, sino que lo descubre, y lo comparte generosamente conmigo. Por tanto, la verdad es algo común, algo que une y que no implica dominación de una persona por otra.

Otra diferencia se relaciona con el lucro. El sofista enseña a cambio de dinero. «A los atenienses, que aborrecían todo trabajo retribuido, les resultaban por lo menos extraños aquellos extranjeros que vendían sus lecciones por dinero. Platón los califica de 'mercaderes ambulantes de golosinas del alma'».[35] Sócrates piensa que la verdad es algo que se recibe gratuitamente y, por lo tanto, se debe dar gratuitamente. Por eso no acepta dinero como remuneración, aunque no rechaza de plano toda ayuda de los discípulos. Se trata de un tema que ha complicado durante toda la historia a los filósofos y a otras personas que viven para enseñar o para dar a los demás los bienes más altos. El filósofo, ¿tiene que vivir como vivió Sócrates, como un mendigo harapiento, que vive prácticamente de la limosna y no puede ser un ciudadano más o menos normal? ¿Cómo resolver este dilema? ¿O no ves el dilema, porque estás tan corrompido que piensas que todo se puede comprar y vender? Un profesor, por ejemplo, que transmite una verdad que no es suya, que es un don recibido, ¿tendría que decirle a la universidad que no le pagara? Si yo quisiera ser socrático, ¿tendría que pedirle a la Universidad Católica: «Déjenme dar las clases, pero, por favor, ¡no me paguen!»? ¿Y si la falta del sustento diario, del mínimo necesario para vivir dignamente y derrochar energía enseñando e investigando la verdad, me impide precisamente dar gratis lo que gratis he recibido? ¿Qué hacemos? Lo mismo les sucede a los sacerdotes, que no deben cobrar por los bienes espirituales —eso es la simonía, un pecado muy grave: vender las cosas espirituales—;[36] pero tienen que vivir de algo. Algunos viven pobres como ratas, porque los feligreses no se dan cuenta de que el cura necesita comer y moverse y descansar y reponer las fuerzas. En su libro *El diálogo*, santa Catalina de Siena, que tuvo muchas revelaciones, narra que Jesús le dice que los sacerdotes tienen que dar gratis lo que recibieron gratis.[37] Por tanto no pueden cobrar por lo que hacen y tienen que vivir de la limosna; pero, después, Jesús le dice que, en consecuencia, los fieles, que tienen bienes

---

35   FRAILE MARTÍN, *Historia de la Filosofía, op. cit.*, Volumen I, p. 194.

36   Cf. *Hechos de los Apóstoles*, 8: 9-21.

37   Cf. SANTA CATALINA DE SIENA. *El diálogo*, §114.

temporales por Providencia Divina, están obligados a dar estas limosnas. Así es como, en el ámbito de la Iglesia, se resuelve el dilema socrático de si lucro o gratuidad. La respuesta es: ¡gratuidad! Pero hemos de encontrar una fórmula para que no se nos mueran los sacerdotes. La fórmula, en realidad, también la sugirió Sócrates:

> El que ha recibido otra clase de beneficio, por ejemplo, adquirir rapidez en la carrera por los cuidados de un maestro de gimnasia, quizá pueda negar el reconocimiento a su maestro si éste confía en el discípulo y, después de haber convenido con él una retribución, no cobra el dinero exactamente al mismo tiempo que le procura esa rapidez.[38]

En el ámbito de los intelectuales, filósofos, etcétera, ¿cómo se hace? En realidad, debe ser algo parecido: gratuidad en la enseñanza y algún tipo de sueldo digno, que no será el que el filósofo maestro ganaría en el mercado, dedicado a los negocios. Sin embargo, según la fórmula socrática, si los maestros son buenos y forman a discípulos justos, estos deberán estar dispuestos a pagar lo necesario para sostener dignamente a sus maestros. Ese es el punto de equilibrio, y, de hecho, hay muchos profesores que reciben unos sueldos muy bajos, pero están haciendo lo que les gusta.

Otro contraste entre Sócrates y los sofistas se da en lo relativo a la religión. La religión tradicional en la antigua Grecia estaba en crisis. Frente a la crisis, los sofistas optan por el agnosticismo, en general, o derechamente por el ateísmo. «En religión, la actitud de los sofistas llegaba con frecuencia al ateísmo, o por lo menos al indiferentismo»[39]. Así dice Protágoras: «Con respecto a los dioses, no tengo medios de saber ni qué son ni qué no son, ni cuál es su aspecto. Muchas son en efecto las dificultades para saberlo, su invisibilidad y el hecho de que la vida del hombre es corta».[40] En cambio, Sócrates confía en la razón también para abordar críticamente la cuestión religiosa. Por las fuentes que tenemos, sabemos que Sócrates no lo hace de forma demasiado sistemática y rigurosa, como lo hará su discípulo Platón, en sus diálogos tardíos, o más tarde

---

38   *Gorgias*, 520c.

39   FRAILE MARTÍN, *Historia de la Filosofía, op. cit.*, Volumen I, p. 194.

40   DK 74 B 4, traducido en BRUNSCHWIG, Jacques y LLOYD, Geoffrey. *Diccionario Akal de: El saber griego*, Akal, Madrid, 2000, p. 573.

Aristóteles.[41] Sócrates sí que aplica la razón a la crítica de la religión y por eso purifica la religión tradicional. En Sócrates no tenemos claro si él llegó a la idea del monoteísmo, pero en Platón ya está claro el monoteísmo, que no tiene nada que ver con la religión de su época.[42] Entonces él usó la filosofía para purificar la religión, para acrisolar la religión. No todos los auténticos filósofos serán necesariamente cristianos, porque la fe es un don sobrenatural y porque conjugar la razón y la fe de manera armoniosa no es fácil; pero el filósofo huye de dos extremos: entregarse sin más a una concepción religiosa tradicional tal como ha sido recibida –sin importarle sus confusiones o errores–, evitando la crítica racional de la religión –que en el cristianismo da origen a la sagrada teología–, o, por el contrario, simplemente desentenderse del problema religioso para refugiarse en el escepticismo o el agnosticismo. El filósofo auténtico podría ser, durante algún tiempo al menos, ateo o agnóstico –a veces, por haberse formado en esa tradición: por respeto a sus padres–; pero no dejará de plantearse a fondo la cuestión, y, con frecuencia, arribará racionalmente a la existencia de Dios. Así se ha visto en casos notables del siglo XX, como los de Alasdair MacIntyre y Antony Flew, entre muchos. MacIntyre se convirtió al catolicismo. Flew, en cambio, tras ser durante décadas uno de los más prominentes defensores del ateísmo militante en Inglaterra, admitió que la razón arriba a la existencia de Dios como Ser Supremo en un sentido parecido al ya probado por Aristóteles. Este caso reviste el interés adicional –aunque no sea tan perfecto como el de MacIntyre– de mostrar que, en la práctica, puede arribarse a la convicción racional sobre la existencia de Dios sin haber pasado antes por una experiencia religiosa o de conversión espiritual.[43]

Un último punto, dentro de este apartado, es el de la contraposición entre el querer tener éxito siempre a toda costa y el querer ser fiel a la conciencia, a pesar de que esto último implique el fracaso. El sofista quiere el éxito. ¿Por qué hago esto? Para tener éxito. Éxito significa dinero, poder, fama, los bienes que atraen y que pueden alejar de un compromiso total con la conciencia,

---

41   Sobre Sócrates y la religión, véase YARZA, Iñaki. *Historia de la Filosofía Antigua*, Eunsa, Pamplona, 1983, pp. 80-81.

42   Cf. *Timeo*, 27d.

43   Cf. FLEW y HABERMAS. "My Pilgrimage from Atheism to Theism: A Discussion between Antony Flew and Gary R. Habermas", en *Philosophia Christi*, vol. 6, n° 2, 2004, pp. 197-212, y FLEW, Antony y VARGHESE, Roy Abraham. *There is a God: How the World's Most Notorious Atheist Changed His Mind*, HarperCollins, Nueva York, 2007, p. 222.

porque el compromiso total con la conciencia es peligroso: puede hacer que alguien pierda su dinero, si tiene que cumplir un contrato cuando ya no le conviene; o pierda el poder cuando deba hacer algo impopular; o pierda la fama incluso, cuando, por fidelidad a la conciencia –que es un impulso interior poderoso, en el caso del filósofo– haya de obrar contra las convenciones del tiempo y del lugar en el que vive. Él piensa que es algo bueno, virtuoso, porque está de acuerdo con la verdad que ve en su conciencia, pero se da cuenta de que choca con lo que una masa de gente considera bueno. En la terminología acuñada en los últimos veinte o treinta años, se diría que hace lo que es correcto, aunque no es *políticamente correcto*. Entonces pierde su fama porque parece malo ante los ojos de la masa manipulada, cuando en realidad es bueno. El que opta, entonces, por ser filósofo y no sofista, sigue lo que su conciencia le dicta aunque las consecuencias, desde el punto de vista de los bienes temporales, no sean muy buenas o sean realmente malas.

La sofística recargada y las esperanzas de la filosofía

Terminamos este capítulo con una referencia elemental a lo que ha acontecido en los últimos doscientos años, más o menos. Han surgido las llamadas filosofías de la sospecha, es decir, filosofías que, como los antiguos sofistas, vuelven a atacar la idea de verdad y que insinúan que hay un interés corrupto detrás de lo que antes era aceptado como algo bueno por la filosofía. En el siglo XX se han escrito varias defensas de los sofistas.[44] Paul Ricoeur, un filósofo que rechaza esas sospechas radicales, ha identificado a los tres grandes maestros de la sospecha: Karl Marx, Friedrich Nietzsche y Sigmund Freud.[45] Ellos toman algunos aspectos de la realidad y dicen que, detrás de lo que la gente cree que es la verdad, hay otra cosa. Entonces los que son embaucados por alguna filosofía de la sospecha empiezan a sospechar de la verdad, o a sospechar de la cultura, o de la ética o de la religión.

El caso de Karl Marx es clarísimo. Según él, en la sociedad hay una infraestructura económica que lo determina todo, y una lucha de clases que es

---

44   Entre ellas, Cassin, Barbara. *El efecto sofístico* (Horacio Pons, traductor), Fondo de Cultura Económica, México DF, 2008.

45   Cf. Ricoeur, Paul. *Freud: una interpretación de la cultura* (Armando Suárez, traductor), Siglo XXI, Buenos Aires, 1970, pp. 34-35.

el motor de la historia; pero todo eso es recubierto por unas superestructuras, que son la ética, la religión, el derecho, impuestas por los burgueses dominantes sobre los proletarios, para dominarlos, someterlos, explotarlos. Mientras la gente cree en ese orden ético, religioso, jurídico, etcétera, no es consciente de la lucha de clases. Los explotados viven en la inconsciencia, alienados, explotados por la clase dominante, que es la que establece estas superestructuras. ¿Qué hay que hacer, entonces, para liberarse? Lo primero, por supuesto, es sospechar de la religión, de la ética, del derecho, de todo el orden burgués, para recuperar la conciencia de clase y entrar así en la historia. Marx renueva la sospecha sofística contra la verdad abstracta y universal. La misma idea de verdad, promovida por los filósofos, no es más que un instrumento de opresión.[46] Algo parecido hace Nietzsche, para el cual la voluntad de verdad, que se nos ha predicado durante tanto tiempo, no es más que un instrumento de los débiles para dominar a los fuertes y enmascarar la voluntad de poder, que es lo que verdaderamente existe en cada uno de nosotros. Cuando uno parece buscar la verdad, en realidad se está engañando a sí mismo. Y otro tanto Freud, que pretende reducir la cultura a mera sublimación de la libido, y la acción consciente a los impulsos inconscientes de los que los mismos agentes, por definición, no tienen una clara advertencia. Freud introduce la sospecha contra todo el orden moral y cultural precedente: aparece como represión de unas fuerzas inconscientes, una represión que explicaría las neurosis, con lo cual se ha desatado una liberación sexual como medio de liberación de todos los sufrimientos psíquicos. Naturalmente, Freud pudo ser más refinado que los que, usando su sospecha radical, simplemente difundieron una vía sencilla –favorecida por infinito número de psicoanalistas desviados– de racionalización de la lujuria.

El efecto de todos ellos es introducir la sospecha en el ánimo de cada uno, de manera que terminemos rechazando la idea de verdad. Es muy curioso el proceso, que Nietzsche advierte lúcidamente en *La genealogía de la moral*. Las personas, especialmente los jóvenes, quieren descubrir la verdad. Esto es lo que los mueve originariamente: voluntad de verdad. Y, porque quieren descubrir la verdad, cuando se van introduciendo en cuál es el origen de la moral, se dan cuenta –según Nietzsche– de que el origen de la moral no es

---

46   Cf. IBÁÑEZ, José Miguel. *El marxismo: visión crítica*, Ediciones Universidad Católica de Chile, Santiago, 1981, pp. 126-127.

lo que les predican sus sabios, sus filósofos o sus curas… Entonces pierden la confianza en la verdad o comienzan a sospechar de la verdad.[47]

Curiosamente, incluso detrás de la filosofía de la sospecha está la idea de verdad. Los nuevos sofistas me quieren hacer sospechar de la idea de verdad, pero están presuponiendo implícitamente que hay una verdad, a la que no van a llamar así: la verdad de la lucha de clases, de la sublimación del instinto sexual, de la voluntad de poder. ¿Cómo opera, en el espíritu humano, la filosofía de la sospecha? Opera porque queremos encontrar la verdad. Bajo la aceptación acrítica de alguna forma de filosofía de la sospecha yace el amor a la verdad, un amor decepcionado, un amor despechado. Y esa es la paradoja: queremos encontrar la verdad y, porque queremos encontrarla con certeza, a la vista de las refutaciones, de las sospechas, de los argumentos de los sofistas, de la confusión ambiental, de la manipulación por los poderosos… ¡desesperamos de la idea de verdad! Este mecanismo opera en forma especialmente fuerte contra la gente joven, porque –observa Aristóteles– caer en el escepticismo es una de las salidas al no saber cómo responder a los argumentos que les dan los sofistas.[48] Por eso es tan fácil ver jóvenes, que creían en la verdad a los diecisiete años, y ya no creen en la verdad cuando tienen veinticuatro. Están ya entrando en la vejez. Ojalá pudieran –parafraseando a Violeta Parra– *volver a los diecisiete*, aunque fuese *después de vivir un siglo* de malas experiencias.

Nunca es demasiado tarde –ni demasiado pronto– para adoptar una determinación que oriente el resto de la vida hacia una salida esperanzadora. Quizás ya teníamos una opción por la verdad y por la filosofía, o quizás, sin darnos cuenta, estábamos deslizándonos hacia la sofística. Esta es una de las opciones que quiero proponer al inicio de este libro: por la filosofía contra la sofística; por el amor a la verdad y a sus consecuencias, contra la desesperación del escepticismo y del cinismo. Por Sócrates contra Calicles.

---

47 GM, I, 2.

48 Cf. ALVIRA, Tomás, CLAVELL, Luis y MELENDO, Tomás. *Metafísica*, Eunsa, Pamplona, 1993, pp. 20-21.

4. AUT, AUT VS. ET, ET

He propuesto, en los capítulos anteriores, una serie de opciones. O filósofo consciente o persona inconsciente, que repite las ideas de otro; o jurista profundo, que va a las causas de las cosas y a los principios, o simple leguleyo que se aprende de memoria algunas leyes y tramita papeles sin saber su porqué. O ser un Sócrates, con voluntad de verdad, o un Calicles, un sofista escéptico, con voluntad de poder y éxito. Son opciones radicales: *aut, aut.* Mas ahora me permito un paréntesis para introducir matices en las opciones que veremos después.

En nuestra actitud filosófica, o incluso en nuestra vida, en nuestra actitud vital, la cuestión es: ¿siempre esto *o* lo otro, o no es más bien esto *y* lo otro? Las palabras *aut, aut* (o, o) y *et, et* (y, y) nos confrontan con una opción más enredada, en la que quizás optar es negarse a optar. ¿Tenemos que ser personas que siempre están optando, en un continuo «o esto o lo otro», o el filósofo más bien une realidades que aparentemente son contrarias, mediante un sabio «y esto y lo otro»? La vida se nos presenta tantas veces llena de dicotomías: ¿tengo que ser liberal o conservador?, ¿de izquierda o de derecha?, ¿optar por la libertad o por la igualdad? Se nos presentan muchas disyuntivas también en filosofía y en teología. Mas he aquí la paradoja: si digo que no hay que optar entre una cosa y la otra, sino que hay que integrar una cosa y la otra, estoy optando por el *et, et.* Tal es, en realidad, la actitud universalista del filósofo: la apertura a toda la verdad y a todos los destellos de la verdad. Al mismo tiempo, sin embargo, el amor a la sabiduría puede exigir algunas opciones sin matices, totales.

En el terreno de la teología católica –el punto de armonización de todos los saberes en una universidad católica–, también se produce la paradójica disyuntiva. El catolicismo está en la línea de la filosofía tradicional, del *et*, *et*: unir cosas que a primera vista podrían parecer contrapuestas. La mayoría de las herejías que se han derivado del catolicismo han optado por el *aut*, *aut*. ¿Esto o lo otro? ¿Espíritu o materia? El materialismo responde: «¡Todo es materia! El espíritu es algo irracional, es un producto de la imaginación, una proyección neuronal». También ha habido, en sentido inverso, corrientes espiritualistas: «Todo lo que hay es espíritu; lo que nos parece materia no es más que una proyección del espíritu absoluto». En cambio, frente a ese brutal *aut*, *aut*, ¿qué dice la filosofía clásica? ¿Qué dice luego el cristianismo? Las dos cosas: espíritu y materia, en armonía, compenetradas.

¿Dios o el hombre? Los ateísmos más potentes de los siglos XIX y XX (Feuerbach, Marx, Nietzsche, Sartre) responden con un *aut*, *aut*: «Si afirmamos a Dios, no hay espacio para la autonomía del hombre»; «si afirmamos la gloria del Creador, no hay espacio para la felicidad humana». Por lo tanto, ese tipo de ateo dice: «Aquí estamos nosotros, los hombres, y queremos nuestra felicidad, nuestra libertad; entonces no puede haber Dios». En cambio, el filósofo clásico y el cristiano afirman *et*, *et*: Dios y el hombre; Dios engrandece al hombre, no lo limita, sino que lo exalta hasta la cúspide de su dignidad tantas veces desconocida o mancillada en nombre de la ausencia de Dios.

¿Ley o libertad? Donde hay ley –así razona el hombre del *aut*, *aut*–, hay una regla que se impone desde arriba o desde afuera (heteronomía); por lo tanto, no hay libertad, mientras que, donde hay libertad, es porque no hay ley. Por el contrario, quien rechaza ese *aut*, *aut*, quien afirma el *et*, *et*, defiende a la vez la ley y la libertad: ¡donde no hay ley, no hay libertad! ¿Por qué? Porque no hay un orden en el cual se pueda ejercer la libertad. Los más fuertes imponen su libertad a los más débiles. Y viceversa: ¡donde no hay libertad, no hay ley! ¿Por qué? Porque la libertad –la posibilidad de elegir cursos de acción diversos, incluso algunos erróneos– hace posible y necesaria la ley, para orientar hacia el bien a quien puede de hecho obrar de otra manera.

Hemos de ser, en consecuencia, cuidadosos ante las dicotomías absolutas, que pretenden que siempre hay una opción radical entre las cosas. Normalmente incluso hasta en las filosofías más erradas o, en el terreno teológico, en las herejías más estrambóticas, hay algo importante, un grano de verdad que se ha descubierto, que esa filosofía o la herejía escinde del resto de la verdad y lo absolutiza. Parafraseando a Chesterton se ha dicho que *el error es una verdad que se ha vuelto loca*. Este gran sabio y converso inglés afirmó, en *Ortodoxia*, una de sus obras maestras: «Pudiéramos decir que el mundo moderno está poblado por las viejas virtudes cristianas que se han vuelto locas».[49] Uno de los errores modernos más difundidos –por poner un ejemplo– es el liberalismo en todas sus formas. Ciertamente, se trata de una ideología que tiene muchas variantes. Un amigo me ha urgido: «¡No hables de *el* liberalismo, como si fuera una sola cosa; yo soy liberal como Kant, pero esto no es ser liberal relativista, como otros». Y tiene razón: muchas versiones del liberalismo no son relativistas, ni escépticas. Si vamos a hacer matices, es verdad que hay muchas versiones del liberalismo; pero todas ellas convienen en algo capital: tienen como valor supremo la libertad. Exaltan tanto la libertad, que en algún momento la desvinculan o del orden o de la verdad. Les parece que la verdad es opresora, que limita la libertad, y entonces esa defensa de la libertad se convierte en ideología, una ideología que absolutiza la autonomía de la voluntad, o que, cuando menos, acepta límites fundados únicamente en la libertad, jamás en la verdad. ¿Por qué es tan atractivo el liberalismo? Porque, cuando uno se enfrenta con sistemas totalitarios –como nos ha pasado hace no tantos años–, uno no es liberal, pero va a ir de la mano con los liberales para combatir al régimen totalitario en defensa del bien precioso de la libertad. Si yo estuviera en un país dominado por nazis, estaría ahí, clandestinamente, actuando con personas que son liberales, que quizás no creen en la verdad, pero que creen en la libertad, mientras que los nazis no creen en ninguna de las dos cosas. El liberalismo es atractivo porque la libertad es, tal vez, el don más grande del Creador al hombre; es algo bueno, pero, al desgajarlo de la verdad, se demuestra como una libertad destructiva, y enseguida vienen las reacciones contrarias por causa de los abusos de la libertad.[50]

La herejía y el error filosófico adoptan una verdad y la absolutizan. La actitud filosófica es volver a unir esa verdad, penosamente desvinculada, con todas las otras: *et, et*, una cosa y la otra. Así se entiende que, respecto de estas opciones que proponemos,[51] siempre se pueda decir «hay algo de verdad en la otra posición» (incluso en la del miserable leguleyo tramitador

---

49   CHESTERTON, Gilbert Keith. *Ortodoxia* (Alfonso Reyes, traductor), Alta Fulla, Barcelona, 1988, p. 54.

50   Hemos ofrecido una visión crítica de las luces y sombras del liberalismo político en ORREGO, *La doble cara del liberalismo político*, op. cit., especialmente en pp. 19-30 [ed. 2016].

51   Cf. caps. 1 a 10.

y burocrático, que ninguno de ustedes quiere ser). Aunque haya una opción entre la filosofía consciente y la inconsciente,[52] es verdad que la mayor parte de la gente no tiene ni la capacidad ni el tiempo para leer a todos los autores filosóficos. Tendrán que conformarse con una filosofía menos consciente, menos explícita que la que tiene gente que goza de más tiempo para leer, como los estudiantes universitarios. Lo mismo vale para los abogados. Es verdad que es mejor ser un jurista, que conoce todos los principios a fondo, que un abogado tramitador y nada más.[53] Aunque es verdad que debe haber una gran masa de abogados tramitadores, ojalá que de estos haya muchos que logren salir a la superficie, que logren respirar aire puro de vez en cuando, es decir, el aire de los principios, incluso en las opciones que parecen más dicotómicas.

Vuelvo, pues, a la paradoja mencionada más arriba. La autorreferencia presente en la opción que sirve de título a este capítulo. Si presentamos la opción como *aut, aut vs. et, et*, hemos visto que se ha de optar por el *et, et*, o sea, por unir los conocimientos dispersos, las verdades que a veces se vuelven locas, en una armonía más profunda y plena. Sin embargo, parece que me estoy contradiciendo, porque estoy optando por esto en contra de esto otro; estoy optando por el *et, et* en contra del *aut, aut*. Me parece que podemos resolver la paradoja de la siguiente manera. Una filosofía universal –lo mismo que, en el terreno teológico, el catolicismo– es una filosofía del *et, et*, que une los aspectos aparentemente opuestos que se encuentran en la realidad; pero esta universalidad no se opone a que, en algunas ocasiones, nos encontremos ante un auténtico y radical *aut, aut*. El *et, et* más incluyente posible admite entre sus posibilidades el *aut, aut*. No puede haber complicidad entre el bien y el mal, entre la justicia y la injusticia, entre la verdad y el error. ¿Qué significa eso? Que cuando nos enfrentamos a esas opciones, la única actitud correcta es el *aut, aut*. Si yo me doy cuenta de que algo es erróneo, tengo que decir que no. Si en mi deliberación como agente moral se me presenta la posibilidad de hacer algo que sé que es malo en sí mismo, ahí la respuesta no puede ser voy a cometer este crimen a medias, como si la fidelidad matrimonial admitiera cometer adulterio equilibradamente, hasta cierto punto. ¡No! La respuesta debe ser no, porque respecto de determinadas acciones y pasiones, como dice Aristóteles, no hay un justo medio, así como donde hay término medio

---

52   Cf. *supra* cap. 1.
53   Cf. *supra* cap. 2.

virtuoso no cabe exagerar y siempre se puede ser mejor: «No existe término medio del exceso y del defecto, ni exceso y defecto del término medio».[54] No cabe decir: «Voy a estafar, pero hasta la mitad nomás». No, porque ante tales tentaciones –por eso son tentaciones– la respuesta es que te mantienes en el camino recto o te sales del camino. Entonces, en el terreno especulativo y en el práctico, nos encontramos de frente con un auténtico *aut, aut,* aunque en un sistema erróneo haya algo de verdad y en el adulterio y la estafa haya algo de bien, que atrae a la voluntad (el placer, el dinero: no el bien moral).

La filosofía clásica y cristiana, la formación de la conciencia, nos permiten descubrir cuándo podemos estar ante situaciones de este tipo y cómo podemos discernir lo que hay de verdad en un error, para comprender ese error y su atractivo, no para abrazarlo. Uno puede comprender el error, entender el mal moral, pero no debemos hacernos cómplices o indiferentes. En los capítulos siguientes seguiré proponiendo opciones, teniendo en cuenta que, muchas veces, aunque lo fundamental esté en una de las posibilidades, algo de verdad y de bien puede haber en la otra. De una u otra manera, incluso cuando optamos radicalmente –*aut, aut*–, al menos en el nivel de la comprensión intelectual y moral hay espacio para un *et, et.*

---

[54]   *EN*, II, 6, 1107a25.

5. SOBRE SABIOS Y EXPERTOS: SABIDURÍA *VS.* TÉCNICA

A veces dos realidades o posiciones contrapuestas exigen una opción, ya sea radical, como la que hay entre la verdad y el error, ya sea moderada, como la que existe entre ser un jurista profundo, conocedor de los principios y de las explicaciones fundamentales del derecho, y ser un abogado superficial y tramitador. El debate entre Calicles y Sócrates, que Platón presenta magistralmente en su diálogo *Gorgias*, deja claro que, en algunas materias, la opción es realmente decisiva, porque engendra un *tipo de persona* totalmente distinto. Sin embargo, no siempre es así. Ahora vamos a reflexionar sobre la opción entre, por un lado, la *sabiduría*, que incluye la virtud de la prudencia o *sabiduría práctica*, y, por otro lado, la *técnica*. No es esta una opción radical, que excluya como un mal lo menos importante, porque las técnicas o artes tienen una función en la vida. El peligro está en que, a veces, algunos cortan el flujo de su vida del contacto con la sabiduría teórica o con la sabiduría práctica. Creen que todas sus dificultades son de índole técnica, cuya solución se encuentra en medios exteriores para conseguir una finalidad también externa, que no afecta a lo que las personas son por dentro. Cuando empiezan a vivir de esa manera, van estropeando, para decirlo con el lenguaje socrático, sus almas, su ser más íntimo.

En su *Metafísica*, Aristóteles trata de mostrar qué es la sabiduría.

Todos los hombres desean por naturaleza saber. Así lo indica el amor a los sentidos; pues, al margen de su utilidad, son amados a causa de sí mismos, y el que más de todos, el de la vista. En efecto, no solo para obrar, sino también cuando no pensamos hacer nada, preferimos la vista, por decirlo así, a todos los otros. Y la causa es que, de los sentidos, éste es el que nos hace conocer más, y nos muestra muchas diferencias.[55]

Cada uno desarrolla, más o menos, unos u otros sentidos, no en primer lugar porque de ahí vaya a salir algo útil, sino sencillamente por saber, por el atractivo de conocer la realidad ya en este nivel elemental, que es el nivel de las sensaciones. Aristóteles usa ese ejemplo como lo que más fácilmente puede convencer a todo el mundo de que deseamos por naturaleza saber. Después comienza el Filósofo a mostrar una ascensión en el saber. De las simples sensaciones se asciende al saber que se adquiere por experiencia, por repetición de actos de conocimiento particular. Después, basándose en la experiencia, ya puede uno desarrollar un conocimiento superior, que es el arte o la técnica, y más adelante la ciencia y finalmente la sabiduría. Observa el Estagirita, más adelante, que la experiencia parece relativamente semejante a la ciencia y al arte, y aun superior en cierto sentido; pero la ciencia y el arte resultan de la experiencia. «La experiencia hizo el arte... y la inexperiencia, el azar», según la sentencia que Aristóteles atribuye a Polo de Agrigento.[56] El arte, a su vez, se genera cuando, a partir de múltiples percepciones de la experiencia, resulta una única idea general acerca de los casos semejantes. Si no tenemos experiencia y conseguimos un buen resultado, decimos que hemos tenido buena suerte; la falta de experiencia da origen al azar. En cambio, si obtenemos un buen resultado porque hemos acumulado experiencia y de ahí tomamos una regla general, entonces decimos que hemos conseguido el buen resultado porque ya teníamos la técnica, el arte; y no por azar. Por tanto, la técnica se edifica sobre la experiencia; y la técnica es un modo de saber.[57] Aristóteles advierte una paradoja, en relación con un saber que supera a la técnica, aunque a veces parece inferior. El que domina la técnica, como tiene éxito en lo que hace, a veces parece que sabe más que quien conoce la teoría, pero no domina la práctica; porque el que tiene la teoría conoce los principios, pero no necesariamente ha realizado las acciones de ese ámbito del saber. Por ejemplo, algunos ingenieros dominan muy bien los números, los cálculos, pero no son capaces de reparar una conexión eléctrica, o no han

---

[55]   *Met.*, I, 1, 980a 20-25.
[56]   *Met.*, I, 1, 981a 3-4.
[57]   *Met.*, I, 1, 981a 12-24.

aprendido cómo funciona un computador. Eso hay que aprenderlo mediante la experiencia. La paradoja es que el ingeniero sabe más, porque conoce las causas, pero puede menos porque no domina la técnica.[58]

Aristóteles ofrece una gradación de saberes hasta llegar a los más altos. Por encima de la mera técnica o arte, están las ciencias teóricas. Estas son admiradas no porque sean útiles, sino solamente porque se valora el saber por el saber. Históricamente, piensa Aristóteles, primero se descubrieron las ciencias que están orientadas a la utilidad y al placer, a pasarlo bien. Después se inventaron las ciencias que no se orientan al placer ni a la necesidad, primeramente en aquellos lugares en que los hombres gozaban de ocio. De ahí que las artes matemáticas se constituyeran por primera vez en Egipto, ya que allí la casta de sacerdotes gozaba de ocio. Se produce un salto a algo superior, que es el conocimiento que vale por sí mismo, aunque no ofrezca aparentemente ninguna utilidad.[59] El factor clave para el surgimiento de ese cultivo del saber por sí mismo fue una realidad social que no se da automáticamente: el ocio. La palabra «ocio» tiene connotaciones negativas. Quizás conviene distinguir entre el *ocio del perezoso* y el *ocio del sabio*. El primero es lo que en Italia llaman *il dolce far niente* (el dulce no hacer nada), a que alude el adagio: «La ociosidad es la madre de todos los vicios», porque el *no hacer nada* va dejando la personalidad sometida a la pereza. El segundo, en cambio, es el ocio en sentido filosófico, que se puede llamar ocio *activo y fecundo*. Se entiende en el marco de la contraposición clásica entre *otium* y *negotium*, es decir, el detenerse para contemplar y cultivar el espíritu y el obrar para obtener alguna utilidad práctica, negando el ocio (negocio). El ocio es la dedicación a aquello que no sirve para nada porque es *un fin en sí mismo*. Esto no significa que todo lo que se hace en ese ocio activo sea un *fin supremo* o un *bien máximo*, sino solo que tiene un valor por sí mismo y no solo por la utilidad que nos presta.[60] Las matemáticas, por ejemplo, tienen un valor por sí mismo y no solamente por su utilidad evidente. Lo que decimos es fácil de ver de dos formas. En primer lugar, ha habido una época en la que se cultivaban las matemáticas solo por el afán de descubrir mejor los números, la cantidad abstracta, incluso la

---

58 *Cf. Met.*, I, 1, 981a 25-982a.
59 *Cf. Met.*, I, 1, 981b10-25.
60 Sobre la distinción clásica entre ocio y negocio y la importancia del ocio activo, véase Pieper, *El ocio y la vida intelectual*, op. cit., pp. 11-76.

relación entre los números y la naturaleza física. La mayoría de la gente que aprende matemáticas por primera vez, a los que les gustan las matemáticas, no están pensando en qué utilidad les va a producir ese saber, sino que es el puro desafío de resolver un problema, el gozo de descubrir la solución a un problema geométrico. Eso produce un gozo intelectual muy grande. Y, por lo tanto, uno puede quedar atrapado por las matemáticas con independencia de las cosas útiles a las que puedan servir. Por su puesto, después se descubre que las matemáticas también tienen mucha utilidad. Asimismo, se advierte que no queremos las matemáticas por la pura utilidad en que ellas siguen progresando casi infinitamente, más allá de la parte de las matemáticas que es útil. Los matemáticos profesionales gozan con matemáticas que no se aplican y quizás no se van a aplicar nunca. Por lo tanto, el ocio activo permite cultivar estas ciencias y, entre todas ellas, la *sabiduría* es la que se ocupa de las causas primeras y de los principios de todas las cosas. En Aristóteles hay una escala que va desde la simple experiencia, pasa por las artes o técnicas, sigue por las ciencias teoréticas y culmina en la sabiduría, que es el conocimiento de los primeros principios y causas de toda la realidad.

La sabiduría en sentido estricto implicaría conocer todas las cosas y la explicación de esas cosas por sus causas más profundas, y, por eso mismo, tener la capacidad de enseñar a los demás y, en el orden práctico, la capacidad de dirigir a los demás.[61] Aristóteles se da cuenta de que, en sentido estricto, solamente Dios puede saber de tal manera. De ahí que el sabio, en sentido humano, es *amigo de la sabiduría*, filósofo. Participa de la sabiduría y goza con la contemplación de la verdad de la que él es capaz; pero sabe que su saber es limitado y que puede progresar siempre. Dentro de esa sabiduría en el sentido humano, limitado, va a ser propio del sabio enseñar a los demás y dirigir a los demás. Podemos experimentar en la vida cotidiana, respecto de cualquier conocimiento, no solamente de la sabiduría, que *el que sabe, enseña*. Dice un adagio latino que «el bien es difusivo de suyo». Quien tiene algo bueno dentro, como la sabiduría, lo difunde; y el modo de difundir un conocimiento es enseñar. El que no puede enseñar algo es que no lo sabe bien; quizás lo sabe aproximadamente, pero no lo domina bien. Y a la inversa, el que sabe enseñar algo, lo conoce bien. Y también es propio de la sabiduría el dirigir a los demás. Así se puede observar en asuntos triviales no solo respecto de la

---

61 Cf. *In Met., prooemium.*

sabiduría, sino también respecto del simple saber sobre cualquier sector de la realidad. Por ejemplo, cuando estamos perdidos en una ciudad que es nueva para nosotros, le preguntamos a alguien en la calle y nos dice la información que necesitamos. Este *dirigir a los demás*, cuando se basa en un saber auténtico que generosamente se comparte, nunca es advertido como dominación; más todavía: resulta tan natural, que normalmente ni siquiera se advierte de manera expresa que estamos siendo dirigidos o gobernados, aunque sea algo evidente a la más superficial reflexión sobre el caso. Cuando hay una relación de «saber» *vs.* «no saber y *tener que aprender*», jamás se interpreta como un acto de poder o de dominación esa información o esa indicación que da el que sabe a quien se beneficia de su saber. La persona beneficiada, que es quien no sabe y aprende u obedece, quizás ni siquiera se da cuenta de que está obedeciendo. La *filosofía de la sospecha* nos quiere hacer pensar que se trata de un *abuso de la verdad para dominar* a las personas sin que se den cuenta; la *filosofía de la confianza en la verdad y en las personas*, en cambio, sin excluir la posibilidad del abuso y de la manipulación, que han de ser probados en cada caso, *sospecha de la sospecha universal* más que de la mente humana en general y de la humanidad en su conjunto.

Como está en la naturaleza de la verdad el ser algo común, no se concibe como dominación el acto de revelar la verdad, que tiene ese efecto práctico de dirigir. A veces, quizás la mayor parte de las veces, ni siquiera se advierte como *obediencia*, precisamente porque la persona está siendo servida cuando recibe la verdad que otro le comunica. Aunque podría usarse mal el saber médico, el buen doctor es capaz de diagnosticar, conocer lo que la medicina puede hacer en ese momento por su paciente, explicarle bien la situación y después orientarlo. El paciente no es alguien que está siendo *manipulado*, ni que inconscientemente está siendo *sometido*. Por el contrario, el proceso verdaderamente humano es que quien sabe, enseña, dirige y así se pone al servicio del que no sabe. También un abogado asesora a su cliente diciéndole todas las implicaciones legales de su caso y recomendándole uno o más cursos de acción razonables según su juicio experto. Normalmente, el cliente va a obrar dentro de un margen definido por su abogado. Las cosas humanas pueden fallar. Un médico o un abogado se pueden equivocar, o cabe que obren con mala voluntad. En casos difíciles, puede ser prudente contar con más puntos de vista, con las opiniones… ¡de otros médicos o abogados! Es decir, incluso el que duda o sospecha confirma la regla general sobre la relación entre saber y enseñar o dirigir.

Cuando nos remontamos a la sabiduría más alta en el campo teórico, que es la filosofía, sucede lo mismo. Las personas, en la medida en que se acercan a la filosofía y empiezan a cultivar una filosofía más explícita, son capaces de ver las cuestiones fundamentales, de explicarles a otros los principios básicos y también de dirigir, de aconsejar, de ayudar, a quienes saben menos, a clarificar los problemas para tomar decisiones bien informadas; y así se vincula la sabiduría teórica, que es la filosofía, con una virtud práctica, que es la prudencia. La prudencia es *sabiduría práctica*, conocimiento de los principios que orientan la acción (*sindéresis*) y correcta determinación e imperio de la acción singular misma que es más adecuada según todas las circunstancias (prudencia en sentido estricto). Lo propio de la prudencia es que tiene en cuenta no solo los medios exteriores que podemos usar para conseguir un resultado externo (que es lo específico de la técnica), sino también los tipos de acciones moralmente buenas, que benefician a la persona que realiza la acción y al bien común de la familia, de la universidad, de la empresa, del país o del mundo entero. Ese tipo de acciones son las acciones virtuosas, que están gobernadas por la virtud de la prudencia y que trascienden lo que es un saber meramente técnico.

Muchas veces las personas cometen en su vida errores funestos porque pretenden, con alguna técnica, resolver un problema que está en el terreno de la sabiduría, de la prudencia, de la ética.[62] Hace años se promovió una pastilla que quitaba la borrachera. Entonces, algunos políticos chilenos, probablemente de ese 80% de compatriotas que no entienden ni lo que leen, quisieron hacerse famosos: «Tenemos que subsidiar esta pastilla; así la gente no se va a matar después de las grandes parrandas», decían. Otros políticos, en cambio, advirtieron: «Si hacemos esto, la gente va a tomar mucho más todavía, va a creer que se soluciona este problema técnico con la pastilla, y así se van a producir todos los malos efectos del enviciamiento con el alcohol». Al final, prevaleció esta última postura. En buena hora, porque algunos pretenden encontrar remedios técnicos para problemas que no admiten una respuesta meramente técnica; que, si acaso tienen arreglo, se trata de una solución moral: la que ofrece la prudencia. Así sucede también en el terreno político, donde a veces se piensa que basta con una medida técnica. Se cree que con más computadores, más proyectores y más programas técnicos, por

---

62   Cf. Benedicto XVI, *Discurso a los miembros de la Asamblea General de las Naciones Unidas*, Nueva York, 18 de abril de 2008.

ejemplo, se alcanza la calidad con la que se educa a los niños, cuando en realidad la experiencia enseña que una sola maestra de escuela con suficiente calidad humana, ética, espiritual, puede transformar las vidas de sus alumnos usando tiza y pizarrón.

Nos hallamos, pues, ante otra opción fundamental, aunque no sea radical ni excluyente. ¿Vamos a enfocar los problemas únicamente como cuestiones técnicas, económicas, numéricas, que se resuelven sobre la base de mediciones; o, por el contrario, si se trata de asuntos en los que intervienen seres humanos, vamos a enfocarlos desde la perspectiva de la sabiduría teórica y práctica? Si optamos por la sabiduría, vamos a ver aspectos que la perspectiva técnica no puede captar. Una reflexión ética se centraría en la sabiduría práctica, en la prudencia que considera todos esos detalles concretos que hay que observar para encontrar un camino de solución a los problemas humanos. La sabiduría práctica no excluye el uso subordinado de medios técnicos; pero sabe que no es posible una solución de la noche a la mañana. La opción por la técnica mata a la sabiduría; la opción por la sabiduría vivifica a la técnica. La sabiduría práctica, sin embargo, se nutre de una adecuada comprensión de la realidad. Por eso, este librito sobre algunas cuestiones filosóficas elementales se concentra en los temas de la sabiduría especulativa, que son de suyo más altos y además indispensables para enfocar adecuadamente los asuntos vitales sobre el hombre, Dios, la sociedad, la libertad, la inmortalidad, las relaciones entre las personas. Nada en este terreno es trivial, y por eso necesitamos unos enfoques filosóficos fundamentales que estructuran la mente. La filosofía clásica, durante más de dos milenios y medio, ha hallado un sinnúmero de conceptos, distinciones, verdades de validez intemporal, explicaciones profundas, etcétera, que no solo son interesantes por sí mismas, sino que además nos sirven para abordar adecuadamente los problemas prácticos. Nadie se plantea, en un momento de crisis vital, la cuestión de la diferencia entre *sustancia* y *accidente*, o entre *alma espiritual* y *cuerpo material*; pero cualquiera podría plantearse la cuestión de si mi hermano, que acaba de morir, subsiste de alguna manera como persona, en su propio *yo*, o si ha desaparecido completamente de toda existencia presente y futura. Y la filosofía clarifica, mediante distinciones a veces áridas, los términos de una cuestión vital.

Si optamos por la sabiduría y ponemos a la técnica en su lugar –importante, pero subordinado y estrecho–, entonces podremos abordar con rigor esos asuntos, a veces angustiantes. Sin esta opción por lo más alto, la lectura de las páginas siguientes será, más que superflua, ininteligible.

6. AMAR LA VERDAD:
CONFIAR EN QUE ES POSIBLE

La verdad no está de moda. La sexta opción fundamental que deseo proponer, al inicio de esta andadura, subyace al genuino compromiso filosófico, entendido como algo que va más allá de la erudición sobre los textos famosos de los grandes autores. Hemos de optar o bien por la verdad, a cuyo servicio nos dedicamos con plena conciencia de nuestras limitaciones, o bien por dos posibilidades humanas que se oponen, cada una a su manera, al ideal de la verdad: por un lado, el escepticismo, que desespera de alcanzarla, y, por otro, la mentira y el engaño, que deforman la verdad conocida con fines de poder o de gloria, o de simple racionalización de las pasiones desordenadas. La oposición es paradójica porque el escepticismo también es contrario a la mentira y al engaño. Detrás del escepticismo hay una voluntad de verdad *desilusionada*;[63] no una voluntad de engañar ni de mentir, sino habitualmente la *voluntad mínima de verdad* que consiste en *no querer engañarse*, por lo cual se suspende el juicio o se le niega un asentimiento firme a la verdad que nos lo reclama. No quisiera que se tomara esta propuesta de opción fundamental como una caricatura que pretende poner, de un lado, el bien y la verdad, y del otro a quienes dudan y caen en el escepticismo, como si estuvieran en el mismo nivel de quienes mienten y engañan. No es así. Espero que la naturaleza de la opción se manifieste claramente en cuanto sigue, y que sea interpretada

---

63   Cf. una idea similar, la del escéptico como un absolutista decepcionado, en HART, H. L. A. *El Concepto de Derecho* (Genaro R. Carrió, traductor), Abeledo-Perrot, Buenos Aires, 1977, capítulo VII "Formalismo y escepticismo ante las reglas", pp. 155-191.

como un *huir del escepticismo* –según la expresión de Christopher Derrick–,[64] mas comprendiendo a quienes dudan, y como un rechazo de la mentira con desprecio hacia quienes mienten o dolosamente engañan, especialmente en cuestiones de tanta importancia.

La *verdad* puede significar básicamente tres cosas: la realidad en sí misma, nuestro conocimiento ajustado a ella y nuestras palabras y acciones conformes con lo que realmente pensamos. En primer lugar, a veces se dice que «la verdad es lo que las cosas son», y así se distingue de la mera *apariencia*. Algo puede *parecer* tal o cual cosa y no serlo. La verdad en este sentido –la *verdad ontológica*– se identifica con el ser mismo de las cosas, con la realidad. ¿Cuándo decimos, por ejemplo, que un pedazo de metal es *verdaderamente oro*? Cuando cumple todas las propiedades del oro: su peso, su consistencia, su composición química... todo nos indica que es en sí mismo oro. A veces hablamos de *oro falso*. ¿Qué queremos decir? Fundamentalmente, que es un metal que tiene la *apariencia* del oro, que incluso, especialmente si es bien trabajado, podría tener la belleza refulgente del oro; pero en realidad no es oro. No tiene la consistencia ni la dureza, ni el peso, ni las propiedades; y si lo analizamos químicamente, no es oro; es otra cosa. Por eso lo llamamos oro falso. La *falsedad* no es que la cosa sea en sí misma falsa, sino que da la apariencia de algo que en realidad no es.

En segundo lugar, se habla de *verdad* en otro sentido, cuando ya no nos referimos a la realidad misma de las cosas, sino a que nuestra mente conoce las cosas tal como ellas son. Tal es el sentido de la definición más clásica de verdad: la *adecuación entre la mente y la realidad*, es decir, la «adecuación de la cosa y la inteligencia» (*adequatio rei et intellectus*) porque *nuestra inteligencia se adapta a la realidad*. Se la llama entonces *verdad lógica* y se opone al *error*, que se da en la mente cuando la mente afirma algo que no corresponde a la realidad. Esta noción de verdad presupone algo que se da por descontado en la *filosofía realista*:[65] que la mente humana, comenzando por los sentidos y trascendiendo los sentidos mediante la inteligencia, es capaz de salir de sí misma y adaptarse a la realidad. Cuando esto sucede, entonces hay verdad. Cuando decimos que lo que es, es, y que lo que no es, no es, entonces nuestro

---

64   Cf. DERRICK, Christopher. *Huid del escepticismo* (Marta González, traductora), Ediciones Encuentro, Madrid, 1997.

65   Cf. *infra* cap. 9.

juicio sobre la realidad es verdadero; en cambio, cuando decimos que lo que es, no es, o que lo que no es, es, entonces nuestro juicio es erróneo, es falso en cuanto no se adapta a la realidad. Por lo tanto, la verdad, en su sentido lógico, *se da en la mente*; más precisamente, *en el juicio que afirma o que niega el ser de las cosas*.

Y, finalmente, la verdad en el ámbito moral consiste en manifestar mediante nuestras palabras —o, por analogía, también mediante nuestras acciones— lo que tenemos en nuestra mente, en lo más profundo de nuestra intimidad intelectual, y lo que realmente pensamos y somos. Cuando uno dice con sus palabras lo que realmente piensa, habla con la verdad en el sentido moral, utiliza el lenguaje para comunicar lo que realmente está dentro de sí, y entonces es veraz. Esta verdad moral o veracidad es compatible con que alguien diga algo falso, objetivamente considerado, pero que él *cree que es verdad*. No afirma lo falso creyendo que es falso, sino por error, y eso no le quita veracidad en el sentido moral. Si le digo a alguien que mi padre tiene ochenta años, porque he errado en el cálculo, cuando en realidad él apenas tiene setenta y nueve, me he equivocado, pero no he mentido. En mi juicio interior no hay verdad, hay falsedad, porque lo que en ese momento pienso o creo no se adapta a la realidad. No poseo la verdad *lógica*, pero en mi afirmación hay verdad *moral, veracidad*, porque yo manifiesto lo que realmente pienso. Y puede suceder al revés: que alguien diga algo *materialmente verdadero*, pero *pensando que es falso*, y entonces miente. Es una especie de paradoja de la verdad moral, que se refiere a la manifestación del interior mediante las palabras o, por analogía, mediante las acciones, que también se pueden usar para falsear hacia el exterior lo que uno realmente es o lo que piensa. El caso paradigmático de falsedad moral mediante acciones es la hipocresía, donde se intenta aparentar una virtud que realmente no se posee, o, cuando es más retorcida, hacer aparecer como virtuoso un comportamiento vicioso.

Esta clarificación conceptual nos sirve para entender la opción por la verdad al iniciar nuestra confrontación con la filosofía. La filosofía exige buscar la verdad de las cosas tal como ellas son en sí mismas; adaptar nuestra mente a la realidad, para así afirmar, en la medida en que nos sea posible, las cosas tal como son, y, en fin, transmitir a otros esa verdad tal como la hemos visto. Cualquiera se puede equivocar; pero uno conserva la integridad moral en la medida en que transmite lo que ha visto tal como uno lo ha visto. En contraste con tal ideal, surgen algunas actitudes radicalmente contrarias a la filosofía.

La primera de ellas es el *escepticismo*, esa posición filosófica que afirma que no se puede conocer la verdad. Incluso si existe una realidad de las cosas –piensa el escéptico–, nuestra mente no es capaz de acceder a ella. Ese es el escepticismo más radical, porque afirma que la mente humana siempre se las ve solo con las apariencias, y que cambia de opiniones, mas nunca puede llegar a afirmar lo que las cosas realmente son. El escepticismo propiamente dicho se nos presenta suavizado en su forma *probabilista*, según la cual *no se puede conocer la verdad con certeza*, pero se pueden tener *opiniones más o menos probables* acerca de la realidad. No es la duda absoluta del escéptico total, que en rigor se niega a afirmar nada; el escéptico total *mira y no se pronuncia*. El escéptico probabilista, mitigado, dice: «Yo miro y después me pronuncio, por una posibilidad u otra, pero nunca puedo estar seguro, siempre vivo en el mundo de la opinión».

El filósofo, en cambio, busca la verdad y busca la certeza acerca de la verdad, es decir, la seguridad en aquello que afirma, basado en las razones que avalan tal afirmación. En la medida en que contamos con tales razones respecto de muchas verdades, la verdadera filosofía es incompatible con el escepticismo total y universal, pero también con el escepticismo parcial o mitigado. El escepticismo que se opone a la filosofía, en rigor, es un escepticismo universal, que cubre todas las materias, que niega incluso el principio de no contradicción. El *principio de no contradicción* –llamado también «principio de contradicción»– es el juicio primero y más evidente que podemos enunciar, que se formula de varias maneras, como, por ejemplo, que «una cosa no puede ser y no ser, al mismo tiempo y en el mismo sentido». Una silla no puede ser azul y no azul al mismo tiempo; podría ser azul *ahora*, y mañana la pintan de rojo, y ya no es azul, en otro tiempo. No obstante, afirmar y negar lo mismo acerca de lo mismo, al mismo tiempo, eso es contradictorio y repugna a la realidad de las cosas y a la mente humana. Los escépticos totales y universales niegan incluso el principio de contradicción. Aristóteles, en el libro IV de su *Metafísica*, intenta defender el principio contra los que lo niegan;[66] pero advierte que *es imposible convencer a alguien que niega lo más básico*, porque cualquier cosa que uno diga presupone el principio de no contradicción. Solamente cabe procurar que los negadores *digan algo*, cualquier cosa, porque, si dicen algo con sentido, eso también va a presuponer que no sostienen lo contrario. El escéptico está condenado al silencio o a la incoherencia.

---

[66]   Cf. *Met*. IV, 4, 1006a35-1009a4.

El filósofo no puede aceptar el escepticismo universal, que se refiere a todas las cosas. Y si la filosofía fundamenta adecuadamente las demás ciencias, el filósofo tampoco puede aceptar un escepticismo acerca de todo un sector de las ciencias particulares (física, química, biología, etcétera). No puede decir «en materia de astronomía no podemos saber nada» o «en materia de biología no podemos saber nada» o «en materia de derecho y de ética no podemos saber nada». No, el filósofo le responde al escéptico: «Si usted puede confiar en su mente para conocer los principios más básicos de toda la realidad, entonces puede confiar en ella también para progresar en el conocimiento de cada uno de los sectores de la realidad: también de la física, de la biología, de la astronomía, de la ética y del derecho; también en esos ámbitos puede avanzar». Esta *confianza en la razón* está en la base de la filosofía y de todas las ciencias teóricas y prácticas. Si uno deja de confiar en la razón, destruye la filosofía. Si uno piensa que todo es apariencia y que no podemos atravesar la niebla de las apariencias para llegar a las cosas en sí mismas, entonces es mejor no molestarse en comenzar a filosofar. ¿Para qué? No tiene sentido una indagación que empieza con ese pesimismo radical. En cambio, el filósofo puede mostrarse «escéptico» en un sentido *particular*, no universal, y *parcial*, no total; es decir, puede afirmar, *respecto de determinada cuestión particular*, pero no respecto de todo un sector científico, que no se puede en principio o que de momento no se ha podido alcanzar la verdad o fundamentar racionalmente una afirmación completamente segura. Podemos concluir, como resultado de la investigación, como punto de llegada de un razonamiento, que no hemos podido o quizás ni siquiera es posible conocer la verdad respecto de ese problema específico. Eso es lo que se llama un *escepticismo parcial y particular*, no total y universal. Una tesis parcial y particularmente escéptica, o mitigadamente escéptica o probabilista, se refiere a un asunto concreto, y en consecuencia puede ser verdadera. No supone desconfiar de la razón, sino reconocer que la razón, para ese asunto, encuentra límites. Tal escepticismo acotado es *un aspecto de la verdad* sobre el alcance limitado de la mente humana. Tal «escepticismo» casi en sentido figurado puede estar sólidamente fundado porque no afirma que nuestra mente no es capaz de conocer la verdad, sino que, sobre tal o cual problema particular, *la verdad es* que no tenemos suficientes datos para resolverlo. Pensemos en el problema de la edad del universo. Hasta hace poco no estaban de acuerdo los cosmólogos en una cifra precisa sobre la edad del universo: ¿15.000 millones de años, 17.000 millones de años? Cabía decir, entonces: «sobre este problema específico, no hemos arribado a ninguna certeza». Si ahora se dice, al parecer con bastante seguridad, que la edad del universo es de 13.500 millones de años, el progreso de la astronomía ha disipado un «escepticismo» que entonces se justificaba por la limitación contingente de la razón humana.

Antes de que hubiera todos los medios fantásticos de la física moderna, filósofos como santo Tomás de Aquino pensaban que ni siquiera se podía demostrar racionalmente si el universo había comenzado en un momento determinado o si había existido desde siempre, porque había, entonces, razones tan buenas para pensar una cosa como la otra.[67] Algo análogo señala Immanuel Kant en una de las *antinomias de la razón pura*, en su *Crítica de la razón pura*, donde aduce argumentos tan buenos para una opinión como para la otra.[68] Se trata de un escepticismo *particular* –no universal–, porque se refiere solo a ese problema: el inicio del universo en el tiempo. Este escepticismo particular puede ser total, como afirma santo Tomás, pues él piensa que nada cabe probar sobre el asunto; o bien puede ser solo parcial, como afirmaba la astronomía hasta hace poco, que a lo más admitía conjeturas, no certeza. Tomás de Aquino pensaba que solamente por la fe sabemos que el universo ha tenido un principio temporal, que no ha existido desde siempre, de acuerdo con la interpretación tradicional del libro del *Génesis*.[69] En cambio, santo Tomás afirma que el universo es *creado por Dios de la nada*, y que esto puede ser demostrado racionalmente. Su mente era tan brillante, que fue capaz de concebir una idea muy difícil de pensar para nosotros, pero que es racional: que un universo puede ser al mismo tiempo creado por Dios y sempiterno en el tiempo, en un tiempo infinito; es decir, que podía haber existido desde siempre creado por Dios. A nosotros nos saltan chispas en la cabeza porque no tenemos la mente del Doctor Angélico. Normalmente pensamos: si es creado, es que en algún momento no existía y comenzó a existir. Santo Tomás muestra que son conceptos distintos. El tiempo podría haber existido siempre, porque Dios es eterno y Él podría haber querido que existiera el universo físico desde siempre. Eso no haría que el universo físico no fuera creado, porque todo lo que es limitado tiene que tener un Creador. Santo Tomás demuestra así que la idea de creación es racional, pero que no resuelve la cuestión de si este

---

67   Cf. CG, 2, 32-35.
68   Cf. *KrV*, A 426 / B 454-A 433 / B 461.
69   Cf. CG, 2, 38.

universo creado está siendo creado por Dios desde toda la eternidad o comenzó en un momento determinado. Para comprender la diferencia puede servirnos el ejemplo de la lámpara que cuelga del techo: mientras hay techo, cuelga la lámpara, y la lámpara no estaría ahí si no colgara del techo, pero obviamente la lámpara depende del techo. Análogamente, el universo material, como cosa limitada, está siendo creado por Dios, quien lo mantiene en el ser, y eso podría haber sido desde toda la eternidad, aunque también en ese caso habría sido una relación de dependencia respecto del primer ser, del ser necesario.

Otro ejemplo de posible escepticismo particular es el de los seres inteligentes extraterrestres. Cabe decir: «No podemos saber, de momento, con los medios a nuestro alcance, si hay seres inteligentes fuera de la Tierra». Se trata de reconocer la ausencia de conocimiento sobre una cuestión específica: la existencia o no de seres inteligentes extraterrestres. Eso no es realmente escepticismo *respecto de la verdad*.

Los escépticos se apoyan en algunas fallas de la inteligencia humana para intranquilizarnos: «¡Ven? ¡No se puede conocer la verdad!», porque a veces nos engañan los sentidos; porque vemos que hay muchos hombres sabios, que han investigado con ardor los diversos misterios de la existencia y están en desacuerdo entre sí; porque hay teorías científicas que han sido tenidas por verdaderas durante siglos y de pronto vienen otras y las refutan completamente, etcétera. Ante tales *hechos*, alegados para negar la posibilidad de verdad o de certeza, el filósofo *no niega los hechos* precisamente porque cree en la verdad. Él responde serenamente: «Eso *es verdad*»; es decir, que los argumentos escépticos no niegan la idea de verdad, sino que la presuponen. Es *verdad* que a veces, bajo determinadas condiciones, los sentidos nos engañan, y esta verdad ha de explicarse de alguna manera, como por la enfermedad de los sentidos o por la interposición de un obstáculo. Es *verdad* que los hombres sabios discrepan entre sí, pero, si afirman cosas contradictorias, eso quiere decir que uno se equivoca y el otro tiene la razón. Por lo tanto, no es que no se pueda conocer la verdad, porque esa misma discrepancia sobre asuntos contradictorios muestra que uno de ellos la conoce y el otro no. Pensemos en el gran problema de si existe Dios o no existe. Grandes sabios afirman que existe; ilustres señores afirman que no existe, y todos con poderosas razones. El escéptico dice: «No hay forma de saberlo». El filósofo afirma: «Como es contradictorio, uno de los dos tiene la razón». Dios *existe o no existe*, y, por lo tanto, racionalmente ha de probarse si existe o no existe o si respecto de este problema no contamos con razones suficientes para afirmar o negar (escepticismo particular). Un agnosticismo fundado respecto de la existencia de Dios –afirmar que positivamente no podemos responder la cuestión– no es escepticismo frente a la verdad, como no lo es tampoco el ateísmo. Precisamente porque no se trata de escepticismo, no valen lo mismo las tres posiciones: teísmo, agnosticismo, ateísmo. Algunas están en la verdad y otras en el error. Si el escéptico no puede darse cuenta de quién tiene la razón, debe sustituir el escepticismo universal, asumido apresuradamente, por un escepticismo estrictamente personal. Cabe decir: «Yo no soy capaz de saber quién tiene la razón en este debate», lo cual es un escepticismo particularísimo respecto de mi propia persona; pero extender este escepticismo particularísimo a toda la humanidad, y creer que toda la humanidad es incapaz de conocer la verdad, ¿no es acaso una afirmación demasiado fuerte, muy poco escéptica? Es curioso notar que el escéptico, que parecía desconfiar de las afirmaciones fuertes, termina extrapolando su propia actitud interior a la humanidad entera.

Bajo el escepticismo subyace la idea de verdad: está escondida. El otro extremo de la oposición al ideal filosófico de verdad, en cambio, es su negación directa en la acción: la mentira y el engaño, la privación de la verdad moral. Por desgracia, hay gente que piensa que la mentira es normal, lícita, y, a veces, por alguna conveniencia, afirma lo contrario de lo que piensa, o, cegada por las pasiones o la soberbia, se engaña a sí misma y engaña a otros, movida por el afán de justificar una mala conducta. La mentira y el engaño –incluso el autoengaño– también destruyen el diálogo filosófico, incluso más que el escepticismo, que casi ningún filósofo ha sido capaz de sostener coherentemente. Si en una conversación, en la que tratamos de llegar a la verdad, de pronto nuestro interlocutor nos dice: «Acepto tu afirmación por darte en el gusto, para que sigamos conversando», y se niega a decir lo que *realmente piensa*, debemos detenernos y decirle: «No, amigo, no hagas eso, porque así te niegas a investigar la verdad; dime lo que realmente piensas».[70] En un diálogo verdaderamente filosófico debe estar presupuesto que todos los participantes vamos a decir lo que realmente pensamos. No somos dioses, somos humanos, podemos equivocarnos; pero más vale decir lo que uno piensa, aunque esté equivocado, que comenzar un juego de ajedrez: «En realidad, yo no pienso eso, no te quiero decir lo que pienso, porque, si te digo lo que pienso, entonces tú me vas a refutar por este otro lado».

---

[70]   Cf. *Gorgias*, 516b.

Esta actitud demuestra *voluntad de poder*, querer ganar una discusión, y no la buena voluntad, que es la *voluntad de la verdad*. El no decir la verdad, el no defender la verdad tal como uno la ve, el mentir y el engañar, destruyen la filosofía.

El filósofo ha de ser la persona *dispuesta a sufrir por la verdad*, incluso a *morir por la verdad*. En este sentido, todo ser humano puede ser un filósofo. Todos nosotros lo somos, de alguna manera, si entramos por caminos de amor a la sabiduría, aun sin ser *filósofos profesionales*. Sin ser un experto en los fragmentos de algún filósofo presocrático, ni un erudito del *Tractactus logico-philosophicus*, de Ludwig Wittgenstein, cada uno puede ser *filósofo en el fondo de su vida*, en este sentido de estar dispuesto a buscar la verdad, a asimilar lo que honestamente le parezca que se sigue de los argumentos racionales, y, después, a decir y a defender aquello que ve como verdadero, aun a riesgo de equivocarse. No hay que confundir la *falibilidad* del ser humano con una *incapacidad de conocer la verdad* o de comunicarla, puesto que el conocimiento de nuestra falibilidad presupone que somos capaces de conocer la verdad, esa verdad cuyo descubrimiento a veces nos certifica que hemos estado equivocados, que somos falibles. Con esta base firme se puede progresar en la filosofía, se puede progresar en el diálogo racional. En cambio, si uno se mete por el camino de la conveniencia, al cual puede servir a veces decir la verdad, pero otras veces mentir, entonces se aleja cada vez más de la filosofía y se aleja cada vez más de la humanidad, de la propia humanidad, que tiene en su núcleo la voluntad de verdad, de conocerla y también de decirla, de comunicarla.

Ya se ve que *no están en el mismo plano* esas dos actitudes que se contraponen a la filosofía: el escepticismo y el engaño o la mentira. Un escéptico puede ser alguien que dice lo que piensa, que no miente, aunque no crea que lo que piensa constituye conocimiento cierto de la realidad. A mis amigos que, por su deformación filosófica, son escépticos, y me dan argumentos para justificar por qué son escépticos, yo les digo: «Si los argumentos no valen, no me des más argumentos; si la razón humana es incapaz de demostrar nada, no trates de demostrarme que el escepticismo es la posición *correcta*, que tú no te atreves a llamar *verdadera* porque no crees en la verdad». Esos amigos, con todo, no me están engañando. Si alguien me engaña alguna vez, yo lo puedo corregir y podemos seguir siendo amigos; pero, si me engaña consistentemente, no vamos a poder ser amigos, porque, si no hay una comunidad de comunicación, no puede haber amistad.

La amistad con el escéptico es parte del bien que el filósofo puede hacerle a ese amigo y a la humanidad, porque cuando el filósofo, ante un escéptico que no puede ser convencido por ningún argumento, cultiva la amistad, en algún momento puede suceder, como dice Robert Spaemann, que el escéptico se dé cuenta de que *no todo en este mundo es absurdo*, de que hay algún bien verdadero: el bien de la amistad.[71] En cambio, si alguien no está deformado por el escepticismo, sino corrompido por la mentira, el asunto se nos pone negro, porque la mentira corrompe infinitamente más que el error filosófico del escepticismo. Quien se acostumbra a mentir se corrompe mucho más que el que, por falta de buenos argumentos o por no saber cómo responder a los escépticos, se ha desilusionado de la posibilidad de conocer la verdad. El escéptico necesita solo –no es poca cosa– una *conversión intelectual* hacia la filosofía, que es posible; el que es un engañador y mentiroso, en cambio, necesita una *conversión moral* hacia la verdadera filosofía, lo cual también es posible, pero es más difícil. Por eso, la opción contra la mentira tiene que ser radical, desde que uno es joven, desde que somos niños y sentimos la tentación de taparnos los ojos para no ver y no ser vistos.

A propósito de todo esto, recuerdo que una vez, a la salida de una clase en la que lidiamos con todo tipo de sofismas, con John Finnis, en Oxford, le pregunté: «Profesor Finnis, si las cosas están así en el mundo, tan mal, y tantos engañan o se engañan, ¿qué sentido tiene dialogar con quienes están tan recalcitrantemente adheridos a errores funestos, y no quieren ver la verdad sobre un asunto, porque cuando les refutan un argumento buscan otro con tal de seguir defendiendo lo que habían defendido antes?». Es curioso, ante un escepticismo tan cerrado de algunos y una mala voluntad de otros, me estaba convirtiendo yo mismo en un escéptico sobre la capacidad del ser humano de rectificar y de pasar de posiciones escépticas a posiciones de confianza en la razón y la verdad, y de transitar, asimismo, desde la voluntad de poder, que no trepida en engañar, a una genuina voluntad de verdad. John Finnis me respondió: «No hay que desesperar: piense usted que *las conversiones son posibles*». Me dejó pensando, me dio un poco más de ánimo para seguir estudiando, cuando yo era un joven profesor de veintiocho años, que pasaba un año en Oxford como *academic visitor*. Años más tarde me

---

71 Cf. Spaemann, Robert. *Felicidad y benevolencia* (José Luis del Barco, traductor), Rialp, Madrid, 1991, p. 156.

enteré de que Finnis era él mismo un converso. El profesor Santiago Legarre, de la Universidad Católica Argentina, uno de los discípulos más cercanos de John Finnis, le preguntó si había sido agnóstico, antes de convertirse. Finnis le respondió *que no*, que había sido ateo, con todos los argumentos de David Hume a cuestas; con todo el escepticismo sobre el mundo y sobre Dios, y con la típica imagen caricaturesca sobre santo Tomás de Aquino. Y John Finnis se convirtió. Su respuesta, a este colega joven que comenzaba a desanimarse ante el mal en el mundo, había sido autobiográfica, es decir, irrefutable: las conversiones a la verdadera filosofía, como las conversiones a la verdadera fe, son siempre posibles.

En síntesis, se puede conocer la verdad, y a eso va la filosofía; debemos decir la verdad, y sin este presupuesto no se puede entrar a un diálogo racional; y las conversiones son posibles, porque puedo haber empezado a mentir a los siete años y ser un mentiroso empedernido hasta los diecinueve, y después darme cuenta de que he destruido mis amistades, mis comunicaciones significativas, y un verdadero bien en mi vida, y que puedo cultivar la filosofía y, poco a poco, dejar de ser ese gran mentiroso que alguna vez fui.

7. HEDONISMO Y FILOSOFÍA:
¿PASARLO BIEN O HACER EL BIEN?

La disputa entre Sócrates y Calicles nos pone ante los ojos la opción entre el bien honesto y la reducción de todo lo bueno al placer o a la utilidad.[72] O: ¿todo el sentido de la vida está en pasarlo bien o en hacer un bien que supera los placeres?

La antigua sabiduría griega sostenía que solamente se puede saber si una persona ha sido feliz en el momento de su muerte, cuando la vida humana se puede sumar en una totalidad. Así dice Deyanira, uno de los personajes en *Las traquinias*, de Sófocles: «Hay una máxima que surgió entre los hombres desde hace tiempo, según la cual no se puede conocer completamente el destino de los mortales, ni si fue feliz o desgraciado para uno, hasta que muera».[73] La tradición cristiana, por su parte, ha dicho algo parecido, de un modo más comprometedor: que solamente en el momento de la muerte Dios juzga de manera radical a una persona.[74] La visión cristiana sobre este punto particular, que es verdaderamente filosófica –se propone a la razón y es comprensible sin ayuda de la fe–, tiene una ventaja: que los seres humanos no estamos encargados de juzgar de manera radical al prójimo; pero sí podemos y debemos juzgarnos a nosotros mismos, y nos conocemos lo suficiente como para que ese juicio, aunque tampoco sea radical, aunque no sea tan perfecto como será el juicio

---

72   Cf. *Gorgias*, 481b-527c.

73   SÓFOCLES. "Las Traquinias", en *Tragedias* (Assela Alamillo, traductora), Gredos, Madrid, 1981, p. 193.

74   Cf. *Catecismo de la Iglesia Católica*, n° 678.

divino y aunque no sea tan profundo como el que quizás podríamos tener en el momento de la muerte, sea un juicio aproximadamente verdadero. Para emitir este juicio, hemos de adoptar un parámetro, un criterio, y el criterio implica una noción de lo bueno.

Los autores escolásticos dicen que *el bien es el mismo ser de las cosas en cuanto apetecible.* Se basan en Aristóteles, quien afirma que *el bien es lo que todas las cosas apetecen.* «Por eso se ha declarado con acierto que el bien [es aquello] a lo que todas las cosas tienden», afirma en su *Ética a Nicómaco*.[75] Esta noción universal, trascendental, captura un hecho que todos experimentamos: el *deseo subjetivo* con un *término objetivo.* Tal hecho plantea la pregunta de si una cosa es *buena porque la deseamos* o más bien *la deseamos porque es buena.* La respuesta no siempre ha sido para todos fácil, pues precisamente detectamos el bien porque surge el deseo en nosotros, y, por lo tanto, podemos experimentar la tentación de creer que nuestro deseo constituye las cosas como buenas. Pensemos por un momento en la diferencia entre lo real y lo aparente, de la que tratamos a propósito de la verdad y del escepticismo.[76] Si en materia de verdad podemos decir que hay diferencia entre lo real y lo aparente, y podemos creer que tenemos un conocimiento aunque en realidad estemos equivocados, lo mismo puede suceder en lo tocante al bien: podemos experimentar un deseo y el deseo nos certifica que su objeto es un bien, en algún sentido; porque el deseo se despierta ante lo apetecible, es decir, lo bueno. Por lo tanto, podemos creer que es *realmente bueno* aquel objeto del deseo, y, sin embargo, descubrir enseguida que era un *bien aparente*. Podemos desear una manzana que luce apetitosa. Saciar el hambre con una manzana normalmente es bueno. El deseo puede frustrarse, sin embargo, al morder la manzana y experimentar que, a pesar de su apariencia externa, está verde, harinosa o podrida. La posibilidad de descubrir que el objeto del deseo es un bien aparente muestra que nosotros no constituimos en buenas las cosas por desearlas, sino que las deseamos porque son buenas bajo un aspecto, bajo una mirada que puede resultar falsa. Por eso puede suceder que nuestra mente nos engañe respecto de algo, nos presente algo como bueno, y así se despierte el deseo, y, no obstante, que después descubramos que aquello que estábamos deseando no era realmente bueno. Si las cosas fueran buenas porque las

---

75   *EN*, I, 1, 1094a.
76   Cf. *supra* cap. 6. Véase también *infra* cap. 9.

deseamos, no podría haber bienes aparentes, porque el solo hecho de desear algo constituiría aquello en un bien objetivo.

El examen de la propia vida, por lo tanto, exige una atenta observación de los deseos y de sus objetos, que podrían ser bienes reales o aparentes. Entonces surge la cuestión de cómo descubrimos el verdadero bien, ya que puede haber bienes aparentes. ¡Cómo no advertir la profundidad de la conversación entre Sócrates y Calicles! Profunda es también la reflexión ética y metafísica de quien discierne si lo bueno se identifica con la satisfacción de los deseos, o, por el contrario, puede ser algo que admita un criterio racional, que rectifique el deseo y distinga entre bienes reales y bienes solamente aparentes (aunque hayan sido deseados con ardor). Calicles declara que feliz es el hombre que puede expandir sus deseos ilimitadamente y satisfacerlos una y otra vez. Puede ir a la playa el miércoles, el jueves, el viernes y el sábado, hasta reventar en satisfacción de deseos de sol, de mar, de arena y de alcohol, y entonces, según Calicles, va a ser más feliz. Esta posición no es fácil de refutar mediante palabras. No basta un argumento racional cuando el punto de partida es precisamente la negación de la superioridad de la razón sobre el deseo y el placer. Sócrates se esfuerza por refutar tal negación. Uno de sus argumentos es un argumento *ad hominem*, que consiste en llevar el pensamiento hacia placeres que *el mismo Calicles* –a pesar de su mente corrupta– considera indignos. El argumento funciona porque Calicles no es completamente hedonista. Ante la sola mención del placer que experimenta el *kínaidos*,[77] inicialmente se escandaliza: «¿No te avergüenzas de llevar a tales extremos la conversación, Sócrates?».[78] Ante esto, Sócrates le hace observar que a esos extremos lleva el no distinguir que hay placeres buenos y malos, y le pide a Calicles: «Pero di aún otra vez, ¿afirmas que son la misma cosa placer y bien, o hay algún placer que no es bueno?».[79] Ante lo cual Calicles se ve arrastrado a conceder: «Para que no me resulte una contradicción si digo que son distintos, afirmo que son la misma cosa»,[80]

---

[77] "Aparentemente, un *kínaidos* es tanto un hombre que practica la prostitución homosexual como uno que accede a ciertas prácticas sexuales que implican sumisión frente a su amante: el coito anal, por ejemplo. En este último caso se lo llama *kínaidos*, aun cuando no reciba remuneración por sus servicios. De todos modos, parece que en Atenas la segunda actividad se asimilaba a la primera y ambas recibían severo castigo": GÓMEZ-LOBO, Alfonso. *La ética de Sócrates* (Andrea Palet, traductora), Editorial Andrés Bello, Santiago, 1998, p. 177.

[78] *Gorgias*, 494e.

[79] *Gorgias*, 495a.

[80] *Ibid.*

y Sócrates no acepta tal concesión, porque es insincera: «Destruyes, Calicles, las bases de la conversación, y ya no puedes buscar bien la verdad conmigo si vas a hablar contra lo que piensas».[81] Finalmente, mediante las siguientes refutaciones Sócrates consigue que Calicles admita que hay placeres buenos y malos, o deseos buenos y malos. Cuando surge esta idea de que puede haber deseos buenos y malos, hemos llegado al terreno de la búsqueda de un criterio suprasensible y externo al deseo, por el cual un deseo puede ser juzgado como bueno o malo. Al final del *Gorgias*, Calicles no quiere dar su brazo a torcer, aunque ya ha adquirido fuerza la idea de que puede haber placeres buenos y malos. Calicles elige callar: «Habla tú solo, amigo, y termina».[82] Sócrates se ve entonces obligado a sustituir la voz de Calicles: habla y se responde a sí mismo. Calicles se niega a ceder. Su mismo discurso ha llevado el diálogo al punto en el que hay que reconocer que hay placeres buenos y malos, pero, como no quiere reconocerlo, se refugia en la ironía y en el silencio. No podemos dejar de reconocer a los sofistas de nuestros días: se burlan cuando les incomoda la fuerza de la razón. En cambio, quien quisiera sacar las conclusiones del diálogo tendría que decir que efectivamente hay placeres buenos y malos, deseos buenos y malos, lo cual implica un criterio del bien y del mal que está por encima del placer y el dolor, que es superior a la satisfacción del deseo. Emerge entonces la idea del *bien honesto*, es decir, algo que es bueno por sí mismo según un criterio racional, o, en terminología más socrática, algo que es por sí mismo bueno para el alma, con independencia del placer que puede producir o de la utilidad para la consecución de otros bienes.

¿En qué sentido la opción entre el bien honesto y el simple placer sensible es una opción radical? Lo es en cuanto que, si se pone en primer lugar el bien honesto, es decir, aquello que perfecciona al alma, y que implica la adquisición de la virtud moral, entonces el placer y el dolor ocupan un lugar ordenado y subordinado en la vida de una persona. No es una opción radical en el sentido de que optar por el bien honesto implique rechazar el placer. El bien honesto supone, más bien, ordenar, introducir un orden en el cual encuentran su lugar el placer y la utilidad. Todavía más: el mismo orden y subordinación racional de los placeres sensibles conlleva un mayor goce de todos ellos en conjunto con los goces racionales de la verdad, la bondad y la belleza.

---

81 *Ibid.*
82 *Gorgias*, 506c.

El argumento más difícil en el diálogo socrático es aquel en el que Sócrates intenta explicar *por qué el orden es un bien*.[83] El bien honesto supone fundamentalmente un orden. Hay un orden en el universo; hay un orden entre las criaturas del universo y hay un orden al interior de la persona, un orden en el cual sus pasiones están subordinadas a la voluntad y su voluntad está sometida a la inteligencia. Los placeres encuentran su lugar, que precisamente es un lugar limitado. No podría haber orden si no hubiera límites. Por lo tanto, es radical la opción entre una vida ordenada, orientada hacia un bien honesto que incluye el placer como una parte de ese orden, y una vida desordenada, en la que el placer se pone como factor dominante, un dominador imprevisible que, en realidad, no ordena la vida, sino que precisamente la desordena. Cuando el criterio es el placer y la satisfacción de los deseos, el curso de la conducta de una persona es más o menos impredecible. Un día está de buen humor, estudia y trabaja; al otro día amanece de mal humor, y ya no estudia ni trabaja. ¿Por qué? Un día está de buen humor, ayuda a lavar los platos; al otro día está de mal humor y no ayuda a lavar los platos. ¿Por qué? ¡Por sus humores! Los *humores* no ordenan la vida; la desordenan. En cualquier otro terreno, cuando se pone el placer como *principio ordenador*, en realidad no ordena; simplemente es un principio dominador, y quienes lo padecen experimentan, por lo menos inicialmente, antes del enviciamiento total, una esclavitud más que una liberación.

Una vida examinada, una aproximación a la filosofía clásica, que ordena la vida hacia su plenitud, exige esta opción tan poco glamorosa, tan recia, tan realista, que desenmascara la vaciedad de las promesas de una vida fácil. La vida real, como la filosofía, no es fácil.

---

[83] Cf. *Gorgias*, 506d y ss.

8. TÚ Y NOSOTROS:
BIEN COMÚN *VS.* INDIVIDUALISMO

Con cierta frecuencia me han formulado, con no poco desconcierto, la siguiente pregunta: «¿Por qué ha habido un ataque tan sistemático a la familia como institución, en la historia de los últimos dos siglos, aunque en forma acelerada en la segunda mitad del siglo XX?». No se trata de un desprecio a las familias concretas –nada más apreciado en todas partes–, sino a la familia como institución, con sus características esenciales: el matrimonio monógamo, indisoluble, fecundo; los hijos, nacidos bajo el amparo del matrimonio entre su padre y su madre; la vinculación de la institución familiar con la política nacional. Todo eso ha ido, más o menos, desapareciendo. El fenómeno, visto ya en su despliegue de décadas y de siglos, desconcierta precisamente porque casi todos ven lo beneficiosa que ha sido la familia concreta en la que han nacido y vivido. Entonces, ¿por qué esos ataques despiadados, ese ensañamiento contra la familia como institución? Una respuesta cabal sería larga y compleja. Sin embargo, existe una opción radical entre dos concepciones del yo y de las instituciones, una disyuntiva que ayuda a explicar el desmoronamiento de la familia como institución social. Por una parte, podemos concebir a cada persona como un individuo autónomo, para el cual los vínculos son como cadenas, que quizás en algún momento nos benefician, y entonces los aprovechamos; pero que, cuando ya no nos benefician, los cortamos. Esta mentalidad ve un peligro para la autonomía de la persona allí donde hay vínculos fuertes, instituciones indisolubles y cosas por el estilo. Según esta visión, por lo tanto, las instituciones son algo de lo cual las personas se pueden aprovechar, porque esas instituciones y sus encarnaciones concretas están al servicio de la autonomía de sus miembros; pero, cuando toca la otra cara de la medalla, ese tener que sacrificarse para preservar la institución, entonces se la percibe como opresora y se ve con buenos ojos negar o destruir alguna de sus características.

Por contraste existe una visión según la cual, en realidad, la verdadera libertad de las personas no es esa *autonomía* respecto de los vínculos o respecto de las instituciones. La libertad personal es, más bien, esa capacidad de *autodeterminarse* en relación con un bien que es posibilitado y protegido por esas instituciones, que es salvaguardado en ellas y por las cualidades precisas que las definen como instituciones sociales. Por lo tanto, es natural que las personas se beneficien de esos vínculos, derechos y ventajas implicados en la institución; pero deben también aceptar sacrificios, a veces muy importantes, para la mantención de esos vínculos, de esas instituciones. El caso extremo es el del soldado que muere en la guerra porque tiene que sacrificar su vida por la preservación del bien común de la patria. Lógicamente, ese perder la vida no tiene ningún sentido en una óptica meramente individualista, porque nada puede obtenerse para uno mismo si se muere por unos vínculos de los cuales ya no se va a seguir disfrutando.

La familia es quizás el mejor ejemplo de una institución social con cuyas concreciones, más o menos logradas, todos hemos tenido que ver. Aquí solamente nos servimos de este ejemplo para plantear otra opción filosófica, de carácter antropológico, ético y político: la opción entre la *primacía del bien común*, por una parte, y el *individualismo radical* o la *autonomía individualista*, por otra. En la vida de cualquier persona, en algún momento se va a manifestar esa tensión. Asimismo en nuestra propia vida habrá un momento de opción radical entre ser personas que tratan de favorecer el bien común o personas que solo procuran aprovecharse de las ventajas individuales de la vida común. Nadie se va a librar de tener vínculos; la cuestión es qué sentido les damos a esos vínculos: si son vínculos de aprovechamiento puramente individual, o son vínculos mediante los cuales todos colaboramos para un bien que nos trasciende: nos favorece a todos, pero también requiere un sacrificio especial.

Una forma de entender la opción consiste en considerar primero una paradoja, que podríamos llamar la paradoja de la persona humana y su dialéctica entre individualidad y apertura hacia los demás, o la paradoja de la dialéctica entre libertad personal y entrega al prójimo. A partir de esta paradoja se puede mostrar, en segundo lugar, que es un falso planteamiento el que opone la persona a la sociedad. ¿Qué es más importante, la persona o la sociedad? ¿Qué prima: la persona sobre la sociedad o la sociedad sobre las personas? A veces nos podemos ver acorralados ante preguntas de este tipo, que envuelven una pequeña trampa. En tercer lugar, ofreceré una reflexión sobre otras dimensiones de la opción fundamental entre el bien común y el individualismo. Cabe así contrastar la actitud básica de la persona justa con la actitud radical de una persona injusta. Aquella quiere, aun a costa de sus intereses, dar a cada uno lo suyo. Esta favorece su propio interés continuamente, con independencia de cuál sea el legítimo derecho del prójimo. En un nivel más alto se trata de la opción fundamental entre la generosidad o la caridad, por una parte, y el egoísmo, por otra. A todo el mundo le repugna el *egoísmo*, cuando se lo menciona abiertamente y cuando se muestra a quien es claramente egoísta, sin los mecanismos de ocultamiento del egoísmo, de engaño y, sobre todo, de autoengaño; pero *otra cosa es la debilidad de la vida*, porque después nosotros, todos y cada uno, merced a estos mecanismos de ocultamiento, podemos vivir como refinados egoístas, sin darnos cuenta. Finalmente, la misma opción fundamental se puede plantear llevándola al terreno de la elección entre la política y la vida meramente privada. En relación con esta alternativa más concreta, cabe apelar al sentido de responsabilidad que deben tener quienes poseen una preparación mayor para ocuparse del bien público, junto con otras aptitudes prácticas propias del buen gobierno.

La paradoja de la persona humana como individualidad y apertura consiste en que el ser humano es *máximamente individual* por la misma razón que posee la *máxima apertura* al ser y a los otros. El hombre posee una unidad interna mayor que los seres que no son inteligentes, que los animales irracionales y las plantas, y una capacidad casi infinita de vivir para adentro. Si a un animal irracional, como a un perro, se le deja dentro de una sala, está activo mientras tenga cosas que lo distraigan; pero, si se le quitan los estímulos externos se duerme. No tiene una interioridad independiente de sus sentidos y tendencias, en la cual estar consigo mismo.[84] Naturalmente, una persona enferma también podría sufrir semejante dependencia total de los estímulos exteriores.[85] Pero el ser humano es capaz —dentro de ciertos límites, que admite la naturaleza biológica— de no dormirse, a pesar de la ausencia total

---

84 Véanse los famosos experimentos de Pavlov con perros, a los que privaba de sus sentidos visuales, auditivos, etc., de manera que incluso era necesario despertarlos para darles alimento. Cf. PAVLOV, Iván P. *El sueño y la hipnosis* (José Macernis, traductor; y José Torres Norry, compilador), Editorial Psique, Buenos Aires, 1987, pp. 83-86 y 214-216.

85 Cf. *ibidem*, pp. 83-84.

de estímulos externos, porque posee una interioridad, un *yo* en donde puede vivir. El *sí mismo*, el *yo* que se autoposee con independencia de los sentidos y de los estímulos, expresa y realiza una *máxima individualidad*. Esa profundidad del ser humano engendra a veces la ilusión de que podemos vivir solamente con nosotros mismos o para nosotros mismos. Se trata de una ilusión óptica, porque no considera la otra cara de la moneda: que el ser humano tiene la máxima apertura hacia la totalidad del mundo exterior y hacia los otros yoes, sin cuya presencia el propio yo no podría conocerse a sí mismo como infinita apertura, ni, por ello, como infinita interioridad. Esta apertura total es posibilitada por la inteligencia humana, que nos permite tener una vida interior. El animal irracional se fija en lo que es inmediatamente necesario para satisfacer sus tendencias, y actúa según la tendencia predominante, pero no puede meditar acerca del mundo en general. Sus relaciones con los otros animales están estrictamente ancladas en el instinto, con sus tendencias, y por eso los animales irracionales no pueden tener cultura, creación y otras realizaciones diferenciadoras distintivas de la inteligencia. En cambio, el ser humano tiene la máxima apertura, hasta el punto de reconocer en el otro un tú (otro yo) y concebir la noción de un nosotros, e incluso revertir el punto de vista vital hasta pensar en el bien del propio yo como un aspecto del bien de otros: los osos no contratan seguros de vida. Es tan amplia la apertura del ser humano, que le permite verse a sí mismo no como un sí mismo en el centro de su vida, sino como otro respecto de otros, como satélite de una vida más importante que la propia, porque ve su propio yo desde el punto de vista de otro, al que ve como un sí mismo. Nosotros somos capaces de gozarnos del bien ajeno como si fuera propio, acto que constituye el núcleo de la amistad. Por lo tanto, el bien humano es un bien personal, un bien que se realiza en el individuo, y también comunitario, que se proyecta y se apoya en el conjunto de las personas que conviven, ya sea como una familia pequeña, ya sea como un país entero. El bien humano no es exclusivamente individual y tampoco es exclusivamente el bien de una empresa colectiva, considerado con independencia de cómo repercute en las personas que contribuyen con su esfuerzo a la empresa. Cualquier visión unilateral perdería una parte de la paradoja de la espiritualidad del ser humano, eliminaría el aspecto estrictamente individual o el aspecto estrictamente comunitario.[86]

---

86   Cf. VERNEAUX, Roger. *Filosofía del hombre* (María Luisa Medrano, traductora), Herder.

De lo expuesto aparece con claridad que es falso el planteamiento que confronta la persona con la sociedad y que nos exige definirnos por una de las dos. ¿Está la persona por encima de la sociedad o la sociedad por encima de la persona? Planteada así la cuestión, nos pone ante un falso dilema. En efecto, al decir que *la persona está por encima de la sociedad* parece que todos los aspectos del bien social tendrían que subordinarse a la voluntad de cada persona individual o a su bien particular, con peligro de la primacía del bien común; pero si uno dice, a la inversa, que *la sociedad está por encima de la persona*, parece que cada individuo no es más que un tornillo en una máquina productiva, que no tiene un valor como fin en sí mismo, y que la noción de bien común se confunde con la de un bien separado que es propio de la sociedad en cuanto tal, con independencia de sus miembros. Se nos aparece el espectro de los totalitarismos y de los socialismos reales, tan aterradoramente tratados por Arendt.[87] De modo que este planteamiento nos lleva a callejones sin salida. Se puede usar cualquiera de estas expresiones para promover un tipo de vida que no hace justicia a la paradoja ya mencionada, la *paradoja de la individualidad y la apertura* o de la de libertad individual y la necesaria entrega a la comunidad, o del yo y el tú en el nosotros. De un mal planteamiento se pueden extraer conclusiones contradictorias. Si decimos que la persona prima sobre la sociedad –lo cual es verdad en algún sentido–, podemos llegar erradamente a sentirnos con un derecho a manipular a la sociedad y a sus instituciones en exclusivo beneficio propio. Tal es el individualismo, el egoísmo. Si decimos, por el contrario, que la sociedad prima sobre las personas –lo cual es verdad en cierto sentido–, podemos sacar conclusiones equivocadas sobre cómo debe ejercerse la autoridad o sobre qué tan importantes son las metas colectivas como para sacrificar a los individuos particulares y a sus familias en el afán de cumplir esas metas.

La Doctrina Social de la Iglesia Católica ha tenido que hablar un lenguaje comprensible en el contexto intelectual decadente de fines del siglo XX. Por eso, en el marco de un planteamiento tan ambiguo, cuando esa enseñanza social católica lidia con la tentación colectivista –con el socialismo, sobre todo–, afirma la primacía de la persona por encima de la sociedad; cuando propone

---

Barcelona, 1970, pp. 232-233.

87   Especialmente en ARENDT, Hannah. *Los orígenes del totalitarismo* (Guillermo Solana, traductor), Alianza Editorial, Madrid, 2007.

los cambios necesarios para edificar una sociedad más justa, afirma la primacía de la reforma espiritual y moral por encima de la reforma de las estructuras y las relaciones colectivas. Así dice Benedicto XVI: «El desarrollo debe abarcar, además de un progreso material, uno espiritual, porque el hombre es *uno en cuerpo y alma* [...]. No hay desarrollo pleno ni un bien común universal sin el bien espiritual y moral de las personas».[88] Y ya antes, Juan Pablo II planteaba: «El carácter moral del desarrollo y la necesidad de promoverlo son exaltados cuando se respetan rigurosamente todas las exigencias derivadas del orden de la verdad y del bien propios de la creatura humana».[89] El Magisterio de la Iglesia usa este lenguaje porque enfrenta el colectivismo o algunas teologías de la liberación que dieron prioridad al cambio, incluso violento, de las estructuras políticas por sobre la conversión de los corazones y la salvación eterna de las almas.[90] No es que la Iglesia niegue la importancia de la organización social, de las instituciones, sino que hace frente a una forma de plantear la cuestión en la que el colectivismo se presenta como la gran solución, y debe ser neutralizado recordando el carácter trascendente de la persona humana.

En cambio, las mismas encíclicas hablan de un modo distinto cuando se enfrentan al individualismo liberal, que promueve la idea antisocial de que no hay un genuino bien común, sino que se ha de aspirar a un pacto de no agresión y a un acuerdo de negocios en el que cada persona busca los fines que se le da la gana. Entonces, los mismos textos magisteriales afirman *la primacía del bien común por sobre los bienes particulares*. La idea del *bien común* se defiende como un bien al mismo tiempo *comunitario* y *personal*. Es de todos y de cada uno: cada individuo lo aprovecha, o participa de él, desde su posición en la comunidad. El bien común exige un sacrificio de todos y de cada uno de los ciudadanos para sostenerlo, defenderlo, mejorarlo... Es un bien común que exige de todos un aporte. El bien común, a su vez, beneficia a todos y a cada uno de los miembros de la comunidad, y por eso mismo es común y no simplemente una agregación de bienes particulares. El papa Juan XXIII lo expresó de esta manera:

---

88   BENEDICTO XVI. *Caritas in veritate*, n. 76.

89   JUAN PABLO II. *Sollicitudo rei socialis*, n. 33.

90   Cf. IBÁÑEZ, José Miguel. *Teología de la liberación y lucha de clases*, Palabra, Madrid, 1985, pp. 40-45.

Todos los individuos y grupos intermedios tienen el deber de prestar su colaboración personal al bien común. De donde se sigue la conclusión fundamental de que todos ellos han de acomodar sus intereses a las necesidades de los demás, y la de que deben enderezar sus prestaciones en bienes o servicios al fin que los gobernantes han establecido, según normas de justicia y respetando los procedimientos y límites fijados para el gobierno.[91]

El Concilio Vaticano II, por su parte, también fue claro al respecto:

La profunda y rápida transformación de la vida exige con suma urgencia que no haya nadie que, por despreocupación frente a la realidad o por pura inercia, se conforme con una ética meramente individualista. El deber de justicia y caridad se cumple cada vez más contribuyendo cada uno al bien común según la propia capacidad y la necesidad ajena, promoviendo y ayudando a las instituciones, así públicas como privadas, que sirven para mejorar las condiciones de vida del hombre.[92]

La *primacía del bien común sobre los bienes particulares* no es una derogación de la *primacía de la persona sobre la sociedad*, sino que es una explicación de cómo se debe conseguir el bien de la persona, si queremos que sea el bien de todas las personas y no de las más hábiles para aprovecharse egoístamente de las instituciones sociales. En definitiva, si queremos que sea un bien participado equitativamente por todos los miembros de la comunidad, entonces ha de ser *el bien de todos y cada uno*: tal es la definición metafísica de *bien común*.[93]

Ya estamos en mejores condiciones para reflexionar sobre la opción fundamental que me atrevo a proponer, que define el carácter de cada uno y el carácter de grupos enteros de personas. En el nivel más básico hay que analizar la opción entre la justicia y la injusticia, que es el exceso en la búsqueda del bien propio. Cuando uno defiende sus propios derechos no ejercita la

---

91   Juan XXIII. *Pacem in terris*, n. 53.

92   Concilio Vaticano II. *Gaudium et spes*, n. 30. También cf. *Catecismo de la Iglesia Católica*, n. 1907; León XIII. *Rerum novarum*, n. 25; Pío XII. *Radiomensaje de Navidad de 1942*, n. 16; Juan Pablo II. *Centesimus annus*, n. 34; Pablo VI. *Octogesima adveniens*, n. 46; Juan XXIII. *Mater et magistra*, nn. 236-239.

93   Cf. Cardona, Carlos. *La metafísica del bien común*, Rialp, Madrid, 1966, pp. 34-38.

virtud de la justicia, porque para perseguir el propio interés no se requiere una fuerza especial de carácter (*virtud*), un hábito que rectifique y fortalezca a la voluntad. En tal situación no se les da a los otros lo que es suyo, que es el objeto de la justicia. Tomás de Aquino observa que para buscar el bien propio, en el sentido de la propia conveniencia material, no se necesita la virtud, sino que basta la inclinación espontánea de la voluntad hacia su propio bien.[94] La virtud es necesaria para querer dar y respetar el bien del *otro*.[95] La opción fundamental aquí es: o bien la continua reivindicación de mis derechos o bien la continua atención a cuáles son los derechos ajenos para respetarlos, darlos, satisfacerlos. Esta tesis no es un alegato a favor de la dejación de los propios derechos. Muchas veces hay que ejercitar los derechos propios para impedir que personas injustas, abusadoras, prepotentes, conculquen los derechos de todos. Al defender un derecho propio podemos estar atajando la injusticia que alguien pretende realizar, y, entonces, indirectamente, favorecer a los que podrían ser víctimas de ese mismo tipo de injusticia.

En un nivel más exigente, defiendo la opción por la generosidad y la caridad contra el egoísmo. A todos nos afecta este punto, incluso si no hemos cometido grandes injusticias, pues espontáneamente obramos en función de nuestro placer y no en función del bien de los demás. Cuando uno piensa continuamente: «Esto, ¿en qué me beneficia?», se encierra en el cajón del egoísmo, un cajón que se cierra por dentro y se abre por fuera, que termina siendo un ataúd que mata la conciencia, destruye la fortaleza moral. Lo automático es ser egoísta; si no hacemos nada, si nos dejamos llevar sin lucha espiritual, nos hacemos egoístas. Tenemos cierta tendencia espontánea a socorrer a los necesitados movidos por compasión; pero no a la generosidad ni a la caridad cuando no aparece el sentimiento de compasión. Lo que resulta espontáneamente, si no nos esforzamos, es el egoísmo. Por lo tanto, la opción por la generosidad tiene que renovarse continuamente. Otra vez, cabe apuntar un matiz: esta opción generosa no implica despreocuparse del bien propio. Hay que hacer compatible el bien propio con la entrega generosa al otro, comenzando por los que están más cerca. El orden de la caridad, que empieza por quienes están más cerca, ataca una sutil forma de egoísmo, que se esconde, se enmascara,

---

94   Cf. *supra* cap. 4.
95   Cf. Pieper, Josef. *Las virtudes fundamentales* (Carlos Melches, traductor), Rialp, Madrid, 1976, pp. 85 y ss.

como, por ejemplo, ese egoísmo de buscar la satisfacción sentimental –aliviar *la compasión que uno siente*– mediante acciones externamente muy generosas con gentes lejanas, a la vez que se maltrata a los cercanos, o se los abandona. Tal es la manera más corriente de falsa caridad, de generosidad sentimental, donde uno se ve muy consciente del derecho propio y no practica la caridad con los más cercanos.[96]

Por último, una manifestación muy alta de generosidad y de caridad es la opción por la vida política por sobre la vida meramente privada. Si se corrompe, y sucede fácilmente, degenera en lo peor, porque, como reza el adagio escolástico, *corruptio optimi pessima*, «la corrupción de lo mejor es lo peor». Pusilánime sería, no obstante, dejar de intentarlo por el riesgo de fallar. En este contexto, entiendo la política en su sentido más amplio, como actividad que tiende a promover el bien común de la comunidad completa mediante la participación en la cosa pública de manera activa, responsable y continua. Un concepto así de abierto incluye todos los modos en los que un ciudadano puede estar enterado de lo que afecta al bien común, adquirir una genuina preocupación, formar su conciencia cívica y participar mediante su aporte particular a la deliberación común, a la toma de decisiones, a la gestión de actividades concretas. Tal es la política de un Aristóteles, una *cumbre de la virtud* en la vida activa, una actividad especialmente noble en sí misma. En el sentido moderno, en cambio, representado paradigmáticamente por Thomas Hobbes, se ve a la política como el mal menor. La necesitamos, pero… ¿para qué? ¡Para que no nos mordamos unos a otros! En la perspectiva clásica griega y romana, la política es una cumbre de la vida activa de los hombres libres. En la perspectiva cristiana, la política es una forma elevada de la caridad cristiana, porque en ella uno se entrega a los demás.[97] Ha sido una gran desgracia para la mentalidad cristiana esta infiltración del sentido moderno, hobbesiano, de la política, que engendra una imagen de algo malo, violento, corrupto y sucio. Así se contamina la visión pública de las personas que intervienen en política. La filosofía práctica influye en la propia configuración de la realidad que ella estudia, y, así, no es raro que la suma de participantes con esa visión corrompida de la política engendre una realidad con tendencia a la corrupción.

---

96   Cf. Spaemann, *Felicidad y benevolencia, op. cit.*, pp. 174-175.

97   Cf. García-Huidobro, Joaquín. *Simpatía por la política*, Centro de Estudios Bicentenario, Santiago, 2007, pp. 42-43.

Según Aristóteles, la vida meramente privada, que no tiene esta culminación en la política, es una vida disminuida, es la vida de personas que no son plenamente ciudadanos.

De todo esto es evidente que la ciudad es una de las cosas naturales, y que el hombre es por naturaleza un animal social, y que el insocial por naturaleza y no por azar es o un ser inferior o un ser superior al hombre... Y el que no puede vivir en una comunidad, o no necesita nada para su propia suficiencia, no es miembro de la ciudad, sino una bestia o un dios.[98]

En la visión antigua de Aristóteles solo una minoría, que tenía fortuna y tiempo para dedicarse a las cosas de la vida común, podía aspirar a este máximo de la virtud humana en su aspecto activo. Quizás como tesis empírica tenía razón, porque uno ve que incluso en la cultura moderna, aunque teóricamente todos tengan derecho a ser ciudadanos, una gran masa de personas elige la vida meramente privada. La mayoría no se preocupa por el bien común. Por eso, en el caso de los que tienen mayor capacidad para ver lo que afecta al bien común, cabe apelar a su propio sentido de responsabilidad. Cualquier persona que tenga un cierto nivel de educación, y especialmente quien haya decidido enfrentar su vida con sabiduría, debería reflexionar sobre esta opción. Algunos podrán asumirla con más dedicación que otros; pero todos deben sentir una responsabilidad, tanto mayor cuanto más alto sea su nivel de formación técnica y científica, humana y filosófica, y cristiana. La responsabilidad es proporcional al grado de capacidad de influir que se tiene sobre una situación. Si estoy al lado de una viejecilla que es asaltada, mi responsabilidad de protegerla es muy grande; si estoy a veinte metros, mi responsabilidad es menor; mientras que, si estoy en otra ciudad, mi responsabilidad directa no existe. Lo mismo sucede con la política. Si no tengo la formación suficiente, mi responsabilidad cívica es menor, y nadie puede reprocharme que me dedique a sacar adelante a mi familia y a mirar el fútbol. Aunque puedo tener la responsabilidad de opinar, de aportar mi visión. Si ya se tiene mayor claridad, nos incumbe una mayor responsabilidad de participar y de influir en la vida pública. Y si se ha asumido una opción política, por la cual uno quiere trabajar, entonces la responsabilidad

---

98   *Pol.*, I, 3, 1253a1-29.

es aún mayor. No todos tienen la misma responsabilidad de hecho; pero todos deberíamos tener el mismo *sentido de responsabilidad* con nuestro país, nuestras comunidades, con el mundo entero. De lo contrario, nos quedamos en una vida humanamente disminuida. Si nos abstuviéramos de participar en la cosa pública, cada uno a su manera y según sus posibilidades, seríamos los átomos de una masa informe y manipulada. Aquí, curiosamente, se cierra el círculo de la paradoja humana de una forma que es sorprendente. Uno podría vivir muy individualistamente, para cumplir la función de un tornillo en la maquinaria utilitarista y gozar de sus pequeños placeres. Se cumpliría el sueño tanto del individualismo como del colectivismo, el sueño de que cada ser humano fuera un grano de polvo en una gran masa fácilmente manipulable, y al mismo tiempo fuera un gran tornillo de una máquina productiva, y que no se lo pasaría mal si tuviera los niveles de placer que necesita para seguir funcionando. Ese sería el mundo ideal del máximo individualismo, con ninguna apertura generosa a los otros, y del máximo colectivismo, con total instrumentalización de los hombres para el cumplimiento de metas sociales de producción.

Sería la destrucción de la persona como persona.

9. LA CÁRCEL DE LA MENTE: REALISMO VS. IDEALISMO

La opción entre el *idealismo* y el *realismo* filosófico es de las más radicales. La mayoría de la gente adopta una posición en este punto, casi sin darse cuenta, en medio de la confrontación cultural entre las distintas filosofías. Quizás nos conviene comenzar con un reconocimiento de la ambigüedad de las palabras: «idealismo» y «realismo» significan demasiadas cosas distintas. A veces decimos de uno que es *idealista* porque persigue metas nobles, *ideales* de bien, de belleza, de justicia, de paz, de caridad, que nunca se pueden realizar del todo, a los cuales podemos acercarnos, no obstante su dificultad y su carácter inacabado, si nos sacrificamos, si damos aliento optimista a la vida. Este esfuerzo en pos del ideal choca con los obstáculos de la realidad. En este sentido, entonces, *idealista* es el que persiste en el esfuerzo y no se rinde ante el mal, un mal que también es parte de la realidad. En este contexto, *realismo* es casi sinónimo de *pesimismo*; o, para el que se considera realista, simplemente es *objetividad*. Es como si dijeran: «Hay un exceso de mal en el mundo; los ideales son utópicos; no hay nada más que hacer; debemos contentarnos con pasarlo lo mejor posible en esta vida, quizás ayudar a una o dos personas que están cerca, y ya está. Más no es posible: ¡seamos realistas!». Si tomamos estos significados de los términos, yo animaría a optar por el idealismo, y a no ser tan realistas. Las conversiones son posibles; los sueños más nobles se han hecho realidad tantas veces contra todos los pronósticos.

En el contexto filosófico europeo continental, sin embargo, cuando se trata de la opción intelectual entre el *realismo filosófico* y el *idealismo filosófico*, se considera una cuestión totalmente distinta. Nos referimos, entonces, a si hemos de tomar como punto de partida de la reflexión filosófica el pensamiento, es decir, las ideas –de ahí la denominación «idealismo»–, y considerar como problema fundacional de la filosofía el de si es posible el acceso de la mente al ser de las cosas, o, por el contrario, si hemos de asumir como punto de partida de todo pensamiento el ser mismo de las cosas, la realidad en sí misma como existente fuera de la mente –de ahí la expresión «realismo»–, cuya evidencia no cabe negar en general, de manera que el problema del acceso de la inteligencia a la realidad no resulta fundacional de la filosofía, sino solamente un asunto particular entre otros de los que explora la metafísica, aunque sea, sin duda, una cuestión difícil e importante.

La actitud espontánea de nuestro espíritu es el realismo, la afirmación de la realidad de las cosas y el intento de adaptar nuestra mente a ella, en la medida de lo posible, que es lo que el realismo filosófico entiende por *conocer la verdad*. En la historia de la filosofía, desde que Descartes puso expresamente bajo una *duda metódica* algunas evidencias primeras, que antes no se consideraba que necesitaran demostración, todos los filósofos y quienes se aventuren tras sus pasos enfrentan una *opción radical*, porque el idealismo pone el *pensar como fundamento del ser*, mientras que el realismo pone al *ser como fundamento del pensar*. No cabe un término medio.[99]

Detrás del idealismo filosófico hay una actitud crítica extrema. No pienso en esa actitud crítica moderada, que todo filósofo ha de cultivar, y que consiste, como indica el significado original de la palabra «crisis»,[100] en cribar, separar, *discernir* lo verdadero de lo falso, lo bueno de lo malo. La actitud idealista es de crítica radical, que problematiza, pone en duda y finalmente niega la capacidad de la razón para alcanzar una realidad extramental, un ser en sí. A partir de Descartes, esta es la actitud crítica presente: el punto de partida de la filosofía es el pensar mismo, y desde el pensar se intenta demostrar la existencia del mundo extramental.

Descartes logra demostrar –a su parecer– la existencia del *yo* –de la cosa que piensa (*res cogitans*)–, la existencia del mundo externo material –la cosa extendida en el espacio (*res extensa*)–, que incluye el cuerpo del sujeto pensante, y la existencia de Dios, cuya bondad infinita sería la garantía de la certeza de nuestro conocimiento cuando prudentemente lo referimos a

---

99   Cf. LLANO, Alejandro. *Gnoseología*, Eunsa, Pamplona, 1991, p. 113; y GILSON, Etienne. *El realismo metódico* (Valentín García Yebra, traductor), Rialp, Madrid, 1963, p. 65.

100   Cf. LLANO, *Gnoseología, op. cit.*, cap. 1.

ideas claras y distintas.[101] Los autores posteriores a Descartes, al adoptar con mayor coherencia el punto de partida mental, abandonan algunas de estas demostraciones, hasta llegar a la idea de que en la realidad no hay cosas en sí, o que las hay pero no podemos conocerlas, porque solo conocemos *nuestras percepciones* (George Berkeley: *el ser es el percibir*)[102] o los fenómenos como objetos del conocimiento, constituidos en el espacio y en el tiempo por el sujeto cognoscente.[103] Lo que Kant afirma es que existe una realidad en sí (el *noúmeno*), pero que no podemos conocerla porque todo lo que conocemos está configurado por nuestro modo de conocer, que pone las formas puras de la sensibilidad (espacio y tiempo) y las categorías del entendimiento (existencia, sustancia, causalidad, etcétera). Autores posteriores a Kant plantean una duda: si no podemos conocer la cosa en sí, ¿cómo es que decimos que existe? La categoría de existencia, según Kant, es una categoría que pone el sujeto cognoscente, que no refiere al mundo extramental, sino a los fenómenos en la experiencia mental.[104] Entonces, ¿cómo referir la existencia a algo que está fuera de la experiencia mental, al *noúmeno*, que es algo que el mismo Kant dice que no se puede hacer? Jacobi, entonces, afirma que hay una contradicción en Kant: sin la cosa en sí, no se puede entrar en el sistema kantiano; pero con la cosa en sí, no se puede permanecer en él.[105]

Así, los autores posteriores a Kant niegan incluso que exista una realidad en sí, fuera de la mente. Todo lo que es, es pensado. Ese es el sentido fundamental que posee la frase de Hegel: «Lo que es racional, eso es efectivamente real; y lo que es efectivamente real, eso es racional».[106] Estamos ya frente al *idealismo absoluto*, según el cual todo lo que afirmamos como ser es generado por un pensamiento, por el pensamiento del Absoluto, que se desarrolla históricamente, y del cual los fenómenos individuales no

---

101   Cf. *Regulae*, A. T., V, 318 y VERNEAUX, Roger. *Historia de la filosofía moderna* (Montserrat Kirchner, traductora), Herder, Barcelona, 1977, p. 23.

102   Cf. VERNEAUX, *Historia de la filosofía moderna, op. cit.*, pp. 142-143.

103   Cf. *KrV.* A 20/B 34.

104   Cf. *KrV* B 157 y ALLISON, Henry. *El idealismo trascendental de Kant: una interpretación y defensa* (Dulce María Granja Castro, traductora), Anthropos-UAM, Barcelona, 1992, pp. 424-428.

105   Cf. DUQUE, Félix. *Historia de la filosofía moderna. La era de la crítica*, Akal, Madrid, 1998, p. 183.

106   HEGEL, Georg Friedrich Wilhelm. *Líneas fundamentales de la filosofía del derecho* (María del Carmen Paredes, traductora), en *Hegel II*, Gredos, Madrid, 2010, p. 21.

son más que expresiones, partículas. No existe un ser que mida y limite al pensamiento. Esta tesis ha sido afirmada antes por la teología cristiana solo respecto de la relación entre el ser de las criaturas y el pensamiento creador de Dios. Entonces, el idealismo, en sus evoluciones más tardías de los siglos XIX y XX, se transforma en *nihilismo*, es decir, en la afirmación de que el ser y la nada son inicialmente cosas equivalentes. *¿Por qué?* Porque no hay nada externo a la mente que pueda darle alguna determinación, imponerle alguna norma, algo a lo que ella tenga que adaptarse. Así, inicialmente se duda de que la razón pueda alcanzar el conocimiento del ser en sí, y finalmente se termina afirmando la identidad entre el ser y la nada.

Es imprescindible, para avanzar en la filosofía cuando el contexto histórico es radicalmente nihilista –al menos en muchos rincones de la academia, aunque quizás subsisten sectores de sentido común no totalmente contaminado por esta peste de la inteligencia–, que se entienda la fuerza que puede tener esta línea filosófica, y por qué puede resultar muy atractiva. Cuando nosotros conocemos, tenemos en nuestra mente *algo*, un *objeto conocido*; y el objeto conocido, en cuanto conocido, es *inmanente* a nuestro ser (*i.e., en cuanto conocido* está dentro de nuestra inteligencia, porque fuera de ella es, en sí, *lo que es* con independencia de si está o no siendo conocido). Si se toma este hecho como punto de partida de todo el pensamiento filosófico, se plantea una pregunta angustiosa: y a esto, que tengo en mi mente, ¿le corresponde una cosa real, fuera de mi mente? El idealismo en el inicio cree que puede corresponderle algo fuera de la mente, pero que habría que demostrarlo. Sin embargo, en coherencia con el punto de partida que adopta, el idealismo tardío termina diciendo que *no existe nada* más allá de ese objeto mental. Lo que llamamos «ser», en rigor, *no es* lo primero conocido (el *primum cognitum*), sino que lo primero conocido es la *idea*; y si la idea es lo primero conocido, y el pensar es el punto de partida, ¿cómo podemos dar un salto hacia algo que esté fuera de ese pensamiento? Sartre afirma lo siguiente:

Nuestro punto de partida es, en efecto, la subjetividad del individuo, y esto por razones estrictamente filosóficas. No puede haber en el punto de partida otra verdad que ésta: «Pienso, luego existo». Ahí está la verdad absoluta de la conciencia aprehendiéndose a sí misma. Toda teoría que tome al hombre fuera de ese momento en el que él se aprehende a sí mismo, es en primer lugar una teoría que suprime la verdad; porque fuera del *cogito* cartesiano, todos los objetos son solamente probables.

Y una doctrina de probabilidades, que no depende de la verdad, se hunde en la nada. Por lo tanto, para que haya una verdad cualquiera, es necesaria una verdad absoluta. Y esta verdad es simple, fácil de aprehender, está al alcance de todo el mundo. Consiste en cogerse a sí mismo, «sin intermediarios».[107]

Está clarísimo: el idealismo toma como punto de partida el pensamiento. No es una doctrina filosófica contraria a la idea de verdad; no es un escepticismo, que diga que no se puede conocer la verdad; no es un relativismo, que niegue el principio de no contradicción o que afirme que valen lo mismo dos juicios contradictorios, en el ámbito ético o en cualquier otro. Es, sí, una filosofía que afirma que la verdad es exclusivamente mental.

Si pensáramos en el conocimiento solo como un *tener dentro de la mente un cuadro* o una fotografía, seríamos fácilmente idealistas. Supongamos que nuestra mente es la habitación donde leemos este libro, y que hubiera en ella un cuadro colgado en la pared, donde estuviera dibujado el rey de Somalia. Podríamos ver el cuadro, pero surgiría la pregunta de si existe en verdad el rey de Somalia; si existió o no existió; si vive o está muerto; si es, quizás, una simple invención del artista que pintó el cuadro. Y si no podemos salir de la habitación, y los únicos medios que tenemos para conocer son otros cuadros que hay dentro de la habitación, la conclusión que vamos a sacar obligadamente es que no podemos saber si *eso*, dentro de mi mente, corresponde a *algo real*, fuera de mi mente. Ese es el idealismo filosófico, y tiene tanta fuerza que, planteado de esta manera, no nos deja más salida que admitirlo y asumir nuestra condición de solipsismo epistemológico.

El idealismo filosófico tiene, pues, una fuerza comprensible. Nace de una suerte de *tentación racional*: la débil razón humana quiere tener certeza acerca de todo lo que aparece en su mente. Hay una *tentación de poder*: no se admite nada externo que pueda dominarnos, a lo cual debamos adaptar nuestro pensamiento. Y es una actitud que no es espontánea, sino artificial y elegida. En efecto, si no hemos sido expuestos a la lectura de Descartes, Kant, Hegel o Nietzsche, o si no nos han inculcado, amenamente, en la radio o en la televisión, la duda sobre si conocemos o no la realidad, o la convicción de que solamente

---

107   SARTRE, Jean Paul. *El existencialismo es un humanismo* (Victoria Praci de Fernández, traductora), Edhasa, Barcelona, 1994, pp. 62-63.

tenemos ideas y no accedemos a un mundo en sí; si no nos han divertido con la sugerente narración –o *cuento*– de que *cada uno construye su propio mundo*; si no nos han sometido a ese proceso antes, todos somos naturalmente realistas, es decir, pensamos que, fuera de la mente humana, *sí* existen el mar y las estrellas, los amigos y las otras personas, como *cosas en sí*. Y que, si construimos nuestro propio mundo con imágenes e ideas, dependemos radicalmente de un ser que no dominamos: o nos acomodamos a la realidad –acogiendo la verdad en nosotros– o vivimos en el error y la desgracia, en un mundo construido, sí, pero ficticio, como el del aislamiento egoísta o el de la droga.

Es obvio que el idealismo filosófico no niega el mar, las estrellas, ni las otras personas; dice que no son una *realidad en sí*, sino que son objetos configurados por un pensamiento, ya sea por el pensamiento de cada sujeto, de cada uno de nosotros, en el idealismo más primitivo, ya sea por un sujeto trascendental, que es algo común a todos los seres humanos, ya sea por un pensamiento absoluto, que se piensa a sí mismo, como sostiene Hegel. En cualquier caso, según el idealismo nuestras ideas no corresponden a *cosas en sí*, independientes de un pensamiento. Y esto a nadie se le ocurre de forma espontánea. Espontáneamente *todos somos metafísicos*, buscamos las cosas en sí, la realidad en sí, y queremos adaptar nuestra mente a esa realidad. Una vez que se hace este planteamiento, una vez que surge el idealismo en la historia de la humanidad, entonces ya no cabe la espontaneidad inicial. Nos enfrentamos ante una opción radical.

El idealismo es la *actitud elegida* de apartarse de la inclinación natural de nuestra mente hacia el ser. Por eso el idealismo exige un fuerte *acto de voluntad*, una fuerte voluntad de desviar la inteligencia de su inclinación hacia el ser, y de dudar de lo real, para indagar después qué cosas cabe afirmar con certeza y cuáles no. El realismo filosófico, en el estado actual de la filosofía, también exige una opción, porque el filósofo no puede aislarse de lo que sostienen las distintas corrientes del pensamiento moderno y contemporáneo. Por lo tanto, la actitud realista actual requiere un acto de la voluntad; pero se trata ahora de un acto que *reafirma la inclinación natural de la inteligencia*. Lo que es espontáneo se asume de manera consciente y metódica, conociendo la alternativa idealista. Por eso, Gilson llama a este realismo filosófico, en el estado actual del desarrollo de la filosofía, *realismo metódico*.[108] Este realismo no

---

108   Cf. GILSON, Etienne. *El realismo metódico, op. cit., passim.*

es meramente espontáneo, aunque siga a la espontaneidad de la inteligencia humana, sino que *reafirma lo natural de una manera reflexiva*, crítica, metódica. Y está marcado por este componente de voluntad; un componente *ético*, por tanto, en el cual se acepta *someter la mente a algo externo*; se accede a subordinar la autonomía del sujeto a una realidad exterior. En el realismo filosófico, por lo tanto, el punto de partida es el ser de las cosas, no el pensamiento, y se cultiva una humildad reflexiva de la razón humana.[109]

Lo primero que se conoce cuando se despierta al ejercicio de la inteligencia –no me refiero al *uso de razón* en sentido moral, sino al más elemental uso de la inteligencia– es el *ser extramental*. Solo cuando uno reflexiona, advierte que es *uno mismo* quien piensa ese ser. Este punto de partida –primero el ser, después el yo– no se puede *demostrar*, porque el primer concepto que forma la mente humana es el concepto de *ser*, de *ente* –la palabra técnica escolástica para significar «lo que tiene ser»–, de lo real. Con otras palabras, si alguien me pide que le demuestre que lo primero es el ser, la realidad extramental, y que nuestra mente es la que despierta al ser y se adapta al ser, me pide que le proporcione una evidencia mayor a la de aquello que señalo como punto de partida; pero, si hubiera una evidencia mayor, ella sería el punto de partida. Eso no es posible: proporcionar una evidencia mayor que la que ya tenemos por el solo funcionamiento natural de nuestra inteligencia. El realismo afirma, precisamente, que no hay nada más evidente.

Hay una opción por el idealismo, y hay una opción por el realismo; pero el realismo hace plenamente inteligible el idealismo como actitud: puede señalar su fuerza y lo que tiene de verdad. El realismo filosófico puede explicar los distintos sentidos del ser y de esa manera hacer inteligible el idealismo. La distinción fundamental es la que se da entre el *ser real* y el *ser veritativo*. El ser real es el ser extramental, la realidad fuera de la mente; el ser veritativo es la realidad en cuanto conocida por la mente. También se dice que el ser veritativo, en cierto sentido, es, existe, es real como aquello que acontece en la mente de quien conoce. Por lo tanto, el realismo no niega la experiencia que lleva al idealismo, que es la experiencia de la inmanencia del conocimiento. El conocimiento es algo inmanente, pero existe en la mente de una manera puramente *intencional*. En este contexto, «intencional» no significa querido o intentado por la voluntad, sino que se trata de un modo de ser que *apunta*

---

109   Cf. CARDONA, Carlos. *Metafísica de la opción intelectual*, Rialp, Madrid, 1973, p. 36.

hacia afuera, que *remite a algo* que está más allá de la mente, y, en este sentido de tender hacia aquello a que apunta, es un ser intencional. Por lo tanto, el ser mental –el concepto intelectual– no tiene como verdadera naturaleza la de un cuadro en una habitación cerrada. Si así fuera, efectivamente no podríamos salir nunca de esa habitación. Mas esa visión del conocimiento se asume sin suficiente crítica. Según el realismo, con base en la experiencia del conocer, la naturaleza de lo que acontece cuando, mediante conceptos, conocemos la realidad y la afirmamos al juzgar, es la de un acto vital, por el cual asimilamos algo externo, de tal modo que en nuestro interior producimos un concepto cuyo ser consiste en remitir a lo exterior. La mente no está cerrada contemplando sus cuadros, sino que está abierta y recibe la luz de lo real como a través de esas ventanas que son los conceptos, abstraídos a partir de los datos sensibles.

En el siglo XX, resurgió el realismo filosófico de la mano de varias corrientes del pensamiento contemporáneo, que reaccionaron ante el callejón sin salida a que nos había llevado el idealismo absoluto. Así, por ejemplo, la fenomenología le da importancia a los fenómenos, al análisis de cómo aparecen ante la conciencia los objetos y las experiencias, pero no quiere quedarse al interior de la conciencia, sino que quiere ir a las cosas mismas. La consigna clásica de la fenomenología para Edmund Husserl (1859-1938) era *volver a las cosas mismas*, quizás partiendo de los fenómenos, mas siempre para llegar al fundamento de esos fenómenos: «Juzgar sobre las cosas racional o científicamente quiere decir dirigirse por las cosas mismas, o retroceder desde los dichos y las opiniones hasta las cosas mismas, interrogándolas tales cuales se dan en sí mismas y rechazando a un lado todos los prejuicios extraños a ellas».[110]

También en la filosofía analítica del lenguaje se ha vuelto al realismo, es decir, como propone John L. Austin, filósofo analítico de la mitad del siglo XX en Oxford, analizar el lenguaje porque en el lenguaje se refleja la realidad; no para quedarnos en el lenguaje mismo, sino para llegar a una realidad, que se refleja en el lenguaje. «Cuando examinamos qué diríamos cuándo, qué palabras usaríamos en qué situaciones, no estamos meramente considerando las palabras (o 'los significados', sean lo que fueren), sino también las realidades,

---

[110]   *Ideas*, §19.

para hablar de las cuales usamos las palabras».[111] Y así otros autores, como Michael Dummet y Hilary Putnam. Ellos vuelven al realismo, porque ese fue el origen de la filosofía: no girar en torno a nosotros mismos, conociendo nuestro propio pensamiento, sino salir de nosotros mismos para conocer la realidad tal como es en sí misma.[112] El ser veritativo consiste efectivamente en un ser inmanente, pero que *en alguna medida* se corresponde con un ser trascendente, que es el ser real o extramental. En la medida en que el ser mental, expresado en conceptos y juicios, se corresponde con un ser real, hablamos de conocimiento y de verdad.

Es parte de la verdad del ser humano, como animal racional, que ordena los conocimientos dentro de su mente, los organiza, los estructura. A todo eso que es puesto por el hombre al conocer la realidad, se le dedica un estudio científico y filosófico: la filosofía de la ciencia, la lógica, la metodología. Estas ciencias son parte del conocimiento científico y filosófico, aunque no versan sobre el ser real, sino sobre el orden mental o la organización del ser veritativo. Este ser veritativo no se opone a la correspondencia con el ser real, sino que la supone, y es precisamente esa correspondencia (*i.e.*, la *verdad*) lo que buscan alcanzar las otras ciencias. El realismo filosófico busca, en cada ámbito de la realidad, la verdad con aquel grado y tipo de certeza posible en ese ámbito. Lo que más le preocupaba a Descartes era no ser engañado y alcanzar la máxima certeza posible. Esa voluntad de certeza absoluta, de garantía subjetiva de verdad, está detrás de todo el idealismo. Recordemos la tesis de Sartre: «Para que haya una verdad cualquiera, es necesaria una verdad absoluta». Pues bien, el realismo filosófico afirma que, en efecto, hay alguna verdad *absoluta*, en el sentido de que su evidencia es total (no en el sentido del Absoluto hegeliano): el principio de no contradicción, que el mundo existe, que hay una realidad extramental a la que eventualmente uno se adapta cuando conoce intelectualmente. Hay muchas otras verdades, sin embargo, que no poseen ese nivel de certeza, y eso no significa que no sean verdades. En esos terrenos no se va a poder alcanzar

---

111   AUSTIN, John L. "A Plea for excuses", en AUSTIN, J. L. *Philosophical Papers*, Clarendon Press, Oxford, 1961, p. 130. Sigo el análisis de NUBIOLA, Jaime. "J. L. Austin: análisis y verdad", en *Anuario Filosófico* 10 (2), p. 212.

112   Cf. DUMMET, Michael. "Realism", en *Truth and Other Enigmas*, Harvard University Press, Cambridge, MA., 1978; y PUTNAM, Hilary. *Meaning and the Moral Sciences*, Routledge and Kegan Paul, Londres, 1978.

la misma certeza. A veces, podremos alcanzar una gran certeza, pero no de tipo matemático. Esta conciencia del límite es parte del realismo, que es una filosofía flexible.

10. HONESTIDAD INTELECTUAL: ¡NADA DE NEUTRALIDAD!

La opción por la honestidad intelectual es, en definitiva, un caso particular del compromiso con la honestidad en todos los terrenos. Si uno comienza engañando en cuestiones intelectuales, es muy fácil que termine engañando en cualquier otro asunto, y viceversa. El amor a la verdad es como un faro orientador de toda la vida. Si se rechaza su luz, podemos comenzar engañando sabiendo que estamos engañando, y después terminar engañándonos a nosotros mismos, porque a nadie le gusta vivir en la mentira. Por eso, si iniciamos una andadura filosófica, la condición fundamental es el amor a la verdad. No se trata ya de la opción entre la confianza en la capacidad de alcanzar la verdad y el escepticismo, aunque ciertamente es poco coherente proclamar el amor a la verdad cuando no se cree en ella, y es frecuente que un escepticismo socarrón y pragmatista vaya unido a diversas formas de rehuir las exigencias que el amor a la verdad comporta. No se trata tampoco, solamente, de optar por la verdad y contra la mentira y el engaño, aunque con esta opción se relaciona más la que ahora propongo: una actitud vital de honestidad intelectual. Es compatible con equivocarse; en verdad, los seres humanos somos falibles, y no tiene nada de extraño, ni es siempre moralmente malo, equivocarse. Por supuesto, en sí mismo es malo equivocarse, porque el error aleja de la verdad, y, si alguno se equivoca, es bueno que lo ayudemos a salir de su error, porque la verdad enriquece; pero, como somos seres falibles, en un cierto sentido no es malo equivocarse: si hacemos un esfuerzo de honestidad intelectual, si nos arriesgamos a pensar por nuestra cuenta, si buscamos las respuestas que son verdaderas, en ese proceso podemos dar pasos en falso y aprender de los errores, y eso es bueno: buscar, hallar, fallar, rectificar. Eso no es deshonesto.

Lo deshonesto es pretender que uno nunca se equivoca, o hacer algo que uno sabe que está mal, pero que, por conveniencia, porque satisface mis placeres o mi utilidad o el bramido de la opinión pública, quiero revestir de la apariencia de lo bueno. Esa es la hipocresía.

La hipocresía no es, como pretenden algunos, tener altos ideales y equivocarse. Eso no es hipocresía. Si yo no niego el ideal, y ocasionalmente o aun con frecuencia no lo alcanzo, no soy un hipócrita, sino una persona débil. Y así somos todos los seres humanos. Si no vivir a la altura de los propios ideales fuera hipocresía, nadie debería tener ideales. Como dice un poeta chileno, José Miguel Ibáñez: «Ningún cristiano vive a la altura de las Bienaventuranzas / qué horror qué hipócritas pero qué doble standard / piensan de una manera y viven de otra / en cambio tú unitario tú coherente / tú nunca serás hipócrita porque vives / y piensas como una rata».[113] Si uno tiene los ideales de una rata, qué sencillo es vivir coherentemente con ellos. Claro está: vive uno una vida perfectamente coherente… ¡pero vive como una rata!

La honestidad intelectual, pues, apunta a esos ideales altos, reconociendo sinceramente que a veces fallamos. No es compatible, en cambio, transformar el ideal a la medida de las propias debilidades; eso sí que es deshonesto. Lo realmente hipócrita es obrar mal –conforme al baremo de la rata–, y pretender que eso es el gran ideal, la altura a la que la humanidad debería llegar. La hipocresía consiste, precisamente, en hacer aparecer lo malo como bueno –el vicio como virtud–; de manera que hipócritas son, más bien, quienes articulan todo tipo de doctrinas e ideologías para cohonestar como virtuosas sus propias pasiones y sus vicios.

La honestidad intelectual tiene otra consecuencia: *seguir la verdad adonde quiera que nos lleve*, como suele decirse. Este seguimiento exige una valentía especial. A quienes han asumido la opción de ser ciudadanos activos, preocupados por el bien común, y no meros átomos de una masa manipulable,[114] seguir la verdad adonde quiera que los lleve, tal como cada uno la advierte, les conducirá necesariamente a chocar con quienes promueven de mala fe, agitados por pasiones y por ideologías perversas, la mentira, el engaño y la injusticia, ciertamente; pero también –esto es más doloroso y desconcertante– con

---

113 Ibáñez Langlois, José Miguel. "Hipócrita", en *Poemas dogmáticos II*, Editorial Universitaria, Santiago, 1994, p. 175.

114 Cf. *supra* cap. 8.

otros ciudadanos honestos, y aun con amigos de buena fe, que defienden, estimándolo como bueno y justo, lo que aquellos, tantas veces tras madura reflexión, juzgan falso, dañino o peligroso. En ese caso, y con todo respeto, habrá que chocar. Incluso, a veces, habrán de enfrentarse unos con otros a pesar del afecto recíproco en el plano personal, porque serán *enemigos públicos* quienes, en el plano privado, sean personas cercanas, parientes o amigos personales. Naturalmente, es difícil conservar una amistad con quien promueve el mal, y nunca puede ser equivalente esa amistad cívica a la amistad más profunda fundada en la justicia y en las virtudes. No obstante, la caridad cristiana se extiende a todas las personas, aun a aquellas con quienes se traban conflictos aparentemente insolubles.

Un caso histórico paradigmático es el de un famoso «servidor leal» de Enrique VIII de Inglaterra. A pesar de la distancia entre el rey y su súbdito, habían sido, además, relativamente amigos. Cuando se suscitó «el gran asunto del rey» —el conflicto sobre su matrimonio con Catalina de Aragón, mujer santa que tenía como único defecto la incapacidad de darle hijos varones—, Enrique VIII pretendió negar la validez del matrimonio, y erigirse en cabeza de la Iglesia en Inglaterra, para poder así, mediante sus tribunales, declarar nulo su matrimonio. Ante esa situación contraria a la verdad, el Lord Canciller, Sir Tomás Moro, renunció a tan alto cargo y se recluyó en su vida privada, no por falta de compromiso cívico, sino por extremada prudencia y comprensible temor a perder, literalmente, la cabeza. Su perdición comenzó, no obstante sus precauciones, no cuando le hicieron un juicio inicuo, sino mucho antes, cuando Enrique VIII se casó por segunda vez, conforme a las sentencias de esa Iglesia a cuya cabeza se había puesto. Tomás Moro *se negó a asistir a esa boda*, porque en conciencia no podía cohonestar, mediante una presencia que significaba asentimiento, la legitimidad del segundo enlace y la inválida anulación del primero. Moro no dijo nada: no criticó; no habló; simplemente, se negó a asistir. Siguió la verdad adonde quiera que lo llevara, con la esperanza de que no lo llevase a la muerte. De hecho, usó todos los trucos que un buen abogado usaría para evadir la pena capital, sin buen resultado, como sabemos.[115]

---

115   Cf. ACKROYD, Peter. *Tomás Moro* (Angels Gimeno-Balonwu, traductora), Edhasa, Madrid, 2004, p. 511; y CORRAL, Hernán. "Tomás Moro: un abogado para todas las horas", en *Jorge Iván Hübner Gallo. Estudios en su homenaje* (AA. VV.), Universidad del Desarrollo, Santiago, 2007, pp. 99-159.

El Papa de la época, Julio II, por su parte, podría haber hecho sus cálculos: «Si le anulo este matrimonio al rey, me evito un cisma». No actuó así. Los expertos canonistas examinaron todos los aspectos del asunto, por si podía ser nulo el matrimonio, ¡y no lo era! El Papa no lo declaró nulo, aun arriesgándose al cisma. Seguir la verdad a donde sea que nos lleve, defender la verdad aunque nos cueste la vida: ¡esa es la gran opción! Sin esa opción filosófica de fondo, que es una resolución moral con consecuencias en la vida personal y en la vida política, no se puede hacer buena filosofía. Por eso, mi invitación a la *sabiduría filosófica* es también la defensa de una filosofía que, con limitaciones y oscuridades, ofrece un elenco de verdades fundamentales, adquiridas durante casi tres milenios. Este libro es elemental; se apoya en síntesis más perfectas del pensamiento tradicional –las cito en la bibliografía final–; y no es, ni pretende ser, una introducción erudita y neutral a todas las filosofías. La honestidad intelectual me exige declararme no neutral, por el género de esta obra. No se me malentienda: nada tengo que objetar a otros géneros literarios y filosóficos, que no sean una invitación tan personal.

En la Universidad de Chile, que cumple la insustituible misión de las universidades estatales –reunir la diversidad de posiciones representadas en la sociedad y permitirles confrontarse de manera civilizada–, he impartido varias veces un curso electivo: «Introducción al derecho natural». A los estudiantes suelo decirles: «Ustedes me conocen. Me han invitado porque saben cómo pienso. Sería muy raro que pretendiera pasar como *profesor neutral*. Voy a defender una tradición filosófica, y ustedes, los que no estén de acuerdo, pueden atacarla, defender sus posiciones, poner a prueba los argumentos. Tal es la actitud correcta ante la busca sincera de la verdad, la actitud socrática». Análogamente, aunque con mayor razón, he defendido mi *no neutralidad filosófica* en las universidades de identidad católica, que cumplen la insustituible misión –fuera del alcance de las universidades estatales– de ofrecer a la sociedad el enfoque específico de una visión científica, humanística y filosófica, iluminada por la fe. En la Universidad Católica y en la Universidad de los Andes (Chile), donde he enseñado, así como en otras universidades de identidad católica, no es un profesor aislado quien asume una tradición filosófica, sino que es la corporación en su conjunto la que alimenta y transmite la *tradición de la filosofía cristiana* y una *filosofía del ser*, que el realismo de la fe presupone. Gran variedad de autores confluyen en esta gran corriente de filosofías compatibles con la fe. La Iglesia católica no canoniza ninguna de ellas

–no tiene una «filosofía oficial»–,[116] aunque destaca el modelo y los principios fundamentales de santo Tomás de Aquino.[117] Algunas verdades y actitudes filosóficas fundamentales son patrimonio común de todas esas orientaciones compatibles con la luz de la fe: el realismo metafísico y la confianza en la capacidad de la razón para conocer la verdad con certeza –sin desconocer sus limitaciones–, la existencia y los atributos esenciales de Dios, el carácter creado y dependiente del universo, una visión del hombre como criatura y como persona corpóreo-espiritual, su inmortalidad y su destino trascendente, la defensa de los principios éticos fundamentales (*i.e.*, la ley natural), etcétera. Sé por experiencia que a algunos estudiantes –no en la Universidad de Chile, pues es lo que ellos precisamente esperan de su pluralismo interno, pero sí en las universidades de identidad católica– les ha molestado esta *parcialidad filosófica*. A ellos suelo decirles, con el afecto de quien les desea lo mejor y ha optado por la vida académica movido por una convicción íntima sobre el valor de la verdad y del servicio a las generaciones jóvenes, que asumo esa parcialidad totalmente a propósito, aunque a alguien le duela, porque *más vale una parcialidad declarada que una neutralidad ficticia*.

A Sócrates lo mataron por esto; a Jesucristo lo clavaron en una cruz. Salvando las distancias, a mí no me importa demasiado que algún lector o estudiante se moleste conmigo. Sé que mis escritos y mis cursos les van a venir bien a algunos; a otros, por mis deficiencias o por sus malas disposiciones –o por las dos cosas–, les van a caer mal, y van a salir un poco molestos. Algunos van a ser pragmatistas: «Y esto, ¿para qué me sirve?». Yo les explico que lo más digno *no sirve para nada*.[118] En cualquier caso, la parcialidad filosófica, que asumo y defiendo, es una consecuencia de la honestidad intelectual, que, gracias a Dios, también se halla en quienes asumen otras posiciones filosóficas. Después, más importante que la honestidad intelectual necesaria para tomarse en serio una invitación a la filosofía es la honestidad necesaria para vivir toda la vida: ese amor a la verdad. Amar la verdad, promover la verdad, defender la verdad, y si, de vez en cuando, hay que pasarlo mal un rato, pues ¡a pasarlo mal! Con todo respeto hacia las personas que honestamente estén en desacuerdo, hemos de hacer ver el punto de vista que nos parece

---

116 Cf. JUAN PABLO II. *Fides et ratio*, n. 76.
117 Cf. *ibid.*, nn. 43-44 y 78.
118 Cf. *supra* cap. 2.

verdadero. Eso es lo que hizo Sócrates. Si lo hacemos nosotros, si esta última opción de honestidad intelectual está bien asumida, entonces, a mi parecer, incluso quienes tengan poca mentalidad filosófica, los que no destaquen precisamente por su capacidad de abstracción metafísica, pueden *pasárselo bien* con los desafíos que presenta el resto de este pequeño libro.

Las diez opciones fundamentales, que he propuesto en estos capítulos primeros le dan sentido a los treinta restantes. Algunos temas parecerán áridos, porque exigen un esfuerzo de rigor mental –como las exigencias mínimas de la lógica–[119] o porque nos meten en profundidades para las que no siempre estamos preparados, en medio del tráfago de la vida. ¿Quién piensa muy seguido, por ejemplo, en que se va a morir? ¡Vaya idea, que echa por tierra casi cualquier escepticismo! Al final, parece que alguna verdad no admite dudas; pero mejor no la recordemos tan a menudo.

¿Para qué sirve la filosofía? Para recordar que vamos a morir y no morirnos como perros, inconscientes y sin esperanza.

---

[119] Cf. *infra* caps. 11-16.

11. UNA MENTE ORDENADA: DEFENSA DE LA LÓGICA

Los libros especializados de lógica y de retórica exponen con detalle y con rigor todo cuanto se necesita para pensar con la mente bien ordenada y para pronunciar las palabras justas y eficaces en la noble tarea de buscar la verdad y darla a conocer.[120] Si no ordenamos bien nuestra mente, es muy probable que no seamos capaces siquiera de seguir los razonamientos que otros han descubierto acerca de las cuestiones filosóficas. Si no hablamos bien, con orden y con agrado, no podemos participar con provecho en el diálogo racional. Por eso dedicaremos unos pocos capítulos a introducirnos en las exigencias elementales de la lógica y de la retórica.

Veremos qué es la lógica, para qué sirve; pero reparemos, antes, en un presupuesto implícito en toda discusión racional, que no es lógico, sino ético. Es una ética necesaria para que no se desvirtúe la lógica. En el *Gorgias*, cuando el sofista Calicles se ve acorralado por la lógica implacable de Sócrates, *cambia de discurso*. Se niega a sacar las consecuencias lógicas del discurso, o incluso cambia el sentido de las palabras que él mismo había aceptado antes, o bien se limita a callar.[121] ¿Qué sucede aquí? ¿Le falta rigor mental a Calicles? ¿O, más bien, precisamente porque ha adquirido una capacidad de razonamiento superior advierte hacia dónde lo están llevando y usa un truco para evadir las consecuencias lógicas del discurso? Efectivamente, su problema no es la incapacidad lógica, sino su mala voluntad: un problema ético. No querer sacar

---

120 Sobre los temas de lógica, en general, véase SANGUINETTI, Juan José. *Lógica*, Eunsa, Pamplona, 1994.

121 Cf. *Gorgias*, 489c; 489e; 491e; 495a y 510a, solo por referirme a algunas evasivas de Calicles.

las consecuencias de lo que uno mismo está viendo no es falta de inteligencia, sino una corrupción del carácter. La lógica, en sí misma, es independiente de la ética; en cambio, en el contexto de la finalidad a la cual debe servir el rigor mental, se da una conexión entre lógica y ética. Pensamos rigurosamente para *alcanzar la verdad* sobre el universo, sobre nosotros mismos, sobre el bien y el mal. En un diálogo racional está implícito el compromiso moral de atenerse a ese orden mental, a ese orden de razonamiento que nos da la lógica, en vistas al bien objetivo que se alcanzará en y mediante la ciencia y la filosofía. Si yo incurro en un error de razonamiento sin darme cuenta, no hay una culpa moral; hay una falta de capacidad intelectual o un desorden mental, quizás accidental y pasajero. Si me doy cuenta, por el contrario, de que el argumento concluye de una forma *que no me conviene*, que contraría una tesis o un interés que me empeño en defender aun a costa de la verdad, y por eso introduzco un razonamiento lógicamente inválido, entonces incurro en una falta moral que impide el diálogo.

Algo análogo puede suceder en ese *diálogo con nosotros mismos*, que todos llevamos adelante cuando razonamos o deliberamos interiormente acerca de cuál será la verdad sobre un asunto o la conducta adecuada en cada situación. Uno podría equivocarse por falta de orden mental, y llegar a una conclusión equivocada. No habría, entonces, ninguna falta moral. Pero, ¿qué pasa si, en ese diálogo conmigo mismo, voy acercándome a ver que la verdad es algo que no me conviene, en el sentido de que contraría un interés mío particular, o que no me simpatiza porque desenmascara una pasión desordenada? ¿Qué sucede cuando la lógica del descubrimiento racional de la verdad me exigiría cambiar las opiniones que siempre he tenido y reconocer que estaba equivocado? ¿Qué acontece cuando, ante esa situación inesperada e incómoda, prefiero no pensar más en el tema o valerme de un sofisma o acudir a sofistas que, sospecho, puedan disolver con sus consejos y argucias esa chispa de verdad incómoda? La lógica y la argumentación pueden, entonces, transformarse en instrumentos de *autoengaño*, para no enfrentar esa conclusión que contraría nuestras pasiones o nuestros intereses. Entonces hay una deficiencia moral. Esta advertencia previa sobre las dimensiones éticas de la lógica es saludable porque vamos a repasar algunos principios lógicos, y, en la medida en que adquiramos una lógica rigurosa, tendremos un extraordinario instrumento para progresar en el conocimiento de la verdad; pero ese progreso en el camino de la filosofía no sería posible si no superásemos el obstáculo moral, que a todos nos acecha: la mala voluntad, que se opone a extraer las consecuencias racionales de ese diálogo –exterior o interior– que emprendemos como camino hacia la verdad más plena.

Otro tanto cabe decir de la retórica, el arte de hablar bien y de persuadir acerca de la verdad de una proposición. Cuando Sócrates discute con Gorgias,[122] se advierte la ambigüedad de la retórica. Así como puede usarse para promover una causa justa, también podría usarse para defender una causa injusta. Toda la argumentación de Sócrates apunta a mostrar cómo la *verdadera retórica* ha de ir unida a la formación del carácter justo de aquel que aprende a hablar. Podríamos dominar todas las técnicas del bien hablar, pero, sin un trasfondo moral, esa habilidad iría en perjuicio propio y de los demás. Tras las huellas de la tradición socrática, mi intención es poner la lógica y la retórica en el marco de la búsqueda de la verdad y de la persuasión sobre lo que es realmente justo.

Un escrito de juventud de Karl Marx puede iluminar esta cuestión. Su segunda tesis sobre Feuerbach reza así:

> El problema de si al pensamiento humano se le puede atribuir una verdad objetiva no es un problema teórico, sino uno práctico. Es en la práctica donde el hombre tiene que demostrar la verdad, es decir, la verdad y el poderío, la terrenalidad de su pensamiento. El litigio sobre la realidad o la irrealidad de un pensamiento aislado de la práctica es un problema puramente escolástico.[123]

Esta concepción se opone directamente a la noción clásica de la verdad como algo que se descubre, a ese adaptarse de nuestra mente a la realidad.[124] Por eso dice Marx, de una forma despectiva, que discutir sobre si un pensamiento, que está aislado de la práctica, corresponde o no a la realidad –tal es la idea clásica de lo verdadero– es un asunto «puramente escolástico»; es decir, es una discusión *inútil y vacía*, con lo cual Marx se muestra plenamente moderno y exhibe la misma displicencia burguesa ante la contemplación de la verdad, que se molesta porque *no sirve para nada*.[125] La tradición filosófica precedente afirmaba que, incluso con independencia de la práctica, hay verdad o falsedad,

---

122 Cf. *Gorgias*, 448d-461a.

123 MARX, Karl. "Tesis sobre Feuerbach", en *Obras escogidas*. Editorial Progreso, Moscú, 1976, pp. 7-8.

124 Cf. *supra* cap. 6.

125 Cf. *supra* cap. 2.

y que las verdades que de ninguna manera dependen de nuestra práctica (*v.gr.*, si el alma es inmortal o si existe un Dios remunerador) son las más altas y hasta las más necesarias para la práctica. Marx equipara el *demostrar la verdad* con la *realidad* y *el poderío* de un pensamiento; es decir, la verdad no se concibe ya como la adecuación de la mente a la realidad, sino como la transformación de la realidad, el dominio sobre ella, el poder. En este marco de primacía del poder sobre la verdad, tanto la lógica como la retórica no tienen esa finalidad socrática de alumbrar la verdad en las almas, sino que tienen una finalidad esencialmente política: producir algo a lo que vamos a llamar «verdad» *porque ha tenido éxito.*

Invitar a la filosofía, en este contexto tan adverso –Marx es solamente un botón de muestra de la reducción de la verdad al poder–,[126] nos aconseja dar al menos una noticia sobre las herramientas lógicas que permiten mantener la confianza en la verdad, en una verdad que nosotros no construimos, sino a la que podemos adherir y servir, en la que podemos vivir. Si la filosofía ha de ser una ciencia rigurosa, entonces tiene que ser posible un método de pensamiento riguroso. Ha de ser posible mostrar criterios de verdad y de certeza rigurosos. Estos criterios no pueden depender, por ejemplo, del consenso social, que es mutable; ni del éxito político o revolucionario, que ha acompañado a ideologías de diversa naturaleza (*v.gr.*, el acceso de Hitler al poder, y su nombramiento como dictador, fue un éxito político, como lo fueron las revoluciones francesa y bolchevique). Si llamamos «éxito» a la verdad, entonces, evidentemente, disolvemos completamente la idea clásica de verdad, y la verdad misma. No tiene sentido cultivar la filosofía, que es amor a la sabiduría, a un acercarse a la verdad inagotable y siempre abierta, y no al poder o al éxito mundano. La filosofía, como ciencia rigurosa, se apoya en una lógica, mediante la cual podemos resistir a las ideologías de la *verdad como consenso* o de la *verdad como éxito o poder*, o de la verdad como algo que nosotros construimos y que, por tanto, puede ser una u otra cosa según lo que nosotros queramos.[127] Con la

---

126   A su modo, Nietzsche y sus epígonos, especialmente Foucault, también terminan por reducir la verdad al poder. Véase, sobre Nietzsche, CRUZ PRADOS, Alfredo. *Historia de la Filosofía Contemporánea*, Eunsa, Pamplona, 1987, pp. 94-95; y Reale, Giovanni y Antiseri, Darío. *Historia del Pensamiento Filosófico y Científico* (Juan Andrés Iglesias, traductor), Editorial Herder, Barcelona, 1995, tomo III, pp. 389-392. Sobre Foucault, véase REALE y ANTISERI, *Historia del Pensamiento Filosófico y Científico*, *op. cit.*, tomo III, pp. 830-833.

127   Sobre la verdad como consenso, especialmente en Habermas, véase INNERARITY, Daniel.

ayuda de una lógica rigurosa –que no basta: se necesita el compromiso ético–, podemos reconocer la verdad como independiente de nuestra voluntad. La verdad *es independiente* de nuestra voluntad. Las cosas no son de una manera u otra porque nosotros así lo decidamos, aunque seamos los seres más poderosos del planeta, aunque seamos los dominadores del mundo o unos revolucionarios exitosos. La verdad sigue siendo lo que es.

El estudio riguroso de la lógica nos permite ver que hay un orden objetivo en los conceptos y razonamientos, y que ese orden objetivo hace posible progresar en el conocimiento de la verdad. La finalidad de la lógica, por lo tanto, es conocer mejor la verdad y, después, adaptar nuestra voluntad a la verdad. Por eso, la primera barrera de contención contra la tentación del escepticismo, por una parte, y de la voluntad de poder, por la otra, es la defensa de la lógica. La lógica es, sin duda, un trago amargo; pero es una especie de coraza contra todos los sofismas.

Praxis e intersubjetividad. La Teoría Crítica de Jürgen Habermas, Eunsa, Pamplona, 1985, especialmente pp. 211-224.

12. LA LÓGICA FORMAL

A veces decimos que «Pedro es muy lógico», o que «Juan es poco lógico». Nos referimos así a la *lógica espontánea*, más o menos rigurosa en cada persona, ese orden interior que la razón sigue en su proceso de conocimiento de la verdad. Sobre esa lógica espontánea se edifica la lógica considerada como arte, es decir, como un saber práctico, que se puede definir, siguiendo a santo Tomás, como «*el arte por el que se dirigen los actos de la razón, para proceder en el conocimiento de la verdad ordenadamente, con facilidad y sin error*».[128] También se ha definido la lógica como «el estudio de los métodos y principios que se usan para distinguir el razonamiento bueno (correcto) del malo (incorrecto)».[129]

En este sentido, la lógica se puede cultivar como quien aprende el arte de pintar un cuadro, o de tocar el piano, o de jugar fútbol. La lógica como arte es –decían los antiguos– el *ars artium*, el arte de todas las artes. A las obras lógicas de Aristóteles se las llamó *Organum*, que significa «instrumento», porque se trata de una parte de la filosofía que es ciencia, en su nivel superior, y a la vez arte, en su nivel más práctico: el conocimiento de nuestro orden mental objetivo y, a la vez, *el instrumento de todas las ciencias*.[130] La lógica debería estudiarse primero. Si se aprende la lógica, al menos en este sentido instrumental, después se desarrollan con mucha facilidad la filosofía y todas las demás ciencias y artes. Por encima de la lógica como arte, como su fundamento

---

128   SANGUINETTI, Lógica, *op. cit.*, p. 18. Cf. *In Anal. Post., prooemium.*

129   COPI, Irving M. y COHEN, Carl. *Introducción a la Lógica* (Edgar Antonio González Ruiz, traductor), Limusa, México D.F., 1995, p. 17.

130   Cf. MILLÁN Puelles, *Fundamentos de Filosofía, op. cit.*, pp. 67-71.

especulativo-práctico, está la lógica como ciencia y como parte de la filosofía, es decir, el estudio metódico de todos los actos del entendimiento y de todos los entes de razón, y de las propiedades y las relaciones entre los actos de la razón. El estudio de los conceptos, de las proposiciones, de los raciocinios, tiene por objeto realidades que se dan solo en la mente, por lo cual los filósofos las denominan «entes de razón» (tipos de seres que solo existen en la inteligencia y no fuera de ella).[131] Pensemos en la siguiente proposición: «En Marte hay seres vivos». La realidad *extramental* puede ser o no ser que haya seres vivos en Marte, pero la proposición «en Marte hay seres vivos» existe como una realidad en la mente, y tiene un significado objetivo, con independencia de quién la piense ahora. La lógica no estudia si hay seres vivos en Marte, lo cual es objeto de una ciencia empírica, sino la proposición: la forma de la proposición, sus relaciones con otras proposiciones, etcétera. Por lo tanto, la lógica es útil en tan alta medida porque no solo conoce el orden natural de la inteligencia humana, sino que también introduce orden mental en quien la estudia.

Aristóteles desarrolló la lógica como ciencia y como arte en sus rasgos fundamentales.

> Para Aristóteles el modo de proceder del pensamiento humano en la actividad científica lo establece la lógica. Lo que Aristóteles se propone con estos criterios es mostrar cómo procede el pensamiento humano, cuál es la estructura del razonamiento, cómo son posibles las demostraciones y sobre qué objetos pueden versar. Convendrá tener en cuenta que Aristóteles distingue tres operaciones fundamentales en el conocimiento humano. (…) Estas tres operaciones dan lugar a los diversos tratados de lógica aristotélica.[132]

Posteriormente, la desarrollaron los estoicos y los escolásticos. A partir del siglo XIX, surge la lógica simbólica, vinculada a las matemáticas, y su estudio se expande como nunca antes;[133] pero cabe decir que, entre Aristóteles y el

---

131   Cf. Millán Puelles, Fundamentos de Filosofía, *op. cit.*, pp. 77-80.

132   YARZA, Iñaki. *Historia de la filosofía antigua*, Eunsa, Pamplona, 1992, p. 126. Los tratados de lógica componen el denominado *Órganon* y son: *Categorías*, *Sobre la interpretación*, *Primeros Analíticos*, *Analíticos posteriores*, *Tópicos* y *Refutaciones sofísticas*.

133   Cf. BOCHENSKI, Iósef María. *Historia de la lógica formal* (Milan Bravo Lozano, traductor), Gredos, Madrid, 1985, pp. 281-426.

siglo XIX, los desarrollos fueron menores. La lógica aristotélica bien asimilada es más que suficiente para abordar con rigor la filosofía. Aquí debemos contentarnos con tomar unas píldoras de lógica clásica, para razonar bien y mantener la mente en orden, y unas pastillas de retórica clásica, para hablar bien y para persuadir, con miras a hacer patente la verdad.

La lógica clásica se divide en *lógica formal* y *lógica material*. La lógica formal estudia el orden de los conceptos, juicios y raciocinios, en sus relaciones recíprocas, con independencia de los contenidos y de si esos entes de razón alcanzan la verdad en sí o no. La finalidad de la lógica formal es el razonamiento correcto. Que el razonamiento alcance la verdad de las cosas –la llamada «verdad material»–, si bien es la finalidad última de toda la lógica, no es la preocupación directa de la lógica formal. Así, por ejemplo, si Emiliano dice: «Todas las mujeres son azules; Johanna es mujer; por lo tanto, Johanna es azul», el razonamiento es completamente lógico. Una persona que razona de esa manera, si juzgamos a la luz de la lógica formal, tiene su mente bien ordenada. Razona de forma correcta. Por lo tanto, si aplica ese modo de razonar a una realidad suficientemente conocida, va a relacionar de forma correcta, en su inteligencia, la verdad conocida. Sucede que, en el ejemplo, hemos usado una premisa que no está tomada de la realidad, porque las mujeres no son azules (o, al menos, no todas lo son).

La lógica formal es muy útil para alcanzar la verdad, pero solo como el instrumento que afina nuestra capacidad intelectual. La lógica material, en cambio, estudia la correspondencia entre el pensamiento y la realidad. La lógica material se preocupa de que la ciencia alcance efectivamente la realidad externa, e incluye, por tanto, la metodología de las ciencias. Nosotros vamos a concentrarnos en la lógica formal. Abrigo la esperanza, con un optimismo quizás ingenuo, de que incluso en problemas muy difíciles, filosóficos o éticos, si una persona está de buena fe, tiene suficiente información y lógica, va a llegar a la conclusión correcta. Si se llega a una conclusión incorrecta, especialmente cuando se trata de graves injusticias, es porque hay una mala disposición moral, o falta alguna información relevante, o no hay lógica. Con la lógica, por lo tanto, nos jugamos en buena parte el objetivo de este libro, porque la lógica está del lado de la verdad. No hay que tenerle miedo a la lógica, al orden mental, al razonamiento, a la solidez de la argumentación. Todo eso está de parte de la sincera búsqueda de la verdad de las cosas. Si se domina la lógica, solo falta despejar dos obstáculos: la falta de información –como podría suceder, por poco tiempo, a quien fuera educado en una falsa creencia, como que los niños no nacidos son una parte del cuerpo de su madre– y, el más difícil de superar, la *indisposición moral*. Si alguien no está dispuesto, porque su vida es mala, o porque está dominado por las pasiones desordenadas, o porque cree irracionalmente en una autonomía que supera todo límite, a menudo no quiere sacar las consecuencias lógicas de la información disponible.

La lógica formal se divide en tres partes fundamentales: la lógica de los conceptos, la lógica de las proposiciones y la lógica del raciocinio. Estas tres partes corresponden a los tres actos del intelecto humano, esencialmente conectados.[134]

Todos los filósofos están de acuerdo en que el conocimiento humano tiene dos grandes bloques: el conocimiento sensible y el conocimiento intelectual. En todo conocimiento –también en el de los animales irracionales– hay un proceso de asimilación, por el cual el ser vivo toma algo de afuera y lo incorpora de modo *inmaterial* a su capacidad de conocer o potencia cognoscitiva. Se trata de un apropiarse interiormente de un aspecto de la realidad exterior, de modo inmaterial; es decir, no hay nada que el viviente incorpore físicamente –a diferencia de lo que sucede en la alimentación–, sino que captura en su interior –posee– un aspecto de lo que en realidad existe fuera de sí. Si aquello de lo que el animal se apropia interiormente es un aspecto particular y concreto, el conocimiento es sensible, y se da en todo el reino animal; si, en cambio, se trata de la forma abstracta de las cosas –de la idea *abstracta y universal*–, hablamos de un conocimiento intelectual, propio de los seres humanos.[135]

El proceso cognitivo humano, en síntesis, es como sigue. Primero captamos las cualidades sensibles exteriores, las más elementales, a través de los sentidos externos (el tacto, el gusto, el olfato, el oído y la vista), y, con la posesión interior de todas esas cualidades, formamos una percepción unitaria. Este acto de sentirlo todo junto, puesto que tiene un objeto unitario distinto de los objetos de cada sentido externo, exige otra potencia sensitiva, que ya no es un sentido exterior, sino el sentido interno que la tradición filosófica llama sentido común o sensorio común. La imagen formada por el sentido común se archiva de tal manera que nosotros podemos representarla,

---

134   Cf. Sanguinetti, *Lógica, op. cit.*, pp. 23-24, e *infra* cap. 33.

135   Cf. Corazón González, Rafael. *Filosofía del Conocimiento*, Eunsa, Pamplona, 2002, pp. 73-75; e *infra* cap. 33.

aunque no estemos captando el objeto, mediante la imaginación, que es el segundo sentido interno.[136] Además, podemos captar y retener el momento de nuestra biografía en el que adquirimos determinadas imágenes. Añadimos el conocimiento del pasado, que es un aspecto nuevo de la realidad. No forma parte de ninguna cualidad sensible, ni de la percepción unitaria, ni de la simple imagen retenida, porque presupone puntos de referencia en los actos y movimientos que se insertan en la continuidad vital del animal. Por eso, este objeto sensible nuevo exige un sentido interno distinto, la memoria sensitiva (distinta de la capacidad intelectual de retener ideas), un sentido interno que también poseen los animales irracionales. Por último, el más alto de los sentidos internos es capaz de captar un aspecto adicional de la realidad exterior, en cuanto esta se relaciona con la naturaleza del animal: lo conveniente y lo inconveniente que hay en aquello conocido respecto de la propia naturaleza. Así como la memoria captaba el pasado, este sentido interno, que valora su objeto, remite al futuro, porque conoce lo que le podría suceder al viviente si entrara en contacto con lo conocido (*v.gr.*, la oveja podría ser matada por el lobo). A este sentido interno se lo denomina *estimativa natural*, en los animales irracionales, y *cogitativa*, en los seres humanos. La estimativa natural es el conocimiento más alto del animal irracional o bruto, que conecta lo cognitivo con los apetitos y pasiones, en cuanto que de la captación de lo conveniente y de lo inconveniente depende que se reaccione con deseo o aversión, con placer o con dolor, con ira o con temor. De la estimativa depende, pues, el instinto animal. En el ser humano, la cogitativa conecta el conocimiento sensible no solo con los apetitos sensibles, en los cuales se da la reacción frente al bien percibido por los sentidos, sino también con la inteligencia –de donde el nombre de *cogitativa*, como si fuera una inteligencia sensible o particular–, que es la potencia capaz de conocer, en lo sensible y a partir de lo sensible, lo universal, y que puede juzgar, desde esa perspectiva más amplia, lo que es bueno o malo para el hombre yendo incluso más allá de la repugnancia y del agrado sensibles, aunque incorporando estas reacciones sensitivas de agrado o repugnancia, que son un primer indicio de que algo conviene o no (v.gr., el olor del alimento putrefacto nos repugna y eso basta en principio para saber que no conviene comerlo).

---

[136]   Cf., sobre la imaginación, PEÑA VIAL, Jorge. *Imaginación, símbolo y realidad*, Ediciones Universidad Católica, Santiago, 1987, *passim*.

La oveja que ve venir al lobo lo capta como inconveniente. Conoce su posible futuro, que es que el lobo se la coma. A partir del conocimiento sensible, que es lo máximo a que pueden llegar los animales irracionales, el ser humano hace algo novedoso, que es abstraer un concepto universal a partir de una imagen formada por los sentidos internos. La inteligencia le quita, a la imagen, todos los aspectos particulares y concretos, y se queda con la pura idea abstracta y universal. Hay una forma muy fácil de ver la distancia: pensar en la idea de triángulo, y después darse cuenta de que *uno no puede dibujar aquello que pensó*, porque, si uno dibuja *cualquier triángulo*, ese dibujo va a dejar fuera los triángulos que no sean como ese. Si uno dibuja un triángulo equilátero, deja afuera los triángulos irregulares, y los isósceles y los escalenos; si uno dibujó un isósceles, ya no dibujó el equilátero. Con otras palabras, la idea universal de triángulo abarca todos los triángulos concretos y particulares, aunque en cuanto concretos sean imágenes contrarias o incompatibles entre sí. Lo universal y abstracto no puede ser capturado en una imagen particular y concreta, pero toda imagen particular y concreta cae bajo un concepto universal y abstracto.

Este ejercicio se puede hacer con cualquier idea; pero con la geometría es más sencillo. Así se demuestra que, mediante la abstracción, llegamos a un concepto universal. Ese es el primer acto de la inteligencia. Y la primera y más universal de todas las nociones de la mente es la de *algo real, ser, cosa que tiene ser*, o lo que los filósofos llaman de manera simple «ente»: lo que tiene ser o está siendo.[137]

El segundo acto de la inteligencia es el juicio, por el cual relaciona dos o más conceptos, uniéndolos o separándolos. Cuando decimos, por ejemplo, «el árbol es verde», relacionamos el concepto de *árbol* con el concepto de *verde*; en este caso, afirmamos que en la realidad se dan unidos. En el juicio se da la *verdad lógica*, porque solo cuando decimos «es» o «no es» –explícita o implícitamente, mediante otro verbo que supone el ser– *nos remitimos al mundo exterior*, y puede haber correspondencia o no con la realidad: verdad o falsedad.[138]

---

137   Sobre el conocimiento sensible y la simple aprehensión intelectual, véanse CORAZÓN GONZÁLEZ, *Filosofía del Conocimiento*, *op. cit.*, pp. 21-22, y LLANO, *Gnoseología*, *op. cit.*, pp. 123-128. Vid. además *infra* cap. 33.

138   Cf. CORAZÓN GONZÁLEZ, *Filosofía del Conocimiento*, *op. cit.*, pp. 154-155, y LLANO, *Gnoseología*, *op. cit.*, p. 29, e *infra* cap. 33.

Por último, cuando relacionamos varios juicios y proposiciones en una secuencia, entonces razonamos. Este acto es el raciocinio. El raciocinio puede relacionar varios juicios particulares para arribar a una verdad universal. Tal es el proceso de *inducción*. De la observación de varios casos en los que el aumento de la temperatura ha hecho hervir el agua, concluimos la proposición general de que el agua hierve al aumentar la temperatura. A la inversa, un raciocinio puede relacionar juicios más generales entre sí –o proposiciones más generales con otra u otras más particulares– para concluir en uno más particular, que está implícito en los anteriores. A este acto se le llama *raciocinio deductivo, deducción* o *silogismo*. De que «todos los payasos son divertidos» y «David es un payaso», se sigue que «David es divertido».[139]

Esas son las formas fundamentales en que actúa la inteligencia. Por eso, la lógica formal se divide de manera esencial en *lógica del concepto o de la definición* –nos enseña a conocer bien los conceptos, a delimitarlos bien–, *lógica de la proposición o del juicio* –nos enseña a relacionar bien los conceptos en proposiciones ordenadas–, y *lógica del raciocinio* –nos enseña a inducir correctamente a partir de los datos particulares y a deducir adecuadamente a partir de los juicios generales–.

---

139   Cf. CASAUBON, Juan Alfredo. *Nociones generales de Lógica y Filosofía*. Editorial de la Universidad Católica Argentina, Buenos Aires, 2006, pp. 147-153. y además *infra* cap. 33.

13. LA ANALOGÍA:
RIGOR Y FLEXIBILIDAD MENTAL

Muchos debates se entrampan por falta de rigor o de flexibilidad mental respecto de los conceptos que se usan, y no por graves problemas de argumentación o de razonamiento. En materia jurídica, por ejemplo, hay un debate acerca si la ley injusta es ley o no es ley, porque un famoso adagio, muy antiguo, dice: *Lex injusta non lex* («la ley injusta no es ley»). San Agustín lo formula así: «Quitada la justicia, ¿qué son los reinos, sino grandes bandas de ladrones? ¿Y qué son las bandas de ladrones, sino pequeños reinos?».[140] Detrás de estos modos de decir hay pensamientos muy profundos, que en la superficialidad del siglo XX se transformaron en un debate un poco absurdo acerca de que si la ley injusta es ley o no es ley. En el siglo XIX todavía tenía bastante sentido el debate porque los defensores del llamado positivismo jurídico legalista decían que una ley injusta sí es ley y por lo tanto debe ser obedecida por todos aunque sea injusta. Un autor del siglo XX, Norberto Bobbio, denominó esa posición *positivismo jurídico ideológico*, porque exige la obediencia absoluta a la ley con independencia de su justicia. En cambio, los defensores de la tradición de la ley natural en el siglo XIX siguieron diciendo que la ley injusta no es ley, y, por lo tanto, no obliga, no debe ser obedecida[141]. En el siglo XX, por

---

140   *De civ. Dei*, IV, 4.

141   Sobre el positivismo ideológico véase, SQUELLA NARDUCCI, Agustín. *Introducción al Derecho*, Editorial Jurídica de Chile, Santiago, 2004, pp. 154-156. Sobre el estado actual de la contraposición iuspositivismo vs. iusnaturalismo, véase Orrego, Cristóbal. "La ley natural bajo otros nombres: de nominibus non est disputandum", *Anuario de Filosofía Jurídica y Social* [Chile] 23, 2005, pp. 75-90.

desgracia, este debate se convirtió en una cosa muy rara y casi ininteligible. Los autores que se consideraban a sí mismos positivistas jurídicos respondieron la pregunta sobre si la ley injusta es ley o no es ley de la siguiente manera: «La ley injusta es ley, pero no debe ser obedecida». Autores como el mismo Bobbio o Hart, que se consideran a sí mismos *positivistas jurídicos*, defienden esta postura. Ante la ley injusta –o demasiado injusta–, sostiene Hart: «Lo que hay que decir es: 'Esto es derecho; pero es demasiado inicuo para ser aplicado u obedecido'».[142]

Los autores que defienden la teoría de la ley natural han seguido diciendo que la ley injusta no es ley, pero aclarando, siguiendo a santo Tomás de Aquino, que incluso la ley injusta es ley desde el punto de vista meramente externo, formal, en cuanto es un acto de la autoridad; pero que, en el fondo, no es ley y, por lo tanto, no obliga moralmente. Santo Tomás afirma claramente:

La ley tiránica, por lo mismo que no se conforma a la razón, no es propiamente ley, sino más bien una perversión de la ley. Sin embargo, todavía se propone hacer buenos a los ciudadanos en la medida en que *conserva algo de la naturaleza de la ley*. De esta naturaleza no le queda sino *el ser un dictamen de la razón del gobernante respecto de sus súbditos y el ser dictada con el propósito de que los súbditos la obedezcan bien*. Y esto es ya hacerlos buenos, no en sentido absoluto, pero sí con respecto a tal régimen.[143]

John Finnis, representante contemporáneo de la teoría neoclásica de la ley natural, lo explica de la siguiente manera:

Para el fin de juzgar las propias obligaciones jurídicas *en el sentido moral*, uno está facultado para dejar de lado las leyes que son «injustas» en cualquiera de las formas mencionadas. Tales leyes carecen de la *autoridad moral* que en otros casos les viene simplemente de su origen,

---

[142] HART. H. L. A. *El concepto de derecho* (Genaro Carrió, traductor), Abeledo Perrot, Buenos Aires, 1977, p. 256; y BOBBIO, Norberto. "La resistencia a la opresión hoy", en *El tiempo de los derechos* (Rafael de Asís Roig, traductor), Editorial Sistema, Madrid, 1991, pp. 187-201.

[143] *S. Th.* I-II, q. 92, a. 2. Énfasis añadido.

«pedigrí», o fuente formal. De esta manera, entonces, *lex injusta non est lex* y *virtutem obligandi non habet*, sea o no «jurídicamente válida» y «jurídicamente obligatoria» *en el sentido restringido* de que (i) emana de una fuente jurídicamente autorizada, (ii) de hecho será impuesta por los tribunales y/o por otros funcionarios, y/o (iii) habitualmente se habla de ella como de una ley semejante a otras leyes.[144]

Finalmente, Javier Hervada, representante de la orientación iusnaturalista conocida como *realismo jurídico clásico*, sintetiza la tesis así: «¿Significa esto que la ley injusta no tiene efectos jurídicos? Sí los tiene, pero precisamente los opuestos a la ley justa: da origen al derecho a la desobediencia cívica, a la resistencia pasiva y activa y, en su caso, a la rebelión».[145]

Ha habido todo tipo de argumentos sobre el significado de la tesis *lex injusta non lex*, cuando, en realidad, es una especie de falso debate, que se soluciona fácilmente con el recurso a la analogía, es decir, a un pensamiento que es riguroso, y que, al mismo tiempo, admite una variedad de significados en las palabras y una variedad de aplicaciones de los conceptos. Así, pues, en la tradición de la ley natural se dice con flexibilidad que la ley injusta sí es ley, en cuanto consideramos como ley el mandato de la autoridad formalmente promulgado, es decir, en tanto que estamos en el ámbito de la fenomenología de la ley, de aquello que se nos aparece en la vida política. Por eso los juristas estudian las leyes justas y las leyes injustas. Ningún autor de la tradición de la ley natural ha dicho: «Las leyes injustas no son leyes, así que la Historia del Derecho no va a estudiar las leyes comunistas ni las leyes nazis, porque no son leyes». En cambio, si pensamos en el concepto de ley desde el punto de vista de su contenido y de su finalidad, es decir, desde la perspectiva más profunda de su valor y poder de obligar, afirmamos que la ley injusta no es ley, porque no obliga en conciencia, no vincula al súbdito, y, mientras más injusta sea, más pierde su capacidad de ordenar las conductas de ciudadanos libres. Mediante esta flexibilidad, que la analogía permite, cabe hacer la distinción fundamental entre un *significado principal* del concepto de ley —los autores escolásticos lo denominan el *analogado principal*—, que incluye su forma y su

---

144   Finnis, John. *Ley natural y derechos naturales* (Cristóbal Orrego, traductor), Abeledo Perrot, Buenos Aires, 2000, pp. 387-388. Énfasis añadido.

145   Hervada, Javier. *Introducción crítica al derecho natural*, Eunsa, Pamplona, 2001, p. 174.

origen en la autoridad, y al mismo tiempo un contenido de justicia y una finalidad de bien común. Cuando están presentes todos sus elementos hablamos de la ley en su sentido pleno, no solo como mandato que viene desde arriba, sino también como orden de convivencia que se dirige al bien común y que, por tanto, vincula desde el punto de vista moral a los súbditos. Sin embargo, también hay significados secundarios de la palabra ley (*analogados secundarios*), derivados, y entonces se le puede llamar ley a un mandato de la autoridad que tiene la forma de la ley y ha sido promulgado, aunque no sea ley en sentido pleno porque le falte la justicia, la obligatoriedad moral, etcétera.

Este ejemplo de discusión bizantina, tomado de la filosofía del derecho, puede ayudar a apreciar ese instrumento del pensamiento riguroso que es la analogía. Es un instrumento analítico desarrollado de modo muy claro por Aristóteles, que ha pasado por un tiempo de olvido, especialmente en la época positivista del siglo XIX. Por cierto, siempre se mantuvo vigente en el ámbito de la filosofía escolástica.[146] En cambio, en otros ámbitos ha sido recuperado por autores como H.L.A. Hart, en la filosofía jurídica, y J.L. Austin y L. Wittgenstein en la filosofía general (me refiero al *segundo Wittgenstein*, el de las *Investigaciones filosóficas*).

Este instrumento de la analogía es necesario porque, como la mente humana es limitada, posee muchos menos conceptos o ideas que las realidades que conoce. Muchas veces, por tanto, necesita usar un mismo concepto para referirse a realidades que son semejantes, pero no idénticas. De la misma manera, tenemos mucho menos palabras que conceptos, y, por tanto, muchas veces usamos la misma palabra para referirnos a realidades que son semejantes, o, incluso, a realidades que son completamente distintas entre sí. Esta realidad da origen a tres tipos de significados de las palabras y a dos tipos de significados de los conceptos. Uno de estos tipos de significados se aplica solo a las palabras, y, por eso, respecto a las palabras hay tres tipos de significados distintos. Se dice que un término es *equívoco* si tiene un significado totalmente distinto aplicado a realidades que son totalmente distintas. Por ejemplo, la palabra «león» se puede aplicar a un animal o a una ciudad. Puede haber una conexión muy remota, pero los significados de esa palabra, «león», aplicados a esas dos realidades, son hoy en día del todo distintos. Es un término equívoco, pues se aplica a cosas distintas. En el extremo opuesto,

---

146   Su ejemplo más destacado es Ramírez, Santiago. *De analogia*, CSIC, Madrid, 1972.

los *términos unívocos* se aplican con el mismo significado a cosas distintas, que coinciden, sin embargo, en aquello que significa el término. Lo mismo sucede con los conceptos. Concepto unívoco es el que significa un aspecto de distintas realidades, sin cambiar de significado, debido a que esas realidades coinciden en ese aspecto, aunque difieran en otros. Por ejemplo, cuando decimos que un perro es un animal y que un caballo es un animal, el significado de animal es el mismo, aunque los significados de perro y de caballo son distintos. El significado de animal es el mismo; por eso el perro y el caballo son especies de animales, caen bajo el mismo concepto unívoco, que es el género animal. Hasta aquí el asunto es sencillo: hay términos equívocos y hay términos y conceptos unívocos. En un punto intermedio está la analogía. Hay términos y conceptos que son *análogos*, es decir, que *poseen un significado en parte igual y en parte distinto* cuando son aplicados a diferentes realidades. En los términos análogos tiene que haber algo común, y, así, por ejemplo, podemos hablar de la *belleza*, pero no es lo mismo hablar de la belleza de un cuadro que de la belleza de un problema matemático o la belleza de una persona humana. Aunque el concepto significa algo semejante, hay una variación de grados y formas de belleza. Lo mismo sucede con el concepto de *bien*, que se puede usar en un sentido técnico o en un sentido moral. Podemos decir, por ejemplo, que José Pedro es un *buen estafador*. ¿Qué quiere decir eso? ¡Que hace las estafas y le resultan bien! Se queda con el dinero y no lo descubren. Es bueno en este sentido: que sabe hacer bien el mal; pero no es bueno como persona humana, que es lo propio del bien moral. El concepto de bien es analógico, se aplica de manera distinta a distintas realidades.

La analogía puede ser de dos tipos básicos: *analogía de proporcionalidad* y *analogía de atribución*. La analogía de proporcionalidad es aquella en la que un mismo término o concepto se aplica a realidades distintas de tal manera que se mantiene el mismo significado, pero con *mayor o menor intensidad* en su aplicación. Así podemos decir que Juan Leonardo es tan hábil como futbolista cuanto Juan Pablo es hábil como rugbista: los dos son hábiles, pero sus habilidades son distintas. Podemos decir también, por ejemplo, que este gato es tan perfecto en cuanto gato como Plácido Domingo es de perfecto como cantante de ópera. ¿Estamos diciendo que Plácido Domingo es un gato o que los dos son igual de perfectos? No. Estamos diciendo que los dos, cada uno en proporción a lo que cada uno es, llegan a su perfección. La analogía de atribución, en cambio, es aquella en que un concepto se aplica de un modo paradigmático, esencial, pleno, a una realidad, y de un modo derivado a otras realidades que participan de la primera. Entonces se dice que hay un *caso central* de la realidad en cuestión y unos *casos secundarios o derivados*, o que la palabra tiene un *significado focal*, un *significado fundamental*, pero también otros *significados secundarios*. En la terminología más clásica, se dice que hay una realidad que es el *analogado principal* y otras que son los *analogados secundarios* del mismo concepto y de la misma palabra. Hay un ejemplo clásico, el de la salud, el estar sano o el ser saludable. La palabra y el concepto se refieren fundamentalmente al ser vivo –animal o planta–, que tiene todas sus capacidades vitales activas, en buenas condiciones de funcionamiento. Entonces decimos que la planta o el animal están *sanos*; pero también hablamos de un *clima sano*, en la medida en que un ser vivo puede vivir ahí y conservar o incluso mejorar su salud. El clima es *sano* en un sentido derivado, porque causa o favorece la salud. Así también una medicina es saludable porque causa la salud. Las analogías de atribución siempre implican un caso central, en el cual conocemos la realidad de modo pleno, y unos casos derivados que tienen una conexión con ese caso central.

Y volvemos así al tema de la ley. Nosotros podremos comprender en plenitud una ley o el concepto de ley, si pensamos no solo en sus características externas; por ejemplo, que esté redactada, que esté escrita, que esté promulgada, que haya una autoridad que la dicte; sino también si pensamos en *para qué* queremos leyes: para el bien común, para la justicia. Por eso tenemos un concepto pleno, que incluye la justicia de la ley (y que esté bien redactada, y que sea eficaz, etcétera): su característica más profunda, que la hace verdaderamente capaz de dirigir a todos hacia el bien común. A la luz de ese concepto pleno podemos entender asimismo los casos desviados de ley. Una ley mal redactada, ¿es ley o no lo es? Sí, es ley; pero es un caso deficiente. Otro tanto sucede con el Estado, la comunidad política, la autoridad. Si no vemos *para qué existe*, no vamos a entender bien simplemente *lo que* es el Estado, o *lo que* es la autoridad. El caso especial de la autoridad que no cumple con su finalidad de bien común o de justicia se comprende mejor por comparación con las autoridades que sí cumplen su función.

La analogía se puede aplicar en muchos terrenos, y especialmente en la filosofía. Con el pensamiento analógico, uno puede adquirir al mismo tiempo rigor para detectar el significado principal de las palabras y flexibilidad para ver que la palabra y el concepto se aplican a otras realidades, aunque no cumplan completamente con el significado principal. Así nos vamos a librar de un *univocismo* estéril, que consiste en pensar que si una palabra o un concepto no cumplen con todos los requisitos de una definición perfecta, entonces esa realidad ya no tiene nada que ver con el caso central, y que, por lo tanto, no habría que aplicarle la palabra en ningún contexto. Eso igual es un poco absurdo.

De manera que, ante una discusión que se entrampa por cuestión de palabras, hemos de pedir más rigor y más flexibilidad mental: precisar de qué se habla, con conciencia de la analogía.

14. EL COMIENZO DEL RIGOR: APRENDER A DEFINIR

Hemos visto que la lógica formal, como arte y como ciencia, abarca tres grandes capítulos: los conceptos, las proposiciones y el raciocinio. El concepto es un *ente de razón* (*i.e.*, que solo existe en nuestra mente), en el cual y por medio del cual conocemos la esencia abstracta de una cosa. En general, los conceptos representan de forma mental el modo de ser universal de los seres reales, un modo de ser que se realiza solo en cosas individuales existentes en sí fuera de nuestra mente. Sin embargo, podemos crear conceptos de cosas que no existen, imaginarias, como cuando pensamos en los centauros o en Harry Potter, o concebir conceptos de segundo grado para pensar los entes de razón mismos, como cuando pensamos en un concepto o en la idea de raciocinio o en los números.

Los ladrillos del edificio del pensamiento lógico son dos operaciones relacionadas con los conceptos, que introducen claridad de ideas en la mente: definir y clasificar.[147] Las clasificaciones son derivadas respecto de las definiciones; es decir, si se definen bien los conceptos, se identifican bien las clases. De manera que, para la finalidad de este libro, nos basta con detenernos en la necesidad de aprender a definir y a usar con rigor las definiciones. Para comprender mejor la definición es preciso detenerse de modo breve en las características de los conceptos.

El concepto es la representación intelectual del ser y de la naturaleza de una cosa. Si conocemos la realidad, es por medio de conceptos que tenemos

---

147   Sobre la lógica de los conceptos, definiciones y clasificaciones, véase Sanguinetti, *Lógica, op. cit.*, pp. 85-94.

en la mente. De lo que somos conscientes de manera *directa* es de la realidad que conocemos; pero, cuando reflexionamos, nos damos cuenta de que ese acto de conocer se realiza mediante conceptos. Los conceptos son, pues, en la práctica, *invisibles* a la mirada de la inteligencia, porque son realidades mentales cuyo ser consiste totalmente en remitir a lo real. Se parecen, por tanto, más que a cuadros en una habitación cerrada, sobre cuya correspondencia con la realidad extramental podríamos dudar,[148] a ventanas que nos abren hacia el mundo y que nos hacen experimentar la fusión cognoscitiva de nuestro ser con la realidad que nos trasciende.

El concepto es *abstracto*, es decir, está desligado de las características particulares de las cosas a partir de las cuales hemos obtenido el concepto. Eso es lo que distingue al concepto de la simple imagen. Ya hemos propuesto el ejemplo del concepto de triángulo: no se puede dibujar. Uno dibuja un triángulo específico, un equilátero, por ejemplo, el cual, por ese solo hecho, ya no es otro triángulo específico, un isósceles, por ejemplo. En cambio, los dos caen bajo una misma idea abstracta de triángulo. El ejemplo es, desde luego, imperfecto, porque las subclases de triángulos también son conceptos generales, y ninguno de ellos puede dibujarse sin excluir otros casos de triángulos que caerían obviamente bajo el mismo concepto; por ejemplo, un determinado triángulo equilátero dibujado puede tener un tamaño o color distinto del de otros triángulos equiláteros.

El mencionado carácter abstracto permite una segunda característica de los conceptos: son *universales*. Un solo concepto se predica de muchas cosas individuales distintas entre sí por sus singularidades, pero unidas por la misma naturaleza o esencia. Eso es lo universal: *uno en muchos*. Los conceptos tienen una *unidad de significado* y una *pluralidad de realizaciones* individuales.

La definición procura capturar esa unidad de significado. Así se introduce el orden en nuestros conceptos: definiendo (después, clasificando). La definición es la respuesta a la pregunta: «¿qué es esto?». La definición es el *qué* de una cosa, la *expresión de lo que una cosa es*, de la *esencia* de una cosa, de su *especie*. Tal es el caso central de definición: la *definición esencial*, que se obtiene enunciando el *género próximo* y la *diferencia específica*.[149] Por ejemplo,

---

148 Cf. *supra* cap. 9.

149 Cf. Sanguinetti, *Lógica, op. cit.*, pp. 85-86; y Millán Puelles, *Fundamentos de Filosofía, op. cit.*, pp. 111-113.

cuando se define al hombre como *animal racional* se enuncia el género próximo, animal, al que pertenecen todos los seres humanos junto con los animales brutos, y se añade la diferencia específica, aquello que nos distingue de los otros animales esencialmente y no solo en un grado accidental o superficial: la racionalidad como potencia intrínseca, que acompaña a nuestra naturaleza incluso en los individuos que, por edad o enfermedad, no logran actualizarla. De ahí que las filosofías animalistas incurren en un error conceptual grave, cuando igualan al hombre con los otros animales.

No siempre es posible definir las cosas de la manera recién referida. Hay muchas realidades que, por ejemplo, no tienen un género, como los conceptos más básicos: el ser, el bien, la verdad, la belleza, etcétera. De otras realidades no conocemos la esencia misma, sino solo propiedades que la expresan, y entonces hemos de dar definiciones que describen esas propiedades: *definiciones descriptivas*. Por eso, aunque el analogado principal de definición corresponde a la definición esencial, por género próximo y diferencia específica, los lógicos han estado de acuerdo, desde la antigüedad, en que se han de buscar otras formas de definición para muchísimas realidades.[150]

La *definición genética*, por ejemplo, indica el modo de producirse una cosa: sus componentes y el modo de su origen.[151] ¿Qué es el *pisco sour*? Es una bebida alcohólica hecha de pisco y limón. ¿Qué es el bronce? Una aleación de cobre y estaño.

La *definición causal* explica lo que una cosa es mediante la identificación de su causa, especialmente por su *causa eficiente* o por su *causa final*.[152] Mediante la causa eficiente explicamos y definimos, por ejemplo, un *eclipse solar*. Definido de manera descriptiva es simplemente el fenómeno que consiste en que *se oscurece la Tierra durante algunas horas del día*. Una definición mejor, donde se menciona la causa eficiente de manera general, es afirmar que el eclipse solar es un oscurecimiento de la Tierra producido *porque* se oculta el sol. Si se añade que se oculta el sol *porque es obstruido por la luna*, entonces se da la causa próxima del eclipse solar, y la definición causal es más completa. La definición causal por referencia a la *causa final* es la más importante en las realidades prácticas. Para definir un cuchillo, por ejemplo, debemos decir

---

150 Cf. Sanguinetti, *Lógica, op. cit.*, p. 87.
151 Cf. *ibid.*, p. 88.
152 Cf. *ibidem*.

que sirve para cortar. Da igual la cantidad de descripciones que podamos hacer; son irrelevantes las características materiales –un cuchillo puede ser de metal, de madera o de plástico–; si no mencionamos la finalidad, no lo vamos a definir. Por eso tampoco es posible definir las realidades políticas y jurídicas, como el imperio del derecho o lo que es un juez, sin remitirse a sus funciones y a los fines para los cuales se instituyen. Ya lo hemos dicho, con san Agustín: «*Remota itaque iustitia, quid sunt regna, nisi magna latrocinia?*».[153]

Más allá de las definiciones reales, que apuntan a delimitar los conceptos, existe la tan necesaria *definición nominal*:[154] la simple explicación del significado de una palabra. El significado de las palabras se asigna por convención, o, más bien, por convención se asigna una palabra a un significado mental. Se conviene socialmente, mediante la práctica del lenguaje –pocas veces hay un acuerdo expreso–, en asignar determinados sonidos articulados a determinados conceptos. Por esta razón, Aristóteles define *palabra* (o *nombre*) como «sonido significativo por convención sin indicar tiempo, y ninguna de cuyas partes es significativa por separado».[155] La definición nominal consiste, fundamentalmente, en utilizar palabras más conocidas por todos para definir las menos conocidas. Las definiciones nominales, en cuanto tales, no nos aclaran lo que son la cosas, sino el significado que les hemos dado a las palabras. Por supuesto, como las palabras pretenden reflejar las cosas, existe una estrecha conexión entre definir palabras y definir conceptos. Por eso, los diccionarios, que constituyen gigantescos y magníficos esfuerzos colectivos de rigor conceptual y lingüístico, incluyen tanto definiciones meramente nominales, que remiten a otras palabras, como definiciones reales, que intentan describir o acotar la realidad. No me imagino un verdadero filósofo, ni un pensador riguroso, ni siquiera un ciudadano medianamente culto, que no sea un amante de los diccionarios.

Gracias a todo el esfuerzo colectivo acumulado, nosotros no necesitamos de ordinario hacer el esfuerzo de inventar una definición. Nos basta con buscarla, entenderla y aprenderla. No es razonable aprenderse una definición sin haberla comprendido. Lo mejor es comprenderla antes y después aprendérsela. Sin embargo, de modo ocasional es preciso ofrecer una definición, o criticar

---

153   *De civ. Dei*, IV, 4.

154   Cf. SANGUINETTI, *Lógica, op. cit.*, pp. 86-87.

155   *De interpr.*, 2, 16a19.

una definición, para lo cual conviene tener en cuenta las *cuatro características de una buena definición*.[156] En primer lugar, la *precisión*, que se opone a toda vaguedad. Definir es poner los límites que circunscriben lo que una cosa es. Enseguida, la *propiedad*: referirse en su totalidad a la cosa, sin dejar nada afuera, y sin delimitar en exceso, es decir, sin confundir lo que se está definiendo con una subclase. No se puede definir el triángulo como una figura geométrica de tres lados *iguales*, porque, al incluir la igualdad entre los lados, ya no estamos hablando de algo propio del triángulo en general, sino que algo específico del triángulo equilátero. No se puede definir tampoco al ser humano como *animal racional inteligente y sano*. Este error lógico, que se da por causas éticas entre algunos intelectuales, define en exceso: limita indebidamente el alcance de la humanidad. El hombre es el *animal racional*: sano o enfermo, activo o postrado, que ejercite su inteligencia y su libertad o que no haya podido hacerlo todavía, o que ya no pueda hacerlo por enfermedad o vejez. En tercer lugar, la definición no debe ser circular: no debe remitirse a lo mismo que se está definiendo; no debe usar la palabra definida (o un derivado) en la definición. Es ilógico, por ejemplo, definir la libertad como una característica por la cual obramos *libremente*. Una forma más sutil de incurrir en el mismo error, que a veces ha afectado a algunos diccionarios, consiste en definir una palabra usando otra que, a su vez, se define usando la primera. Por último, una buena definición debe ser *positiva*, es decir, debe *afirmar lo que la cosa es, y no simplemente decir lo que la cosa no es*. Por cierto, en el caso de realidades que consisten en negaciones, las respectivas definiciones contendrán lenguaje negativo. Es soltero quien no está casado; es débil quien no tiene fuerza; es ignorante el que no sabe.

---

156   Cf. Sanguinetti, *Lógica, op. cit.*, pp. 88.

15. EL MOMENTO DE LA VERDAD: JUZGAR, AFIRMAR O NEGAR

La lógica de las proposiciones estudia el segundo acto fundamental de la inteligencia humana, después del concepto y antes del raciocinio: el juicio. El juicio es la *operación de la mente que compone o divide*, es decir, que une o separa conceptos por medio del verbo ser, explícito o bien implícito en otro verbo.[157] La *proposición* es la expresión lógica del juicio. En todo juicio, por lo tanto, hay un sujeto y un predicado, y, explícito o implícito, el verbo ser, que señala realidad. El verbo ser tiene muchos significados vinculados entre sí: es analógico.[158] Puede significar la realidad de algo que existe en sí mismo, como sujeto (sustancia), *v.gr.*, una gaviota, o la realidad de algo que existe en otra cosa, como lo que le acaece a un sujeto (accidente), *v.gr.*, el tamaño o el color de la gaviota. Puede significar realidad exterior, extramental, o una realidad mental. Si uno, por ejemplo, dice: «El papa Benedicto XXI es sabio», uno usa el verbo *ser*; pero el papa Benedicto XXI no existe en la realidad, por lo cual el verbo ser significa algo puramente mental, como parte del enunciado de una ficción que uno se ha inventado, que puede ser el personaje de una novela o de una profecía sobre el futuro.

El verbo ser reviste significados en parte distintos, pero siempre supone un juicio en el que la mente une o separa dos o más conceptos: afirma o niega uno respecto del otro. Si uno dice: «El hombre es racional», significa un sujeto (el hombre) y una característica (la racionalidad) y atribuye la característica al sujeto; afirma que lo que esos dos conceptos significan se da unido en la realidad. El juicio como acto mental se expresa en una proposición lingüística.

---

157   Cf. Sanguinetti, *Lógica, op. cit.*, p. 97.

158   Cf. *supra* cap.13.

La *verdad se da en el juicio cuando compone o divide*,[159] porque, en la fórmula más sencilla de Aristóteles, el juicio es verdadero cuando afirma que lo que es, es, y que lo que no es, no es.[160] Hay *verdad* siempre que la mente afirma como unido lo que está unido en la realidad, así como cuando lo que afirma como separado está separado en la realidad (*i.e.*, cuando *divide* dos conceptos, *niega* que lo que significan se dé unido en la realidad). La *verdad en sentido lógico* es la *correspondencia de la inteligencia con la realidad* (*adaequatio rei et intellectus*). Consiste de manera esencial en la *adaptación de la mente a la realidad*, que tiene su fundamento en la realidad de las cosas, por una parte, que resplandece ante la inteligencia, y, por otra, en la capacidad de la inteligencia para acceder a la realidad, en una cierta medida. La *verdad ontológica* está en las cosas mismas: es su propio ser en cuanto inteligible. La *verdad lógica* está en la mente, en la medida en que ella se adapta a las cosas. Esta es la explicación básica de la verdad de la inteligencia humana. Santo Tomás explica que no sucede lo mismo *en el entendimiento divino*, porque este produce la realidad de las cosas distintas de Dios mismo, y no se adapta a la realidad.[161]

Por otra parte, un juicio es falso cuando afirma que lo que es, no es, o que lo que no es, es. Adviértase que *no hay paralelismo entre la verdad y la falsedad*, porque la falsedad se da solo en la mente, no en la realidad. La realidad no cambia por el hecho de que nosotros nos equivoquemos al juzgar. La verdad tiene un fundamento en la realidad; la falsedad no tiene ningún fundamento en la realidad. Solo de modo metafórico calificamos de *falsas* algunas cosas: falsas por comparación con otras cosas, como, por ejemplo, cuando llamamos *oro falso* a un metal que se parece al oro, que podría llevar a alguien a engañarse. O hablamos de un *falso amigo*, alguien que aparenta ser amigo, pero que a la hora de la verdad no realiza en la práctica lo que la amistad exige: habla mal a espaldas de uno, nunca hace un favor, traiciona, es un egoísta: ¡no es un verdadero amigo! Aplicamos por analogía el concepto de falsedad a las cosas que no realizan lo que sus apariencias indican; pero, en realidad, las cosas son lo que son, y la falsedad se da en la persona que se engaña.

---

159   Cf. LLANO, *Gnoseología, op. cit.*, p. 45.
160   Cf. *Met.*, VI, 4, 1027b20.
161   Cf. *S. Th.*, I, q. 16, a. 5.

El fundamento de toda verdad lógica está en el ser real de las cosas y en el principio de no contradicción, que es un juicio fundamental sobre la realidad, el primer juicio que formula nuestro intelecto. En el primer acto intelectual de conocer la realidad, formamos el concepto de ser (según la terminología filosófica técnica: la noción de «ente»), de lo que existe; enseguida, por negación, la inteligencia conoce la posibilidad de lo contrario al ser, del *no ser* («no-ente»), que es un concepto exclusivamente mental porque el no ser no existe; y en esas dos nociones –ente y no-ente– se funda el primer juicio intelectual, que es el principio de no contradicción, también llamado por los lógicos principio de contradicción. Hay varias fórmulas del principio de no contradicción. Ninguna de ellas es lo que enuncia de manera expresa toda persona que ejercita su inteligencia por primera vez, porque el hecho de que un niño sepa que la realidad no se contradice, y apoye en ese conocimiento todos sus razonamientos, no significa –la experiencia lo atestigua– que ese niño enuncie el principio de forma abstracta. Todas las proposiciones abstractas del principio vienen a lo mismo: *una cosa no puede ser y no ser al mismo tiempo y en el mismo sentido*; o bien: *A no puede ser no-A* (se supone que en la expresión A están ya incluidos el sentido y el tiempo); o bien: *no se puede afirmar y negar a la vez lo mismo de lo mismo*.[162]

Ahora bien, esta verdad primera sobre los juicios, que solo pueden ser verdaderos o falsos, se refiere estrictamente al paradigma de juicio, que es el *juicio asertivo*, aquel que intenta afirmar o negar algo, o, de manera más sencilla, describir la realidad tal cual ella es. Esos juicios son simplemente verdaderos o falsos. Si introducimos modalidades, en cambio, es decir, grados de necesidad, de certeza, de probabilidad, etcétera, respecto a lo que se juzga, entonces también cabe introducir grados de posibilidad de ser verdadero, posibilidad de ser falso, etcétera.

Otro tanto hay que decir si un juicio humano se refiere a los llamados *futuros contingentes*, es decir, a hechos que no han sucedido, pero que podrían suceder o no en el futuro. Un juicio sobre algo futuro que podría ser o no ser, todavía no es verdadero ni falso. Por definición, si se refiere al futuro *será* verdadero o falso cuando se verifique el hecho, es decir, no antes, no cuando

---

162 Sobre el principio de contradicción, véase SÖCHTING HERRERA, Julio. *Metafísica*, Ediciones UC, Santiago, 2014, pp. 129-134, y WIDOW, Juan Antonio. *Curso de Metafísica*, Globo Editores, Santiago, 2012, pp. 64-65; y *Met.* IV, 3, 1005b15–1006a25.

se enuncia. El tema es muy discutido en la lógica filosófica.[163] En una obra elemental como esta, que se propone despertar el interés por la filosofía, solo alcanzamos a mencionar el problema. Si digo, por ejemplo, «la próxima semana moriré en un accidente automovilístico», este juicio asertivo sobre un futuro contingente, ¿es verdadero o falso? Cabe responder que *todavía* no es verdadero ni falso; cuando muera o no muera, dentro de la próxima semana, entonces lo será: verdadero o falso. Sin embargo, entonces ya no será verdadero o falso el juicio pasado, sino el juicio presente que reproduzca ese juicio pasado; porque no cabe decir que el juicio pasado *habrá sido* verdadero o falso según lo que ocurra en el futuro, devenido presente: si decimos algo así, significaría que *siempre fue* verdadero o falso, pero solo lo supimos cuando ese futuro se hizo presente. En tal caso, queda cuestionado el carácter contingente de los futuros contingentes.

Otro ejemplo de proposiciones no asertivas, que no son verdaderas ni falsas, son los mandatos o proposiciones imperativas. Si decimos «el mar es azul», la proposición es descriptiva y verdadera. Si le decimos a alguien: «Pague su deuda», le damos una orden: hay una proposición que no es verdadera ni falsa, porque no pretende describir la realidad. En cambio, si, en lugar de dar la orden, decimos: «Según el Código Civil, usted debe pagar su deuda», la proposición puede ser verdadera o falsa, porque es asertiva: intenta describir una norma o la situación jurídica de acuerdo con esa norma. Algunos juristas o filósofos del derecho han pretendido que en el derecho y en la moral no hay verdad ni falsedad, porque, afirman, los órdenes normativos consisten en mandatos de la voluntad. En realidad, las cosas son más sencillas. Cuando se formula una orden en modo imperativo, no es verdadera ni falsa, como enseña la lógica clásica; en cambio, cuando se formula un deber en modo descriptivo —una descripción de lo que debe ser según las reglas legales o morales—, la proposición es verdadera o falsa.[164]

También hay grados de verdad o de falsedad, cambiantes según que las materias a que se refieren las proposiciones sean más o menos necesarias o contingentes. Si una realidad es necesaria, en el sentido de que *no cambia*,

---

163   Sobre los futuros contingentes, véase *De interpr.* 18a28-19b4 y SANGUINETTI, *Lógica, op. cit.*, pp. 106-107.

164   Cf. KALINOWSKI, Georges. *Lógica de las normas y lógica deóntica* (Roque Carrión Wam, traductor), Universidad de Carabobo [Editorial], Valencia (Venezuela), 1978, pp. 78 y ss.

entonces las proposiciones que reflejen esa realidad van a ser siempre verdaderas. Por ejemplo, bajo los supuestos de la geometría clásica de Euclides, la suma de los ángulos internos de un triángulo es de 180°; esta proposición es por necesidad verdadera. Lo mismo sucede en el ámbito práctico: la proposición de que *se debe hacer el bien y evitar el mal* refleja lo que necesariamente ordena nuestra razón práctica; por tanto, es un *juicio práctico necesario*, que siempre será verdadero, en cualquier universo posible.

Hay verdades, pues, en el terreno práctico y en el especulativo, que son necesarias, es decir, que siempre son así y no pueden cambiar. Sin embargo, también hay proposiciones que expresan juicios sobre realidades contingentes, es decir, realidades que cambian. Y algunas de ellas están continuamente cambiando. Entonces cambia la verdad misma acerca de esas cosas –su correspondencia en la inteligencia–, porque la verdad no es sino la adecuación de la mente a la realidad.

Algunas discusiones sobre si la verdad cambia o no cambia son poco rigurosas. Hay que distinguir. Si se trata de proposiciones sobre cosas necesarias, la verdad no cambia; pero la filosofía y las ciencias han de determinar precisamente cuáles son aquellas realidades que no cambian, que constituyen el objeto propio del conocimiento científico y filosófico. Si se trata, en cambio, de proposiciones acerca de cosas contingentes, *la verdad cambia*, y, por eso, lo que era verdadero en un momento, puede no ser verdadero en otro momento, justamente porque hablamos de cosas contingentes. El ejemplo más típico es el de si Sócrates está de pie o está sentado. «Sócrates está de pie» es una proposición verdadera mientras Sócrates está de pie. Cuando Sócrates se acuesta, la misma proposición comienza a ser falsa. ¿Por qué? Porque Sócrates se acostó. Desde ese momento, cualquiera que siga afirmando «Sócrates está de pie», habrá pasado de estar en la verdad a estar en la falsedad, porque *algo cambió en la realidad*, y la verdad es la adecuación de la inteligencia a la realidad. La persona sigue pensando lo mismo, pero ya no posee la verdad.

Con esta distinción tan sencilla, que demuestra que la verdad es inmutable respecto de algunas cosas y es mutable con relación a otras, se evitan innumerables discusiones acaloradas sobre la verdad, que parecen referirse a cuestiones importantes y son simples asuntos de lógica elemental. Por supuesto, no estamos ante cuestiones meramente lógicas cuando alguien pretende que una verdad necesaria es contingente, o que una verdad contingente es necesaria. Entonces se discute sobre la realidad. Por ejemplo, si alguien dice que el precepto moral según el cual *jamás es lícito matar directamente a un inocente* (*i.e.*, el que prohíbe el homicidio) es una verdad contingente, o sea, que a veces cambia y, entonces, puede ser lícito matar, entonces entramos a una discusión sobre el alcance del precepto moral. El que dice que *jamás* es lícito matar directamente a un inocente está afirmando que es una verdad moral *necesaria*, que no admite excepción, que no cambia: un *absoluto moral*;[165] por tanto, que si alguien piensa alguna vez que es lícito matar directamente a un inocente está equivocado, con independencia de las circunstancias. El que dice que, en ocasiones, según las circunstancias, es lícito matar directamente a un inocente, afirma que ese precepto no es *necesario*, que es contingente.

Leo Strauss, el connotado pensador político del siglo XX, afirmó:

Toda acción está vinculada a situaciones particulares. [...] En la mayoría de los casos, es mucho más fácil ver con claridad si un acto particular de matar es justo que establecer con claridad la diferencia específica entre asesinatos justos en cuanto tales y asesinatos injustos en cuanto tales. [...] El bien común consiste normalmente en el requisito de la justicia conmutativa o distributiva, o de todo principio moral de este tipo, o consiste en lo que es compatible con estos requerimientos. Pero el bien común también comprende por supuesto la mera existencia, la mera supervivencia, la mera independencia de la comunidad política en cuestión. Llamemos situación extrema a la situación en que la misma existencia o independencia de una sociedad está en juego. [...] En tales situaciones, y solo en tales situaciones, puede decirse con justicia que la seguridad pública es la ley más elevada. Una sociedad decente no irá a la guerra sin justa causa. Pero lo que haga durante la guerra dependerá en cierta medida de lo que el enemigo la obligue a hacer; y es posible que se trate de un enemigo absolutamente inescrupuloso y salvaje. Los límites no pueden definirse por adelantado, no pueden asignarse límites a represalias que podrían volverse justas. Pero la guerra proyecta su sombra sobre la paz. [...] Las consideraciones aplicables a los enemigos extranjeros bien podrían aplicarse a los elementos subversivos al interior de la sociedad. Dejemos estas tristes exigencias bajo el velo con el

---

165   Cf. FINNIS, John. *Absolutos morales* (Juan José García Norro, traductor), Eiunsa, Barcelona, 1992, pp. 15-18.

que justamente son cubiertas. Alcanza con repetir que en situaciones extremas las reglas normalmente válidas del derecho natural se cambian con justicia, o se cambian en conformidad con el derecho natural; las excepciones son tan justas como las reglas. Y Aristóteles parece sugerir que no hay una sola regla, sin importar cuán básica sea, que no esté sujeta a la excepción.[166]

Strauss niega que la prohibición del homicidio sea una verdad moral necesaria, siempre válida; piensa que es contingente. Estamos ante una discusión moral sustantiva. No confundamos las discusiones de fondo con problemas que se resuelven mediante una distinción lógica como esta entre verdades necesarias y verdades contingentes. Hay verdades necesarias; pero no todas las verdades son de ese tipo. Si la mente descubre y se adapta a un hecho necesario, su juicio nunca va a dejar de ser verdadero; por ejemplo, nunca dejará de ser verdadero que, por naturaleza, los seres humanos tienen dos riñones, aunque en algún caso alguien carezca de uno de ellos por defecto físico. En el caso de naturalezas, como las de los seres materiales, que fallan a veces, el juicio sobre la especie universal es necesario; pero el juicio sobre el individuo, en el que se realiza la especie, siendo, en general, verdadero, puede ser falso en algún caso. Y hay verdades contingentes. Por lo tanto, en tales materias mudables, la mente podría estar en lo correcto y, de pronto, por un cambio de circunstancias, si sigue pensando lo mismo, puede estar en el error.

Una persona que quiere estar siempre en la verdad en las cosas contingentes debe informarse sobre ellas de manera continua, porque, si cambian las circunstancias, quizás tiene que cambiar su opinión, en la medida en que el cambio sea relevante. El médico, por ejemplo, que trata a un paciente, puede pensar que, con determinado medicamento, basta para progresar hacia la curación o para mantener a raya una enfermedad. Si sucede así, y mientras así suceda, el médico está en la verdad; pero, si cambia la situación, por ejemplo, si es un tumor que comienza a crecer, y quizás ya

---

166   STRAUSS, Leo. *Derecho natural e historia* (Luciano Nosetto, traductor), Prometeo Libros, Buenos Aires, 2014, pp. 201-202. John Finnis comenta este pasaje y lo critica a la luz de la tesis tradicional de que existen algunas prohibiciones morales absolutas, que no admiten excepción, en FINNIS, John. "Aristóteles, Santo Tomás y los absolutos morales" (Carlos I. Massini, traductor), en *Persona y Derecho* 28, 1993, pp. 9-26.

no basta el medicamento, si el médico siguiera *pensando lo mismo*, estaría en el error. Tratándose de un asunto contingente, el médico tiene que adaptar su juicio al cambio de las circunstancias. Eso es lo que sucede en todos los ámbitos de la *praxis*: no basta con el conocimiento de las causas y los principios necesarios, sino que necesitamos adaptar de forma continua nuestro juicio a las circunstancias.

Por último, la verdad incluye, además de la adaptación de la inteligencia a la realidad, una dimensión reflexiva de la inteligencia sobre sí misma.[167] En efecto, en el juicio verdadero hay adaptación de la mente a la realidad, pero también hay un *darse cuenta de que nos estamos adaptando a la realidad*. Hay una dimensión de conocimiento directo de la realidad y de reflexión de la mente sobre sí misma, mediante la cual, al menos de modo implícito, uno se da cuenta de que conoce la verdad. En esta dimensión se apoya santo Tomás de Aquino para explicar por qué la verdad, en sentido propio, no se da en los sentidos ni en la simple abstracción. La vista, cuando capta el color negro, también se adapta a ese aspecto sensible de lo real. La inteligencia, cuando forma el concepto de elefante, se adapta asimismo a la realidad, en cierta medida. Sin embargo, no hay verdad mientras uno no afirme que aquello –el color negro, el elefante– corresponde a algo real: tiene ser. Esto sucede cuando uno dice que *el elefante existe*, o que *el elefante es negro*. Entonces, no es solo que la mente posea un aspecto de la realidad, sino que advierte que el elefante existe y que es negro. Uno *sabe que sabe* porque advierte la causa de su contacto con la realidad; por ejemplo, que está viendo de manera directa que hay un elefante negro en el zoológico. Esa es la dimensión reflexiva de la verdad.

En algunos momentos, la indagación filosófica se ha fijado tan solo en el aspecto de la verdad como reflejo de la realidad –la metáfora del *espejo* y de la *correspondencia*–, y, otras veces, solo en el aspecto reflexivo de la inteligencia, incluso hasta el extremo de pensar que la verdad se da en su propia reflexión, generada sin una conexión externa con la cosa en sí.[168] Y hay que afirmar las dos cosas: la verdad en el juicio es *una adecuación conocida como tal*, y, por eso,

---

167   Cf. INCIARTE, Fernando. "El problema de la verdad en la filosofía actual y en Santo Tomás", en J.J. RODRÍGUEZ y P. RODRÍGUEZ (eds.): *Veritas et Sapientia: En el VII Centenario de Santo Tomás de Aquino*, Eunsa, Pamplona, 1975, p. 48.

168   Cf. *ibíd.*, p. 47.

implica también una posesión –por lo menos confusa, elemental o básica– de las razones por las cuales se afirma una proposición.[169] Una razón puede ser la evidencia directa: el elefante es negro y así lo vemos. No necesitamos dar más razones. Si se comienza a mover todo el edificio de modo estrepitoso, podemos decir que está temblando; nadie puede exigirnos una demostración. En cambio, cuando no se trata de hechos evidentes, inmediatos, conocer algo como verdadero no consiste solo en que de hecho coincida nuestro juicio con la realidad, sino también en que tengamos alguna razón para afirmar ese juicio. Por ejemplo, si Javiera dice: «Hay un japonés en Punta Arenas», y Clemente, por el contrario, lo niega: «No hay un japonés en Punta Arenas», esas dos proposiciones son *contradictorias*; por lo tanto, uno de los dos dice la verdad, o ella o él; pero ninguno de los dos tiene una razón para afirmar o negar el hecho. Ninguno de los dos *conoce la verdad*. Para conocer la verdad es imprescindible esa dimensión reflexiva, por la cual uno conoce que eso es verdad, o, por lo menos, posee un fundamento de evidencia directa o indirecta (demostración) para creerlo. La dimensión reflexiva de la verdad es compatible con creer que se conoce la verdad y equivocarse, por ejemplo, cuando uno realiza un cálculo matemático y se equivoca en un paso: cree haber llegado a la verdad, pero se ha equivocado. Entonces está la dimensión reflexiva, pero falta la dimensión de adecuación, y eso es la esencia del error: creer que se ha producido la adaptación a la realidad, cuando, en verdad, ha fallado. En síntesis, solo con la suma de las dos dimensiones –correspondencia y reflexión– se está de manera plena en la verdad; la sola correspondencia, no conocida como tal, es un accidente; la sola reflexividad de la inteligencia humana, que solo cree conocer, mas sin la efectiva correspondencia con la realidad, es lo propio de la falsedad y el error.

---

[169]   Cf. LLANO, *Gnoseología, op. cit.*, pp. 45-47.

16. RAZONAR CON RIGOR: DEDUCCIÓN E INDUCCIÓN

Las proposiciones expresan el contenido objetivo de los juicios. Entre ellas, las proposiciones *enunciativas o asertivas*, que tienen la cualidad de ser verdaderas o falsas, son las más estudiadas por la lógica. Hemos mencionado otros tipos de proposiciones, que no son propia o directamente verdaderas o falsas porque su función no es describir la realidad. Se trata de las proposiciones imperativas, interrogativas, apelativas y otras semejantes. Las proposiciones, que se forman sobre la base de los conceptos, pueden combinarse, a su vez, para constituir el tercer tipo de operación del intelecto humano: el raciocinio o razonamiento. La inteligencia avanza en el conocimiento adquiriendo nuevos conceptos, cuando conoce nuevas realidades o distingue mejor entre las ya conocidas (*v.gr.*, no se contenta con el concepto de árbol, sino que distingue las especies de árboles: pinos, cedros, etcétera); relacionando entre sí los conceptos, en la medida en que descubre las relaciones, más o menos necesarias, entre los diversos tipos de realidades (*v.gr.*, descubre que las abejas elaboran la miel); y, por último, relacionando dos o más proposiciones, ya conocidas, para arribar a la formulación de nuevas proposiciones, hasta entonces desconocidas. Así, pues, cabe definir el raciocinio como «un movimiento de la mente por el que pasamos de varios juicios —comparándolos entre sí— a la formulación de un nuevo juicio, que necesariamente [se] sigue de los anteriores».[170]

El raciocinio riguroso se basa en el modo natural de funcionar de la inteligencia humana, que, cuando opera bien, se ordena a conocer la verdad. La lógica ha estudiado y sistematizado las reglas básicas del raciocinio correcto;

---

[170] SANGUINETTI, *Lógica, op. cit.*, p. 125.

pero no las inventa, sino que las descubre y las expresa con rigor. Nosotros no vamos a detenernos en todas ellas. Nos interesa aquí, atendida la finalidad de esta obra, trazar el plano elemental de una inteligencia que razona bien.

Entre las reglas básicas del raciocinio correcto podemos destacar, en primer lugar, que *los antecedentes de la conclusión tienen que tener algún tipo de conexión causal entre sí para que la conclusión se siga de ellos*. En realidad, la conclusión está de alguna manera implícita en la realidad reflejada por las premisas. Esto es verdad incluso cuando se razona sobre la base de premisas falsas, pero que incluyen una conexión causal entre ellas. Así, por ejemplo, este silogismo: «Todos los profesores vuelan; Patricio es profesor; luego, Patricio vuela». Se trata de un silogismo válido, aunque la primera premisa es falsa. La conclusión se sigue de modo lógico (aunque sea falsa) porque existe una conexión causal, necesaria, entre que todos los miembros de una clase tengan una propiedad cualquiera y que un determinado miembro de esa clase la posea: que el individuo pertenezca a esa clase –posea esa naturaleza– es la causa de que posea esa propiedad. Esta necesidad lógica no sufre excepción por el hecho de que formulemos proposiciones falsas para ejemplificarla.

Otra regla elemental es que, para que se siga una conclusión verdadera, aparte de ser válido el raciocinio desde el punto de vista formal (*i.e.*, que exista esa conexión causal mencionada), las dos premisas han de ser verdaderas. Solo así puede quedar garantizado que la conexión causal formal, en la cadena mental de proposiciones, corresponde a una conexión causal real, fuera de la mente. De lo contrario, se sigue cualquier cosa: o una proposición falsa, como en el ejemplo de los profesores voladores, o una proposición verdadera solo por accidente, como en este silogismo: «Todas las serpientes son venenosas; la cobra es una serpiente; luego, la cobra es venenosa». La conclusión es válida desde el punto de vista formal, y es verdadera; pero es verdadera porque sucede que las cobras son venenosas, pero no porque sean venenosas todas las serpientes (algunas no lo son, y matan estrangulando).

Las dos formas fundamentales de razonar son la deducción y la inducción.

La deducción o silogismo

La deducción consiste en extraer una conclusión particular a partir de premisas más generales. La forma más básica de deducción es el silogismo (normalmente se usan como sinónimos). Veamos un modelo clásico. *Ejemplo 1*: "Todos los hombres son mortales (premisa mayor); Sócrates es hombre (premisa menor); luego, Sócrates es mortal (conclusión)». Este es un ejemplo clásico de silogismo válido. La conclusión es verdadera, tras un razonamiento válido, a partir de premisas verdaderas.

Ahora veamos cómo puede existir una conclusión verdadera, tras un razonamiento válido, pero a partir de una premisa verdadera y otra falsa; es decir, como en el ejemplo de las serpientes venenosas, una conclusión verdadera solo por accidente. *Ejemplo 2*: «Todos los hombres son blancos (premisa mayor falsa); Sócrates es hombre (premisa menor verdadera); luego, Sócrates es blanco (conclusión verdadera, que se sigue de manera válida de las premisas, pero que no es verdadera en virtud de esas premisas, sino de modo accidental)».

También puede ocurrir, entre otras cosas, que existan premisas verdaderas y conclusión verdadera, pero no válida. Al no seguirse la conclusión de las premisas, el raciocinio inválido puede terminar en cualquier cosa. *Ejemplo 3*: «Todas las ballenas son animales acuáticos (premisa mayor verdadera); algunos mamíferos son animales acuáticos (premisa menor verdadera); todas las ballenas son mamíferos (conclusión inválida, verdadera)». Este ejemplo es extraño porque la inteligencia naturalmente lógica del lector advierte la desconexión causal entre las las premisas. Pero la conclusión es una proposición verdadera, que lo es con independencia del silogismo inválido. Asimismo puede haber un silogismo inválido con premisas verdaderas y conclusión falsa, pues no se sigue de las premisas: puede ser cualquier cosa. Ejemplo 4: «Todos los escritores saben leer (premisa mayor verdadera); todos los pilotos de avión saben leer (premisa menor verdadera); luego, todos los pilotos de avión son escritores (conclusión inválida y falsa, porque de hecho no todos los pilotos de avión son escritores; pero podría ser verdadera en algún mundo posible)». La invalidez del silogismo resulta de que el término medio (saber leer) no es universal: aunque todos los escritores sepan leer y todos los aviadores sepan leer, nunca se dice que todos los que saben leer son escritores o aviadores: puede haber, pues, lógicamente escritores que no sean aviadores y aviadores que no sean escritores.

Se advierte, pues, que *verdad* y *validez* son conceptos distintos. La *validez formal* es una *cualidad del raciocinio* que consiste en la conexión lógica, necesaria, entre las premisas, en virtud de la cual se sigue la conclusión, por el principio de no contradicción: para no contradecir las premisas es necesario afirmar la conclusión implícita en ellas. En cambio, la *verdad material* consiste en que lo afirmado en una proposición corresponda a lo existente en la realidad fuera de la mente.

Los ejemplos 3 y 4 son de silogismos inválidos con conclusiones accidentalmente verdadera (ejemplo 3) y falsa (ejemplo 4). Pero también puede suceder a la inversa, que un silogismo sea válido pero tenga premisas falsas y su conclusión sea falsa *per accidens* (porque podría haber sido verdadera por coincidencia). Ejemplo 5: «Todos los planetas están habitados por seres humanos (premisa mayor falsa); la luna es un planeta (premisa menor falsa); luego, la luna está habitada por seres humanos (conclusión falsa, pero deducida válidamente, y que podría haber sido verdadera)». Ejemplo 6: «Todos los profesores de Derecho son jóvenes» (premisa mayor falsa); Harry Potter es profesor de Derecho (premisa menor falsa, además de absurda); luego, Harry Potter es joven (conclusión válida y verdadera *per accidens*)». En síntesis:

1.° Si hacemos bien un razonamiento, es decir, si es *válido formalmente* –nuestra conclusión se sigue de nuestras premisas–, y si todas las premisas son *verdaderas materialmente*, la conclusión siempre será verdadera. Así en el *ejemplo 1*. Este es, naturalmente, el ideal de todo raciocinio y de todo ejercicio mental: que sea lógico y verdadero, riguroso y ajustado a la realidad.

2.° En cambio, si hacemos bien un razonamiento (es válido), pero nuestras premisas son falsas (o al menos una lo es), queda abierta la posibilidad: la conclusión puede resultar falsa (como en el *ejemplo 5*) o bien verdadera por coincidencia o por accidente (como en los *ejemplos 2 y 6*).

3.° Lo mismo sucede en el caso de un razonamiento mal hecho, es decir, formalmente inválido, pero a partir de premisas verdaderas: la conclusión puede resultar falsa o *verdadera por coincidencia*. Así en el *ejemplo 3* (inválido con conclusión verdadera por accidente) y en el *ejemplo 4* (inválido con conclusión falsa por accidente).

4.° No debemos olvidar, por lo tanto, el aforismo *ex falsu quodlibet*: de lo falso se sigue cualquier cosa, verdadera o falsa.

Los lógicos han elaborado un esquema complejo de todos los tipos de silogismos, según las clases de proposiciones de que se componen (afirmativas o negativas, universales o particulares) y las formas de combinarlas. Solo algunos tipos de silogismos son válidos. No vamos a recordarlos en este lugar.[171] Nos limitaremos a decir que se puede detectar si un silogismo es válido o inválido, aun sin conocer esas figuras, si se dominan las reglas fundamentales del silogismo válido, que son las siguientes:

1.ª El término medio debe tomarse siempre en el mismo sentido. Se llama término medio al concepto que sirve para enlazar las premisas entre sí, como *hombre* en el *ejemplo 1* y *animales acuáticos* en el *ejemplo 3*. Si el término medio es idéntico en el nombre, pero cambia de significado, se produce una equivocidad o al menos alguna alteración de sentido (ambigüedad, aunque exista cierta analogía) que impide conectar las premisas. Ejemplo 7: «Los satélites son fundamentales para las comunicaciones; la Luna es un satélite; luego, la Luna es fundamental para las comunicaciones». Aquí la palabra «satélite» tiene un sentido parcialmente distinto aplicada a los satélites artificiales, que se usan para las comunicaciones, y aplicada a la Luna, que es un satélite natural. Es evidente que la premisa mayor está suponiendo el sentido restringido del término «satélite» (o, de lo contrario, sería simplemente falsa).

2.ª El término medio debe usarse al menos una vez en toda su universalidad. Véase como, en el *ejemplo 1*, donde el término medio es hombres (hombre), se dice *todos* los hombres. De lo contrario, los extremos de las premisas (*i.e.*, aquellos términos a los que se aplica el término medio en cada premisa) no estarían conectados, pues algunos de ellos podrían pertenecer a los casos a los que el término medio no se aplica. Por eso, basta con hallar que el término medio no es universal en ninguna de las premisas para descalificar un silogismo. Véanse animales acuáticos en el *ejemplo 3* y saber leer en el *ejemplo 4*.

3.ª Los extremos no pueden poseer más universalidad en la conclusión que en las premisas. *Ejemplo 8*: «Todos los estudiantes de Derecho son inteligentes; algunos deportistas son estudiantes de Derecho; luego, los deportistas son inteligentes». El silogismo es inválido porque solo se sigue que algunos deportistas son inteligentes (podrían ser más que los

---

171   Puede consultarseuna síntesis en SANGUINETTI, *Lógica, op. cit.*, pp. 133-145; y en CORREIA, Manuel. *La Lógica de Aristóteles. Lecciones sobre el origen del pensamiento lógico en la Antigüedad*, Ediciones Universidad Católica de Chile, Santiago, 2003, pp. 97-110.

estudiantes de Derecho: el silogismo solamente nos dice que por lo menos los deportistas que estudian Derecho son inteligentes, como es obvio).

4.ª La conclusión sigue a la cantidad o calidad más débil de las premisas; es decir, si hay una premisa universal y otra particular, se puede llegar solo a una conclusión particular, y si hay una premisa negativa y otra afirmativa, se puede concluir solo negativamente. Así se ve en el ejemplo 8, respecto de la universalidad de las premisas, y en este *ejemplo 9* con una premisa negativa: «Los economistas no predicen el futuro; algunos gurús son economistas; luego, algunos gurús predicen el futuro». Es obvio que la conclusión solo puede ser que algunos gurús no predicen el futuro (esos gurús economistas). De los que predicen el futuro nada se dice (solo sabemos que no pueden ser economistas).

5.ª Nada se sigue de dos premisas negativas.

Con estas reglas podemos detectar los errores de razonamiento más sencillos y, por lo tanto, también las falacias más corrientes, que usualmente se derivan de presentar una premisa particular como si fuera universal, o de introducir alguna equivocidad en los términos.[172]

La inducción

El raciocinio inductivo es el proceso intelectual por el que pasamos desde las proposiciones particulares, formadas a partir de los hechos singulares conocidos por los sentidos, a una verdad universal captada y formulada por la inteligencia.[173]

Aquí hay dos *saltos de la inteligencia* que han dado origen a una reflexión filosófica muy seria. El primero consiste en pasar *de lo sensible a lo inteligible*. El segundo es el paso *de lo particular a lo universal*. La inducción, si se observa un número suficiente de casos particulares o un ejemplar representativo de la naturaleza estudiada, es válida, es decir, nos aporta conocimiento universal.

En el siglo XX, Karl Popper planteó con agudeza el problema de la inducción. Su tesis central era que la ciencia nunca podrá establecer una

---

172 Cf. *infra* cap. 18.

173 Cf. CORAZÓN GONZÁLEZ, *Filosofía del Conocimiento*, op. cit., pp. 184-185; . SANGUINETTI, *Lógica*, op. cit., pp. 154-157 y MILLÁN PUELLES, *Fundamentos de Filosofía*, op. cit., pp. 154 y ss.

verdad universal y necesaria a partir de los casos particulares, porque siempre cabe pensar –según él– un caso que refute o falsee una hipótesis científica.[174] Se trata de una versión contemporánea del escepticismo sofisticado de David Hume sobre el alcance de la inteligencia humana para conocer una causalidad en sentido propio, más allá de una simple creencia no refutada en la regularidad de ciertos fenómenos.[175] Ante esa gran cuestión de si podemos llegar a una verdad universal y necesaria o no, se ha respondido –desde la perspectiva de la lógica clásica–, que se trata de un asunto que se sale de la lógica, pues remite al análisis metafísico y gnoseológico de la capacidad de la inteligencia humana para penetrar la esencia de las cosas. Afirmar la posibilidad de la inducción esencial equivale a confiar en la capacidad de la mente humana de pasar de lo sensible y concreto a lo inteligible y abstracto, y de lo particular a lo universal. La lógica clásica, sin embargo, le concede un punto a Karl Popper. En muchos terrenos, como, por ejemplo, sobre realidades subatómicas o cosmológicas no observables directamente, puede haber inducciones que sean solo parciales, conjeturales, probables. En ese contexto, la lógica clásica y la metodología de la ciencia sostienen que lo que plantea Popper es razonable. En muchos ámbitos de investigación, sobre todo en las ciencias más complejas, no es posible hacer una inducción con certeza completa. Por eso, la confianza en la inducción es variable según las ciencias y sus objetos.[176] Sin embargo, no parece razonable generalizar las dificultades del conocimiento humano en determinados ámbitos para formular una tesis universal sobre su incapacidad en todos los ámbitos. La modestia de nuestro conocimiento nos impide universalizar la misma tesis de que no cabe alcanzar un conocimiento universal en ningún terreno. En efecto, la inducción es capaz de fundar algunos conocimientos universales. Nadie duda seriamente, por ejemplo, de que sean genuinos conocimientos universales, válidos para el respectivo ámbito de observación, las verdades básicas de la anatomía humana (*v.gr.*, los humanos tenemos dos riñones, un hígado, dos hemisferios cerebrales…) o de la fisiología, la astronomía (*v.gr.*, la existencia del sol y de los planetas y estrellas), etcétera.

---

174   Cf. POPPER, Karl. *Conjeturas y refutaciones. El desarrollo del conocimiento científico* (Néstor Miguez, traductor), Paidós, Barcelona, 1991, pp. 67-87.

175   Cf. IEH, s. VII, p. I, n. 6. Cf. HUME, David. *Investigación sobre el entendimiento humano* (Vicente Sanfélix Vidarte y Carmen Ors, traductores), Ediciones Istmo, Madrid, 2004, pp. 85-99.

176   Cf. SANGUINETTI, *Lógica, op. cit.*, pp. 154-157.

La filosofía también estudia y fundamenta algunas proposiciones universales, tanto especulativas como prácticas, aprendidas por inducción. Los primeros principios teóricos –el de contradicción o el de causalidad– y prácticos –que se ha de hacer el bien y evitar el mal, que se debe obrar razonablemente, etcétera–, así como las verdades más elementales de la filosofía (*v.gr.*, la distinción entre sustancia y accidentes, verdad y error, entre otros) han sido adquiridos por inducción certísima a partir de la experiencia sensible. Dudar de ellas, como dudar de la existencia del mundo y del propio yo, exige una fuerza de voluntad gigantesca para torcer a la inteligencia y desviarla de su apertura natural al ser.[177]

---

[177] Cf. *supra* cap. 9.

17. PERSUADIR: LA PALABRA
AL SERVICIO DE LA VERDAD

La gran confrontación entre Sócrates y los sofistas[178] abarcó, entre otras cuestiones, la de qué tan objetiva puede ser la ciencia, de modo particular la ética, el saber especulativo y práctico sobre las virtudes, y, por otra parte, el problema de la relación entre la retórica y la verdad. El *Gorgias* trata sobre el arte de persuadir y de usar las palabras. Gorgias piensa que con las palabras se puede hacer, de la mejor razón, la peor, y de la peor razón, la mejor, y que, por lo tanto, *el arte de persuadir no tiene límites.*[179] Sócrates, aunque no parece demasiado claro si su actitud es positiva o no respecto de la retórica, sí que piensa, en todo caso, que la retórica está conectada con la ética, porque no tiene sentido enseñarle a persuadir a quien no sea ya de alguna manera justo. Sócrates procura introducir la cuestión de la justicia como esencialmente vinculada a la retórica; trata de rescatar la retórica de la mera apariencia. Sin embargo, no está claro que, en esa parte del diálogo, Sócrates alumbre la verdad. La experiencia de la vida política demuestra que es posible persuadir con casi completa independencia de la justicia, es decir, que la retórica puede revestir un carácter meramente técnico, por lo cual se vuelve problemática su relación con la ética.[180] De hecho, por esto mismo, Sócrates, en su diálogo con Gorgias, señala la necesidad de que el orador sea justo en vistas del poder que posee.[181] La ignorancia es la causa

---

178   Cf. *supra* cap. 3.
179   Cf. *Gorgias*, 457b.
180   Cf. COVARRUBIAS, Andrés. *Introducción a la retórica clásica. Una teoría de la argumentación práctica*, Ediciones Universidad Católica de Chile, Santiago, 2003, pp. 52-59.
181   Cf. *Gorgias*, 460c.

principal del mal; según Sócrates, al parecer, es la causa única del mal moral. ¿Qué pasaría si le hablaran, a un grupo de niños, acerca de los que les conviene comer, un cocinero con buena retórica y un médico con conocimiento de causa? ¿Acaso no es verdad que los convencería el cocinero, y no el médico, porque el cocinero puede denunciar esas bebidas amargas, o las dietas desagradables, mostrándoles platos apetitosos, aunque quizás no sean buenos para su salud? El ejemplo le permite a Sócrates demostrar que, en efecto, la retórica puede tener éxito en contra de la ciencia debido a la ignorancia del público.

Los sofismas tienen esta característica: les parecen verdaderos a los ignorantes. Hay una tensión entre la retórica y la ética, es decir, entre la retórica como arte de persuadir, útil para cualquier finalidad, y los fines nobles de la justicia y la verdad, a los que por naturaleza se ordena la palabra humana. En efecto, por una parte parece que, si las personas estuvieran bien informadas, la retórica no podría tener su efecto persuasivo sin estar unida con la ética, es decir, si no fuese puesta al servicio de la verdad. No obstante, en el mundo real las personas no son ni perfectamente inteligentes ni perfectamente sabias y bien informadas; ni tienen una disposición moral perfectamente conforme con la verdad. Por lo tanto, de hecho la retórica puede tener un uso técnico contrario a la ética. Tal fue el uso que se le dio para convencer a la mayoría del tribunal de que condenara a Sócrates. A la luz de esa experiencia, Aristóteles fue el primero en sistematizar la retórica como un arte, si bien no la inventó, pues hubo retóricos anteriores, como Córax y Tisias, y los sofistas. Aristóteles mostró que, como todo conocimiento técnico, la retórica no se ordena automáticamente a la justicia y a la verdad.[182]

Este capítulo defiende la importancia de la retórica e introduce sus principales elementos.

La retórica es el arte de persuadir mediante el uso de argumentos. «La voz española se deriva del latín *rhetorica*, que a su vez procede del griego *retorike*. Se considera la *rhetorica* doctrina y enseñanza de la elocuencia y el *rhetor* es a la vez el docente y el «ejecutor» del arte del buen decir, a saber, el orador».[183] Considerada como arte o técnica, «la retórica es la capacidad que permite detectar en cada caso particular los medios discursivos adecuados

---

182   Cf. *Ret.*, I, 1, 1355b5.

183   SPANG, Kurt. *Fundamentos de retórica literaria y publicitaria*, Eunsa, Pamplona, 1991, p. 23. Cursivas en el original.

para producir persuasión».[184] A veces se distingue entr *convencer* y *persuadir*: convencer es conseguir que alguien crea que algo es verdad; en cambio, persuadir es mover a alguien a hacer algo. En cualquier caso, como creer también es hacer algo[185] –asentir con la inteligencia a una proposición como verdadera o probable–, parece que la definición que usa la idea de persuadir es suficiente.

El acto de presentar los argumentos, articulados mediante las palabras, con el fin de persuadir a realizar una acción, es el discurso. También se llama discurso, en un sentido más amplio, al «razonamiento o exposición de cierta amplitud sobre algún tema, que se lee o pronuncia en público».[186] Se distinguen varios tipos o géneros de discursos. Un primer género es el *discurso deliberativo*, el discurso propiamente político, cuyo objeto es persuadir acerca de lo que es necesario para el bien común. Se pronuncia antes de tomar una decisión que ha de afectar a varias personas. Sobre todo, es el discurso que procura mover a quienes deben decidir para que dicten una ley. Enseguida viene el *género judicial*, en el que se intenta persuadir a un tribunal para que decida algo como lo justo en un caso concreto. Está acotado por reglas más específicas acerca de qué discursos son válidos ante el tribunal tanto respecto de las normas pertinentes (la cuestión de derecho) como en relación con las pruebas que respaldan lo alegado (cuestión de hecho) como respecto de las formalidades que deben seguirse para pronunciar o presentar el discurso. Y, por último, existe el *discurso epidíctico*, que consiste en decir algo bueno o malo sobre alguien; es decir, puede ser *laudatorio* o *denigratorio*, con el fin de persuadir a alguien para que obre a favor o en contra de esa persona o grupo.

A estos tres grandes géneros de la retórica se han añadido otros: la arenga militar, la publicidad, la propaganda política, la oratoria sagrada…, siempre que la finalidad del discurso sea persuadir al auditorio.

Hablar bien, sin embargo, no es un instrumento solo de la retórica, porque también se ha de usar una oratoria adecuada para exponer una verdad,

---

184   Vigo, Alejandro. *Aristóteles: una introducción. Instituto de Estudios de la Sociedad*, Santiago, 2007, p. 233.

185   Cf. Ret., I, 1, 1354a1-355b25; y Perelman, Chaïm y Olbrechts-Tyteca, Lucie. *Tratado de la argumentación: la nueva retórica* (Julia Sevilla Muñoz, traductora), Gredos, Madrid, 1994, pp. 65-71.

186   Real Academia Española de la Lengua, *Diccionario de la lengua española*, sub voce, 5ª acepción.

enseñar o informar. Lógicamente, quien está convencido de que lo que enseña es verdadero, querría que los oyentes comprendieran bien la información y la recibieran como verdadera. El objeto preciso de este tipo de discurso –la enseñanza, la exposición científica o la divulgación de la verdad– no es la persuasión, sino la transmisión de la verdad. Asimismo, los *discursos dialécticos*, que Aristóteles contrapone a los propios de la retórica, son argumentos que se sirven del bien decir para establecer proposiciones como probables en aquellos ámbitos que no son tan seguros como la ciencia.[187]

Conocida la finalidad general y la naturaleza de la retórica, prestemos atención ahora a los elementos que tienen que concurrir para un buen ejercicio de la retórica.[188] Los tres factores que influyen en que la argumentación sea eficaz, que debemos introducir cuidadosamente, son el *ethos*, el *pathos* y el *logos*.

Ethos (ἦθος) significa, en griego, *carácter*. De ahí viene la palabra «ética». La ética se ocupa de las costumbres y del carácter porque intenta saber cómo debe ser una persona para alcanzar la vida lograda (*i.e.*, objetivamente feliz y no solo subjetivamente placentera). Por lo tanto, la ética dirige las acciones para formar el mejor carácter. A la retórica le interesa el carácter por esa conexión implícita, sutil y no necesaria, que Sócrates supo captar, entre la ética y la persuasión. Y es que el retórico debe, en primerísimo lugar, convencer a su audiencia de que él tiene las cualidades necesarias para que le crean y lo sigan. El retórico necesita manifestarse como justo, veraz, versado en la materia sobre la cual intenta persuadir, interesado por el bien del auditorio –su auténtico bien y sus intereses o deseos– y no solo por su propio bien, servicial y no manipulador; es decir, generoso en general y virtuoso, revestido de un carácter y de unas credenciales que lo hacen creíble. Se ve de inmediato la paradoja, porque, como acabamos de mostrar, la retórica puede funcionar como una técnica amoral; sin embargo, en su núcleo técnico aparece la exigencia de credenciales éticas. Cuando se observa desde el punto de vista ético, puede ser verdad o mentira que exista ese vínculo entre el orador, con su carácter supuestamente virtuoso, y una finalidad de verdadero bien común. Si es verdad que el orador es justo, es veraz, es versado en los temas, está interesado por el bien del auditorio y no por el suyo propio, quiere servirlos

---

187   Cf. CORREIA, Manuel. *La Lógica de Aristóteles: lecciones sobre el origen del pensamiento lógico en la antigüedad*, Ediciones Universidad Católica de Chile, Santiago, 2003, pp. 158-159.

188   Cf. ADLER, Mortimer. *How to Speak, How to Listen*, Touchstone, Nueva York, 1983, pp. 68-83.

y no manipularlos, si todo eso es verdad, entonces la audiencia le cree y se deja persuadir *fundadamente*, no solo por cómo suenan sus palabras, no solo por las máscaras que exhibe, las apariencias de virtud y de sabiduría, sino por garantías objetivas, con fundamento. De manera que la retórica, cuando se analiza bien, hace emerger un problema ético: si hay distancia entre lo que la persona parece y lo que en realidad ella es; o, también, cuál es la distancia entre lo aparente y lo real –siempre existe– que es compatible con la credibilidad del orador. La tradición cristiana, por ejemplo, afirma que solo Dios es absolutamente creíble y que, aunque hemos de confiar de ordinario en los demás, jamás debemos poner una confianza ilimitada en otro hombre.[189] La cuestión puede ser angustiosa y urgente cuando nos enfrentamos con debates filosóficos, éticos o políticos, tan a menudo encendidos o incendiarios, porque una de las características del sofista es que a menudo parece más filósofo que el verdadero filósofo; es brillante en el discurso, pero poco sólido, porque rehúye la profundidad que sería necesaria para alcanzar una verdad en la que no cree.[190]

La paradoja del carácter también revela la dificultad de la hipocresía, un defecto moral que se convierte en retórico en la medida en que puede encubrirse la distancia entre lo que el retórico quiere aparentar y el carácter que realmente posee. También sucede que, en sentido inverso, un orador puede poseer el carácter virtuoso necesario, pero que, mediante calumnias y lo que en la actualidad se denomina «asesinato de imagen», se le prive de su credibilidad, como hace la propaganda de los regímenes totalitarios con quienes se les oponen (*v.gr.*, así atacaron a los obispos y sacerdotes católicos que resistieron contra el nazismo y el comunismo, y así enlodan a quienes resisten hoy otras ideologías poderosas). El público muchas veces, quizás en su mayoría en la sociedad de masas, no tiene los medios para conocer el carácter real del orador. Su *ethos* va a aparecer solo del discurso mismo, y, en consecuencia, rara vez habrá forma de contrastar la apariencia con la realidad. Esto nos resulta inquietante. El orador, si es de buen carácter, quizás va a sentir una cierta repugnancia a presentarse como mejor de lo que en realidad es. De ahí que haya gente muy buena que es poco retórica, porque no se da importancia, porque no presenta sus credenciales. Cualquier manual de retórica

---

189   Cf. *Catecismo de la Iglesia Católica*, nn. 215, 222 y 2486.
190   Cf. *supra* cap. 3.

insistirá desde el comienzo: «Presente usted sus credenciales»; «deslumbre al auditorio». Se nos invita a exhibir cualidades que no siempre tienen que ver con el tema del que vamos a hablar, sino con hacerse creíble ante la audiencia. El retórico falso, hipócrita, inescrupuloso, inventa credenciales. El público es manipulable. ¿Cómo alcanzar el término medio entre la hipocresía y la falsa humildad? Ese es un problema ético. La retórica en cuanto tal nos aconseja: «Preséntese usted bajo la mejor luz posible». Eso es el *ethos* como elemento del discurso. De la ética, del verdadero buen carácter, depende que ese elemento sea presentado dentro de los límites de la veracidad y de la modestia.

El segundo elemento de un discurso persuasivo es el *pathos* (πάθος). Las expresiones castellanas «patético», «pasión», «padecer» y otras semejantes, hacen referencia a lo que mueve a compasión o a vergüenza, pero en griego *pathos*, como elemento del discurso retórico, se refiere a todos los aspectos afectivos o sentimentales, en una amplísima gama que cubre todas las pasiones y sentimientos que conviene suscitar en el auditorio para que se mueva a creer lo que se le dice y a obrar como se pretende. El orador ha de establecer una conexión emotiva con el público: no solo presentarse como justo y creíble, y con las necesarias credenciales, como exige el elemento anterior (*ethos*), sino también apelar a los intereses, necesidades, convicciones, etcétera, del público. Dependiendo de la finalidad del discurso, se habrá de suscitar o remover la compasión por los males ajenos (*v.gr.*, un discurso para pedir ayuda para los damnificados por una catástrofe), la indignación por las injusticias cometidas (*v.gr.*, un discurso que quiere mover a la exigencia de reparación o a la venganza), el odio o la amistad, el agradecimiento, la calma, el deseo, etcétera. La provocación del *pathos* exige suscitar en uno mismo esos sentimientos, que, si la comunicación es sincera y no manipuladora, serán genuinamente compartidos. Es una gran cosa apasionarse por los ideales nobles, por las causas justas aun cuando a veces nos parezcan perdidas. Se cuenta, aunque es difícil documentar la historia, que, en cierta ocasión, alguien le aconsejó a Jorge Luis Borges no empeñarse en defender cierta cuestión porque era una *causa perdida*. El gran literato argentino respondió: «pero, ¿no sabe usted que un caballero se define como aquel que defiende causas perdidas?» La recomendación del filósofo, especialmente dirigida a gente joven, es la de poner la retórica, con toda la pasión posible, al servicio del buen combate de la verdad y de la justicia.

El tercer elemento del discurso es el *logos* (λόγος), que es como su sustancia, aunque ha de ir revestido de *ethos* y *pathos*. El *logos* es el contenido racional del discurso, es decir, el conjunto de argumentos que definen el tema, que procuran probar lo que se ha de probar, establecer la causa de un efecto, la prueba de un hecho, la norma que rige un acto, las premisas de un silogismo, la inducción o deducción de una tesis, etcétera. El discurso, por más que contenga pasión y se apoye en la virtud y la credibilidad del hablante, debe convencer por sí mismo: por su lógica, por sus palabras, por la información que aporta, por la contundencia de las razones. Por eso, la mayor parte del tiempo de preparación de un buen discurso se destina a hallar y disponer los argumentos objetivos, que se dirigen a la inteligencia del auditorio. Ciertamente, una cosa es la elocuencia del orador y otra cosa es la racionalidad de la argumentación; pero mientras más cultivado es el auditorio, más necesario es añadir a esa elocuencia la simple racionalidad argumentativa. Por otra parte, por muy racional que sea el auditorio, el mensaje puede no llegar a las mentes si el argumentador carece de la debida elocuencia.[191]

La retórica es importantísima para defender la verdad, aunque también sirva para destruirla. Es menester aprender un arte tan necesario y tan peligroso. Todo universitario debería saber preparar y exponer un buen discurso. Terminamos este capítulo, pues, recordando un método sencillo para preparar un discurso, basado en las enseñanzas clásicas sobre las fases o etapas que se han de seguir. Primero se ha de definir el tema y la finalidad del discurso, pues el fin determina los medios. Después, se han de seguir los siguientes pasos:[192]

1.º La búsqueda y hallazgo (*inventio*, en latín) de la información y los argumentos que se han de utilizar, especialmente según el género de discurso, acudiendo a todo tipo de fuentes (libros, entrevistas o internet), y buscando lo que ayude a configurar el *ethos* del orador (*v.gr.*, antecedentes personales, experiencia, currículum, etcétera), las palabras y gestos que constituyan el *pathos* (*v.gr.*, expresiones felices o poéticas, exclamaciones, apelación a intereses y necesidades...) y, sobre

---

191   Cf. Ret. II, 1, 1377b15-1378a30 y Perelman y Olbrechts-Tyteca, *Tratado de la argumentación, op. cit.*, pp. 52-55.

192   Para mayor detalle, cf. Spang, Kurt. *Persuasión. Fundamentos de retórica*, Eunsa, Pamplona, 2009, pp. 114-143. Recomiendo también la entrada *Réthorique* de Wikipedia (sé que la academia puede reaccionar con desprecio ante esta sugerencia, pero la actitud filosófica se ríe de estas cosas).

todo, los razonamientos, argumentos y explicaciones que constituyen el *logos* (*v.gr.*, un descubrimiento científico, un silogismo, una autoridad epistémica, etcétera).

2.° La disposición de los elementos (*taxis*, en griego), que da la estructura fundamental al discurso, y que conviene meditar según la finalidad. Por ejemplo, se pueden disponer los argumentos yendo de los más débiles a los más fuertes, *in crescendo*; o bien, empezando con algo fuerte, que capture la atención del público, pasando luego por lo menos espectacular –datos y argumentos sólidos, efectivos, pero quizás más racionales que llamativos–, para terminar nuevamente con algo muy fuerte, ya por su validez racional superlativa, ya por su intensidad de *pathos*; o bien, atendiendo al orden lógico de *enseñar*, *agradar* y *mover* a la acción, según la sabiduría retórica clásica recogida por san Agustín (quien la toma de Cicerón): *Oratoris est docere, delectare, flectere*: Es propio del orador enseñar, agradar, doblegar.[193]

Al diseñar la disposición de un discurso sencillo –una charla, una clase–, se recomienda seguir asimismo el esquema clásico: (i) comenzar con una anécdota, cita o dato, apelación al público, etcétera, que concite el interés y la buena voluntad del auditorio, y decir esquemáticamente lo que se va a tratar y con qué fin (*exordio*); (ii) seguir con el cuerpo del discurso, que expone dos o tres ideas (*narratio*) y los argumentos que las apoyan (*argumentatio*), tratando de ser concisos y sencillos en relación con el público presente –suele decirse que el buen orador habla dirigiéndose física y mentalmente al auditor medio de entre los que le escuchan: será muy fácil para la minoría superior y difícil para la minoría inferior, pero de dificultad aceptable para la mayoría–; y (iii) terminar con una síntesis final (*peroratio*) de lo sostenido, con aquello que más se desea que el público retenga y con las consecuencias prácticas, como la conmoción del auditorio y el moverlo a la acción (si tal era la finalidad).

3.° La memorización del discurso (*memoria*), que en algunos casos conviene que sea literal *de pe a pa*, y, en la mayoría, que se limite al esquema –o bien, tener el esquema a mano y usarlo– y a las frases o datos más importantes. En la actualidad se usan además medios técnicos, como el *teleprompter*; pero, en cualquier caso, la memoria sigue siendo una cualidad

---

[193] Cf. De *Doctrina Christiana*, IV, 12.

importante para el momento del diálogo o del debate. La memoria se puede mejorar con el ejercicio y con las técnicas mnemotécnicas o trucos para retener datos, secuencias, nombres, información en general. En el caso de un discurso sencillo, se admite usar notas, o leer enteramente una conferencia académica; pero, entonces, conviene entrenarse en la técnica de leer con naturalidad, de despegar la vista del texto y mirar al auditorio.

4.° La *pronunciación* o *declamación* del discurso (*actio, pronuntiatio*) es el momento, que se ha de haber preparado y ensayado, de presentarse ante el público y exponer el discurso. Entonces se ha de cuidar especialmente el estilo (*elocutio*), que debe haberse preparado al momento de escribir el discurso, pues a cada finalidad y parte de un buen discurso corresponde un cierto estilo (*v.gr.*, no se debe hablar en tono de broma de una cosa trágica). Al momento de la declamación son importantes también la voz, los tonos –no ser monótonos, sino recorrer diversos registros–, el ritmo ni demasiado pausado ni precipitado, los gestos (*i.e.*, el lenguaje no verbal): cómo se mueve uno, cómo usa las manos para acompañar o no estorbar el discurso intelectual, cómo se viste con sobriedad y elegancia adaptada a la situación, cómo mira a todos y a cada uno, cómo expresa sus emociones, cómo capta y dirige la atención del público.

Con estos elementos, cualquiera puede preparar y dar un discurso sencillo. La retórica es importante para casi cualquier profesión, pero especialmente para la vida pública, la del ciudadano activo y la del filósofo. Es verdad que también es usada por los sofistas; pero, precisamente porque hay sofistas en la plaza pública, el ciudadano responsable y el filósofo, el que quiera ser un modesto discípulo de Sócrates o de Jesucristo en nuestros días, ha de dominar los rudimentos de la lógica y de la retórica, tanto hablada como escrita.

18. FALACIAS O SOFISMAS

Una falacia, sofisma o paralogismo (nombre más técnico) es un argumento que parece válido y verdadero, pero que, en realidad, es inválido y oculta un error. Es un truco típico del sofista, quien quiere convertir la peor razón en la mejor, sin que el auditorio se dé cuenta. Hay, por tanto, dos elementos fundamentales en la falacia: una apariencia de verdad y de validez lógica y un error lógico al servicio de una falsedad de fondo. El estudio de los sofismas aborda precisamente esos errores ocultos.

La existencia de los sofismas nos muestra que la inteligencia humana está hecha para la verdad. Nos atrae el argumento porque *parece verdadero*. Ciertamente podemos usar nuestra capacidad de razonar y de hablar para deliberadamente engañar a otro; pero la naturaleza misma de la inteligencia queda de manifiesto en que podemos hacerlo solamente si alcanzamos la apariencia de verdad, si ocultamos el error de alguna manera. Del hecho de que existen las falacias se ha intentado sacar la conclusión de que la inteligencia no es capaz de conocer la verdad; es tan fácil engañarla, que no sería capaz de conocer la verdad. En realidad, eso mismo es ya un sofisma, porque del hecho de que una cosa cualquiera falle no se sigue que no sirva para un propósito específico. Sería como concluir que, porque los automóviles a veces se estropean y se paran, en realidad no están hechos para moverse y trasladarse de un lugar a otro. La falibilidad no niega, sino que presupone, la función normal.

Los sofismas pueden ser de distintos tipos: *sofismas lógicos* y *sofismas retóricos*. Los primeros violan alguna de las leyes de la lógica formal.[194] Los

---

[194]   Cf. *supra* cap. 16.

segundos, sin violar directamente la lógica formal, introducen subrepticiamente una premisa falsa, o utilizan algún recurso sentimental, para que el auditorio acepte algo como si fuera verdadero. Los sofismas retóricos son ilimitados. Nosotros nos detendremos en los más importantes sofismas lógicos, que también son de diversas clases.[195]

Los *sofismas verbales* se apoyan en un uso deficiente del vocabulario. Son fundamentalmente cuatro, que se agrupan en dos pares semejantes:

1.º Sofismas de *equivocidad* y *ambigüedad*, que consisten en utilizar una misma palabra con significados totalmente distintos (equivocidad) o con significados ambiguos (ambigüedad, que puede derivar de una analogía legítima no advertida en el caso) para concluir algo que no se sigue o es es erróneo. Algunos ejemplos: «El fin de una cosa es su perfección; la muerte es el fin de la vida; por lo tanto, la muerte es la perfección de la vida».[196] «Cuba es una isla; los vinos se guardan en una cuba; luego los vinos se guardan en una isla».[197]

2.º Sofismas de *falsa composición* y *falsa división*, que consisten, respectivamente, en considerar como unidas cosas que deberían considerarse separadas o como separadas cosas que deberían considerarse como unidas. *Ejemplo de falsa composición:* «Chile y Argentina tienen cuarenta millones de habitantes». ¿Entre los dos suman cuarenta millones o cada uno tiene cuarenta millones? *Ejemplo de falsa división:* «Con un whisky no me voy a emborrachar; con una cerveza no me voy a emborrachar; con un pisco *sour* no me voy a emborrachar...». Y así, al final de la fiesta, la borrachera es total. Otro ejemplo de falsa composición es este: «Las bombas atómicas lanzadas durante la Segunda Guerra Mundia hicieron más daño que las bombas ordinarias».[198] Un ejemplo de falsa división: «Este gasto no me arruinará, ni éste, ni éste... luego, todos no me arruinarán».[199] Y así sucesivamente. «Si decimos que la humanidad

---

195   Cf. SANGUINETTI, *Lógica, op. cit.,* pp. 159-166.

196   COPI, Irving M. *Introducción a la lógica,* Editorial Universitaria de Buenos Aires, Buenos Aires, 1969, p. 77.

197   CASAUBÓN, Juan Alfredo. *Nociones generales de lógica y de filosofía,* Editorial de la Universidad Católica Argentina, Buenos Aires, 2006, p. 189.

198   COPI, *Introducción a la lógica, op. cit.,* pp. 83-84.

199   SANGUINETTI, *Lógica, op. cit.,* p. 161.

suele lograr sus fines por el método del ensayo y el error, de ello no se sigue que cualquier individuo o grupo alcanzará el éxito mediante este método. El hecho de que el Senado romano fuera un cuerpo sabio no prueba que todo individuo perteneciente a él también lo fuera. Tampoco la estupidez de las asambleas, juzgadas por sus resoluciones, prueba que sus miembros sean estúpidos».[200]

Los *sofismas conceptuales* son más peligrosos que los simplemente verbales, porque consisten en una confusión de conceptos o en introducir elementos irrelevantes pero persuasivos. Los más frecuentes son los que siguen:

1.° Introducir un concepto erróneo en las premisas. «Ser libre es poder hacer lo que uno quiera; los hombres quieren volar, pero no pueden; luego, los hombres no son libres». Así, mediante un concepto exorbitado de libertad, se prueba fácilmente que los seres humanos no son libres. Otro ejemplo: «La persona es un ser inteligente y libre; los niños de pocos meses no poseen inteligencia ni libertad; por lo tanto, los niños de esa edad son humanos que no son personas». Se sustituye el concepto clásico de persona como individuo de naturaleza racional (aunque sus potencias estén restringidas o no desarrolladas) por el concepto falso de persona como quien ejerce en acto su inteligencia y libertad, con lo cual se concluye que algunos humanos no son personas.

2.° Confundir el género con la especie. «Muchos niños han muerto como consecuencia de las mordidas de perros; por eso, se prohibirá la tenencia de perros como mascotas». Se atribuye al género (perro) lo que una investigación más precisa revela que ha sido causado por algunas especies de perros más agresivos solamente. Otro: «los animales son irracionales, el hombre es animal, luego es irracional».[201]

3.° Confundir lo esencial con lo accidental. En esta categoría se sitúan los reduccionismos de diversas clases: históricos, sociales, culturales, científicos, económicos, etc. Por ejemplo, se puede comprobar que,

---

200   COHEN, Morris y NAGEL, Ernst. *Introducción a la lógica y al método científico*, Tomo II Lógica aplicada y método científico, Amorrortu editores, Buenos Aires, 1971, p. 215.

201   SANGUINETTI, *Lógica*, op. cit., p. 161.

cuando una persona piensa o recuerda o se entristece, se activan distintas zonas neuronales, pero es un sofisma concluir que el pensamiento, la memoria o la tristeza, consisten en ciertos movimientos de las neuronas. Ese sofisma reduce un fenómeno complejo a una de sus condiciones o manifestaciones accidentales. Otro ejemplo: «Debemos mejorar la selección de los estudiantes; los buenos estudiantes suelen ser buenos deportistas; seleccionemos, pues, mediante pruebas de selección universitaria deportivas (PSUD)». Aquí se confunde la correlación entre ser buen estudiante y ser deportista (que puede ser verdadera en muchos casos) con la capacidad para los estudios universitarios, cuando el ser deportista es algo accidental. Otro ejemplo: «esos cristianos se comportan mal, luego el Cristianismo es criticable».[202] Se toma la mala conducta de los cristianos –que es contraria a su fe y accidental con respecto a ella– como criterio de verdad de su doctrina. En estos otros dos ejemplos, lo que es accidental corresponde a características de las personas refutadas, por lo cual también se incurre en la falacia *ad hominem*. «Pedro, que proveniente de una clase social alta, opina que...», sobreentendiendo que pertenecer a una clase determina el pensamiento).[203] Y otro: «Todo lo que el señor Morgan tenga que decir acerca de la nueva ley impositiva puede ser ignorado, pues como hombre rico debemos esperar que se oponga a la fijación de impuestos adicionales», que nuevamente sugiere que no es necesario atender a los argumentos debido a la clase social de quien los esgrime.[204]

4.° Confundir lo que es en un sentido absoluto con lo que es en un sentido relativo. «Stephen Hawking debe de ser una gran persona, porque ha sido un científico destacado». En realidad, podría ser o no así, porque ser bueno según un aspecto particular y relativo (como científico) no implica ser bueno en la totalidad o en el sentido absoluto (no-relativo) que significa ser bueno como persona.

5.° Prejuzgar la cuestión, petición de principio (*petitio principii*, en latín) o círculo vicioso, es decir, presuponer en el argumento precisamente aquello

---

202   SANGUINETTI, *Lógica, op. cit.*, p. 162.
203   Cf. ibidem.
204   Cf. COPI, *Introducción a la lógica, op. cit.*, p. 73.

que se pregunta y se debe probar. «Los universitarios no deberían pagar aranceles, porque la educación superior debe ser de calidad y gratuita». Obviamente, si se presupone que la educación debe ser gratuita, eso incluye que no se paguen aranceles; pero eso es lo que se debe demostrar: es un círculo vicioso asumir que se ha probado. «Se debe obedecer a Dios en todo, porque Dios así lo prescribe en los Diez Mandamientos». También aquí se da por supuesto que los mandatos divinos deben ser obedecidos, que es precisamente lo que debe demostrarse. Otro ejemplo: «Dios no existe, porque el universo no tiene causa».[205] Si el universo tiene o no una causa distinta de él es precisamente lo que se debe probar, porque a eso es a lo que llamamos Dios. «Platón fue hijo de Aristón, porque Aristón fue padre de Platón».[206] Lógicamente no puede probarse una cosa por la otra, porque se suponen recíprocamente. En todo caso, se debe aclarar que no es un sofisma que los argumentos presupongan otros conocimientos, si estos no están en discusión. Por ejemplo, todos presuponen los primeros principios, y los argumentos posteriores en una investigación pueden dar por supuestos conocimientos ya adquiridos que no están siendo demostrados. La falacia consiste solamente en dar por supuesto aquello mismo que se debe probar.

6.° Contradicción aparente: se hace aparecer como contradictorio lo que en realidad no lo es. «El cristianismo es una religión de paz; los cristianos, por tanto, no pueden luchar en la guerra». La contradicción entre ser cristiano y luchar en la guerra es meramente aparente, aunque el cristianismo sea una religión de paz, porque la custodia de la paz a veces exige el uso de la fuerza. La fe no aparta del cumplimiento de los compromisos temporales, y la caridad cristiana exige defender a la patria incluso mediante el uso de la fuerza en situaciones extremas. El sofisma suena bien, y es breve; pero denuncia una contradicción solo aparente.

7.° Argumento *ad hominem* (o falacia *ad personam*). En lugar de argumentar sobre la materia en cuestión –de examinar la validez de los argumentos del adversario– se ataca a la persona o se aducen cualidades o actuaciones de esa persona que hagan menos persuasivos sus argumentos. «Usted

---

205   Sanguinetti, *Lógica*, op. cit., p. 163.
206   Casaubón, *Nociones generales de lógica y de filosofía*, op. cit., p. 190.

es hombre, y nunca va a estar embarazado, así que sus argumentos sobre el aborto, que afecta a la salud de las mujeres, no tienen ningún valor». «Usted es rico y poderoso; por eso no puede comprender las necesidades de los débiles y los pobres; sus políticas económicas no sirven». Con este tipo de argumentos, en realidad, se descalifica al adversario, sin necesidad de atender a sus razones. Otro ejemplo: «la filosofía de Bacon es indigna de confianza porque éste fue desposeído de su cargo de canciller por deshonestidad».[207] Irving Copi afirma: «Argüir que una proposición es mala o una afirmación falsa porque es propuesta o afirmada por los comunistas (o por los «realistas económicos», o por católicos, o por anticatólicos, o por los que pegan a su mujer) es razonar falsamente y hacerse culpable de sostener un argumentum ad hominem (ofensivo)».[208]

8.° Falacia *ad ignorantiam*. Se apela a la ignorancia del auditorio o del adversario, para afirmar que, por no haberse demostrado la falsedad de una tesis, la tesis ha de estimarse verdadera. «No tenemos antecedentes para pensar que los video juegos violentos aumenten la violencia entre los escolares». La afirmación puede inducir a creer que los videojuegos no aumentan la violencia entre los escolares, y que, en consecuencia, no han de ser un foco de atención en la lucha contra la violencia infantil. En cambio, si no hay evidencia respecto de una tesis esto no significa que la haya respecto de la opuesta. Otro ejemplo: «debe haber fantasmas porque nadie ha podido demostrar nunca que no los hay».[209] Una forma agresiva de incurrir en esta falacia es exigirle al adversario en el debate que demuestre lo que está diciendo y, si no lo demuestra en ese preciso instante, dar por sentado que está equivocado; o preguntarle algún dato que, si lo ignora en el instante, da a entender que es verdadero el de quien argumenta con esta falacia. «¡Mencióneme Ud. una política exitosa de este gobierno!» Si el interlocutor no está bien informado, el sofista da por probado que no ha habido ninguna política exitosa (lo cual podría ser o no verdad).

---

207   Copi, *Introducción a la lógica*, op. cit., p. 63.
208   Ibidem.
209   Copi, *Introducción a la lógica*, op. cit., p. 65.

9.º Falacia *ad misericordiam*. En lugar de atender a los méritos de la situación o del caso, se apela a la compasión de los oyentes. Se pide por misericordia lo que quizás no se obtendría por razones objetivas. «Pedro ha participado en este concurso de canto lírico. No es el mejor, pero ha surgido de una pobreza extrema, ha estado enfermo de gravedad y ahora se presenta lleno de energía. Démosle el premio». Claramente se apela a la compasión por su situación para que se le dé un premio que no merece. «Se le acusa de graves crímenes, pero no es más que una víctima de la sociedad injusta que lo vio nacer; vive en la miseria más absoluta; castigarlo sería un exceso contra quien ya ha sido castigado por las circunstancias de su vida». En este caso, hay circunstancias que objetivamente podrían atenuar su responsabilidad, pero se apela a la misericordia para que no sea castigado de ninguna manera, como exige la justicia. Un último caso: «Profesor, ¿no cree Ud. que mi examen merece una calificación más elevada? Yo tengo que trabajar muchas horas para poder estudiar; no es fácil tener que estudiar y trabajar de mozo, mientras los otros estudiantes tienen todo su tiempo libre».[210]

10.º Falacia *ad populum*. En lugar de mostrar las razones a favor o en contra de una conducta, se apela al hecho de que es popular, o la mayoría la aprueba. «Emborracharse no será tan malo, si todo el mundo lo hace». Es una falacia populista y especialmente indigna de personas independientes y críticas. Otro ejemplo: «Nueve de cada diez personas están de acuerdo con el proyecto de X; por lo tanto, es una buena ley». Es tan clara la conciencia de que se trata de un sofisma, que los políticos suelen recurrir a esta falacia solamente cuando las encuestas favorecen su posición, pero la olvidan convenientemente en caso contrario. Entonces dicen que debe promoverse un cambio cultural, para que el pueblo llegue a pensar correctamente.

11.º Afirmar el consecuente. Se trata de una falacia en la deducción, de la siguiente forma: «Si p entonces q; q, luego p». «Si las calles están heladas, entonces el correo se demora; el correo se ha demorado; por lo tanto, las calles están heladas». Es absurdo, porque el correo podría haberse demorado por cualquier otra causa. La fórmula lógica consiste en afirmar

---

210   COPI, *Introducción a la lógica*, op. cit., p. 75.

precisamente el antecedente, y entonces se sigue el consecuente: «Si p entonces q; p, luego q»: «Si se hielan las calles entonces tarda el correo; se han helado las calles, luego tardará el correo». Otro ejemplo: «Si tuviera gripe, entonces tendría la garganta irritada; tengo la garganta irritada, por lo tanto tengo gripe». El raciocinio correcto, en cambio, es: «Si tuviera gripe, entonces tendría la garganta irritada; tengo gripe, por lo tanto tengo la garganta irritada». Por último: «Si María estudia, entonces aprobará el examen; María aprobó el examen; por lo tanto, María estudió». Se olvida que a veces hay suerte y se aprueba sin estudiar. En cambio, es correcto este raciocionio: «Si María estudia, necesariamente aprueba el examen; María estudió, por lo tanto aprobará el examen».

12.° Negar el antecedente. «Si p entonces q; no p; por lo tanto, no q». Es la falacia paralela a la precedente. «Si las calles están heladas, el correo llega tarde; las calles no están heladas; por lo tanto, el correo no llegará tarde». Es ilógico, pues el correo podría atrasarse por otras causas. La lógica indica que, si se niega el consecuente, entonces se concluye negando el antecedente: «Si p entonces q; no q; por lo tanto, no p». «Si las calles están heladas, el correo llega tarde; el correo no llegó tarde; luego, las calles no estaban heladas». Otro caso: «Si está nevando, entonces hace frío; no está nevando, por lo tanto no hace frío» (falaz porque puede haber otras causas de frío). En cambio, vale negar el consecuente: «Si está nevando, hace frío; no hace frío, por tanto no está nevando». O también: «Si el profesor está en clase tenemos que comportarnos correctamente; el profesor no está en clase, entonces no tenemos que comportarnos correctamente» (sofisma, porque puede haber otras razones para comportarse correctamente). En cambio, es válido: «Si el profesor está en clase tenemos que comportarnos correctamente; no tenemos que comportarnos correctamente, por tanto el profesor no está en clase» (si estuviera en la clase, tendrían necesariamente que comportarse correctamente).

13.° El hombre de paja o espantapájaros (*straw man*). Se presenta la posición contraria de una forma caricaturesca, muy débil y deformada, que después es muy fácil de refutar o destruir. «Los católicos quieren obligar a todos a abstenerse de abortar; así se impone una religión a quienes no creen en ella, y el siguiente paso es que todos tendrían que ir a Misa forzados». Este argumento, que es típico en el debate sobre el aborto, caricaturiza una posición que es defendida también por no católicos y que los católicos defienden con argumentos racionales aparte de los que proceden de la fe. El verdadero filósofo, en cambio, presenta las posiciones contrarias, que se toma en serio, en su forma más fuerte posible, incluso cuando debe hacerlo de manera sucinta.

14.º *Non sequitur (i.e., no se sigue)*. Es la denominación genérica de cualquier deducción inválida, que viola las reglas del silogismo. «Los estudiantes necesitan ayuda económica; la Iglesia debe ayudar a los necesitados; por lo tanto, la Iglesia debe ayudar económicamente a los estudiantes». No se sigue, porque del deber genérico de ayudar a los necesitados no se deduce un deber de socorrer todas las necesidades humanas ni ninguna en especial. La Iglesia perfectamente podría concentrarse en socorrer a los pecadores, para que se conviertan; a los sin techo, para que encuentren refugio; a las víctimas de la trata de personas, para que sean liberadas; y dejar a los estudiantes que consigan por sí mismos las ayudas sociales previstas. «Los niños deben ser protegidos; algunos padres agreden a sus hijos; luego, debe protegerse a los niños contra sus padres». La tesis general no se sigue de las premisas particulares, sino que a lo más se sigue que se debe proteger a los niños de cualquiera que los agreda, incluso cuando lo hacen los padres. «En Nueva York hay más iglesias que en cualquier otra ciudad de la nación y en Nueva York se cometen más crímenes que en cualquier otro lado. Este hecho hace evidente que para eliminar los criminales debemos abolir la iglesia».[211]

15.º Pregunta compleja. Es una forma de pregunta capciosa o con trampa. Se pregunta algo dando por supuesta otra cosa, de modo que la persona interrogada, incluso si da una respuesta negativa, cae en la trampa de conceder lo que la pregunta daba por supuesto. «Su gobierno, señor Presidente, ¿está dispuesto a romper con todas las prácticas de corrupción de que lo acusan?». «¿Ha logrado usted superar la adicción a la droga?». Si se responde que sí, se concede, respectivamente, que hay prácticas de corrupción o que se es adicto a la droga.

---

211   Copi, *Introducción a la lógica, op. cit.*, p. 74.

19. LO NATURAL Y LO RACIONAL:
PHYSIS, LOGOS, POLIS

La lógica y la argumentación retórica son instrumentos para ordenar las ideas y para transmitirlas persuasivamente a los demás; pero no van al fondo de las cosas. Comenzaremos ahora, pues, a introducirnos en asuntos más sustanciales, más complejos también, que considero relevantes para abrir la inteligencia a contemplar la amplitud de la filosofía. Ofreceré primero una mirada a tres realidades relacionadas entre sí: siguiendo unas sugerencias de Rafael Alvira: la naturaleza, la razón y la comunidad política (*physis, logos* y *polis*).[212] En la época en que se elaboraron tales conceptos, la *polis* era la unidad política más amplia. Las ciudades estaban demasiado desconectadas entre sí para que todas ellas constituyeran una sola unidad política. Incluso los imperios debían asumir una gran variedad de legislaciones y de costumbres correspondientes a las diferentes partes del imperio. No era posible unificar tanto a las personas como en el Estado moderno. Además, la inmensa mayoría de la población no vivía en ciudades. No obstante, la *polis* fue percibida como una cumbre de la realización del ser humano: poder llegar a vivir en una forma de asociación tan perfecta como una ciudad.

Hay distintas concepciones de lo que es la naturaleza, que van unidas a diversas concepciones de lo que es la razón. A su vez, estas concepciones repercuten en el modo de entender la comunidad política, y, en consecuencia,

---

212 Sigo el magisterio del profesor Rafael Alvira, de la Universidad de Navarra, en su curso de filosofía política 1992-1993.

al ser humano que vive en la comunidad política. Estas diferentes concepciones influirán luego en el surgimiento del concepto de derecho o ley natural. En la vida social estamos acostumbrados a entender lo que es una ley, pero la añadidura del adjetivo «natural» nos puede desconcertar debido a la pluralidad de significados de lo natural y a las concepciones rivales sobre el sentido de la naturaleza. En el *Gorgias* se ve que Calicles, un sofista amoral, defiende lo que es *justo por naturaleza*. Por tanto, la noción de lo justo por naturaleza no fue un invento para defender la moral, la concepción igualitaria de la justicia o el bien común. Sócrates, Platón y Aristóteles le dieron la vuelta al concepto de lo justo por naturaleza. En lugar de oponerse a la sofística, negando la idea de una justicia natural, explicaron mejor que lo natural no es simplemente lo físico.

Una manera de ver la importancia de las relaciones entre naturaleza, razón y política, es presentar tres concepciones rivales.[213] No las indico en el orden cronológico de su aparición histórica, sino que invito al lector a reflexionar acerca de la presencia de ellas en nuestra cultura.[214]

En una primera concepción, la naturaleza es concebida como una *materia indiferenciada*; un conjunto de *hechos sin valor*, salvo el valor que se les pueda asignar para un fin humano. Esta concepción de la naturaleza implica una concepción de la razón, del *logos*. Si el *logos* humano no reconoce, en el universo extrahumano, nada más que el material que le puede servir para sus fines, la razón es una *razón calculante*; es la *razón positivista*, que cree ver la realidad tal cual ella es, sin asignarle valores que la mente crea. En los bosques, los lagos, los zorros y elefantes, los aires y las lluvias, esa razón instrumental no descubre otra cosa que aquello que se puede aprovechar. El *logos calculante* ve, en un bosque, cuánta madera se puede cosechar, usar para construir, vender en el mercado. Si una persona ve belleza en ese bosque, el *logos calculante* cree que «eso es muy *subjetivo*»; que la percepción sobre la belleza, el bien o el valor no instrumental, «es un mero *juicio de valor*», con una connotación de subjetividad y arbitrariedad. Los juicios racionales y objetivos —según esta visión— son los «juicios de hecho», porque a la concepción de

---

213   Sobre las diversas concepciones de la naturaleza, cf. CORAZÓN GONZÁLEZ, *Filosofía del Conocimiento*, *op. cit.*, pp. 21-44.

214   Un intento de comprender estas concepciones diversas de la naturaleza, especialmente en la contraposición entre concepción clásica y moderna de naturaleza, puede verse en PEÑA VIAL, Jorge. *Ética de la libertad*, Instituto Res Publica, Santiago, 2013, pp. 31-60.

la razón calculante e instrumental corresponde una noción de la naturaleza como un conjunto indiferenciado de seres materiales que son como son con independencia de cómo los valoremos. Los *juicios de valor* son las estimaciones sobre lo bueno y lo malo, lo hermoso y lo feo, lo justo y lo injusto. De un lado está la objetividad; del otro, la subjetividad. En definitiva, se trata de una concepción de la naturaleza como algo externo nada más, cuya objetividad no impide que sea *manipulable*, y esta idea va de la mano de una concepción de la razón *dividida*: la razón, según se cree, funciona de modo objetivo para conocer esa naturaleza, pero, cuando sus juicios se apartan de lo que es el conocimiento y la manipulación de esa naturaleza, así concebida, se vuelven simples juicios de valor y caen en el ámbito de lo subjetivo.[215]

Esta concepción de la naturaleza y de la razón influye también en cómo se entiende la convivencia humana, es decir, la *polis*. Si la razón, que unifica a los seres humanos como animales racionales, es una razón técnica, fría, *calculante*, entonces excluye de la fundamentación de la deliberación pública lo que se sale de ese cálculo técnico. El fin para el cual se vive en sociedad es conseguir un mejor aprovechamiento de los recursos naturales, más riqueza, más producción: ¡eso es lo que se considera progreso! ¿Qué pasa con todos aquellos elementos de la vida común que no son medibles, que no se apoyan en investigaciones científicas? Son considerados subjetivos, que pertenecen al ámbito privado de las personas, de sus gustos estéticos, religiosos, filosóficos. La *polis* es una especie de máquina productiva, según esta visión, y el éxito de la actividad política se mide según parámetros utilitarios y económicos estrechos. Hay una clara jerarquía: la concepción del *logos*, que implica una concepción de la *physis*, conlleva asimismo una concepción sobre qué es importante en la ciudad, qué es importante en la convivencia, es decir, qué es la *polis* en sentido teleológico, según la finalidad (*telos*) que le da sentido.

Por contraste, existe una concepción de naturaleza, razón y comunidad política, completamente opuesta a la primera. Hay quienes no creen que haya *hechos objetivos*; piensan que *nada fijo* se puede conocer con certeza, ni siquiera mediante la investigación empírica. Una cierta *mentalidad posmoderna* ve en la naturaleza un *caos incognoscible*, sobre cuya objetividad no podemos tener garantía alguna. No obstante, nos ponemos de acuerdo, mediante

---

215 Cf. REALE y ANTISERI. *Historia del Pensamiento Filosófico y Científico*, *op. cit.*, tomo III, pp. 271-297.

convenciones culturales, en asignarle un cierto orden a la naturaleza. Esto no significa que la naturaleza sea así, que haya una verdad a la que la mente se adapte al conocerla. Construimos la verdad; convenimos nuestros relatos sobre la naturaleza y sobre nosotros mismos. A esta concepción de la *physis* como caos, que puede ser ordenado por convenciones, por prácticas cambiantes de cultura en cultura, corresponde una construcción del *logos* antilógica, es decir, irracional. El irracionalismo es una posición curiosa, puesto que es afirmada por el ejercicio del *logos*, de la razón. Se ejercita la razón para afirmar la primacía de lo irracional. Calicles, cuando discute con Sócrates, hace un uso paradójico de la razón: emplea su capacidad racional y argumentativa para defender una primacía de lo no racional; para sostener que, en realidad, el hombre es un animal *pasional* y no racional, es decir, que se realiza a sí mismo no mediante el conocimiento de la verdad, ni de un orden justo que se impone a las pasiones, sino, por el contrario, eliminando las trabas racionales para dar el máximo impulso posible a la satisfacción de las pasiones. Esta es una apología del dominio de lo *dionisíaco* sobre lo *apolíneo*.[216] Coincide con la visión positivista y calculante de que en la naturaleza no hay valores; pero eso se debe simplemente a que *no hay nada*, no hay una naturaleza objetiva y fija. Su modo de concebir el mundo no se puede adaptar a una objetividad que se estima que no existe. Cada uno *decide* sus propios valores; no es que los *encuentre* o los discierna, sino que los *escoge*. No hay necesidad de ejercitar la razón para adaptar los propios deseos a valores que no están en la naturaleza, ni en la razón; que no nos preceden, sino que nos siguen en el ejercicio de la autonomía.[217]

Esta visión, que cualquiera puede reconocer hoy en la frivolidad ambiental de la farándula y de la política, conduce a un gran problema político: cómo compatibilizar la expansión ilimitada de los deseos de unos y de otros. ¿Cómo compatibilizamos, por ejemplo, el deseo de hacer lo que uno quiera en su vida sexual con que se mantenga el significado social del matrimonio como compromiso con un cónyuge y con la familia formada en común? Si el compromiso significa algo, hay una restricción al deseo. Las repercusiones

---

216   Para una explicación de lo apolíneo y lo dionisíaco, cf. COLLI, Giorgio. *El nacimiento de la filosofía*, Tusquets, Barcelona, 1977, pp 12-17.

217   Sobre esta concepción, que se inspira en Nietzsche, véase CRUZ PRADOS, *Historia de la Filosofía Contemporánea, op. cit.*, pp. 91-94.

morales y jurídicas son de vasto alcance. Algunas personas dicen que el compromiso vale cuando yo quiero que valga y mientras yo quiera que valga. Así se disuelve la idea misma de compromiso. Esta idea de una autonomía total en la elección de valores y en la construcción de la realidad es incluso incompatible con el intento de reflexionar para hallar la solución a un problema o discernir los mejores valores. ¿Para qué va uno a reflexionar, si la respuesta correcta es lo que cada uno decida? ¿Qué razón puede haber para decidir una cosa antes que otra, o elegir un valor antes que otro, si *el valor de los valores* radica en el hecho de haberlos elegido?

Esta mentalidad irracional genera, a su vez, una concepción distinta de la *polis*. La *polis* ya no tendrá por fin la maximización de la utilidad colectiva, como parecía suceder en la concepción de la razón técnica y calculante. Su único fin posible es proporcionarle a cada sujeto la maximización de la satisfacción de sus deseos, la libertad sin límite, el disfrute, el *populismo moral*: que las autoridades coordinen los recursos para la máxima satisfacción de los deseos. El populismo moral o *demagogia* es la corrupción de cualquier régimen político, y, más en concreto, el peligro próximo de la democracia. Esa demagogia lleva a una sociedad violenta, pues se van a contraponer los deseos antagónicos de los ciudadanos. El *logos* será superado por el irracionalismo. La idea de la naturaleza como un caos que se puede moldear en función de los deseos conlleva un catastrófico choque de deseos.

La tercera concepción de la naturaleza, que ha tenido un comprensible auge desde mediados del siglo XX, aunque tiene sus orígenes en la antigua Grecia, se opone a los excesos de la razón meramente calculante. Durante mucho tiempo, la técnica avanzó sin cortapisas hasta dar origen al *superdesarrollo*, es decir, a un ritmo de explotación de la naturaleza que es insostenible a través del tiempo y que es incompatible con que todos los seres humanos disfruten de ese mismo nivel de desarrollo de modo simultáneo. Una reacción ante este modelo meramente tecnológico se manifiesta en los movimientos ecológicos, y, de forma especial, en el ecologismo profundo antihumanista, según el cual el ser humano es el único ser que daña a la creación.[218] Si él no estuviera, la creación estaría en una mejora continua. En el extremo, se ha instituido

---

218   Sobre ecologismo profundo, antihumanista, que no se debe confundir con la necesaria preocupación por una ecología integral, véase TAYLOR, Paul W. *Respect for Nature: A Theory of Environmental Ethics*, Princeton University Press, Princeton, 1986.

la sociedad mundial para la extinción de la especie humana. El Movimiento por la Extinción Humana Voluntaria (VHEMT, sigla en inglés de *Voluntary Human Extinction Movement*) fue fundado en 1991. Se fundamenta en la incompatibilidad del ser humano con la biósfera y en el hecho contingente de existir, en la actualidad, sobrepoblación humana en relación al número de hombres que la Tierra podría resistir, según ellos.[219] Según esta concepción, aun cuando no llegue al extremo señalado, la *naturaleza es el todo*; es la totalidad de lo que existe. Esta visión es panteísta: Dios es parte de este todo que es la naturaleza; o bien, la naturaleza es parte de Dios. La posición panteísta de Baruch Spinoza ha sido resumida en esta frase: *Deus sive Substantia sive Natura* («Dios, o sea, la Naturaleza, o sea, la Substancia»: todo es parte de la misma cosa).[220] Si la naturaleza es el todo, es fácil concebir después que el *logos* es una parte de ese gran todo. Su papel propio es la sumisión a la naturaleza: el *no tocar*. Esta visión propiciaría una sociedad rural, inmóvil: la *polis* sería distinta, necesitaría un rey, un patrón protector de la naturaleza. Esta concepción ecologista extrema es falsa, pues olvida que en los lugares donde el ser humano interactúa con la naturaleza subhumana, de un modo no depredador y en orden, la relación es beneficiosa para el mundo en su conjunto. Además, la absorción de Dios y del hombre en una naturaleza total intocable elimina no solo la trascendencia, sino también la dignidad eminente de la persona humana. De ahí solo puede resultar una política despótica y tiránica.

Gracias a Dios, la filosofía clásica descubrió una noción de naturaleza, de razón y de comunidad política, abierta a la trascendencia y, a la vez, ordenadora de la libertad humana.[221]

---

[219] Para que los lectores con sentido común no crean que el autor sufre de alguna paranoia, los remito a recabar más información en www.vhemt.org (vista por última vez el 26-VI-2019).

[220] El principio spinoziano puede verse en SPINOZA, Baruch. *Ética demostrada según el orden geométrico* (Vidal Peña, traductor), Orbis, Buenos Aires, 1983, parte I, prop. XV, pp. 61-64. Cf. la exposición simplificada en VERNEAUX, *Historia de la filosofía moderna, op. cit.*, pp. 70-72.

[221] Véanse a este respecto y sobre las relaciones entre naturaleza, cultura y libertad, más en general, las reflexiones de PEÑA VIAL, Jorge, *Ética de la libertad*, Instituto Res Publica, Santiago, pp. 31-95.

20. LA NOCIÓN METAFÍSICA DE NATURALEZA

El capítulo precedente versó sobre la correspondencia entre *physis, logos* y *polis*. No es difícil sentirse identificado con algunas de esas posiciones, porque están en el ambiente intelectual que nos rodea. La idea de naturaleza como simple materia sin valor, disponible para cualquier cosa, a la que corresponde el *logos calculante* y una *polis* ordenada fundamentalmente a la producción, a la riqueza, al progreso en un sentido solo técnico, seduce nuestra voluntad de dominación y de autonomía moral respecto de la naturaleza. La naturaleza concebida como un *caos informe*, a la que corresponde una noción irracional del *logos*, una *antilógica* donde el hombre es el animal irracional, que no acepta valores que le vengan impuestos desde afuera, sino que crea sus propios valores, implica, en el ámbito de la *polis*, en el ámbito moral, la concepción de una libertad sin límites y la pretensión de que la única finalidad de la vida en común es la máxima satisfacción de los deseos. ¿Quién no siente el atractivo de la tesis de Calicles, la oferta del populismo moral que promete satisfacer los deseos? Por último, quizás como una reacción contra la explotación utilitaria o hedonista del mundo, a muchos les atrae la visión de la naturaleza como el gran Todo, del que nada se excluye, que puede ser concebida como la Madre Naturaleza o como Dios. En realidad, no es Dios, puesto que no es el Creador de lo que existe, ni es trascendente. La gran Naturaleza es, simplemente, todo lo que hay, un todo respecto del cual el logos no es más que una parte. Lo que le corresponde al ser humano, con su razón, es la sumisión, la renuncia a dominar la naturaleza. Solo le cabe someterse a esa gran Madre Naturaleza y no tocar nada. El ser humano es, entonces, una pieza más en el conjunto de la materia, que no se destaca sobre esa gran naturaleza. Esta concepción podría corresponder a una *polis* estática, a una sociedad rural o a esa gente que huye de la ciudad para formar comunidades alternativas que viven en contacto con la naturaleza. Conocemos esas experiencias y las comprendemos como reacción de retorno a lo primitivo, como una huida de esa concepción dominadora que ha llevado, en ocasiones, al abuso y a la explotación de los dones del Creador. Al carácter dominador de la razón instrumental y a la índole dionisíaca de la irracionalidad posmoderna, se le opone la vuelta a la naturaleza como orden y armonía cósmicos, pero con renuncia a la superioridad del hombre en el cosmos.

Existe una alternativa más profunda, que procede del descubrimiento metafísico de la naturaleza en la filosofía clásica. Los primeros filósofos descubren la *physis*, la naturaleza, que es el primer tema de la filosofía inaugurada con Tales de Mileto (s. VII a.C.).[222] Ellos describen la naturaleza como algo ordenado. No es un caos, sino que es un cosmos. Este orden es el que descubre también un niño pequeño. Si uno vuelve con su memoria a cuando tenía tres, cuatro o cinco años, recordará que hay una especie de asombro ante el mundo, sobre todo ante las estrellas, los animales, las nubes y las palabras. Volvamos a mirar el universo, a recostarnos para mirar las estrellas. Ante el examen de la naturaleza, de los árboles, las flores, los pájaros, uno se maravilla con la belleza y con el orden. De manera espontánea deseamos conocerlo mejor, explicarlo mejor. Esta experiencia llevó, a los filósofos clásicos, a buscar una explicación, un principio (en griego, *arjê*). Se busca un principio del que nazca la realidad, algo que explique la naturaleza. La naturaleza es ordenada y tiene una explicación que va más allá de las apariencias. La idea de naturaleza implica, además del orden y del principio, que hay algo profundo, una realidad que está debajo del fenómeno y que lo fundamenta, es decir, que puede explicarlo, si logramos conocerla. La naturaleza es esa realidad más fundamental desde la cual brota –nace– aquello que vemos y tocamos, por lo que conocer la naturaleza de una cosa es una parte fundamental de la ciencia y de la filosofía: ir del fenómeno al fundamento.

Además, en la naturaleza hay *jerarquía* y hay *distinción* entre los seres. Se puede pensar todo lo que existe como una sola gran cosa, es decir, la Naturaleza como el gran Todo. Sin embargo, de esa consideración inicial surge el clásico *problema de lo uno y de lo múltiple*: ¿hay una sola cosa o hay

---

222   Cf. YARZA, *Historia de la Filosofía Antigua, op. cit.*, pp. 25-29.

muchas cosas distintas? ¿Cómo se relaciona lo múltiple con lo uno? El gran metafísico Parménides llegó a pensar que, en efecto, hay un solo ser: «que es y que no es posible no ser... el otro, que no es y que necesariamente tiene que no ser»[223], y que, por lo tanto, la multiplicidad no es más que una parte del fenómeno, de la apariencia sensible, pero no de la realidad inteligible. Los filósofos que se mantuvieron anclados en el sentido común, como Aristóteles, dijeron, por el contrario, que hay una gran unidad del universo, pero es la *unidad del orden*, compatible con que existan seres distintos, reales, que se pueden jerarquizar. Esta mirada del universo como *jerarquizado*, con seres más perfectos unos que otros, choca con la mirada posmoderna de la naturaleza como algo indiferenciado y amorfo.

Salta a la vista, por otra parte, que este *cosmos* exhibe la *belleza*, que santo Tomás de Aquino definía como «lo que agrada a la vista»;[224] eso que vale la pena seguir mirando no para poseerlo, ni para usarlo, sino solo para admirarlo.[225] Hay cosas que son útiles en la naturaleza. Necesitamos tomarlas, manejarlas y conducirlas a la finalidad deseada; por ejemplo, un pedazo de madera como un instrumento, o hacer, de un conjunto de ramas, un techo. Se descubre lo útil en la naturaleza; pero no es lo primero que se descubre en ella. Lo primero que se descubre en la naturaleza es la belleza, y otra vez tenemos que volver a cuando éramos niños. Entonces veíamos, por ejemplo, una oveja. El niño no pensaba en cuánta lana le podía sacar a la oveja y en cuánto le pagarían por ella. El niño es *metafísico* y, por lo tanto, ve primero la belleza que está en el ser; solo muy tarde, cuando va envejeciendo, quizás a eso de los diez o doce años, descubre la utilidad, y eso con un cierto trauma psicológico porque es traumático dejar de ser metafísico.

Junto con el concepto de belleza, va, por supuesto, el del bien. Todas las cosas son buenas. Esa tradición no solo está reflejada en Occidente; también está en Oriente. Algo que es tan bueno, que el hombre se hace bueno cuando está en sintonía con el universo, y esa naturaleza es la que se mueve y cambia. Al comienzo de la filosofía occidental, Heráclito, cuyos fragmentos son de difícil interpretación, parece dar a entender que *todo cambia* y que, en consecuencia, *nada es estable*. Sin embargo, incluso Heráclito habla de un

---

223 Cf. Yarza, *Historia de la Filosofía Antigua, op. cit.*, pp. 52-53.
224 *S. Th.*, I, q. 5, a. 4.
225 Cf. *infra* cap. 25.

orden en ese cambiar. Heráclito no dice solo que todo cambia, sino también que *todo es fuego*, un *fuego eternamente móvil*, pero que *crece y decrece según medida*, según el *logos*, la razón, la medida.[226] Incluso en esa visión extrema de la naturaleza como un perpetuo devenir, el movimiento es percibido como un *logos*, como algo inteligible. Con mayor razón es así cuando llegamos a los filósofos posteriores, como Platón y Aristóteles, donde la naturaleza es percibida al mismo tiempo como compuesta de seres distintos unos de otros y en perpetuo cambio; pero su movimiento se da según un *logos*, un orden. Luego, la naturaleza tiene el significado de un todo; pero también significa, especialmente en Aristóteles, *lo que* cada cosa es *en sí misma*, considerado como *el principio interno de su movimiento y de su reposo*. Esta es una definición clásica de naturaleza: *la esencia de cada cosa*, considerada como principio interno de sus operaciones.[227] Esta definición es muy profunda, porque refleja un hallazgo metafísico perenne: que cada cosa tiene *un modo de ser fijo*, que la distingue de otras clases de cosas y que unifica a los individuos que comparten ese modo de ser: poseen la misma *esencia*, son de la misma *especie*, caen bajo la misma *definición*. El ser caballo es algo que unifica en un modo de ser a una serie de individuos –todos los caballos singulares que existen– y que, a su vez, los diferencia de todo el resto del universo. Ese modo de ser estable los sitúa en ese orden universal, en esa jerarquía.

El término naturaleza, aunque en la práctica se usa como sinónimo de esencia, en estricto rigor añade algo. «La escolástica diferenciaba la esencia de la naturaleza: la naturaleza es la esencia considerada como principio de operaciones».[228] El concepto de esencia hace referencia a *lo que una cosa es*, con una connotación más estática. En cambio, el concepto de *naturaleza* indica, sí, lo que la cosa es, pero como principio de las operaciones por las que el ser se ordena hacia una plenitud de su ser (*telos*, fin perfectivo). La naturaleza tiene la connotación de lo que nace; es lo que la cosa es, pero considerado como el origen, el despliegue de las posibilidades de esa cosa, y de ahí esa definición tan precisa ya citada: *la naturaleza es la esencia considerada como principio de las operaciones*; aquella realidad más profunda desde donde surgen

---

226 Cf. YARZA, *Historia de la Filosofía Antigua*, *op. cit.*, pp. 38-39.

227 Cf GARCÍA CUADRADO, José Ángel. *Antropología filosófica*, Eunsa, Pamplona, 2001, p. 121, y ALVIRA, Tomás, CLAVELL, Luis y MELENDO, Tomás. *Metafísica*, Eunsa, Pamplona, 1993, p. 94.

228 GARCÍA CUADRADO, *Antropología filosófica*, *op. cit.*, p. 189.

las operaciones más superficiales de una cosa. Por eso, las ciencias estudian las operaciones de las cosas para conocer su naturaleza. Esta concepción de la naturaleza está detrás de todo el desarrollo científico. Si la ciencia se hubiera basado en la visión meramente utilitaria de la naturaleza, no habría habido el desarrollo de todo ese conocimiento especulativo, es decir, no se habría dado esa exploración del universo con independencia de la utilidad, movida por el amor a la sabiduría y el asombro de los grandes sabios. Desde luego, tampoco habría ciencia si los científicos adoptaran la visión de la naturaleza como una masa indiferenciada de materia. El científico quiere penetrar en un orden que presupone como real, porque ama la verdad por sí misma y da por supuesto que existe y puede ser conocida.

21. SOBRE LAS DIFERENTES NATURALEZAS

A principios de 2012, en la que quizás sea la más grande reunión científica en el mundo, la de la *American Association for the Advancement of Science*, en Vancouver, un grupo de científicos propuso que los delfines y las ballenas sean considerados como *personas*; por lo tanto, que se les reconozcan los derechos de libertad e igualdad y el derecho a la vida, que son los derechos más básicos de la persona. La propuesta tiene precedentes en el proyecto Gran Simio, que comenzó en 1993, que en España dio lugar a un proyecto legislativo, y que ha sido apoyado por algunos pensadores y por científicos de distintas áreas, porque afirman que se han de reconocer a estos grandes primates, como los orangutanes, por ejemplo, los mismos derechos que al ser humano, puesto que tienen análogas capacidades, sentimientos, etc.

La cuestión no es solo especulativa. Lleva aparejada una pregunta de enorme trascendencia práctica: ¿cómo podemos comparar y, enseguida, asimilar o bien diferenciar los tipos de realidades con las que nos enfrentamos? Lo que están diciendo estos científicos, cuando proponen que los humanos y algunos no humanos —simios, delfines— sean equiparados como *personas*, es que las respectivas naturalezas no son tan distintas como suponíamos hasta ahora.[229] Entre un pino y una araucaria hay, sin duda, una diferencia

---

[229] Cf. Muñoz Machado, Santiago. *Los animales y el derecho*. Civitas, Madrid, 1999, en especial el título VI de la Primera Parte: "Los animales-personas y otras técnicas para garantizar la eficacia de las declaraciones de derecho", pp. 100-1139.

de naturaleza, pero dentro del mismo grado fundamental de la vida vegetal. Entre un león y un elefante hay una diferencia de naturaleza, pero dentro del grado de la vida animal irracional. Y hasta ahora se pensaba que, en el nivel superior de la vida animal, la naturaleza racional, el ser humano estaba solo: era la única *persona* o ser con la dignidad superior de la racionalidad y la libertad.[230] Estos pensadores animalistas, en cambio, nos dicen que, aunque se trate de naturalezas diferentes –un delfín no es un ser humano–, comparten una dignidad común o muy parecida. Se nos plantea la pregunta, entonces, de cómo se diferencian de manera esencial los tipos de ser.

Si nos atenemos a una observación meramente exterior, veremos que los individuos de diversas especies naturales *en estado germinal* se parecen mucho entre sí. Si ponemos un embrión humano o un embrión de rata en un tubo de ensayo, no captaremos una gran diferencia. Deberemos observar los detalles, penetrar en la composición genética, para descubrir de qué especie es cada embrión. La composición genética es un descubrimiento moderno, que muestra cómo ya está contenida, en la primera célula de un individuo, toda la información que guiará su desarrollo posterior. Esto no significa que antes del descubrimiento de la genética los seres humanos no pudiéramos diferenciar entre un mosquito y un elefante, porque hay una forma natural de diferenciar entre un mosquito y un elefante, que es conocerlos no en estado embrionario, sino en su estado maduro. El *ejemplar maduro de la especie* es el modelo o prototipo que nos permite reconocer la naturaleza de cada cosa. En la naturaleza hay *finalidad*, orientación intrínseca del individuo hacia la perfección propia de su especie. De esta manera podemos hablar legítimamente de *tendencias naturales* en cada individuo, que orientan su movimiento desde el inicio embrionario hasta la culminación en el individuo maduro, adulto, perfeccionado. Por comparación con estas *tendencias naturales* calificamos de *antinaturales* las inclinaciones y los desarrollos que, aun cuando vayan acompañados de un movimiento animal o de un proceso biológico, induzcan un cambio contrario a la madurez del individuo según el modelo del ejemplar perfecto de la especie. Eso es lo que en griego se dice *telos*. El *telos* es la finalidad intrínseca hacia la cual está ordenada por sí misma una naturaleza. Esta finalidad ínsita en el ser puede conocerse porque conocemos los ejemplares maduros de la especie.

---

[230]   Cf. *infra* cap. 29.

Sin embargo, incluso en el ejemplar maduro tenemos un conocimiento superficial de su esencia o naturaleza. Un niño ve al elefante en el zoológico y le pregunta a su madre: «¿Qué es esto?». La madre le responde: «Es un elefante». El niño se queda tranquilo, porque él ya ha conocido la esencia del elefante: de forma superficial ya sabía qué era eso, y solo preguntaba por el nombre: necesitaba ampliar su bagaje lingüístico. Este conocimiento superficial de la esencia de las cosas se obtiene con la observación de un ejemplar más o menos desarrollado de la especie, y es suficiente para distinguir entre especies, como, por ejemplo, para diferenciar de manera esencial entre un elefante y un mosquito. El conocimiento científico, en cambio, consiste en una profundización en el conocimiento de las esencias de las cosas. Un conocido mío ha dedicado toda su vida solo a estudiar colémbolos, que constituyen una especie o un género con muchas subespecies. El conocimiento que él tiene de la esencia de los colémbolos es muy superior al que tenemos el resto de los mortales.

No conocemos *directamente* la esencia de las cosas, sino que, cuando captamos sensiblemente ejemplares maduros de diversas especies, como un elefante o un mosquito, conocemos las naturalezas a través de sus manifestaciones sensibles, exteriores. La inteligencia penetra en la intimidad esencial de los seres: conoce su esencia inteligible. Pero lo hace comenzando por los datos que proporcionan los sentidos. Por lo tanto, conocemos las diversas naturalezas a través de las características –especialmente de las capacidades– que manifiesta el prototipo de cada naturaleza. Si la naturaleza es la esencia como principio de operaciones, ¿cómo identificamos la esencia? Por las capacidades permanentes de cada cosa. ¿Cómo identificamos las capacidades? Por las operaciones que un individuo de la especie realiza. ¿Y cómo se identifican las operaciones? Por los objetos propios sobre los que ellas recaen, o que realizan de manera exclusiva, es decir, sin confundirse con otras capacidades.

Estamos ante un principio epistemológico básico de la filosofía clásica de la naturaleza, que encuentra aplicaciones en el ámbito de la ética, como puede entreverse cuando recordamos el proyecto Gran Simio. Nuestro conocimiento comienza por lo más exterior, los objetos, y se va introduciendo hasta lo más interior: por los objetos se identifican las operaciones; por las operaciones, las capacidades; y por las capacidades, la naturaleza misma, que posee esas capacidades, que realizan esas operaciones sobre esos objetos. Un nombre más técnico para «capacidades» es el de «potencias» o «facultades» de una naturaleza. El término más técnico para «operaciones» es el de «actos». Así se formula, pues, técnicamente el principio: *las naturalezas se conocen mediante sus potencias; las potencias, por sus actos; y los actos, por sus objetos.*[231] Se puede hacer el siguiente experimento mental: intentar explicar una capacidad, *i.e.*, una potencia, en el ámbito de la naturaleza o en el ámbito de las cosas artificiales. ¿Qué capacidad o potencia posee este artefacto delante de mí? Que puede *volar* (un avión); que puede *tejer* (es una tejedora). Cada vez que identificamos una capacidad o *potencia* lo hacemos nombrando un *acto*. Este animal puede *volar*; es un ave. Identifico la capacidad por referencia al acto de la capacidad, a su operación. Este ser puede nutrirse: es un ser vivo; es, por lo menos, un vegetal. Este otro puede conocer sensiblemente, expresa deseos y se mueve conforme a ellos; es, por lo menos, un animal bruto. Las capacidades se identifican mediante sus actos, pero ellas mismas nos indican la naturaleza de la cosa que posee tales capacidades; dan a conocer y caracterizan qué tipo de cosa estamos conociendo. Y, por último, las operaciones se identifican por los objetos sobre los que versa la operación. El *objeto* de una operación es aquello sobre lo cual recae esa operación y que identifica a la operación, porque sirve para describir esa operación. Esto es así hasta tal punto que no podemos concebir la operación sin el objeto. Y, de hecho, si alguien no tiene acceso cognoscitivo al objeto tampoco puede acceder a la operación, porque el objeto identifica a la operación de forma inmediata. El ejemplo más clásico es el de la vista; pero se puede extender a todos los sentidos. ¿Se puede saber qué es ver, si nunca se ha captado un color? No se puede saber lo que es ver sin referencia a la luz y los colores. Al ciego de nacimiento no se le puede hacer saber lo que es un color. Lo mismo sucede con los sonidos. Si alguien es sordo de nacimiento, no se le puede hacer conocer lo que es un sonido, porque el sonido es el objeto que define ese acto, que es oír, que esa persona no puede ejercer. Cualquier explicación intelectual de estos actos y potencias ha de hacerse mediante una analogía con otras formas de conocimiento, haciendo ver la privación de quien la padece.

Luego, hay un encadenamiento que va de lo más superficial y externo, que es el objeto, a lo más profundo, que es la naturaleza. Por el objeto se define el acto y por el acto se conoce el objeto de modo simultáneo. Veo un color: el acto de ver y el ser visto del color se dan simultáneamente. Y por eso sé que tengo la capacidad de ver, porque a veces estoy viendo y a veces no estoy viendo. Y lo

---

231   Cf. LLANO, *Gnoseología, op. cit.*, pp. 94-98, y GARCÍA CUADRADO, *Antropología filosófica, op. cit.*, pp. 45-49. algunaeza.

mismo sucede con las demás potencias. El objeto externo, que no es una cosa material necesariamente, es lo que define al acto. Por los objetos se identifican los actos, y por los actos u operaciones sabemos qué potencias tenemos y qué potencias tiene cualquier otro ser. Y las potencias que un tipo de ser posee nos dicen cómo es su naturaleza. Como nuestro conocimiento comienza por los sentidos, nosotros siempre vamos a tener ese conocimiento superficial de la esencia de las cosas sensibles. Siempre vamos a saber lo que son las cosas, que hayamos captado por los sentidos, a partir de lo más superficial: su forma externa y sus actos. Entonces distinguimos si las diferencias entre los tipos de actos, y, por lo tanto, entre los tipos de capacidades, son tan fundamentales como para que diferenciemos jerarquías de seres en la naturaleza o no. En relación con el problema ético y político del Gran Simio hemos de reflexionar acerca de si los seres humanos tienen o no una naturaleza esencialmente superior a la de un gran simio. Y para eso debemos examinar las capacidades y potencias humanas, en comparación con las capacidades y potencias de los grandes simios. Esto exige estudiar las operaciones humanas en comparación con las operaciones de los grandes simios. Y así, por último, debemos reflexionar sobre los objetos acerca de los cuales versan esas operaciones.

Si alguien, por ejemplo, no lograra percibir, en el ser humano, más operaciones que las de moverse, nutrirse, crecer, reproducirse, conocer colores, olores, sabores, relacionar objetos, emitir sonidos que apuntan a la manifestación de sentimientos, etcétera, entonces tendría que concluir que los simios son esencialmente iguales a los seres humanos, porque todas esas cosas, que nosotros hacemos, también las hacen los simios. En cambio, si somos capaces de identificar objetos esencialmente superiores a esos otros objetos sensibles mencionados, esos objetos que la tradición filosófica llama *espirituales*, en sí mismos separados de la materia, entonces podemos decir que los grandes simios, por muy sensibles que puedan ser, por mucha capacidad que tengan para manifestar emociones a través de sonidos, no llegan a captar objetos espirituales, es decir, realidades que estén más allá de todo lo material. Entonces podremos sostener que son esencialmente distintos de los seres humanos y que no tienen inteligencia, ni libertad, en el sentido propio de la inteligencia y la libertad que caracteriza a los seres humanos: capacidad de conocimiento abstracto y de autodeterminación respecto de objetos abstractos concebidos como buenos.

Por una simple convención, más o menos flexible, podemos llamar «inteligencia» a la capacidad que tiene un mono de captar que, aunque con su brazo no alcanza un plátano colgado en la pared, sí que puede alcanzarlo con una vara de un metro, que está a su lado. Eso, en una tradición materialista de lo que es la inteligencia, se diría que es un acto inteligente; pero, en realidad, es una simple relación entre dos cosas sensibles, que se puede realizar sin abstracción intelectual. Ese *darse cuenta* –por así decir– de relaciones meramente sensibles también es posible utilizando solo los sentidos, que no llegan al nivel de la inteligencia. En concreto, un sentido permite hacerlo: la *estimativa natural*, que existe en todos los animales brutos. Lo mismo sucede con la comunicación: los animales pueden expresar sus estados anímicos y su conocimiento sensible mediante signos concretos, no abstractos, como el vuelo de la abeja exploradora informa al resto del enjambre sobre sus hallazgos. El animal expresa estados interiores como el hambre, la ira, la inclinación a agredir o a jugar, y, de esta manera, hay comunicación sensible entre los animales brutos. Hay comunicación incluso *inter species*: los perros les manifiestan sentimientos, estados interiores, a sus amos; o les ladran a los caballos; y los corderos sienten la agresividad del lobo.

Nosotros tendemos a proyectar nuestros modos de ser en los animales; pero, en realidad, no tenemos la experiencia de ser un perro. Y, sin embargo, podemos darnos cuenta –mediante nuestro intelecto– de que ese lenguaje animal nunca llega a expresar ideas universales, abstractas, desconectadas de esos sentimientos, de esas necesidades particulares. Así, mediante este sencillo razonamiento filosófico, podemos diferenciar esencialmente al hombre del animal bruto, incluso de los animales superiores. Si no se es capaz de seguir este razonamiento, y uno piensa, como los pensadores materialistas, que los seres humanos no conocemos más que cosas sensibles, particulares, y que nuestro lenguaje no es más que una manifestación de sentimientos, de estados de ánimo, a lo más de esquemas sensibles, entonces no podemos distinguir esencialmente al hombre del animal bruto. Y no se entiende por qué esa *reducción* de lo humano habría de terminar *elevando* a algunos animales –simios o delfines– al estatus de *persona*, propio del ser que trasciende la materia, en lugar de reducir a los seres humanos al estatus de los animales brutos. A ver quién es el gorila que nos lo explica.

22. EL MOVIMIENTO: ACTO Y POTENCIA

Un concepto metafísico, presente en el sentido común, suscita algunas dificultades cuando se formula de modo más riguroso, como hace la filosofía. Se trata de una distinción que refleja una realidad profunda y, al mismo tiempo, tiene un *carácter operativo*,[232] es decir, que, aunque las personas no suelen tratarla de manera específica y temática, está implícita en el lenguaje y sirve para resolver auténticos problemas sustantivos. Me refiero a la distinción entre *acto* y *potencia*, que, inicialmente, es la distinción entre *ser en acto* y *ser en potencia*. El problema filosófico que llevó a tematizar esta distinción es el llamado problema del *movimiento o cambio*. Los primeros filósofos se asombraron ante el cambio, y trataron de penetrar en la naturaleza que está debajo del cambio. La naturaleza es considerada como el principio de las operaciones;[233] por lo tanto, como algo fijo, pero que está en el origen de algo móvil, que son los cambios que se producen en la superficie de los seres. El solo hecho de que haya cambios, sin embargo, ya antes de llegar a esa noción tan elaborada de naturaleza, produce cierta perplejidad. ¿Cómo es posible que lo real esté cambiando de continuo? ¿Hay algo real *debajo* de este movimiento perpetuo?

Hemos mencionado ya dos respuestas extremas al problema del cambio: una, la de Parménides, niega la realidad del cambio. Una sola cosa es clara: «el ser es; el no ser no es». Por lo tanto, solo hay un ser: infinito, eterno, inmóvil. El ser es y en esa noción está incluida la perfección total. Un cambio

---

232 Cf. Inciarte. "El problema de la verdad…", *op. cit.*, pp. 42-43.
233 Cf. *supra* cap. 20.

implicaría perder algo de esa perfección, o adquirir algo que no se tenía, y, por tanto, en algún momento el ser no será perfecto. Luego, en el concepto mismo de ser, que Parménides intuye quizás por primera vez en la historia con tanta radicalidad, está implícita la idea de que no hay cambio. ¿Qué decir, entonces, sobre lo que vemos y tocamos con nuestros sentidos? Percibimos constantemente el cambio: el frío y el calor, viene el día y luego la noche, se mueven los animales, sopla el viento, nos late el corazón, dormimos. Todo parece estar en continuo movimiento. Nuestros sentidos, según Parménides, nos engañan: nos sumergen en el mundo de la opinión y de las apariencias; no en el de la verdad del ser.[234] Heráclito se hace cargo del realismo de esas apariencias y formula la tesis antagónica: *panta rei* (Πάντα ῥεῖ), todo cambia. Solo la inteligencia, artificialmente, fija esencias, naturalezas, sustancias; pero, en realidad, todo está cambiando. *Nadie se baña dos veces en el mismo río.* «Sobre quienes se bañan en los mismos ríos afluyen aguas distintas y otras distintas».[235] Entonces, si hay un continuo cambio, no hay un ser fijo, permanente. Y nuestra inteligencia, aunque parece acceder a la realidad, nos engaña.[236]

En la vida ordinaria, nosotros no nos preocupamos de estas cosas. Asumimos por igual a Parménides y a Heráclito: que hay ser y que hay cambios. Eso es el sentido común. El gran problema de la filosofía es pensar las cosas a fondo, explicar nuestras experiencias, corregir el sentido común, sí, pero solo cuando se puede demostrar que está equivocado, y, al mismo tiempo, confirmar y profundizar ese sentido común. Aristóteles lo hace de modo riguroso cuando enfrenta la cuestión del ser y del devenir (*i.e.*, llegar a ser) en su *Física* y en su *Metafísica*. Él *hace justicia al sentido común*; es decir, explica de un modo tan riguroso como el de Parménides o el de Heráclito esa realidad que el sentido común afirma: que hay seres fijos, que el ser es y el no ser no es; pero que también hay cambio, sin contradicción. Aristóteles explicó la cuestión recurriendo a la analogía.[237] «La expresión 'algo que es' se dice en muchos sentidos»[238] y no de una manera unívoca como pensaba

---

234 Cf. Yarza, *Historia de la Filosofía Antigua, op. cit.*, pp. 52-53, y Reale y Antiseri, *Historia del Pensamiento Filosófico y Científico, op. cit.*, tomo I, pp. 55-60.

235 DK 22 B 12.

236 Cf. Yarza, *Historia de la Filosofía Antigua, op. cit.*, pp. 36-39.

237 Cf. *supra* cap. 13.

238 *Met.*, IV, 2, 1003a33.

Parménides. Este decir que algo es de tantas maneras es una característica de nuestro lenguaje, pero refleja la realidad, aunque las variaciones de la realidad sean infinitamente más ricas que las de nuestro lenguaje. Por ejemplo, no es lo mismo decir que un perro existe, que *es*, a decir que el color café *es*, porque el perro es en sí mismo y el color café existe como característica de una cosa que es café; por ejemplo, del perro café. Esa es la distinción, también de sentido común, entre sustancia y accidente.[239]

Tampoco decimos de la misma forma, por ejemplo, que un pegaso existe y que un caballo existe. ¿Por qué? Alguien podría decir: «Porque los pegasos *no existen*». Sin embargo, cuando los pensamos existen *de alguna manera*, a saber, en la mente. Y esto es un modo de existir, aunque no es lo mismo que existir fuera de la mente. Se usa la palabra «existir» (o «ser») para los dos casos, y significa algo en parte igual y en parte distinto. Por eso, podemos decir que los pegasos en cierto sentido existen (*i.e.*, como seres imaginarios) y en cierto sentido no existen (*i.e.*, como seres extramentales). Por lo tanto, el concepto de ser es analógico, hasta tal punto que puede señalar tanto lo que está en la mente como lo que está en la realidad fuera de la mente.

La *nada*, ¿es o no es? Si inventamos el concepto de nada, es precisamente por negación del ser, para significar *lo que no es*; pero resulta que, al inventar el concepto, entonces ya es. Porque la nada es en el intelecto como un concepto producido por él para negar el concepto de ser. Por tanto, el concepto de ser, por analogía, se aplica incluso al concepto de la nada, que es algo. Este *enredo metafísico* sirve para mostrar la analogía del concepto de ente, porque la nada no es nada y, a la vez, es un ser mental como contenido del concepto de nada.

Al decir que *el ser se dice de muchas maneras*, se hace posible una distinción que permite explicar el movimiento o cambio sin contradicción, sin decir que lo que es no es. Aristóteles introduce un matiz en el principio de no contradicción. La contradicción se da solo si se afirma que una cosa es y no es *al mismo tiempo y en el mismo sentido* o bajo el mismo aspecto. Si distinguimos el sentido, entonces no hay contradicción. Si afirmo: «Un unicornio existe y no existe», incurro en contradicción porque no estoy incluyendo el diverso sentido; si digo, en cambio, que un unicornio existe como ser imaginario, pero no existe como ser real, no hay contradicción, porque *en dos sentidos distintos* afirmo que algo es y que no es. De manera análoga, la distinción entre *ser*

---

[239]   Cf. *infra* cap. 24.

en acto y *ser en potencia* captura dos sentidos del ser, que están implícitos en nuestra experiencia del cambio y del movimiento. Nuestra dificultad ahora consiste en pensar conceptos primeros, que no se pueden definir por algo más básico. El primer concepto que forma la inteligencia es el de que algo es (*i.e.*, en la terminología técnica filosófica, la noción de *ente*). Después, cuando se descubren otras cosas, se va perfeccionando este concepto de que algo es, que existe. Cuando se relaciona el ser con el actuar, con el hacer algo, y se distingue del no actuar, surge en la mente la distinción entre el acto y la potencia, porque en nuestra experiencia el actuar es algo que sucede en un momento, porque un sujeto hace algo, porque uno mismo obra; pero el sujeto no lo está haciendo de continuo, y, si lo hace, es porque puede hacerlo. Sabemos que podemos hacer algo porque lo hacemos. Por lo tanto, surge la diferencia entre estar el ser presente porque alguien está haciendo algo, y el no estar presente aunque podría estarlo. Por ejemplo, al batir palmas, yo hago algo; pero hay una clara diferencia entre el momento en que resuenan mis aplausos y el momento del silencio. En un momento, el batir de palmas existe; antes de eso no existe. El batidor de palmas existe en mí en potencia, porque yo puedo batir palmas; pero no lo estoy haciendo. En cambio, una mesa, por mucho tiempo que pase, nunca va a batir palmas. El acto de batir palmas no existe en potencia en la mesa. La distinción entre acto y potencia, por lo tanto, está en la mente de todos, porque es de sentido común, y refleja la realidad de dos sentidos del ser. Aristóteles le puso unos nombres, no se la inventó de la nada.

Otra forma de entender la diferencia entre acto y potencia es no ya a partir de nuestro modo de hablar (donde la palabra *acto* se vincula al *hacer*; y la palabra *potencia* al *poder ser* o *poder* hacer algo), sino a partir del modo como se da el ser en toda la creación, es decir, excluyendo el Ser del Creador. En nuestra experiencia de todo lo real, el ser se da en el tiempo. Aunque la noción misma de ser no implica la de tiempo, en toda nuestra experiencia el ser se da sucesivamente. Nosotros no somos nunca todo lo que somos o hemos sido o seremos. Cuando éramos niños, no éramos lo que somos ahora; y ahora que somos lo que somos no poseemos muchas de las cosas que eran parte de nuestro ser cuando éramos niños, y tampoco poseemos una gran cantidad de características que vamos a adquirir a medida que vivamos, estudiemos, adquiramos nuevas experiencias. Nunca somos todo lo que podemos ser; nunca somos todo lo que nuestro ser admite que seamos. El ser se da sucesivamente, y así se genera una realidad: el tiempo. En la imagen que tenía Isaac Newton, el tiempo era una gran abstracción, una especie de sucesión de instantes, infinita, en la cual después se da el ser de las cosas. Esa es la noción que tomó Kant, quien llegó a creer que el tiempo era algo puesto por el sujeto cognoscente, como una de las formas puras de la sensibilidad, que él estudia en la *estética trascendental*. «El tiempo *no es nada más que la forma del sentido interno*, es decir, del intuir a nosotros mismos y a nuestro estado interior. Pues el tiempo no puede ser una determinación de fenómenos externos; no pertenece ni a una figura, ni [a una] situación, etc., y en cambio determina la relación de las representaciones en nuestro estado interno».[240] Como el tiempo es algo que proyecta el sujeto, el ser se da dentro del tiempo.[241]

En cambio, según la visión clásica lo primero es el ser, y, como el ser cambia, se genera el tiempo, que es la *medida del movimiento según el antes y el después*, o, en la fórmula más precisa de Aristóteles: «número del movimiento según lo anterior y lo posterior».[242] Aunque nos es muy difícil pensarlo de otra manera, si uno pudiera pensar en un ser en el que no hubiera cambio, tampoco podría señalar un antes y un después. Si no hay antes y después, no hay tiempo. La física moderna, después de Einstein, tiende a tener una visión del tiempo más parecida a la clásica. Es como una vuelta al pasado, o al realismo, porque en estas teorías físicas el tiempo es propio de cada cosa.[243] El tiempo mental y abstracto puede pensarse como uniforme y distinto de los movimientos y de las cosas cambiantes; pero el tiempo real y concreto está vinculado al movimiento de cada cosa, como pensaba Aristóteles.[244] Por tanto, no hay un solo tiempo, sino varios tiempos según cada cosa distinta, aunque nosotros podamos seguir abstrayendo una idea de tiempo como una pura sucesión indiferenciada de instantes, con independencia de cada cosa.

Si ahora relacionamos el tiempo con el ser, nos preguntamos: ¿qué es lo que verdaderamente existe? Si se piensa en el tiempo abstracto, siempre se necesita una medición real para indicarlo, como que un día es lo que la

---

240   *KrV*, A 34/ B 50.

241   Sobre el tiempo según KANT, véase REALE y ANTISERI, *Historia del Pensamiento Filosófico y Científico, op. cit.*, tomo II, pp. 737-740.

242   *Fis.*, IV, 11, 219b1-2.

243   Cf. CLARO HUNEEUS, Francisco. *De Newton a Einstein y algo más*. Ediciones Universidad Católica de Chile, Santiago, 2008, pp. 144-147; y HEWITT, Paul G. *Física Conceptual* (Victoria Augusta Flores Flores, traductora), Pearson Educación, México, 2007, pp. 686-696.

244   Cf. ARTIGAS, Mariano. *Filosofía de la naturaleza*, Eunsa, Pamplona, 2003, p. 195; y VIGO, Alejandro. *Aristóteles. Una introducción*, IES, Santiago, 2007, pp. 88-89.

Tierra tarda en dar una vuelta sobre su propio eje; o, en términos observables a simple vista, lo que tarda el Sol en dar una vuelta completa alrededor de la Tierra. El tiempo medido según determinados movimientos –como los del Sol, la Tierra, la Luna o la vibración del cuarzo– es un constructo con fundamento en la realidad. ¿Cuál es la distinción básica en la línea del tiempo? La que se estudia en la gramática, porque el lenguaje refleja la realidad: el pasado, el presente y el futuro. Si se consideran los tres tiempos fundamentales, se capta la paradoja del ser con relación al tiempo. ¿Qué es lo que realmente existe, si se ve en relación con el tiempo? El presente solo es real el presente. Se usa algún movimiento natural que se presupone uniforme para medir, por comparación con él, los demás movimientos y, más en general, el devenir del mundo como un todo. ¿Cuál es la palabra que se usa para señalar el tiempo presente? «Ahora». El futuro no existe; el pasado tampoco. Existió, pero ya no existe. El pasado puede estar influyendo en el presente, en el sentido de que lo que es ahora es el resultado de una historia de acontecimientos, y el futuro puede estar contenido de alguna manera en el presente, en el sentido de que en el presente ocurren cosas que, a medida que van ocurriendo, son en presente lo que antes era futuro. El ahora, que es lo único que realmente existe, no es más que *casi nada*: un instante que está pasando al pasado y haciendo realidad lo que antes era pura posibilidad, haciendo que el futuro se transforme en presente. Sin embargo, lo único que existe es el ahora. Estas consideraciones sobre el tiempo ayudan a sentir la precariedad del ser finito.

Con el concepto del *ahora* tenemos, pues, otra forma de descubrir la noción del ser *en acto*, porque hemos dicho que lo único que en realidad existe en sentido estricto, pleno, es el *ahora*; luego, *ser en acto* es lo mismo que *ser ahora*. No es raro, entonces, que la palabra «actual» signifique en castellano lo mismo que «presente», y, en inglés, lo mismo que «real». Si comparamos con el *ser ahora* aquello que no es, tenemos dos posibilidades: que se trate de algo que no es y que de ninguna manera puede ser a partir del ahora, y entonces eso es simplemente la nada; o bien, que, como el ser se dice de muchas maneras, podría ser algo que no es ahora, pero que está impreso en las posibilidades de lo que ya es ahora. Es decir, algo que no es, pero que puede llegar a ser. En mi capacidad de obrar está en potencia un batir de palmas; está en algún instante del futuro, que, cuando bato las palmas, está en el presente, en acto.

No ser, ni ahora, ni en el futuro, ni en la capacidad del ahora, es la nada; pero no ser ahora y tener la capacidad de ser algo en el futuro, eso es lo que se llama *ser en potencia*. Y como el ser se dice de muchas maneras se puede decir *en acto* o *en potencia*. No es contradictorio decir que algo *es* en acto y *no es* en potencia, porque ya es en acto. O decir que algo es en potencia, pero no es en acto. En potencia, un estudiante de derecho es abogado; pero no lo es en acto. Es y no es un abogado, en sentidos diversos del ser.

Esta distinción permite entender el movimiento. El movimiento o cambio no es la contradicción de que el ser no es, sino que es el hecho de que algo que es en potencia pase a ser en acto. Aristóteles da una definición metafísica del cambio que se basa en distinguir precisamente entre ser como acto y ser como potencia. El movimiento o cambio es *el acto del ser en potencia en cuanto que está en potencia o el acto del móvil en cuanto que es móvil.*[245] Aristóteles explica que «la actualidad de lo que es en potencia, cuando existe actualmente y despliega su actividad no en cuanto aquello mismo [que es], sino en cuanto es capaz de moverse, es movimiento».[246] Otra definición, de Tomás de Aquino, dice que *el movimiento es el acto imperfecto de lo imperfecto.* Así comenta el teólogo al filósofo: «Así pues, el acto imperfecto tiene razón de movimiento, en cuanto se compara al acto ulterior como potencia, y a algo más imperfecto como acto».[247] Las dos definiciones expresan la misma idea, es decir, que el movimiento es algo en acto, porque el movimiento está ocurriendo. El movimiento es un ser en acto, que consiste en que una cosa, que está en potencia de llegar a ser otra, va actualizando su potencialidad, hasta llegar a ser en acto aquello para lo que estaba en potencia. Pensemos en el tren que va de Talca a Santiago. Cuando está en Talca detenido, es pura potencia de estar en Santiago. Que empiece a moverse significa que cada vez más se acerca al acto de estar en Santiago. Y a medida que se acerca al acto de estar en Santiago, está menos en potencia de estar en Santiago. Va dejando atrás su estado potencial para acercarse a su estado actual. El traslado del tren de Talca a Santiago es el acto del ente, del tren, en potencia, en cuanto que está en potencia de llegar a Santiago. Se va actualizando esta potencia mientras va avanzando. Cuando llega a Santiago se detiene y cesa el movimiento, porque el tren ya está en acto, alcanzó la perfección que era llegar a Santiago. El movimiento es un *acto imperfecto* porque lo perfecto está al final, cuando se consigue el objetivo. Todo lo que viene antes es todavía imperfecto, aunque

---

245 Cf. WIDOW, *Curso de Metafísica, op. cit.*, p. 120.
246 *Fis.*, III, 1, 201a25-30.
247 *In Phys.*, III. 2.

sea un ser que se mueve hacia la perfección. Y lo que se mueve también es imperfecto, porque mientras se mueve, no ha adquirido esa perfección. Cuando adquiere la perfección, cesa el movimiento. Por eso en todo movimiento hay un punto de partida, en el que el ser está en potencia de llegar a un punto final, hacia un punto hacia el cual tiende. Hay un sujeto que está en el punto de partida y que permanece como sujeto a través de ese movimiento, y que, mientras más se acerca al punto de llegada, más ha adquirido la perfección. Y hay, asimismo, en el movimiento, una privación de perfección al comienzo y una adquisición de perfección al final. Pensemos en el crecimiento de un niño. El punto de partida es un embrión: un óvulo recién fecundado. Es un sujeto con una identidad biológica propia; pero, en comparación con todo lo que posee un ser humano adulto, es casi pura potencialidad, que aún no se ha desarrollado. A los pocos días tiene formado el sistema nervioso, las venas, el corazón; por lo tanto, ha habido un movimiento pequeño, pero ya ha adquirido una gran parte de la perfección humana en acto, aunque le quede mucho camino. Sin embargo, es imperfecto, y, cuando nace, a medida que adquiere conocimientos, va aprendiendo a hablar, a sumar, las ciencias naturales, se acerca a la perfección, aunque le falte mucho. Siempre hay un sujeto en acto –el ser humano individual– que tiene unas potencialidades, y, a medida que desarrolla esas potencialidades, adquiere su perfección: se actualiza. Este proceso es el cambio, el paso de un ente en potencia a ser en acto. Siempre implica un estado inicial de máxima potencialidad, y, por tanto, de privación de una serie de perfecciones, y un proceso de adquisición de esas perfecciones.

Este proceso de cambio, descrito del modo más sencillo, corresponde al movimiento natural, es decir, de acuerdo al orden de la naturaleza desde el estado más primitivo hacia el estado más perfecto. No podemos detenernos en el análisis, más complejo, de todos los tipos de movimiento, entre los que igual se da el movimiento inverso; por ejemplo, cuando, a partir de cierta edad, el sujeto humano cambia hacia un estado menos perfecto (en su aspecto corporal y deportivo, la decadencia comienza a los veinticinco años).[248] Por ejemplo, los conocimientos se empiezan a olvidar, lo cual es movimiento, pero no se aplica la definición perfecta de movimiento o cambio porque el sujeto

---

248   Cf. ORREGO, Cristóbal. *Las instrucciones del microondas. Primicias de la bitácora 'Bajo la lupa'*, Centro de Estudios Bicentenario, Santiago, 2006, pp. 89-94.

no va pasando de un estado de imperfección a uno de perfección, sino que empieza a perder perfecciones que había adquirido, hasta que se muere. Si no fuéramos más que materia, eso sería lo único que habría: movimiento hacia la plenitud, y más temprano hacia la decadencia, la decrepitud y la muerte. Los seres humanos tenemos una esperanza, bien fundada en el conocimiento de nuestro ser espiritual, de que somos algo más que un montón de moléculas de carbono, oxígeno y agua. Por lo tanto, podemos pensar en una perfección que se desarrolla a pesar de que no sea acompañada por la perfección física.

Esta concepción del movimiento permite entender mejor cómo es la naturaleza e implica estas dos nociones: acto y potencia. Ahora debemos fijarnos en las relaciones que hay entre *ser en acto* y *ser en potencia*, o entre poseer una perfección en acto y poseer la potencia o capacidad para esa perfección. ¿Qué es prioritario, el acto o la potencia? Algunos dirán que la potencia es primero, porque, cuando vemos cualquier movimiento como lo hemos descrito, en el tiempo, primero está el ser en potencia y al final se alcanza el ser en acto. Ese es el único aspecto en el cual la potencia es anterior al acto, el aspecto cronológico; pero la potencia, que se da de modo cronológico antes que su propio acto, presupone otro acto, porque, si no hubiera un sujeto en acto, ni siquiera existiría esa potencia temporalmente anterior a su respectivo acto. Si se piensa en el traslado desde Talca a Santiago, ¿qué es anterior: estar en potencia en Santiago o estar en acto en Santiago? Obviamente es anterior el *estar en potencia en Santiago*, porque primero estoy en Talca *en potencia de estar en Santiago* y solo al final del recorrido estaré en acto en Santiago. Sin embargo, la única forma de estar en potencia en Santiago es que exista un tren, que existe como algo en acto. Por lo tanto, desde el punto de vista del ser de las cosas siempre tiene que haber algo en acto *antes* para que pueda haber algo en potencia.

Así se comprende, pues, la primera *primacía del acto sobre la potencia*: debe haber ser en acto para que pueda haber cualquier ser en potencia. Se trata de una *primacía ontológica* y causal.

Segundo: hay una *primacía epistemológica*, gnoseológica, cognoscitiva, del acto sobre la potencia. En efecto, ¿cómo conocemos las potencias? Por los actos. ¿Cómo sabemos que el animal terrestre más rápido es el chita? Porque hemos medido su velocidad al correr: las potencias se conocen por los actos. ¿Cómo *denominamos* a las posibilidades, capacidades o potencias de ser algo? Usamos el nombre del acto. No se puede nombrar una potencia si no se ha identificado el acto. ¿Cómo definimos a Lionel Messi? Por su capacidad, su potencia de hacer goles, porque conocemos el acto, que es que mete goles, y hemos visto que lo ha ejecutado miles de veces, con singular perfección además. Conozco la potencia de batir palmas, porque conozco el batir de palmas en acto. La potencia de ser –o el ser en potencia– se conoce porque primero se conoce el ser como una realidad actual, presente, y después advertimos que también existe de modo potencial, latente, oculto en lo que es ya algo y puede ser otras cosas. Y así sucesivamente: las potencias se conocen por sus actos, y, por tanto, hay una prioridad cognoscitiva del acto por sobre la potencia.

Por último, ¿qué pasa cuando ha cesado el movimiento, cuando la cosa ha adquirido la perfección? ¿Desaparece la potencia? Hay una distinción importante de lenguaje que ayuda a enfocar esta cuestión. Uno puede decir que el tren que está en Santiago ya no está *en* potencia de estar en Santiago, porque está *en* acto de estar en Santiago. Y *ser en potencia* y *ser en acto* son dos modos de ser distintos, que no se pueden dar juntos, a la vez y respecto de lo mismo. Si yo soy en acto abogado, ya no soy en potencia abogado. Pero la potencia no desaparece cuando adviene el acto, sino que sigue existiendo ya realizada, actualizada. Si dijéramos que el tren llegó a Santiago, se detuvo, y ahora está en acto en Santiago, pero que ya no tiene capacidad para estar en Santiago, sería contradictorio. Precisamente el estar en Santiago nos demuestra que tiene la capacidad de estar en Santiago. Veamos otro ejemplo. Tengo una jarra que está vacía, que tiene capacidad para medio litro, y le pido al mozo que la llene, y la llena con medio litro de cerveza. Ahora la jarra *está en acto de tener medio litro de cerveza*, pero *no ha perdido su capacidad*. Sería absurdo decir que una jarra tiene medio litro de cerveza, pero no tiene capacidad para contener medio litro de cerveza. Tiene su capacidad colmada, actualizada; por tanto la capacidad, la potencia, sigue existiendo cuando se recibe el acto, pero la cosa ya no *está en potencia*, está en acto. La cosa sigue teniendo la potencia, solo que, ahora, actualizada.

En síntesis, un sujeto solo puede estar en acto o en potencia respecto de lo mismo, pero cada vez que un sujeto se mueve de estar en potencia a estar en acto, cuando está en acto sigue poseyendo la potencia respectiva, tiene su potencia actualizada. Cuando Messi hace un gol, no pierde la capacidad de hacer goles, la actualiza.

23. HILEMORFISMO: LA ESTRUCTURA ÍNTIMA DE LA NATURALEZA

Los conceptos de acto y de potencia están implícitos en el lenguaje ordinario y están presupuestos en la noción de naturaleza, entendida como aquello que una cosa es en cuanto principio de sus operaciones, pues en cuanto tal principio hace referencia a aquello hacia lo cual tiende. La naturaleza es algo en acto; pero puede desplegarse en dirección hacia una perfección que todavía no es, es decir, hacia una perfección que el ser posee en potencia, según su naturaleza. Otras distinciones conceptuales estructuran nuestra mente porque corresponden a la estructura misma de la realidad. Nuestra mente se adapta a la realidad y puede trazar esas distinciones para así comprenderla mejor. Una de esas distinciones estructuradoras de la realidad física, que la inteligencia capta e incorpora en el lenguaje, es la distinción entre *materia* y *forma*. Nosotros la usamos con total naturalidad. Cuando decimos, por ejemplo, que *esa pared es de madera*, usamos un término para indicar *aquello que es la cosa* (una pared) y otro para indicar *aquello de lo que está hecha* (madera). No somos habitualmente conscientes de que esos nombres implican una distinción en la cosa: la distinción entre aquello de lo que está hecha la cosa y aquello que la define como una clase de cosa distinta de otras clases. ¿De qué está hecha la pared? De madera. Sin embargo, la mesa también es de madera; el techo es de madera… Por lo tanto, el «de qué» *no define* la cosa. Lo que la define es *alguna forma de ser* específica, que se le da a esa materia: un «qué es» la cosa.

En griego, «materia» se dice *hyle* (ὕλη), y «forma», *morphē* (μορφή), por lo cual la explicación de las sustancias físicas dada por Aristóteles, que se apoya en esta distinción entre la materia y la forma, se llama *hilemorfismo*. Suena extraña la palabra, y no es nada complicado. En español diríamos, si no hubiéramos adoptado la palabra griega, que la realidad física es *material-formal*. Nuestro sentido común distingue, en las cosas, aquello de lo que están hechas respecto de aquello que las define como de un tipo o de otro. Algunos ejemplos tradicionales sirven para distinguir materia y forma de un modo clarísimo, pero se refieren a cosas artificiales, por lo cual no son perfectos. En un bloque de mármol, por ejemplo, podemos esculpir distintas estatuas. Se cuenta del gran artista del Renacimiento, Miguel Ángel, que, ante la pregunta por cómo era capaz de esculpir esas maravillas como la *Pietà* o el *Moisés*, respondía: «La figura está adentro; yo solo saco lo que sobra». Miguel Ángel le da forma al mármol. Con su respuesta, sin embargo, nos dice algo iluminador: que la forma ya está en la materia. El lector podrá decir, apoyado en los conceptos del capítulo precedente, de qué manera está la forma y de qué manera no está la forma en el mármol, antes de que intervenga Miguel Ángel. En acto, no está; pero, en potencia, sí que está. Y Miguel Ángel quita lo que sobra. Él cambia el mármol informe (in-forme: sin forma) en en estatua de la *Pietà*: cambiar es pasar de la potencia al acto. Cambiar es adquirir la forma que estaba ya en la materia en potencia. Es mucho más hermosa la expresión de Miguel Ángel que la de Aristóteles, por supuesto; pero es más precisa la de Aristóteles que la de Miguel Ángel. Por lo tanto, la forma se saca de la potencialidad de la materia: este mismo pedazo de mármol podría dar origen a la *Pietà*, al *David* o al *Moisés*. ¿Qué cambia entre cada estatua? No, desde luego, la materia de la que está hecha cada una, sino la forma que se le da a la materia. Con este ejemplo es muy sencillo entender que *la materia y la forma se dan unidas para constituir una cosa ya definida*, como una estatua de la *Pietà*, del *David* o del *Moisés*. Lo que antes estaba en potencia de ser o la *Pietà* o el *David* o el *Moisés*, luego, en virtud de la acción de Miguel Ángel, se convirtió en un caso en el *David*, en otro caso en el *Moisés*, y en otro caso en la *Pietá*. El artista le dio la forma al mármol, sacándola de la potencialidad de la materia. En una cosa ya constituida, materia y forma se dan completamente fundidas. Si ahora relacionamos la distinción entre acto y potencia con la que existe entre materia y forma, podemos preguntarnos: ¿qué es lo que está en potencia y qué es lo que adviene como acto, qué es lo que es potencia o posibilidad de ser algo, en la cosa, y qué es lo que es actualización de esa potencia? El bloque de mármol es potencialidad, porque puede transformarse en *Moisés* o en *David* o en *Pietà*; el mármol está en potencia respecto de cualquier figura. La figura es lo que actualiza al bloque de mármol para que sea una estatua en lugar de otra. Por eso se define la materia como aquello de lo cual se hace algo o también aquello en lo cual se hace algo; en cambio, la forma se define como aquello que hace que la cosa sea lo que es, pues le da el ser y el modo de ser a la cosa.[249]

En la terminología más escolástica, se dice que la materia es aquello «de cuya potencialidad se educe la forma»; es «potencia de suyo determinable y, en cuanto principio real de la cosa corpórea, determinada por la forma».[250] La materia es «aquello a partir de lo cual algo se engendra y que permanece inherente a él».[251] Por su parte, la forma es el «acto terminativo de la cosa, aquello por lo cual la cosa se constituye en su ser perfecto»[252] y también sencillamente «aquello por lo cual un ente es tal o cual»,[253] es decir, de tal o cual especie, clase o tipo en el orden sustancial, o de tal o cual modo de ser accidental. También puede definirse la forma como «aquello que hace que el ente sea tal ente y no otra cosa».[254]

Si volvemos al ejemplo de la escultura, cuanto más saca, Miguel Ángel, los pedazos de mármol, más va produciendo la forma deseada; por lo tanto, la materia, que está en potencia, va cambiando hasta llegar a ser en acto el *David* o el *Moisés* u otra figura. La forma va saliendo de, o apareciendo en, esa materia. Luego, la materia es potencia y el acto es la forma que se le va dando. Recordemos el movimiento del tren: cuando el tren está en Talca, está en potencia de estar en Santiago. El cambio consiste en que poco a poco se acerca a estar en Santiago en acto. El término del movimiento es el acto. Asimismo, el mármol está en potencia de ser un *Moisés*; poco a poco, a medida que más se van quitando trozos de mármol, se va acercando a ser el *Moisés* en acto. Por tanto, la forma es la que constituye el acto; es la que actualiza a ese pedazo de materia y define un tipo de ser, un tipo de figura; en este ejemplo, un tipo de estatua hecha de mármol.

Veamos ahora un ejemplo al revés, en el cual, de materias distintas podemos hacer estatuas del mismo tipo. Supongamos que tenemos un pedazo de mármol, un gran tronco de madera y una cantidad de bronce. Las materias son distintas; pero se pueden hacer estatuas que sean del mismo tipo o figura:

---

249   Widow, *Curso de Metafísica, op. cit.*, p. 148.

250   Ibid., p. 123.

251   Söchting, *Metafísica, op. cit.*, pp. 151; cf. p. 147.

252   Widow, *Curso de Metafísica, op. cit.*, p. 122.

253   Ibid., p. 123. He eliminado destacado en el original.

254   Söchting, *Metafísica, op. cit.*, pp. 150.

el David, un David de mármol, un David de madera y un David de bronce. Se puede copiar la misma figura en distintas materias. ¿Qué significa esto? Sencillamente que todas estas materias poseen la potencialidad para convertirse en una estatua de este tipo, un David; luego, la materia es la potencialidad, la capacidad, mientras que la forma da el tipo, da la clase, da la figura, la especie de estatua que se va a producir.

Hasta aquí hemos considerado un nivel de la realidad fácil de entender, en el orden de las cosas artificiales, que se fabrican usando materiales ya constituidos, como la madera o el mármol, que ya son algo en sí mismo con independencia de la forma artificial que les demos. Estas materias ya constituidas son *sustancias naturales*, y las formas artificiales o figuras son solo *accidentes* o modificaciones superficiales de esas cosas.[255] En todo caso, la materia es potencialidad y la forma es actualidad, actualización, y el cambio consiste en que la materia adquiere una forma. Aristóteles se metió con más profundidad para explicar la realidad más íntima de los seres físicos mutables mediante la distinción entre *hyle* y *morphe* . Según Aristóteles, no solo hay materias ya constituidas en la naturaleza, a las que nosotros les damos distintas formas. En efecto, observamos que todo lo que existe en la naturaleza está hecho de materia, y, sin embargo, hay distintos tipos de seres naturales, físicos, materiales. Empédocles había enunciado la teoría de los *cuatro elementos*: tierra, agua, aire y fuego.[256] «Empédocles había considerado que los cuatro elementos no nacen ni perecen, sino que todo surge de ellos simplemente por composición y separación»,[257] y Aristóteles acepta la distinción de los elementos como cuerpos de apariencia simple,[258] pero se refiere a algo mucho más profundo que a esa distinción entre cuatro elementos. La química actual distingue ciento dieciocho elementos en la tabla periódica; es decir, hoy es más compleja la división de los elementos mínimos internos de la materia ya estructurada a nivel funcional. Aun así, Aristóteles va más a fondo que todo eso, pues afirma que, independientemente de cómo esté constituida la materia –prescindiendo de lo que ahora mismo distingamos como los distintos elementos químicos, átomos, partículas subatómicas, quarks y hasta el mismísimo Bosón de Higgs–,

---

[255] Cf. *infra* cap. 24.

[256] Cf. DK 31 B 9-8.

[257] Vigo, *Aristóteles, op. cit.*, p. 80.

[258] *De Gen.*, II, 3, 330b1-3.

en lo más profundo e indiferenciado, todos los seres de la naturaleza física poseen materia y son tipos de seres distintos. Entonces, por ejemplo, hay un tipo de ser que es el hombre (varón y mujer); hay tipos de seres que son caballos, osos, gatos, pinos, manzanos, agua, oro, hierro. Todos esos tipos de seres son un tipo distinto, o sea, una especie natural; pero todos son igualmente materiales. Todos son un montón de materia; pero a esta materia común ya no podemos darle un nombre específico, como «mármol», «oro», «hierro», etcétera, porque el mármol, el oro, el hierro, etcétera, son ellos mismos un tipo de ser; *i.e.*, especies de cosas naturales. A la materia común simplemente podemos llamarla «materia», y luego decir: «el hombre está hecho de materia», pero es una materia organizada de una manera especial; el caballo está hecho de materia, pero es una materia no muy distinta que la del ser humano en términos químicos, y, en último término, es igual a la materia indeterminada de los humanos. La materia primordial, en este sentido, es completamente indeterminada; pero se constituye como materia de algo solo cuando ya está organizada según un tipo de organización en una especie natural. El gato es un montón de materia, pero organizada según un tipo que define una especie natural, biológica. Esa materia primordial, por tanto, nunca la vemos, ni la tocamos, ni la sentimos en sí misma. Lo que vemos es hombres, caballos, gatos, oro, agua; y, sin embargo, al mismo tiempo es evidente que las cosas están constituidas por materia, ocupan un lugar en el espacio, etcétera. Todos los seres naturales están constituidos, por lo tanto, por una materia que en sí misma no es nada específico, sino puro constituyente de las cosas, y por una forma que da el ser y el tipo de ser, que hace que la cosa sea tal tipo de cosa, tal sustancia natural.[259]

Esta distinción tan profunda, que ya no cabe imaginar como la distinción entre el mármol o la madera y su figura de *David* o de *Moisés*, es la distinción entre materia prima o materia primera y forma sustancial. En efecto, esa materia no es nada en sí, es casi la nada, pero, a la vez, puede ser cualquier cosa y lo constituye todo: todo lo que es físico, material, sensible. Por su parte, esa forma no es una simple modificación de algo que ya existe como

---

[259] Respecto a la génesis de la doctrina aristotélica de la materia primera, cf. *Fis.*, I, 6-9, 189a11-192b7 y *De Gen.*, II, 1, 329a2525, y véase REALE y ANTISERI, *Historia del Pensamiento Filosófico y Científico, op. cit.*, tomo I, pp. 165-170, y YARZA, *Historia de la Filosofía Antigua, op. cit.*, pp. 136-139.

ser distinto, sino que es lo que da el ser a una cosa y hace que ella sea un tipo de cosa natural. Si comparamos esta forma sustancial y esta materia prima con la forma y la materia de las que hablamos antes, al usar el ejemplo de una estatua, entonces esta materia, como el mármol, ya es una cosa sustancial, que ya está constituida. El mármol tiene materia prima y forma sustancial, porque el mármol es materia que está constituida de una forma específica como mármol, y no materia constituida como oro o materia constituida como hierro o materia constituida como agua. Asimismo, la forma de la estatua, como el *David*, es una figura que modifica el mármol: no lo hace ser mármol, sino solo ser estatua del *David*. Respecto del mármol como sustancia natural, la figura del *David* es un accidente. Por eso, a la materia y a la forma en este sentido más superficial –más fácil de comprender–, que se da en las cosas ya constituidas, Aristóteles las denomina «materia segunda» y «forma accidental».[260]

En el cambio –i.e., en el movimiento–, también se descubre la presencia de esta distinción entre la materia prima y la forma sustancial. Consideremos otra vez la comparación sencilla. Del mismo modo que el mármol, que es materia segunda, está en potencia para constituir el *David* o la *Pietà*, y, si llega a constituir el *David* o la *Pietà*, es porque adquiere una forma accidental distinta, así también la materia prima de todos los seres naturales está en potencia para ser cualquier ser natural, y cambia de ser un tipo de ser a ser otro tipo porque pierde su forma sustancial y adquiere otra. En el caso de una estatua, nosotros podemos ver que, al irse tallando la estatua, permanece el mármol, y va cambiando la forma del mármol hasta que queda esculpida la estatua completa. En el caso de la materia prima y la forma sustancial, nosotros no podemos ver físicamente un proceso análogo, o imaginarlo propiamente, pero podemos pensarlo y comprender que así sucede cuando observamos cambios tan profundos que *la cosa deja de ser lo que era*, como cuando observamos la generación y la corrupción de los animales. Cuando se genera un animal, comienza a existir un nuevo individuo de la especie. Incluso sin los conocimientos de embriología que nosotros tenemos ahora, se puede observar que, a partir de un individuo, la madre, o a partir de dos individuos, el padre y la madre, se engendra uno nuevo, distinto del padre y de la madre; pero ese individuo recibe su materia constitutiva de su padre y de su madre. El poder formador del padre y la madre hicieron de esa materia,

---

[260] Cf. *infra* cap. 24.

que estaba en potencia para llegar a ser un nuevo individuo, efectivamente un nuevo animal en acto. Este individuo ya constituido tiene su forma propia de individuo de esa especie, igual que posee en sí su propia materia recibida de sus progenitores, y, al irse desarrollando, adquiere perfecciones accidentales, hasta que, en algún momento, muere. El morir es la corrupción del individuo: se descompone la materia, pero no desaparece. Desaparece el individuo de la especie, el animal vivo, pero su materia se disgrega, se transforma. Está claro, pues, que hay una materia que antes de la generación era parte de los padres –más exactamente: del padre y de la madre–; en el momento de la generación, esa materia pasa a constituir parte de un individuo distinto, que se desarrolla hasta la muerte, y, por último, en el momento de la muerte la materia constituyente deja de formar parte de un individuo distinto, que entonces se disgrega. Luego, el *cambio sustancial*, que es el que se produce en la generación y en la corrupción –siempre que hay generación hay corrupción y viceversa– manifiesta también la existencia de materia y forma, es decir, de materia prima y forma sustancial.

Otro ejemplo sencillo es el de quemar un pedazo de papel: la misma materia que constituía al papel empieza a constituir el humo, que de ahí sale, y las cenizas. El papel como tipo de cosa desaparece. El humo y las cenizas aparecieron; pero no hubo una aniquilación del papel y después una creación de cenizas y de humo *ex nihilo* (de la nada). Por eso hablamos de una transformación. La misma palabra de sentido común recoge la visión hilemórfica: transformación, o sea, el paso de una forma a otra; pero, para eso, es necesario que haya algo que pase de una forma a otra. La sustancia se transforma dejando de existir como tal: su materia prima se transforma, porque pierde una forma sustancial y adquiere otra u otras. Nosotros no sentimos, no vemos, el sujeto permanente a través de este cambio (*i.e.*, la materia prima); pero lo inteligimos, lo comprendemos racionalmente. La única otra alternativa inteligible, es decir, que se ha aniquilado totalmente el papel, y, milagrosamente, en el momento mismo en que el papel se aniquila, se ha creado de la nada el humo y las cenizas, exigiría pensar o bien lo absurdo (*i.e.*, que algo surja por sí mismo de la nada) o bien que la verdadera realidad bajo la apariencia natural de que una cosa se transforma en otra es que Dios aniquila y crea seres continuamente y obra siempre todos los cambios sin causas intermedias, como sostiene el ocasionalismo de Malebranche.[261] Es un pensamiento extraño, aparte de falso. Si uno viera que algo se aniquila completamente y luego otra cosa surgiera de la nada, viviríamos asombrados por el milagro. En cambio, si quemamos este libro no pasa nada asombroso: solo un pequeño mejoramiento del mundo. ¿Por qué no parece que haya nada milagroso? Porque la mente, que es de modo natural filosófica y aristotélica, capta que la misma materia permanece: no hay aniquilación. La misma materia adquiere formas nuevas. Por lo tanto, se transforma la materia prima, que es aquello de lo que están hechas todas las cosas de la naturaleza –nos referimos a la naturaleza física–, mientras que la forma sustancial es aquello que hace que cada cosa sea de una especie determinada; *i.e.*, un principio real o causa interna que hace que cada cosa sea lo que es.[262] Por eso la materia prima es el sujeto que permanece a través del cambio sustancial y la forma sustancial es el acto que adviene a la materia prima para darle un modo de ser específico.

Por último, ¿cómo es posible que la misma forma sustancial, como la de hombre o ardilla, se realice en millones de individuos que son sustancialmente iguales, son todos de la misma especie biológica, pero individualmente distintos, pues cada uno es este individuo humano o ardilla y no aquel otro? Esto es posible porque la misma forma o tipo de forma se concreta en distintas cantidades de materia. Eso es lo que en la filosofía se llama «individuación de la forma por y en la materia»: el que una misma forma se concrete en distintas cantidades de materia. ¿Qué es lo que hace que la forma, que considerada en abstracto o como tipo o clase es idéntica, se realice individualmente en sujetos distintos? La causa de esta posibilidad o principio de individuación está en que hay distintas cantidades de materia que reciben esa forma. Por eso, se dice en filosofía que el principio de la individuación de los seres materiales es la materia cuantificada o la materia delimitada por la cantidad (*materia quantitate signata*).[263] En el caso de los seres vivos, se da por generación: el o los progenitores aportan una determinada materia en la cual se actualiza la forma propia de la especie.

Un ejemplo que sirve para entender que el principio de individuación de los seres materiales es la materia definida por una cantidad es el de los

---

261   Cf. GONZÁLEZ, Ángel Luis. *Teología natural*, Eunsa, Pamplona, 2008, p. 29.

262   Cf. *infra* cap. 26.

263   Cf. WIDOW, Juan Antonio. *Curso de metafísica*, Globo Editores, Santiago, 2012, p. 125.

soldaditos de plomo. El mismo molde, que es la forma, se llena con distintas cantidades de plomo. Así uno puede tener cuantos soldaditos de plomo quiera. El principio de la multiplicación, por lo tanto, está en las cantidades de materia. El principio de individuación de la forma está en esas cantidades de materia, distintas unas de otras. Así la naturaleza física comprende seres materiales individuales, formados por formas sustanciales, que definen especies o tipos de seres, y materia prima, que es el constitutivo común de todas las especies. La realización individualizada, en cantidades distintas de materia, de las formas sustanciales, constituye la individuación de los modos de ser universales y la multiplicación de los individuos de una misma especie. Ese es el esquema de la comprensión realista de los seres de la naturaleza física. Bajo tal esquema subyacen estas distinciones, que ya están en el sentido común y en nuestro lenguaje cotidiano, entre materia y forma, especie e individuo, acto y potencia. Hay una correlación entre todas estas nociones, porque la materia prima es potencialidad subyacente a todas las configuraciones específicas, y, correlativamente, cada configuración específica, por tanto, es un modo de actuar y de actualizar la materia prima, y, en fin, cada individuo es un modo de concretar esa especie, de realizarla en la realidad. La realidad está constituida por individuos. Los cambios sustanciales, que son siempre pasos de la potencia al acto, implican siempre, por lo tanto, una materia prima que permanece, una forma sustancial que desaparece y otra forma sustancial que emerge a partir de esa materia prima. Se corrompe el ente completo, pero su materia pasa al ente que se genera.

24. LAS CATEGORÍAS: SUSTANCIA Y ACCIDENTES

En el campo de la bioética hay un debate acerca de cómo tratar a determinados cuerpos humanos biológicamente vivos. ¿Son personas o no son personas? Un embrión humano congelado fuera del vientre de una mujer, un feto humano que no ha nacido, un niño de dos años, un joven que está en estado vegetativo persistente, un anciano de ochenta años con demencia senil, un adolescente con síndrome de Down: todos son seres biológicamente humanos, que viven en unas circunstancias o con unas características que son claramente una modificación de lo que es normal en la naturaleza, *i.e.*, de lo que es el ejemplar maduro de la especie, que nos indica cuál es la naturaleza según su *telos*. Y hay cambios en un sujeto: por ejemplo, cuando, después de sufrir un accidente automovilístico, pasa de ser un joven activo y alegre a ser un joven paciente en estado vegetativo persistente. Hay cambios en el sujeto. ¿Por qué decimos, entonces, que es o que no es el mismo sujeto o que es o que no es o no ha comenzado a ser una persona humana? Subyace a ese debate, aparte de una poderosa voluntad de poder –de dominar sobre lo humano–, una comprensión distinta de lo que es la categoría metafísica de sustancia. El análisis del cambio nos muestra que *el ser se dice de muchas maneras:*[264] ser en acto y en potencia; ser real o extramental y ser puramente mental; ser finito y Ser Infinito. El ente sensible está constituido por materia prima y forma sustancial íntimamente fundidas como dos componentes o principios de su ser.[265] Cuando una cosa

---

264   Cf. *supra* cap. 22.
265   Cf. *supra* cap. 23.

se corrompe completamente, no desaparece su materia, sino que permanece como el sujeto inteligible, a través de ese cambio sustancial; es decir, lo que se genera y se corrompe es un ente material concreto, pero la materia prima es el sustrato permanente a través del cambio.

Por contraste, no se presentan dudas acerca si estamos frente a una persona o no cuando, por ejemplo, el individuo biológico ha muerto y se ha descompuesto. Supongamos que se diagnostica la muerte y se descompone el cadáver: sentimos el mal olor, enterramos los restos, y, después de unos años, abrimos el ataúd y hallamos un montón de huesos. No se nos plantea la duda de si estamos frente a una persona o no. ¿Por qué? Porque ha habido un cambio sustancial patente e innegable. En cambio, es posible suscitar la duda, especialmente cuando hay intereses espurios de por medio, cuando sucede que, a la vez, ha habido un cambio notorio y anormal (*v.gr.*, caer en estado vegetativo persistente) y el sentido común nos dice que ese cambio no es sustancial, porque permanece esencialmente el mismo ser humano vivo que nos alegraba la vida pocas horas antes. Si no está muerto, ¡es él y no otra cosa! Sin embargo, cierta «filosofía» muy influyente trata de convencernos de que, de todos modos, ya no es persona.[266]

¿Por qué no o por qué sí? Algunos piensan que solo los que sostenemos que hay persona en el hombre con demencia senil tenemos –así suelen decir, con cierto sarcasmo lleno de ignorancia– unos «presupuestos metafísicos». En realidad, como admite cualquier persona con un mínimo de equidad argumentativa, las dos posiciones suponen sus respectivos presupuestos metafísicos. Por un lado, nosotros admitimos el presupuesto metafísico de que la naturaleza permanece sustancialmente, a pesar de algunos cambios que, aun cuando indudablemente profundos y dramáticos, no son suficientes para destruir al sujeto. Nuestros contradictores, los que despersonalizan a algunos seres humanos vivos, tienen una posición bien definida, cuyo presupuesto metafísico es el de una naturaleza que, para adquirir la dignidad superior de la persona, depende de algunas circunstancias, como, por ejemplo, del ejercicio de la inteligencia o de la capacidad de decidir, que son consideradas esenciales. No nos dejemos engañar, por tanto, cuando algunos afirmen que, por defender

---

[266]   Véase SINGER, Peter. *Ética práctica: segunda edición* (Rafael Herrera Bonet, traductor), Cambridge University Press, Londres, 1995; y PARFIT, Derek. *Reasons and persons*, Oxford Clarendon Press, Oxford, 1987.

la dignidad personal de un niño con síndrome de Down, nosotros y no ellos estamos imponiendo presupuestos metafísicos, como si quienes la niegan no estuvieran también imponiendo sus propios presupuestos metafísicos.

Todos tenemos presupuestos metafísicos. La filosofía nos ayuda a profundizar en ellos y a someterlos a crítica. En este caso, cuando Aristóteles enseña que el ente se dice de muchas maneras –por lo tanto, que el ente *es* de muchas maneras–, descubre que, bajo los cambios más superficiales, que no destruyen al sujeto, podemos distinguir un ser permanente. Lo llamamos sustancia, en latín *substantia*, de *sub-stare*, que significa «estar debajo». En griego, la palabra *hypóstasis* (ὑπόστᾰσις) significa la misma metáfora para señalar que, bajo las apariencias de modos de ser distintos, hay un modo de ser permanente, que constituye al sujeto y lo identifica a través del tiempo. La *sustancia* es ese sujeto permanente a través de esos cambios más superficiales; los *accidentes*, en contraposición a la sustancia, son aquello que le acontece a la sustancia, que pueden ir y venir, sin que desaparezca ese sujeto fundamental. Así, por ejemplo, alguien puede estar durmiendo o estar despierto; puede tener un metro de estatura o dos; puede estar sano o enfermo; puede cambiar de color, si se broncea o se enoja o palidece. Alguien puede adquirir relaciones que antes no tenía, como, por ejemplo, al engendrar un hijo se convierte en padre. Todo eso no hace que estemos ante un individuo nuevo. Podemos decir que es distinto en un sentido accidental, porque ha sufrido cambios. «Ya no soy el que era», puedo decir cuando comienzo a perder la memoria; pero sigo siendo, en un sentido más profundo, el mismo, soy la misma sustancia.

Esta distinción entre sustancia y accidente se refleja en las definiciones precisas que da la metafísica. La sustancia es el ente al que por su naturaleza le compete ser en sí mismo y no en otro como en un sujeto. Por tanto, la sustancia es el sujeto de cualquier otro modo de ser que le adviene. Por el contrario, el *accidente* es el ente –un modo de ser, una realidad en sentido derivado– al cual le compete ser en otro como en su sujeto y no en sí mismo.[267] Ser *en sí* y ser *en otro* son dos modos de hablar de la realidad, que reflejan dos modos de ser. El ejemplo del color es elemental. Nadie se encuentra con el blanco en sí, lo rojo en sí, o un azul. Uno se encuentra con un muro blanco, una rosa

---

267 Cf. WIDOW, *Curso de metafísica, op. cit.*, p. 103; y ALVIRA; CLAVELL y MELENDO, *Metafísica, op. cit.*, pp. 53-57.

roja, el cielo azul; es decir, con cosas que son algo en sí mismas y a las que les acontece tener una modificación superficial de su ser, que no las cambia en su identidad más profunda. Aristóteles divide de esta manera los modos fundamentales de ser, a los que llama las categorías del ente.[268] Las categorías –también llamadas predicamentos porque son modos de decirse o predicarse que algo es– son «los modos fundamentales de ser a los que se reduce toda la realidad»; «los diez géneros supremos del ente» y «la descripción de los modos reales de ser».[269] En definitiva, las categorías son los «géneros últimos bajo los cuales necesariamente cae, en última instancia, todo lo que puede considerarse existente».[270] Consiguientemente, en el ámbito lingüístico, las categorías son los «modos de decir el ente en el horizonte del lenguaje».[271] «Los predicamentos o, simplemente, categorías, son los distintos modos según los cuales se puede decir de algo que es en la realidad».[272]

La distinción más básica entre las categorías del ente es la ya mencionada distinción entre la sustancia y los accidentes.

La sustancia es el ser propiamente dicho, el modo fundamental del ser, pues de la sustancia se dice que es por antonomasia; es el *analogado principal* o *caso central* de lo que significa tener ser.[273] Los accidentes son reales; pero dependen de la sustancia: son *en* ella, como algo que a ella le acaece o que en ella sucede. Por tanto, son reales en un sentido derivado, análogo.

Los accidentes son nueve tipos básicos. Por eso, Aristóteles enumera diez categorías, los diez modos fundamentales del ser: la sustancia y los nueve accidentes. Estos nueve accidentes tienen distintos niveles de entidad. Dos accidentes son relativamente permanentes en la sustancia, como accidentes intrínsecos suyos: la cantidad y la cualidad. La cantidad es aquel accidente por el cual la sustancia tiene partes distintas unas de otras (*partes extra partes*, en latín), es decir, partes que expanden el ser mismo de la cosa. Eso hace que la sustancia tenga extensión, volumen, que ocupe un lugar en el espacio. Estrictamente hablando, el espacio se genera porque hay alguna sustancia

---

268   ALVIRA, Clavell y Melendo, *Metafísica*, *op. cit.*, p. 65.

269   Cf. *supra* cap. 13.

270   VIGO, *Aristóteles*, *op. cit.*, p. 186.

271   SÖCHTING, *Metafísica*, *op. cit.*, pp. 172.

272   WIDOW, *Curso de metafísica*, *op. cit.*, p. 102. La sustancia es el ser propiamente dicho, el modentre la sustancia.

273   Cf. *supra* cap. 13.

material, con cantidad y, por ende, con extensión. Solo por imaginación y por abstracción podemos pensar un espacio vacío, como una extensión sin sustancias.[274]

La cualidad, en cambio, es un accidente por el cual la sustancia física es de una forma u otra. La cantidad es uniforme, mientras que hay muchos tipos de cualidades. Siempre que vemos un modo de ser accidental, que se da en la cosa de modo relativamente continuado, distinto de su tamaño, volumen, etcétera, estamos ante una cualidad: el color, el sabor, la textura, el sonido; o las capacidades de obrar, o los hábitos operativos, que perfeccionan esas capacidades (*i.e.*, son como accidentes de segundo grado: un accidente que modifica a otro accidente). Nuestra capacidad de sentir, nuestra capacidad de querer, nuestra inteligencia, nuestros rasgos de carácter, son todas cualidades que están permanentemente en el sujeto.[275]

En cambio, los otros accidentes ya implican algo externo a la sustancia, en alguna medida. El accidente denominado *relación* consiste en que la sustancia es algo respecto de otra cosa (*esse ad*, en latín), como ser padre es un modo de ser que solo se entiende respecto del hijo, y viceversa. Otros accidentes son más externos todavía. La *duración* de una cosa, por ejemplo, es un modo de ser que da origen al tiempo, que es la *medida del movimiento según el antes y el después*.[276] El *lugar* que tiene una cosa es una especie de relación muy precaria con las cosas contiguas, que se define como la *superficie inmediatamente contigua a una sustancia material*: el «límite primero inmóvil del cuerpo continente», como dice Aristóteles, quien añade: «Por ello también el lugar parece ser una especie de superficie y una suerte de recipiente y continente. Por lo demás, el lugar existe conjuntamente con el objeto, y, en efecto, los límites existen conjuntamente con lo limitado».[277] El lugar o ubicación (en latín, simplemente *ubi*) da origen al espacio. El lugar y el espacio implican otros seres. Obsérvese lo que sucede al responder la pregunta sobre el lugar de una cosa. Por ejemplo, ¿dónde está la tumba de san Pedro? La respuesta, comprobada por la arqueología del siglo XX, es que la tumba del príncipe de los apóstoles está bajo los cimientos de la Basílica de

---

274 Cf., sobre la cantidad, Millán Puelles, *Fundamentos de Filosofía, op. cit.*, p. 251.
275 Cf., sobre las cualidades, Widow, *Curso de metafísica, op. cit.*, pp. 100-112.
276 Cf. *supra* cap. 22.
277 *Fis.*, IV, 4, 212a20-30.

san Pedro, en la ciudad de Roma, en Italia, en Europa. Es decir, para poder describir el accidente que es el lugar o ubicación de una cosa necesitamos indicar otras cosas, que rodean a la anterior. El lugar mismo se constituye, como ser accidental, por referencia a las cosas que rodean a la sustancia que está en ese lugar. Esas otras cosas no son accidentes, sino sustancias. El accidente consiste en que una cosa esté en contigüidad inmediata respecto de otras, que sirven para ubicarla. Kant pensaba que el espacio y el tiempo eran dos *formas de la sensibilidad*, puestas por el sujeto trascendental.[278] En realidad, según la filosofía realista clásica, el tiempo y el espacio continuos y uniformes son abstraídos por la mente a partir de hechos sensibles: que las cosas tienen duración, continuos cambios, y que están en lugares, unas situadas respecto de las otras.

La sustancia física se relaciona con otras sustancias *actuando* sobre ellas y *padeciendo* el efecto de ellas. Por lo tanto, también hay unos accidentes correspondientes a los cambios que suceden entre sustancias, porque son movimientos o cambios producidos por unas en otras. El accidente que consiste en que una sustancia actualiza su capacidad de obrar sobre otra sustancia, cambiándola, se llama *acción*. Así, por ejemplo, el fuego calienta otra cosa. A su vez, la cosa que recibe la acción procedente de otra sustancia *padece* algo, el efecto de ese cambio causado por la otra cosa. Y a ese accidente de sufrir el cambio causado por otra cosa se le llama pasión.[279] La acción y la pasión, por tanto, considerados como categorías o tipos de ser, existen de manera simultánea y se identifican realmente con el mismo movimiento o cambio; sin embargo, no son lo mismo, porque la acción se da como accidente que

---

[278]   Cf. TORRETTI, Roberto. *Manuel Kant. Estudio sobre los fundamentos de la filosofía crítica*, Ediciones Universidad Diego Portales, 2005, p. 91.

[279]   La acción como categoría propia es un accidente que se da en la medida en que la cosa causa un cambio en otra cosa distinta; es decir, es lo que se llama un acto transitivo o transeúnte, realizado por una sustancia. En cambio, la acción que consiste en la actualización de una potencia cuyo efecto permanece en el sujeto, como el acto de ver o de pensar, es una cualidad inmanente en el sujeto. Por su parte, la pasión que es una categoría propia es precisamente el padecer un efecto por causa de la acción otra sustancia, de tal manera que la acción y la pasión son correlativas y simultáneas, respectivamente, en el agente y en el paciente. Las llamadas "pasiones" apetitivas, como sentir ira o placer o deseo, son también actualizaciones inmanentes de potencias activas –los actos de los apetitos sensibles– y pertenecen a su misma categoría: la cualidad. Sobre la teoría escolástica de la acción, véase BROCK, Stephen L. *Acción y conducta: Tomás de Aquino y la teoría de la acción* (David Chiner, traductor), Herder, Barcelona, 2000, *passim*.

procede de la sustancia que origina el cambio, mientras que la pasión se da como accidente en la sustancia que recibe el cambio.[280]

Los accidentes siempre implican una modificación en la sustancia, ya sea permanente y en sí misma, ya sea en relación con otras cosas. Incluso dentro del lugar, las cosas pueden estar en *posiciones* distintas. Los latinos llamaron *situs*, es decir, posición, a ese modo de disponerse las partes de una cosa. Así, por ejemplo, Sócrates puede estar de pie o sentado, o recostado. Son posiciones distintas de la sustancia, incluso si el lugar es el mismo.

Finalmente, Aristóteles identifica un accidente que se da solo en los seres humanos: la posesión de algo (en latín, *habitus*). Consiste en que el ser humano toma algo y lo lleva puesto, y así modifica su apariencia externa. Al ponernos cosas encima, como vestidos o joyas, modificamos nuestro ser, aunque sea de modo superficial. Una modificación superficial desde el punto de vista del simple ser –el vestido no es nada en comparación con el cuerpo– adquiere gran importancia desde el punto de vista del obrar humano, porque mediante lo que llevamos puesto nos identificamos y nos relacionamos humanamente.[281]

Aristóteles hace un análisis de todas las modificaciones fundamentales que él ha podido ver y que no se pueden reducir unas a otras. Ese análisis revela todas las categorías del ser. El concepto de categoría va a ser usado después por toda la filosofía posterior hasta nuestros días, aunque algunos filósofos proponen otras clasificaciones del ser o adoptan un punto de vista diametralmente opuesto. Kant da un *giro copernicano* al concebir las categorías como modos de juzgar puestos por la inteligencia *–i.e.*, por el sujeto trascendental–, para relacionar los fenómenos, considerados como sustancias, existentes, causas, etcétera.

> Ensáyese, por eso, una vez, si acaso no avanzamos mejor, en los asuntos de la metafísica, si suponemos que los objetos deben regirse por nuestro conocimiento; lo que ya concuerda mejor con la buscada posibilidad de un conocimiento de ellos *a priori* que haya de establecer algo acerca

---

280   Cf. *In Phys.*, III, 5 y *Fis.*, III, 3, 202b20.
281   Sobre las otras categorías o predicamentos, véase Widow, *Curso de metafísica, op. cit.*, p. 115-117; Söchting, *Metafísica, op. cit.*, pp. 170-172, y Alvira, Clavell y Melendo, *Metafísica, op. cit.*, pp. 66-67.

de los objetos, antes que ellos nos sean dados. Ocurre aquí lo mismo que con los primeros pensamientos de Copérnico, quien, al no poder adelantar bien en la explicación de los movimientos celestes cuando suponía que todas las estrellas giraban en torno del espectador, ensayó si no tendría mejor resultado si hacía girar al espectador y dejaba, en cambio, en reposo a las estrellas. Ahora bien, en la metafísica se puede hacer un ensayo semejante, en lo que concierne a la intuición de los objetos. Si la intuición debiera regirse por la naturaleza de los objetos, no entiendo cómo se podría saber *a priori* algo sobre ella; pero si el objeto (como objeto de los sentidos) se rige por la naturaleza de nuestra facultad de intuición, entonces puedo muy bien representarme esa posibilidad.[282]

Según Kant, pues, las categorías ya no son modos de ser de *la realidad en sí*, que nos es incognoscible mediante la razón especulativa.[283]

Si relacionamos lo que hemos afirmado sobre las categorías del ente, sustancia y accidentes, con la distinción entre acto y potencia, se puede ver que, como hay un cambio, la sustancia permanece a través de este, y hay cosas que le suceden a la sustancia en distintos momentos. Cada cambio que ocurre en la sustancia implica una actualización según una potencia que ella tenía para ese cambio. En este sentido, los accidentes siempre actualizan una de las potencialidades de la sustancia. Por otra parte, desde el punto de vista del ser, la sustancia es la que tiene el ser en acto y lo comunica a los accidentes, a medida que se producen esos cambios. La distinción entre sustancia y accidente supone, pues, la distinción entre acto y potencia; pero se da en las dos direcciones. En cuanto al *modo de ser*, la sustancia está en potencia de muchos modos de ser accidentales que la actualizan, y por eso se dice que la sustancia es como la materia (materia segunda) de los accidentes, que son formas inherentes en la sustancia (formas segundas, accidentales). La sustancia es sujeto potencial de múltiples accidentes como actos suyos. En cambio, en cuanto al *ser mismo*, la sustancia es *en sí* y anterior a todos sus accidentes, y les comunica el ser a los accidentes. Los accidentes pueden ser, pero solo son en acto cuando la sustancia se actualiza y los actualiza en ella.

---

282   *KrV*, BXVI-XVII. He modificado ligeramente la traducción de Mario Caimi.
283   Cf. LLANO, *Gnoseología, op. cit.*, pp. 104-106.

En ese marco surge el concepto de *sustancia individual*, que los escolásticos llaman el *supuesto*, *i.e.*, el *sujeto* en lenguaje corriente: el *todo concreto* que es el individuo que tiene determinada naturaleza y realiza determinados accidentes. Este concepto del individuo, que es la sustancia con todos sus accidentes, que es el todo concreto, particular, en el que se realizan un modo de ser sustancial, una naturaleza, y un sinnúmero de accidentes, es un concepto clave para resolver el problema de la persona. Lo que existe realmente no son las esencias o naturalezas, sino los individuos que poseen una esencia, un modo de ser, una naturaleza; pero ellos poseen esa naturaleza junto con todo tipo de modificaciones accidentales: altura, nivel de inteligencia, peso, color. El concepto de persona nace para denominar al *individuo de una naturaleza racional*. Históricamente el concepto de *persona* procede de la *máscara* que usaban los actores en el teatro. En latín es *persona*; en griego, *prosopon*, y en los dos casos se usaba la máscara para expresar al personaje que el actor representaba en la obra de teatro. Por tanto, la máscara ocultaba al hombre que estaba detrás, y representaba a la dignidad o personaje que asumía. Por eso en el derecho romano la palabra *persona* no se utiliza como sinónimo de hombre, sino de *rol social*. Con ocasión de los debates teológicos sobre el Dios-Hombre y la Santísima Trinidad, se acuña un nuevo concepto de persona: el sujeto que tiene una dignidad especial en un sentido ontológico. Este concepto de persona se puede aplicar a cualquier individuo que tenga una naturaleza racional, es decir, que existe como imagen y semejanza de Dios. Ahí nace el concepto de persona como ser digno. Boecio definió a la persona como la «sustancia individual de naturaleza racional».[284] Señala la sustancia individual, pero la destaca del resto de las sustancias por aquello que la hace tener esa dignidad especial, a saber, que posee una naturaleza racional. En la visión clásica de la persona basta *identificar la naturaleza* para saber que el individuo que la posee es una persona, aunque no se manifiesten todas las características de la naturaleza. Y así es como se puede decir que un niño de dos años, que no manifiesta racionalidad, es persona: porque es un individuo de esta naturaleza. John Locke, en cambio, define a la persona como «un ser pensante inteligente dotado de razón y de reflexión, y que puede considerarse a sí mismo como el mismo, como una misma cosa pensante en diferentes tiempos y lugares».[285]

---

284   *De duabus naturis et una persona Christi*, cap. 3.
285   ECH, l. II, c. XXVII, §9.

Por lo tanto, reemplazó el concepto de naturaleza por el de *actualidad de la inteligencia y libertad*. Si un individuo pertenece a la naturaleza humana y no ejercita su inteligencia no es persona, a pesar de tener la naturaleza biológica humana. En el caso de Locke, solo se extraen algunas consecuencias. En el siglo XX, en especial por obra de autores como los ya citados Singer y Parfit, se rescatan estas ideas con un fin utilitario: ganar el debate a favor del aborto (o de la eutanasia) cuando se reconoce que ya no funciona el argumento de que el feto no es humano.

Derek Parfit dice, por ejemplo, que su tesis «distingue a la persona respecto del ser humano. Si sabemos que un ser humano está en un coma incurable –que este ser humano con certeza nunca recuperará su consciencia– creeremos que la persona ha dejado de existir. Puesto que hay un cuerpo humano viviente, el ser humano todavía existe. Pero, a este final de la vida, deberíamos sostener que solamente matar personas es incorrecto».[286] Peter Singer afirma, por su parte, que si determinados seres humanos «no tienen ningún tipo de experiencia, y no podrán tenerla en el futuro de nuevo, su vida no tiene valor intrínseco. El viaje de su vida ha concluido».[287] De hecho, Singer es quien con más claridad muestra que su raciocinio es meramente racionalización. En el caso del aborto, advirtió que los autores pro-aborto o pro-elección solían negar la tesis de que el feto humano es un ser humano inocente; pero sugiere que el argumento, si se desea negar el estatus moral del feto, no debería ser que no es humano –porque obviamente lo es en cuanto miembro de la especie homo sapiens– sino que no es persona porque no es «un ser racional o consciente de sí mismo». Él piensa que la mera pertenencia a la especie biológica es incapaz de fundamentar un derecho a la vida, pero no niega esa pertenencia a la especie. Por el contrario, la concepción metafísica de la naturaleza reconoce el valor de una clase de ser precisamente por la naturaleza que posee, por lo que es realmente, y no por las cualidades que accidentalmente pueda ejercer o no. Por eso, la mayoría de los defensores del aborto, como ve Singer, intentan negar la humanidad del feto. Singer, en cambio, sugiere negar que sea persona y rechazar la tesis moral de que

---

286   PARFIT, *Reasons and persons*, op. cit.., p. 323.
287   SINGER, Peter. *Ética Práctica* (Rafael Herrera Bonet, traductor), Ediciones Akal, Madrid, 2009, p. 195.

nunca es lícito matar directamente a un ser humano inocente.[288] Dicho con otras palabras, utiliza la separación «ser humano» *vs.* «ser persona» para ofrecer un mejor argumento a favor del aborto, pues ha fracasado el intento de deshumanizarlo.

Los autores pro vida atacaron esta tesis mediante una reducción al absurdo, señalando que entonces no solo el niño de dos años o el anciano demente no son personas, sino que todo hombre deja de serlo cuando duerme. Por desgracia, algunos defensores de la cultura de la muerte no se han detenido ante el absurdo y afirman que, en efecto, no se cometería injusticia si se matara a un hombre cuando duerme, supuesto que no se afectaran otros intereses.[289]

---

288   Cf. SINGER, Peter. «Abortion», en Honderich, Ted (ed.). The Oxford Companion to Philosophy, Oxford University Press, Oxford, 1995, pp. 2-3.

289   Cf. SPAEMANN, Robert. *Personas. Acerca de la distinción entre "algo" y "alguien"* (José Luis del Barco, traductor), Eunsa, Pamplona, 2000, p. 144.

25. LOS TRASCENDENTALES DEL SER: UNIDAD, VERDAD, BONDAD, BELLEZA

Nuestras controversias morales, más allá de los asuntos concretos (*v.gr.*, la licitud de las drogas, de la tortura o de la venganza privada), arriban a menudo a la cuestión más abstracta de si hay o no *algo objetivo* de bueno o de malo en nuestras acciones y elecciones. Lo mismo pasa con las decisiones judiciales. El juez, ¿debe discernir qué es lo objetivamente justo o injusto en un caso, o solo debe mediar entre intereses contrapuestos, igual de subjetivos? En política, cuando se apela al bien común para justificar una decisión, de manera inmediata surge el rechazo o la sospecha, en especial desde el mundo del liberalismo. Algunos tienden a pensar que sobre un asunto muy discutido en realidad solo cabe reconocer un choque de intereses que han de compatibilizarse de alguna manera. Curiosamente, cuando se intenta compatibilizar intereses supuestamente subjetivos, suele introducirse o aceptarse la idea de que existen maneras *más equilibradas* o *mejores* (o peores) que otras, a la hora de armonizar esos intereses en un litigio singular o en la vida en comunidad. Y estas ideas de lo mejor y lo peor, del equilibrio y la armonía entre intereses, implican precisamente esa objetividad y ese bien común que han sido negados.

Todavía más apasionantes son las discusiones sobre la belleza y si acaso, a la hora de apreciarla, se capta algo objetivo o cada persona manifiesta su preferencia arbitraria. Se discute si en el arte es posible una genuina y objetiva belleza artística, o si, más bien, todo depende de la subjetividad del artista o del que aprecia la obra. En el caso de la naturaleza, que nos precede, al parecer todos los hombres aprecian la misma belleza. En cambio, el arte es elaborado por los mismos hombres, dentro de una tradición, y muchos observadores no están capacitados para captar una belleza que depende de haberse entrenado en las respectivas tradiciones. Entonces, quien aprecia la belleza de una obra de arte, ¿ejerce una actividad meramente subjetiva, o existe una relación objetiva entre su capacidad subjetiva de apreciación y aquello que está aconteciendo?

Normalmente, estas discusiones sobre la objetividad del bien y de la belleza, o de la verdad, se quedan en cuestiones superficiales acerca de los gustos de cada uno. No se llega a un fondo metafísico. Si se quiere ir al fondo, hay que abordar dos grandes temas relacionados, o las dos caras de la misma moneda. Por una parte, nos preguntamos sobre la capacidad de adaptación de la inteligencia humana para conocer la realidad. No se trata solo de la cuestión de la verdad, sino también de la justicia y la belleza. Por otra parte, a esa capacidad de la inteligencia corresponde una indagación sobre su objeto mismo, sobre la realidad en sí misma. Se descubre que el ser de las cosas tiene muchos aspectos distintos, tan objetivos como el ser y la realidad misma, que la filosofía clásica denomina *propiedades o nociones trascendentales del ente*.[290]

Aristóteles clasificó los géneros supremos del ser en diez categorías:[291] la principal es la sustancia, en la que se da el ser de manera intensa, más propia; luego, secundariamente, los nueve tipos distintos de accidentes, esos modos de ser que afectan a la sustancia.[292] Después se descubre que, aparte de esos modos de ser que se excluyen entre sí, hay propiedades que se aplican a todas las categorías. No son géneros divididos en especies, sino que están por encima de las categorías y se dan donde quiera que se dé el ser mismo. Las propiedades trascendentales se llaman así porque *trascender* es *ir más allá de algo*, y estas propiedades van más allá de las categorías: son transversales a todas las categorías, tan extensas como el ser mismo.

Una *noción* o *propiedad* trascendental –propiedad significa la realidad y noción significa su reflejo en la inteligencia que conoce la realidad– es aquella que se identifica con el ser mismo, *i.e.*, que *es* el ser visto por nosotros desde un punto de vista diferente. A cada trascendental se le otorga un nombre distinto, porque significa un aspecto distinto del ente; pero, en la realidad, todos son lo mismo que el ser. Los trascendentales más importantes son la *unidad*, la *verdad*, la *bondad* y la *belleza*. Cada uno se identifica con el ser de

---

290   Cf. Alvira, Clavell y Melendo, *Metafísica, op. cit.*, pp. 131-140.
291   Cf. *supra* cap. 24.
292   *Ibid.*

las cosas, aunque su significado sea distinto. Con otras palabras, la realidad es una, verdadera, buena y bella, aunque estas nociones signifiquen cada una algo distinto: un aspecto diverso del mismo ser de las cosas.[293]

La *unidad* o lo uno (*unum*) es el mismo ser de las cosas en cuanto *indiviso*, es decir, en cuanto que no está dividido internamente. El ente puede tener partes, como hemos visto que las tienen los entes materiales en virtud del accidente cantidad; pero las partes están unidas por el ser. Mientras están en el mismo ser, son una sola cosa; si las separamos, son dos seres. La unidad es un aspecto de la cosa. Mientras más intenso es el ser, más unitaria es la cosa. Por ejemplo, si uno parte un trozo de oro obtiene dos pedazos de oro, sin que haya ninguna transformación esencial de la sustancia: sigue siendo oro, dividido ahora en dos cantidades continuas distintas. En el reino animal, en cambio, la unidad aumenta. No se puede dividir a un gato y obtener así dos ejemplares. El ser más complejo, que en los seres materiales implica superioridad de ser, es *más unitario y admite menos división*. Esto demuestra que es una sustancia más rica en ser, porque para ser ha de conservar su unidad; es decir, su mismo ser depende de que las perfecciones que lo constituyen se mantengan unidas entre sí. La primera noción trascendental es, en consecuencia, el *ser como indiviso*, como unitario. Por eso, atacar la unidad es atacar el ser mismo.[294]

Otro trascendental es la *verdad*. La verdad consiste, en su sentido primario, en que la inteligencia juzgue que las cosas son como realmente son: *adecuación del entendimiento a la realidad* (verdad *lógica*). Sin embargo, para que eso sea posible es necesario que las cosas mismas sean cognoscibles. En este sentido se dice que lo verdadero es un aspecto de las cosas: *el mismo ser en cuanto inteligible*; la verdad entendida como lo que las cosas son (verdad *ontológica*). Todo lo que existe es *inteligible* aun si no lo conocemos, porque, en principio, alguna inteligencia *podría* conocerlo. De suyo, la *verdad* es posterior al ser. El ser es el fundamento de la objetividad de la verdad, y la inteligencia se adapta a la realidad. Más adelante veremos que, si no hubiera ninguna inteligencia, no podría haber ninguna verdad; por eso, si hay verdades eternas tiene que haber una Inteligencia Eterna, que es lo que todos llaman Dios.[295] Con otras palabras, es natural que un ser humano, si

---

293   Cf. ALVIRA, CLAVELL y MELENDO, *Metafísica, op. cit.*, pp. 163-193; SÖCHTING, *Metafísica, op. cit.*, pp. 228-236, y WIDOW, *Curso de metafísica, op. cit.*, pp. 81-97.

294   Cf. ALVIRA, CLAVELL y MELENDO, *Metafísica, op. cit.*, pp. 164-165, y WIDOW, *Curso de metafísica, op. cit.*, pp. 83-84.

295   Cf. *infra* cap. 38.

es consciente a la vez de la finitud de su inteligencia y de la infinitud de la verdad objetiva, reconozca la existencia de un Ser infinito, supremamente inteligente, en quien se da la verdad por esencia. Los pensadores que niegan la existencia de Dios, cuando profundizan en las consecuencias, niegan también la verdad objetiva.[296]

La *bondad* es *el mismo ser de las cosas en cuanto apetecible por la voluntad.* Esta noción es trascendental porque todas las cosas están moviéndose hacia algo que las perfecciona, es decir, que de todo cuanto existe hay una perfección, en parte realizada y en parte en vías de realización. Existe, pues, un bien para todo cuanto es. Esta idea está muy presente en la literatura judeocristiana. El primer libro de la Biblia afirma que las cosas no solo están hechas en estado de naturaleza bruta, sin valor, sino que son buenas y se mueven hacia el bien. Este es el reconocimiento que Dios hace de su misma creación: «Vio Dios cuanto había hecho y vio que era muy bueno»,[297] con una jerarquización de los seres y con la creación del hombre −varón y mujer− como un ser que supera en bondad todo lo creado antes. No se trata de una doctrina puramente religiosa, porque la filosofía racional pagana también reconoce la bondad como aspecto del ser, es decir, como propiedad trascendental presente en todo cuanto es, ya sustancia, ya accidente, como muestran Platón y Aristóteles.[298] Lo bueno no depende de la mera apreciación subjetiva, sino que es lo que hace atractivo al ser para la voluntad. Por eso, tiene sentido afirmar que las apreciaciones subjetivas sobre la bondad de las cosas pueden ser verdaderas o falsas. El bien puede ser aparente porque hay un bien real, en comparación con el cual cabe decir que se dio la apariencia de lo bueno, y, en ocasiones, la falsa estimación subjetiva. Por último, también respecto del bien como trascendental hay que decir que la noción trascendental lleva implícita la orientación hacia un Bien universal y absoluto, que todos llaman Dios. Por eso es tan corriente que, junto con rechazarse la existencia de Dios, muchos incurran en la negación de la bondad objetiva de las cosas, así como niegan la diferencia objetiva entre el bien y el mal.[299]

---

[296]   Cf. ALVIRA, CLAVELL y MELENDO, *Metafísica,* op. cit., pp. 173-177, y WIDOW, *Curso de metafísica,* *op. cit.,* pp. 85-91.

[297]   *Gn.,* 1: 31.

[298]   Cf. *Rep.,* 507b y *EN,* I, 1 1094a.

[299]   Cf. ALVIRA, CLAVELL y MELENDO, *Metafísica, op. cit.,* pp. 179-186, y WIDOW, *Curso de metafísica,* *op. cit.,* pp. 85-86 y 91-95.

Por último, la *belleza* es quizás el más difícil de los trascendentales. Es el que más ha perdido su conexión con el ser en la cultura utilitarista moderna. Santo Tomás define lo bello como *aquello que al contemplarlo agrada*.[300] En cierto sentido es como lo bueno; pero se diferencia en que el bien nos hace tender a él, para poseerlo o apropiárnoslo, mientras que la belleza se da simplemente en la contemplación del ser. El bien propio de la belleza consiste en que agrada a la voluntad no por una incorporación al ser, sino solo por su contemplación. Se demuestra que ella es un aspecto del ser de las cosas –algo objetivo– por el hecho de que todas las personas, en todas las culturas, admiran la belleza natural. Hay una belleza natural, independiente de las causas subjetivas. Hay algo externo que produce la resonancia interior que capta la belleza.[301]

En el arte todo esto es más complejo, puesto que es algo que nosotros hacemos: intentamos plasmar la belleza. La obra de arte es realizada desplegando una potencialidad, y, mientras mayor es ese dar forma actual a esa potencialidad, mayor admiración causa. En cambio, en las cosas naturales la belleza no depende de lo que nosotros hagamos, sino de la creatividad de Dios. En el arte, la plasmación de la belleza depende de la creatividad y de los criterios del hombre; depende, por lo tanto, en cierta medida, de las convenciones sobre las formas que se consideran aptas para hacer más agradable una materia preexistente (*v.gr.*, el mármol hecho estatua o las palabras en un poema). Si el tipo de convención es muy sencillo, entonces será fácil apreciar su belleza; pero si es más complejo, o supone una tradición muy larga de elaboración convencional de las formas, su comprensión será más limitada y requerirá de un entrenamiento apropiado de la percepción, para que pueda ser visible, apreciable. Por eso, la necesidad de formarse en una tradición artística –aprender a escuchar música exigente o a leer poesía– no significa que la belleza artificial sea subjetiva, sino que es objetiva como creación humana, de la misma manera que la necesidad de formarse en la tradición matemática no significa que las matemáticas sean subjetivas, sino que se han perfeccionado al interior de tradiciones de conocimiento objetivo.[302]

---

300   Cf. *S. Th.* I, q. 5, a. 4.

301   Cf. sobre la belleza y el arte, véanse IBÁÑEZ, José Miguel. *La creación poética*, Editorial Universitaria, Santiago, 1969, passim, y BALMES, Jaime. *El Criterio*, Editorial Sopena Argentina, Buenos Aires, 1943, pp. 202-205.

302   Cf. sobre la belleza y el arte, véanse IBÁÑEZ, José Miguel. *La creación poética*, Editorial Universitaria, Santiago, 1969, passim, y BALMES, Jaime. *El Criterio*, Editorial Sopena Argentina, Buenos Aires, 1943, pp. 202-205.

Todas las propiedades trascendentales se identifican con el ser de las cosas y, al mismo tiempo, unas con otras. Los filósofos escolásticos lo resumen diciendo que los trascendentales se identifican o convierten entre sí: el ente y la verdad se identifican (*ens et verum convertuntur*); el ente y la unidad se identifican (*ens et unum convertuntur*); el ente y la bondad se identifican (*ens et bonum convertuntur*); el ente y la belleza se identifican (*ens et pulchrum convertuntur*). Cuanto más hay de ser, más hay de sus trascendentales. No obstante, como el ser de las cosas es limitado, es corriente que algo con lo que nos relacionamos tenga deficiencias en su ser y, por consiguiente, en su verdad –mezclada con apariencias engañosas–, o en su bondad –no solo limitada, sino carcomida por el mal–, o en su belleza, o en su cohesión interna.

26. LAS CUATRO CAUSAS: MATERIAL Y FORMAL, EFICIENTE Y FINAL

Un gurú de los negocios, imitado por algunos políticos, ha cifrado su éxito en este descubrimiento: que el fundador de Apple, los hermanos Wright y Martin Luther King tenían *algo en común*. Los simples mortales, cuando intentan explicar el éxito de estos líderes, se fijan primero en qué es lo que ellos hacen; después, analizan el cómo, y, finalmente, el porqué. En cambio, estos líderes tienen en común que ponen por delante de todo el *porqué*, y solo de manera secundaria el *cómo*, y, por último, deciden el *qué*. Los hermanos Wright se cayeron veinte veces hasta que al final lograron volar. Martin Luther King entusiasmó a más de doscientas cincuenta mil personas con su *¡yo tengo un sueño!*, mucho antes de tener un plan concreto o un producto que ofrecer. El ejemplo de Steve Jobs y Apple también es interesante. Hay cientos de empresas que hacen computadores. Es sabido que los de Apple tienen un diseño y una belleza especial, y eso los hace muy atractivos; pero sus diseños son copiados cada día con mayor velocidad. Su propuesta es, en cambio, la de un porqué: quieren cambiar el modo como se hacen las cosas en el mundo entero. Su eslogan es «¡piensa de modo diferente!». Atraen a millones de personas que quieren *pensar de modo diferente*; a quienes les gusta esa estética y, al final, usan estos computadores que no llegan a ser tan distintos a los de otras marcas.

Detrás de la tesis de Simon Sinek subyace una convicción antigua: que el *porqué* de las cosas las explica más y mejor que solo el *qué* hay que hacer o el *cómo* hay que hacerlo.[303] Curiosamente, algunos se atreven a rechazar a

---

303 Cf. Sinek, Simon. *Start with Why: How Great Leaders Inspire Everyone to Take Action*. Penguin, Nueva York, 2009.

Aristóteles hasta que descubren que es el secreto del éxito. ¡Enriquézcanse: lean a Aristóteles! La cantidad de personas que redescubren ahora a Aristóteles es gigantesca. Aristóteles, al explicar el movimiento y el ser, llega hasta las causas. Conocer la verdad no es solo conocer la superficie de las cosas, como hace el que siente o el que acumula experiencia, sino ir a las causas. Por eso, el que conoce las causas sabe más que el que solo posee la experiencia y la técnica. La profundización en las causas llevó a Aristóteles, primero, a explicar de un modo más claro el principio de causalidad mismo, y, después, a distinguir cuatro tipos de causas: material y formal, eficiente y final, entre las cuales la más importante es la causa final.

El principio de causalidad se capta, como un aspecto clave de la realidad, cuando se descubre que todo lo que cambia o lo que comienza a ser depende de algo anterior que lo mueve a cambiar o que hace que comience a ser. Ese *algo anterior* es lo que se llama *causa*. Causa es aquello de lo cual una cosa depende en su ser o en su ser hecho o en su hacerse; el principio de causalidad afirma que todo lo que comienza a ser o cambia exige una causa, es decir, que todo cuanto pasa de ser en potencia a ser en acto es movido por otro ente que ya está en acto. «La causa podría definirse como aquello que real y positivamente influye en una cosa, haciéndola depender de algún modo de sí».[304] Otra definición escolástica, equivalente en su contenido esencial, es la que recoge Widow cuando define causa como «principio real positivo del cual algo procede con dependencia en el ser».[305]

El principio de causalidad es completamente universal: si algo ha comenzado a existir –una sustancia en su totalidad o cualquier accidente en ella–, eso significa que ha habido un cambio, un movimiento de potencia a acto, lo cual exige un ser en acto que actualice esa potencia, y a eso lo llamamos causa.

Esto no significa que el concepto de ser implique el de causa, *i.e.*, que todo lo que existe haya de tener una causa. Por el contrario, si todo lo que empieza a ser exige algo anterior, que ya sea, quiere decir que si, a su vez, eso anterior no ha existido siempre, antes de ser tiene que existir otra cosa que ya sea, y así sucesivamente. Si decimos que, en algún momento, no hay nada, entonces lo que primero ha comenzado a existir habría existido sin

---

304   Alvira, Clavell y Melendo, *Metafísica*, op. cit., p. 207.
305   Widow, *Curso de metafísica*, op. cit., p. 145.

ninguna causa, y eso es imposible: de la nada, nada sale. Por lo tanto, el punto de llegada de esta serie no puede ser la nada, sino que debe ser un algo anterior a todo ser y que no tenga causa. Si no tiene causa, de acuerdo con el principio de causalidad debe ser un ser que jamás ha comenzado a existir, es decir, que ha existido siempre sin causa. Esa es la noción clásica de Dios. Por eso, aunque Aristóteles creía que había varios motores inmóviles que tenían algo de divino,[306] pensaba que había un solo Primer Motor Inmóvil, que es causa universal del movimiento de todos los demás seres. No nos vamos a detener todavía en este tema,[307] sino que solo vamos a tratar de comprender la causalidad.

Aristóteles se da cuenta de que aquí también tiene que aplicar la analogía y decir que unas cosas *influyen* en otras, unas cosas hacen a otras, unos elementos constituyen el ser de la cosa, y, por lo tanto, son causa de ella; pero no de la misma manera, sino según una analogía. En efecto, son cuatro los tipos de causas: dos de ellas son constitutivas o causas intrínsecas de las cosas materiales, y otras dos son causas extrínsecas o seres distintos que influyen en la cosa misma que se intenta explicar.

Cuando hablamos de causa sin más, entendemos sobre todo la causa eficiente, es decir, el agente que realiza una acción que produce un efecto exterior: hace que algo pase de la potencia al acto. «La causa eficiente o agente es el principio del que fluye primariamente cualquier acción que hace que algo sea, o que sea de algún modo».[308] Aristóteles la definió como «aquello de lo que primariamente procede el movimiento».[309] Pensemos, otra vez, en una estatua. Si nos preguntamos: ¿cuál es la causa de la estatua?, respondemos indicando al agente, a quien la ha esculpido; por ejemplo, Miguel Ángel. La causa eficiente actúa sobre una materia, *v.gr.*, el mármol, que por eso se llama causa material. Actuando sobre el mármol, y sacando de él todo lo que sobra, Miguel Ángel le da una forma a esa materia, que por eso se denomina causa formal. La causa material y la causa formal son causas intrínsecas de la cosa. Se pueden llamar causas porque contribuyen al ser de la cosa, y, por eso, cuando las conocemos nos explican lo que la cosa es. Sabemos más sobre

---

306   Cf. *Met.*, XII, 8, 1074a15 y ss.
307   Cf. *infra* cap. 38.
308   ALVIRA, CLAVELL y MELENDO, *Metafísica, op. cit.*, p. 223.
309   MILLÁN PUELLES, *Fundamentos de Filosofía, op. cit.*, p. 520.

una estatua cuando reconocemos su forma y su materia. Así, por ejemplo, alguien puede ver una estatua y no saber de quién es (*i.e.*, a qué personaje representa) o de qué está hecha. Si le decimos, por ejemplo, que es la estatua de Juan Pablo II y está hecha de hierro, esa persona ya sabe más que antes, igual que si decimos que la *Pietà* es una estatua de la Virgen María con su Hijo muerto, en sus brazos, esculpida en mármol. Esto lo podemos conocer sin saber quién la hizo; pero sabemos que alguien la hizo, y, si descubrimos quién la hizo, sabemos más sobre la cosa. De vez en cuando aparecen cuadros antiguos que se parecen tanto en el estilo a los de Rembrandt, por ejemplo, o a los de Leonardo da Vinci, que se pregunta la gente si los habrán pintado Rembrandt o Leonardo. Millones de dólares dependen de la respuesta. Los expertos examinan las huellas que han quedado en la causa material y en la causa formal, es decir, en la tela pintada, para percibir las semejanzas que pueden quedar del agente. Todo agente deja una semejanza de sí en el efecto: su estilo, su impronta, el paso de su ser. El agente o causa eficiente es una causa externa al efecto; es exterior, pero deja su huella: todo agente obra algo semejante a sí mismo (*Omne agens agit simile sibi*).

Lo primero que se nos viene a la cabeza cuando buscamos explicaciones causales es la causa eficiente, el agente del cambio, es decir, que unos seres hacen a otros o modifican a otros. Aristóteles tuvo una genialidad al darse cuenta de que el agente, a su vez, es movido por algo: obra porque hay una causa de que él obre. Sin embargo, no se trata solo de otra causa eficiente anterior, es decir, la causa eficiente del agente mismo, sino una causa de que él obre que lo mueve atrayéndolo: el propósito que tiene, el fin. Lo que Simon Sinek, nuestro gurú de los negocios, descubrió: el porqué. Esta es la causa final, que se define como aquello por lo cual algo se hace o algo es (definición desde el punto de vista del efecto) o aquello por o para lo cual el agente hace algo (definición desde el punto de vista del agente).[310] Tal es la causa más explicativa. El fin explica más y mejor que la materia y la forma. Es más explicativo incluso que el agente, porque el fin es lo que mueve al agente: explica que la causa eficiente exista como causa. De ahí que se llame a la causa final la *causa de las causas*. La causa final es *causa causarum*, porque si no ejerciera esa atracción, que es su modo de causar su efecto sobre la causa

---

310   Cf. MILLÁN PUELLES, *Fundamentos de Filosofía*, op. cit., pp. 525-528, y ALVIRA, CLAVELL y MELENDO, *Metafísica, op. cit.*, pp. 241-252.

eficiente, el agente no se movería y no se produciría el efecto final de la acción del agente, *v.gr.*, la estatua. Esto tiene una importancia práctica muy grande tanto para las ciencias como para la ética.

En la filosofía moderna, David Hume consideró que la llamada relación de causalidad no es real.[311] Otros autores pensaron que las únicas causas explicativas –sean reales o supuestas– son las causas eficientes. Así pudo arribarse a la idea de que la causalidad es una categoría mental –según Kant, no una realidad en sí, sino una categoría del juicio para relacionar los fenómenos–,[312] algo que la mente proyecta. Y también se ha asistido a la desaparición, en algunos ambientes filosóficos, de la causa final. Algunos científicos creen que hay solo causas eficientes, influidos por este reduccionismo filosófico antiteleológico. Sin embargo, salvo que lean exceso de filosofía moderna –un peligro remoto–, siguen creyendo que las causas eficientes y los objetos de su estudio son cosas reales. Por otra parte, en cuestiones que sean distintas de la física o del choque de partículas, especialmente en la biología, para no mencionar las ciencias humanas, empiezan a darse cuenta de que cada vez más necesitan preguntarse por el fin. En efecto, hay un componente teleológico en el funcionamiento de la naturaleza.[313] Por ejemplo, pensemos en la embriología. En el proceso de reproducción, los espermatozoides navegan hasta el óvulo en una carrera que puede describirse externamente en términos causales. Uno podría describir el proceso y decir, por ejemplo, que el acto sexual es la causa eficiente de la deposición del semen en la hembra; y luego que cada espermatozoide se impulsa hacia donde está el óvulo. Es muy difícil darse cuenta, al parecer, de que tiene una causa final, es decir, que este es el mecanismo de la naturaleza para la reproducción, la propagación de las especies biológicas. Cuando un espermatozoo penetra en el óvulo se desencadena de manera inmediata un proceso eléctrico de impermeabilización del óvulo, una especie de descarga que hace impenetrable la pared externa del óvulo, de modo que cualquier otro espermatozoo que llegue rebota. Alguien podría decir que hay una relación de causa eficiente: el espermatozoo entra, produce una reacción electroquímica,

---

311   Cf. *IEH.* s. VII, p. I, n. 6. Cf. FERNÁNDEZ, José Luis y SOTO, María Jesús. *Historia de la Filosofía Moderna*, Eunsa, Pamplona, 2004, pp. 204-206, y REALE y ANTISERI, *Historia del Pensamiento Filosófico y Científico*, op. cit., tomo II, pp. 477-479.

312   Cf. KrV, A90/B122. Cf. FERNÁNDEZ y SOTO, *Historia de la Filosofía Moderna*, op. cit., pp. 256-257.

313   Cf. ARTIGAS, *Filosofía de la naturaleza*, op. cit., p. 49.

la cual blinda el óvulo, y eso causa que los demás reboten. Al parecer, es muy difícil ver el sentido finalístico o teleológico del proceso. Sin embargo, esto es lo que permite que se produzca la unión de los gametos y no un enredo de tres. Hay una causalidad eficiente, por supuesto, pero con una finalidad. El mundo biológico está lleno de finalidades, y para qué decir el mundo humano. No basta con explicar qué son las cosas, qué hacemos nosotros: nos levantamos, nos duchamos, desayunamos, trabajamos, nos divertimos, dormimos. Hay causas eficientes en todos estos procesos: mi mano enciende la luz, el agua me moja, el café me despierta. No obstante, ¿quién soy yo? ¿Un tipo que es movido por causas externas y que a su vez causa efectos fuera de sí? De ninguna manera. La causalidad eficiente es la menos explicativa de la vida humana. Nuestros fines, nuestros motivos, explican nuestras causalidades eficientes y le dan sentido a la vida como un todo. Por eso, la pérdida de la primacía de la causa final (*causa causarum*, reiteramos), o su completa reducción a lo subjetivo, ha tenido profundas consecuencias antropológicas y éticas.

Tales son, pues, las famosas cuatro causas de Aristóteles. Las causas pueden subordinarse unas a otras, o distinguirse dentro de estos tipos básicos. Así cabe hablar de materia prima y materia segunda; de forma sustancial y forma accidental; de causa eficiente primera (*i.e.*, Dios) y causas segundas, o de causa eficiente primera en una serie y causas subordinadas; y de fin principal y fin secundario, de fin próximo y fin remoto, de fines intermedios y fin último, etcétera.

Una distinción interesante es la que se da entre la causa eficiente principal o agente principal y la causa eficiente instrumental o agente instrumental. La causa eficiente principal «es aquella causa que actúa por virtud propia, de tal modo que el efecto es suyo en propiedad; así, el escultor es causa principal de la estatua, la cual es efecto suyo».[314] Por su parte, la causa eficiente instrumental «es la que actúa no por virtud propia, sino por virtud que le comunica la causa principal».[315] Muchas veces el agente principal usa un instrumento, usa algo que también actúa sobre la cosa, y actúa sobre la cosa porque tiene una capacidad especial, propia suya pero subordinada a la virtud del agente principal. Por ejemplo, el martillo y el cincel pueden romper el mármol. En cambio, Miguel Ángel, con su propia sustancia –con sus puños y dientes–, no

---

314   Widow, *Curso de metafísica, op. cit.*, p. 149.
315   *Ibidem.*

puede hacerlo. Por lo tanto, está claro que la causa eficiente instrumental actúa sobre el mármol y que la causa eficiente principal no habría podido hacerlo sin ese instrumento. De todos modos, la causa principal, que induce esa forma en el mármol, no es el cincel y el martillo, sino Miguel Ángel. Lo curioso es que, cuando hay dos causas agentes así subordinadas, una principal y otra instrumental, cada una de las dos es totalmente causa de todo el efecto. No hay ninguna parte de la escultura que no sea causada en su totalidad por Miguel Ángel y en su totalidad por el martillo y el cincel, solo que cada causa actúa a su modo: una como instrumento y la otra como agente principal. En efecto, «la causa instrumental complementa a la principal, prolongando o completando de alguna manera su capacidad»,[316] pero las dos constituyen una sola causa de cara al efecto.[317] «Así, el cincel en manos del escultor no es propiamente otra causa, pues unido a la causa principal ésta produce su efecto. Se puede observar que la causa instrumental, en cuanto tal, tiene una virtud propia, como el cortar es propio del cuchillo, pero el ejercicio de su causalidad sólo se da en cuanto unida a la causa principal».[318] Las dos causas operan sobre su efecto como una sola y cada una es causa a su modo de la totalidad del efecto. Piénsese en un cuadro, en la famosa *Mona Lisa* de Leonardo da Vinci. No hay ningún rincón del cuadro que no esté pintado con un pincel y no hay ningún rincón del cuadro que no esté pintado por Leonardo. Sin embargo, hay una causa principal y otra causa instrumental, subordinada totalmente a la principal, de modo que el efecto procede realmente, como es natural, también de esa causa instrumental. Las dos dejan su huella, o sea, uno podría analizar el grosor de los pinceles que usó Leonardo, y reconocería la huella de los pinceles; pero la huella principal es la figura, el estilo, la belleza, que transitan del alma de Leonardo a la tela de la *Mona Lisa*.

Y desde ahí a nuestras almas, cuando contemplamos la obra maestra.

---

316 *Ibidem.*
317 Cf. *ibidem.*
318 *Ibidem.*

27. SOBRE EL SER Y LA ESENCIA: UN «QUÉ ES» QUE «ES»

Los capítulos precedentes han ido acostumbrando nuestros pobres ojos a la luz superior de la metafísica. Hemos visto la objetividad de la verdad y el rigor de la lógica; la distinción entre lo real y lo aparente; la noción de naturaleza y la variedad de las naturalezas; la verdad del cambio, que supone un sujeto que permanece a través del movimiento, y la distinción metafísica entre el acto y la potencia; las composiciones metafísicas subyacentes al cambio sustancial (*i.e.*, materia prima y forma sustancial) y al cambio accidental (*i.e.*, sustancia y accidentes); las categorías del ser (*i.e.*, la de sustancia y los nueve accidentes); las propiedades trascendentales que se identifican con el ser –su unidad interna, su verdad, bondad y belleza–, y, en fin, la causalidad y los tipos de causas. Todos estos conceptos y distinciones nos resultan, a veces, áridos, pero reflejan la estructura más profunda de la realidad, que nuestro intelecto puede penetrar de manera disciplinada. Por eso, están incorporados en el lenguaje corriente, aunque no siempre con tanto rigor. En efecto, hablamos de la verdad y del error, de una materia que se transforma, de una cosa que padece cambios, de cualidades y cantidades, de los tiempos y los lugares de las cosas, de unos seres que influyen en otros, de los fines y los medios. Nuestra razón natural, con mayor o menor rigor, distingue lo que Aristóteles sistematizó, y advierte que corresponde a la realidad de las cosas y no a esquemas arbitrarios.

La filosofía introduce distinciones que permiten comprender con más profundidad aquello con lo que ya estamos familiarizados. Ahora explicaremos la gran distinción metafísica entre el ser y la esencia de las cosas: el qué es algo (su esencia) como distinto de que sea (acto de ser). Si pensamos en el conjunto de toda la naturaleza, distinguimos tipos de seres –clases, especies naturales–, y, por lo tanto, podemos decir que todos tienen algo en común, y es que son, que existen, y, sin embargo, tienen un modo de ser distinto, algo que las diferencia radicalmente, es decir, no solo a un individuo de otro por sus accidentes[319] como el tamaño o el color, sino a una especie de otra por una diferencia universal que se realiza en cada individuo.[320] A esta distinción los filósofos escolásticos le llamaron la distinción entre la existencia o ser y la esencia o modo de ser, que, en términos de acto y potencia es la distinción entre el acto de ser y la potencia de ser (o esencia).

Se puede captar cómo se aplica aquí la distinción entre acto y potencia usando un ejemplo de Kant, quien dice que entre cien táleros pensados y cien táleros reales no hay ninguna diferencia esencial. El hombre realista quizás se extrañará con esta afirmación, porque, si a uno le dicen que entre tener cien dólares solo en la cabeza y tenerlos en el bolsillo no hay ninguna diferencia esencial, uno preferiría tenerlos en el bolsillo. Kant apunta, sin embargo, a la cuestión de la definición o «lo que» algo es, el modo o tipo genérico de ser, su esencia. Entonces es verdad que, en su definición, en su modo de ser, no hay diferencia entre los cien dólares reales, los que tenemos en el bolsillo, los que podemos gastar, y los cien dólares pensados. Entre un gato pensado y un gato real no hay diferencia de definición. No obstante, hay una diferencia fundamental: uno de ellos existe de hecho y el otro no existe realmente. Por lo tanto, en uno de ellos esa posibilidad de ser se actualiza, se hace real, mientras que en el otro esa posibilidad de ser no se actualiza. Naturalmente, solo en una inteligencia perfecta será verdad que lo que ella conoce de la definición de una cosa no guarda ninguna diferencia con la esencia real de la cosa en sí. La inteligencia humana no captura, en su definición mental, más que un aspecto fundamental de la esencia de la cosa.

En todo caso, para lo que ahora nos interesa, se entiende que el ser es acto y la esencia o modo de ser es potencia. Así como la materia y la forma se dan indisolublemente unidas, y, en general, la potencia, cuando está actualizada, sigue existiendo indisolublemente unida con el acto, aquí la esencia como potencia de ser y el ser como acto de ser, como existencia, se dan siempre indisolublemente unidos en las cosas reales. Incluso si hubiera

---

319   Cf. *supra* cap. 24.
320   Cf. *supra* cap. 21.

una cosa real que no tuviera materia, seguiría siendo verdad, en la medida en que fuera una realidad limitada, que en ella habría acto y potencia: el ser o existir de hecho y su modo de ser sin materia (espíritu). En la filosofía se discute mucho este tema, porque las posibilidades de seres espirituales son las siguientes. En primer lugar, Dios, que en la filosofía escolástica, como veremos más adelante,[321] es un Acto Puro de Ser, sin ninguna potencialidad que lo limite a ser de un modo específico. Es un *puro ser*, sin mezcla de ninguna imperfección. Su misma existencia es discutida y las pruebas o demostraciones de su existencia son difíciles.[322] En segundo lugar, en teoría son posibles los seres sustanciales en cuyo modo de ser no se incluye la materia, a pesar de que pueden cambiar y tienen potencia. En la tradición judeocristiana se los denomina «ángeles». Son personas espirituales, sin materia. A partir del conocimiento de seres materiales, no podemos demostrar la existencia de los ángeles. Por lo tanto, ante el pensamiento filosófico aparecen como una posibilidad no contradictoria. En la tradición teológica son un hecho seguro, porque la teología se basa en la fe, que no puede fallar; pero en el ámbito filosófico, donde solo se afirma lo que la razón natural puede probar sin la ayuda de la fe, los ángeles aparecen solo como una posibilidad, aunque son una posibilidad plausible y bastante probable, teniendo en cuenta la imperfección del mundo material y la infinita generosidad de Dios. Por decirlo de alguna manera, si se demuestra que Dios existe, sería extraño que Él hubiera creado un universo en el que solo existiera lo más imperfecto que uno puede pensar, que es lo material, y no hubiera todos esos seres intermedios entre el hombre y Dios mismo. En la filosofía aristotélica se debate si los motores inmóviles, que Aristóteles menciona en su *Metafísica*,[323] distintos del primer motor inmóvil, como motores intermedios podrían tener un carácter semejante al de los ángeles de la teología católica. La discusión es muy difícil; pero la mayoría de los intérpretes piensan que no pueden ser lo mismo, aunque esos motores tienen algo de divino, en el lenguaje que usa Aristóteles. Según Giovanni Reale, un erudito contemporáneo experto en la obra del Estagirita, «para Aristóteles el motor inmóvil es divino, las substancias suprasensibles y los inmóviles motores de los cielos son divinos y también es divina el alma

---

321   Cf. *infra* cap. 39.
322   Cf. *infra* cap. 38.
323   Cf. *Met.*, XII, 8, 1074a.

intelectiva de los hombres. Es divino todo lo que es eterno e incorruptible. Una vez establecido esto, hay que agregar que Aristóteles realizó un intento unificador. Antes que nada, reservó sólo para el primer motor la utilización explícita del término Dios en sentido fuerte, reafirmó su unicidad y de ésta dedujo también la unicidad del mundo».[324]

En fin, después vienen todos los seres que podemos conocer por los sentidos, en los cuales el *modo de ser* implica, como hemos visto, la materia prima y la forma sustancial unidas.[325] Por tanto, son seres que se generan y se corrompen. Son sustancias que poseen un ser realizado en una materia, pero que dejan de existir cuando se corrompen, y, a partir de ellas, comienzan a existir otras.

Otras realidades puramente espirituales no son sustanciales, sino accidentales, como, por ejemplo, un pensamiento. Un pensamiento, una idea, se independiza de la materia. No se puede *pensar* con una imagen, sino que, aunque las imágenes acompañen nuestro pensamiento de ideas, estas hay que pensarlas con independencia de las imágenes. Incluso una idea tan sencilla como la de triángulo no corresponde a ningún triángulo imaginario, que podamos dibujar.[326] La idea misma se independiza de sus concreciones particulares, materiales, aunque incluya como idea el hecho de que en la realidad corresponde a algo material; *v.gr.*, pensamos la idea de triángulo o de gato con abstracción de cualquier triángulo o gato determinado, pero incluyendo en la idea que los triángulos y los gatos reales son materiales. Esta materia pensada como parte de un concepto fue denominada por Aristóteles materia inteligible.[327] Sabiendo que, por lo tanto, nuestro pensamiento tiene un carácter espiritual, independiente de la materia, pero que no es sustancial, sino que se da en nosotros –somos la sustancia, en la cual se da esa característica, que es el pensamiento ejercido–, surge el problema o el misterio filosófico de saber qué tipo de sustancia tan extraña somos nosotros, que podemos poseer realidades no materiales en nosotros mismos, cuando pensamos. Esta observación metafísica –no empírica, pero contundentemente racional– llevó a autores como Platón a pensar que el hombre era solo su alma

---

[324] REALE y ANTISERI, *Historia del Pensamiento Filosófico y Científico*, *op. cit.*, tomo I, p. 172.

[325] Cf. *supra* cap. 26.

[326] Cf. *supra* cap. 12.

[327] Cf. *Met.*, VII, 11, 1037a e *infra* cap. 28.

espiritual, distinta del cuerpo, o a Aristóteles a pensar que el alma intelectiva es algo divino que viene de fuera del cuerpo, lo cual, por supuesto, calza con la tradición cristiana acerca del alma.[328]

Ahora podemos dejar patente que esta gradación de los modos de ser implica la distinción entre esencia y acto de ser, porque la potencia limita al acto: hay distintos grados de ser, a pesar de que el ser es lo común a todas las cosas, porque hay diversidad de esencias o modos de ser. La esencia, considerada como principio de operaciones, se denomina naturaleza. «También se aplica a la esencia el calificativo de 'naturaleza' (*natura*), nombre que significa a la esencia connotando orden a la operación».[329] Son lo mismo, considerado desde puntos de vista distintos. En cambio, se discute en la tradición escolástica si el ser y la esencia de una cosa se distinguen realmente entre sí o no; es decir, si son dos principios metafísicos realmente distintos o si solo se distinguen en nuestra mente. Hay orientaciones que piensan que es una distinción que hace la razón nada más. Es el caso de Francisco Suárez, quien afirma que la esencia creada no se distingue realmente de la existencia, sino solo en la mente.[330] Santo Tomás de Aquino piensa que la distinción no es puramente mental, sino que, en la realidad misma, es distinto el ser de la esencia. Sus argumentos son bastante convincentes. Por ejemplo, no es lógicamente posible que entre dos entes reales aquello que tienen en común sea igual a lo que tienen de diferente; si tienen en común el ser, no puede ser que eso mismo sea lo que los hace diferentes; por lo tanto, la diferencia entre el ser y la esencia tiene que ser real y no solo pensada (o de razón).[331]

Finalmente, también nos parece relevante que veamos la diferencia de significado entre *ser* y *existir*. En muchos contextos se usan como sinónimos. Incluso, algunos textos de metafísica tomista hablan de la distinción entre

---

328   Cf. *Fedro*, 246c; *Timeo*, 34b-37b; *DA*, IV, 1, 408a y ss. y *Catecismo de la Iglesia Católica*, nn. 362-368.

329   MEDINA ESTÉVEZ, Jorge. *Anotaciones de metafísica: siguiendo a Aristóteles y a Santo Tomás de Aquino*, Universidad Santo Tomás, Santiago, 1995, p. 92.

330   Cf. *Disp.*, XXXI. Véase el detallado tratamiento de SÖCHTING, Julio. "Encarnación y subsistencia en las *Disputationes metafísicas* de Francisco Suárez: Algunas cuestiones en torno a los fundamentos de la modernidad", en MARYKS, Robert Alexander y SENENT DE FRUTOS, Juan Antonio (eds.): *Francisco Suárez (1548-1617). Jesuits and the Complexities of Modernity*, Brill, Leiden-Boston, 2019, capítulo 7, págs. 154-177, esp. 167-171.

331   Para una exposición más detallada de los argumentos a favor de la tesis de la distinción real, cf. ALVIRA, CLAVELL y MELENDO, *Metafísica*, *op. cit.*, 111-114.

esencia y existencia. Sin embargo, según esta potencia de ser, que es la esencia, hay grados de ser distintos, como se ve en la jerarquía que hemos recordado. Esto significa que ser no es lo mismo que existir simplemente. En español, la palabra «existir» tiene un significado unívoco binario: una cosa existe o no existe. Es como el estar encendida o apagada la luz eléctrica en una habitación. La luz está encendida o está apagada. Si el ser fuera solo existencia, podríamos decir solo que una cosa existe o no existe; y, al decir respecto de ella que es, solo podríamos decir si es o no es. Sin embargo, la palabra «ser» tiene, en español y en diversos idiomas, así como en latín y en griego, la connotación de algo análogo, es decir, que admite intensidad. En cierto sentido de la analogía, se puede decir que algo es o no es; pero el ser de las cosas se da no solo como existir o no existir, sino que, dentro de las cosas que existen, unas tienen modos de ser más intensos que otras: *son más*. Eso depende de su esencia. Un perro es más que un gramo de oro Consideremos un ejemplo tomado de otra relación entre acto y potencia, la de continente y contenido. Si llenamos de agua un vaso que tiene capacidad para doscientos mililitros, vamos a tener en acto esa cantidad de agua, actualizando la potencia receptiva del vaso. Si tenemos un jarro con capacidad para un litro, y lo llenamos de agua, ahora va a contener en acto un litro de agua. El acto de contener agua es y no es el mismo en cada caso: en los dos casos, el vaso y el jarro están llenos; pero doscientos mililitros son una cantidad menor de agua que un litro. Cuando trasladamos este ejemplo al del acto de ser, también podemos decir que un tipo de realidad tiene menos ser que otro. Aquí ya no se trata solo de cantidad, como la cantidad de agua, sino de intensidad del acto de ser. Consciente de la dificultad del pensamiento metafísico, volvamos al ejemplo de la luz. La luz de la habitación está encendida o está apagada; *i.e.*, el estar encendido/apagado tiene un significado unívoco y binario: sí o no. Este estar o no encendido corresponde al concepto de existencia, en el caso de los seres. Sin embargo, una luz encendida puede ser más o menos intensa, y, entonces, tiene sentido que una habitación pueda estar más iluminada que otra, aunque en las dos la luz esté encendida en un sentido unívoco. La intensidad diferente corresponde al acto de ser como algo análogo. Podemos hacer el esfuerzo de pensar el ser no ya como binario —una cosa es o no es: existe o no existe—, sino como análogo y con distintas intensidades. Un electrón *es*, pero con una intensidad de ser ínfima; un fotón *es*, pero con una intensidad de ser elemental: ¡elemental y qué hermosa! Un pedazo de oro sólido *es* con una intensidad de ser mucho mayor. Un pino *es* con una intensidad de ser mayor que la del oro, porque implica vida. La vida es el mismo ser de los vivientes, pero es un ser de tal intensidad que implica automovimiento, actividad interior generada por la misma cosa: nutrición, crecimiento, reproducción; ser interior con actividad inmanente.[332]

Todos los seres materiales se están moviendo siempre, como afirma la filosofía clásica, que considera sinónimos el ente material y el ente móvil. Así lo corrobora la ciencia moderna. Por lo tanto, un bloque de oro también se mueve de manera interna; está cambiando de continuo. Sin embargo, estos cambios —movimientos de electrones y cosas por el estilo— no implican una actividad interior o inmanente, que transforme lo externo en la propia sustancia, como si el oro pudiera nutrirse de cosas exteriores, y de esa forma crecer y después reproducirse. En cambio, un vegetal toma cosas del medio circundante, interactúa con el ambiente y mantiene un ser que se mueve de un modo distinto a los llamados seres inertes, porque está continuamente actuando para mantenerse en el ser, y después se reproduce y produce otros seres de la misma especie. Con mayor razón, un animal, un gato, está vivo de una forma mucho más intensa que un árbol, y eso se manifiesta en su capacidad para realizar operaciones más profundas que las de un árbol, como recordar o desear o moverse de acuerdo con esos deseos. En esta escala de los seres materiales, el hombre tiene una intensidad de ser todavía mayor, porque su ser trasciende la materia con el pensamiento y la libertad.[333] No solo existimos y dejamos de existir, sino que, en realidad, somos; y somos más, y no dejaremos de existir.[334]

---

332   Cf. *infra* cap. 31.
333   Cf. *infra* cap. 34.
334   Cf. *infra* cap. 35.

28. MADRE TONTA Y MAESTRA MUDA: SOBRE EL *LOGOS* EN LA NATURALEZA

La naturaleza es una *madre tonta* y una *maestra muda*. En realidad, solo la cumbre de lo natural, que es lo racional,[335] permite escuchar a la naturaleza y descifrar su inteligibilidad intrínseca, que remite a la Inteligencia Creadora. En el hombre se da el *logos*, se da la razón que puede comprender lo inteligible que hay en la naturaleza física. La naturaleza, incluso cuando alguien pueda considerarla como la «madre naturaleza», hablando metafóricamente, es el lugar en el cual el hombre nace. Según la tradición judeocristiana, es el ámbito en el cual el hombre es creado como ser que supera toda la naturaleza. En efecto, lo superior, que es el hombre, no emerge en forma automática de lo inferior, que es la materia. Por lo tanto, incluso si el hombre pudiera considerarse, de alguna manera, como hijo de la naturaleza, no lo es de un modo esencial, porque su propio ser no procede en lo fundamental de la naturaleza física. Esto se manifiesta en que la naturaleza subhumana no tiene inteligencia. La inteligencia no puede proceder de ella, ya que, a juicio de Aristóteles, es algo divino y viene de afuera: «Queda, entonces, que solo el intelecto se incorpore después desde fuera y que solo él sea divino, pues en su actividad no participa para nada la actividad corporal».[336]

Es el hombre el que tiene la inteligencia y capta lo inteligible que hay en la naturaleza. Es el hombre el que se maravilla del orden en el cosmos.

---

335   Cf. Spaemann, Robert. *Lo natural y lo racional* (Daniel Innerarity y Javier Olmo, traductores), IES, Santiago, 2011, p. 28.

336   *De gen. an.*, II, 3, 736b27-29.

También podemos hablar de la naturaleza como maestra, porque aprendemos muchas cosas de la naturaleza; pero es una maestra muda –si se me permite el cinismo–, porque está abierta por sí misma a muchas interpretaciones, y es el hombre, con su inteligencia, el que da esas interpretaciones a la naturaleza. El hombre aprende de la naturaleza porque él tiene el *logos* que la interpreta, que la comprende, que actualiza la inteligibilidad ínsita en ella como hechura de la Inteligencia Creadora. Esta concepción de la naturaleza como algo inteligible plantea un problema acerca del hombre: ¿cuál es el lugar del hombre en toda esta naturaleza física? Fundamentalmente dos visiones disputan acerca de su puesto en el cosmos. Una es la del hombre como otro montón más de materia, una ameba gigante, el hombre como el último producto vomitado por la madre naturaleza, sin ningún orden, sin ninguna diferenciación, sin ninguna superioridad. En esta visión, el *logos* no es más que algo que emerge de la materia. El hombre contemporáneo está continuamente sometido a esta propaganda. Le dicen que, si se siente bien, es porque tiene suficientes neurotransmisores en el cerebro; si se siente mal, es porque hay un déficit de ese neurotransmisor. A nuestros contemporáneos les dicen continuamente que son unos monos evolucionados, unos chispazos de inteligencia emergente a partir de una combinación afortunada de elementos químicos; y lo que terminan por creer, a veces, cuando piensan en sí mismos, es que el espíritu no es más que una emanación de la materia.

La otra visión es la del *logos* como algo que viene de fuera y que es superior a lo meramente material.[337] Esta es la idea del hombre como ser creado, como imagen y semejanza de Dios. Esta concepción está presente de un modo explícito, claro, en la revelación judeocristiana; pero no deja de aparecer en tradiciones paganas que llegan a esa convicción por el uso de su razón, por el sentido común, por la sabiduría ancestral. Platón, por ejemplo, concibe el alma como un espíritu que cae en un cuerpo y que no procede del cuerpo. Es muy discutible el dualismo platónico, su concepción del cuerpo como una cosa constituida en sí y del alma como otra cosa constituida en sí, que se mete en un cuerpo. Los dualismos, sin embargo, que no se dan solo en Platón, sino también en muchas otras filosofías y sabidurías antiguas, tienen un fundamento, que es la conciencia del carácter externo a la materia que tiene el *logos*, es decir, el verbo, la palabra, la inteligencia. Aristóteles, en cambio,

---

337   Cf. *Fedón*, 80a y ss. y DA II 1.

disintiendo de su maestro, se da cuenta de que el hombre es una unidad indisoluble de materia y alma; pero, igual que Platón, reconoce que el *logos* no puede venir de la materia, como ya hemos visto. Ni Platón ni Aristóteles tienen la revelación judeocristiana como para formular esa visión del modo tan fuerte al que quizás estamos acostumbrados: el hombre, como varón y como mujer, y como quien da nombre y domina todas las criaturas, es imagen y semejanza de Dios.[338] Eso es lo que intuyen, no obstante, cuando afirman que el *logos* viene de fuera, que es algo divino; que el hombre no se reduce a la naturaleza. En la razón alcanza todo el resto de la naturaleza su culminación, su altura más destacada, eminente. Es curioso que esta misma razón lleve a algunos hombres a interpretarse a sí mismos como simples resultados de la evolución de la naturaleza. Es como una razón que se rebaja a sí misma, una razón que hace lo que nada del resto de la naturaleza podría hacer, y, con todo, piensa que no es más que el resto de la naturaleza. Es una paradoja que solo el hombre, probando la capacidad de su razón, pueda considerarse a sí mismo igual o inferior a toda la naturaleza física, mientras que ningún otro ser en la naturaleza puede interpretarse a sí mismo.

La visión clásica, tanto revelada como pagana, es que la naturaleza culmina en el *logos*, pero el *logos* viene de fuera. El *logos* se distingue claramente de la materia. La inteligencia no es causada por sus condiciones materiales. Por cierto, las condiciones materiales son necesarias, precisamente como condiciones y no como causas, para el desarrollo de la inteligencia. Sin adecuada alimentación y socialización, el niño humano no despierta al acto intelectual, o lo hace muy pobremente. Pero no hay que confundir las condiciones con las causas. No hay que confundir los reflejos biológicos de la actividad intelectual con la misma actividad intelectual. En el matrimonio, por ejemplo, una persona adopta un proyecto de vida de manera consciente y libre, y eso puede producirle una emoción especial, y este sentimiento puede hacerle latir el corazón; pero no hay que confundir todos esos reflejos psicosomáticos de una decisión libre con la decisión libre misma.

En la actualidad hay quienes piensan que lo que nosotros pensamos como libertad no es más que nuestra falta de conciencia de los mecanismos químicos que actúan en nuestro cerebro.[339] Cometen una falacia tremenda,

---

338   Cf. *Gn.*, 1: 27-28.

339   Sobre estas reducciones de la libertad, véanse Río, Manuel. *Estudio sobre la Libertad Humana:*

que es que, tras medir las alteraciones químicas que se producen cuando las personas adoptan decisiones que creen que son libres, piensan que la decisión está determinada por esos movimientos químicos. Contra esto podemos observar que basta un poco de lógica para advertir que simplemente no se sigue: de que dos fenómenos se den unidos o contiguos en el espacio o en el tiempo no se sigue que uno sea consecuencia o causa del otro, y menos que sean lo mismo. Lo que la filosofía clásica ha afirmado siempre es que entre lo cualitativo y lo cuantitativo, entre lo formal y lo material, entre el alma espiritual y el cuerpo o la materia prima informada por esa alma, hay una unión indisoluble –esto es, salvo con la muerte–, de tal manera que un cambio originado en el cuerpo puede afectar hasta lo más espiritual de una persona, y, asimismo, un cambio originado en el espíritu, como puede ser un pensamiento, una decisión libre, puede afectar hasta lo más material de la persona.[340]

Nosotros, si nos examinamos como las personas sabias, deteniéndonos de modo calmado, vamos a ver que a veces, en efecto, porque ha habido algún cambio en las circunstancias físicas de nuestra vida, nuestra alma se ha visto afectada. Puede haber una depresión porque a alguien le falta litio o algún neurotransmisor especial. Pero puede pasar asimismo al revés: puede suceder que una persona adopte libremente decisiones que afecten a su cuerpo y terminen en que le falte litio o algún otro neurotransmisor. Por eso, hace falta alguien que pueda ver las cosas unitariamente. Un anciano y experimentado médico contaba, en cierta ocasión, que pocos médicos están viendo a la persona en su totalidad. El psiquiatra recibe a su paciente y ve una serie de síntomas, los tabula, y le dice, por ejemplo, a usted le falta dopamina, y le da unas pastillas; le sube los niveles y la persona funciona un poco mejor. El problema que advertía ese viejo doctor era que había experimentado, durante toda su carrera como médico, que mucha gente no era bien tratada desde el punto de vista psiquiátrico porque no era tratada como persona, o

---

Anthropos y anagke, Sociedad Anónima de Impresiones Generales, Buenos Aires, 1955, capítulo XXIV "El determinismo científico y la libertad psíquica", pp. 327-340; GARCÍA CUADRADO, *Antropología filosófica, op. cit.*, pp. 153-154; CHOZA, Jacinto. *Manual de Antropología Filosófica*, Rialp, Madrid, 1988, pp. 380-388, y LLANO CIFUENTES, Carlos. *Las formas actuales de la libertad*, Editorial Trillas, México D.F., 1990, pp. 20-23.

340   Cf. LAMAS, Félix Adolfo. *El Hombre y su conducta*, Instituto de Estudios Filosóficos "Santo Tomás de Aquino", Buenos Aires, 2013, pp. 40-42; y CHOZA, *Manual de Antropología Filosófica, op. cit.*, p. 118.

sea, porque las dimensiones que excedían lo psicoanalítico o lo fisicoquímico o lo conductual, esas dimensiones no eran vistas por el médico.

La incomprensión de la naturaleza como inteligible puede llevar, pues, a una profunda incomprensión del hombre como culmen de la naturaleza. Y la incomprensión del hombre puede retroalimentar una concepción distorsionada de la naturaleza física. Es menester, pues, emprender una reflexión sobre el hombre; abordar esos puntos fundamentales que demuestran la posición especial del hombre en el resto de la creación, y así, indirectamente, refutar las visiones del hombre como un mero agregado de células o como un mero producto de la evolución de una naturaleza caótica. De esta manera se puede recuperar un poco de la autoestima colectiva, advertir que estamos a cargo de la naturaleza creada. Si tenemos el deber de no destruirla y de cuidarla es porque estamos a cargo y porque ella está al servicio de una vida más humana; no de una vida más bestial. Si solo fuéramos un producto de la evolución caótica, y no tuviéramos un *logos* que viene de fuera, entonces sería tan absurdo exigirnos deberes de cuidado sobre la naturaleza como es exigírselos a las arañas, a los leones o a los elefantes.

La naturaleza es una madre tonta y una maestra muda, salvo que por ella nos hable el *Logos* que le viene de fuera.

29. LA IMAGEN DEL HOMBRE Y SU FELICIDAD

En *Las instrucciones del microondas*,[341] un pequeño divertimento literario, el capítulo central, por desgracia incomprendido, glosa las instrucciones de un microondas alemán. Son muy divertidas. Descienden a los detalles más increíbles, como, por ejemplo: «No meta su mascota en el microondas». A nadie le llama la atención que estos aparatos vengan con un manual de uso, que explica hasta el último detalle cómo es el artefacto, para que pueda cumplir su función y de verdad sirva a aquello a lo cual está destinado. En la misma línea hay todo tipo de libros sobre cómo cuidar a su mascota, cómo educar a los niños, cómo hablar en público, cómo estudiar bien... Todos tienen detrás un principio muy elemental: hay que conocer cómo una cosa es para saber cuáles son los modos adecuados de tratarla. Por lo tanto, la relación, que ya hemos mencionado,[342] entre el ser de una cosa, su naturaleza y la plenitud que puede alcanzar, es la que subyace a todas las indicaciones semejantes a las instrucciones de un microondas, el cuidado de las mascotas, la atención debida a los niños y a ese antiguo género literario que se ha dado en llamar «autoayuda». ¿Por qué son tan populares los libros de autoayuda? A mi juicio, son una necesidad de la crisis de sentido de las culturas posmodernas y alienadas. Las personas se conocen cada vez menos a sí mismas y, entonces, necesitan a alguien que les diga cómo son y qué podrían hacer para alcanzar una plenitud con la que sueñan, que en algún momento supieron que es

---

341   ORREGO, *Las instrucciones del microondas, op. cit.*, pp. 53-56.
342   Cf. *supra* cap. 24.

posible, pero que se les escapa de las manos como el agua fresca en una tarde sofocante de verano.

Aristóteles, en el Libro I de la *Ética a Nicómaco*, muestra que todas las actividades tienen un fin,[343] y que también la vida completa del ser humano tiene un fin.[344] Hay un pasaje en el que Aristóteles trata de conectar la noción que se tiene del fin con los modos de vida que adoptan las personas, y, por lo tanto, con aquello que consideran que es la felicidad. Distingue él tres modos de vida fundamentales, los más extendidos. Primero, la vida según los placeres, que es la de la mayoría. Dice: «El común de los hombres se muestra servil al elegir la vida de las bestias, pero tiene una justificación, porque muchos de los poderosos tienen pasiones semejantes a las de Sardanápalo».[345] La gente piensa, casi naturalmente: «Si estos, que están en las posiciones más elevadas, viven de esta manera, será que es la forma adecuada de vivir». En efecto, siempre y en todas partes los dirigentes, los que han tenido más éxito en la vida –según criterios mundanos–, parecen saber más, porque dan la impresión de haber acertado; por eso son modelos para admirar y para imitar.

Un segundo género de vida es el de la virtud activa en la política, que está dispuesta a desprenderse de muchos placeres con tal de ejercitar esas virtudes del gobierno, que están vinculadas más a los honores que a los placeres. Aristóteles dice que incluso esta forma de vida, aunque es superior a la de los meros placeres animales, no puede ser el fin de la vida moral o de la vida política, porque salta a la vista que es incompleta, ya que «se puede tener la virtud, pero dormir o permanecer inactivo a lo largo de toda la vida, y, aparte de eso, padecer las desgracias y los infortunios más grandes, y nadie declararía feliz a quien viviese así...».[346] Mucho menos puede radicar el bien supremo en la vida de los negocios, porque, nos dice Aristóteles, es «una vida forzada, y es evidente que el dinero no es el bien que buscamos, pues es útil con vistas a otra cosa».[347] Y así, más adelante, al final de la *Ética a Nicómaco*,[348] va a retomar el tema de la felicidad y del examen de

---

[343]   Cf. *EN*, I, 1, 1094a1-3.

[344]   Cf. *EN*, I, 2, 1094b5-11.

[345]   *EN*, I, 5, 1095b20-22.

[346]   *EN*, I, 5, 1095b30-1096a1.

[347]   *EN*, I, 5, 1096a5-7.

[348]   Cf. *EN*, X, 6-8, 1176a30-1179a33.

los tipos de vida, para ver cuál podría ser el tipo de vida que conduce a la felicidad. En el marco de esta discusión sobre la vida buena y la felicidad (*eudaimonía*, en griego; *beatitudo*, en latín), el gran filósofo introduce una de las movidas más famosas de la historia de la filosofía. Trata de demostrar no ya por descarte de los bienes inferiores como lo placeres, las riquezas, los honores, etcétera, sino de forma directa, cuál es ese bien que constituye la felicidad. Y lo hace con un argumento que se ha denominado el argumento del *érgon*.[349] En griego, *érgon* significa función: aquella actividad para la cual existe una cosa, como un cuchillo existe para cortar, o el pianista para interpretar una pieza de música en el piano, o el citarista para tocar la cítara, o el futbolista para jugar fútbol. El argumento del *érgon* dice así: si en cada cosa descubrimos su función y nos damos cuenta de que la bondad de la cosa está vinculada a que cumpla su función, ¿no sucederá lo mismo con el ser humano? Si descubrimos cuál es su *érgon* propio, cuál es su función propia, qué es lo que lo caracteriza y lo diferencia respecto de otros seres, ¿no estará acaso ahí el secreto de lo que es un ser humano pleno, bueno, logrado, feliz? Leemos en la *Ética a Nicómaco*:

> Pero el decir que la dicha [o felicidad] es el bien más grande se muestra tal vez como una cosa acerca de la cual hay acuerdo unánime, y se echa de menos que digamos aun con mayor claridad lo que ella es. Acaso se lo pueda hacer si se comprende la función del hombre. Pues tal como se admite que para el flautista, el escultor y todo artesano, y, en general, para los que tienen una función y una acción, el bien y la perfección residen en la función, de igual modo cabría admitir que es el caso para el hombre, si en efecto hay una función que sea propia de él. ¿Acaso habrá funciones y acciones propias del carpintero y del talabartero, pero ninguna del hombre como tal, sino que este se hallará naturalmente destinado a la inacción? ¿O cabría afirmar más bien que, tal como es manifiesto que hay una función del ojo, de la mano y del pie y, en general, de cada órgano, hay, aparte de estas, también una función que es propia del hombre como tal?[350]

---

349   Cf. *EN*, I, VII, 1097b22-1098b8.
350   *EN*, I, VII, 1097b22-1098a1.

Según Aristóteles, pues, sería muy extraño que todas las cosas que vemos tuvieran su función, que nos permite descubrir en qué estado se encuentra esa cosa, qué tan bien o mal, qué tan cerca de la plenitud; pero que, al tratarse del hombre como un todo, solo él no tuviera algo que determinase la forma de su vida buena, la felicidad, la plenitud. ¿Cuál puede ser ese *érgon*? Veamos cómo examina él la cuestión: «Pues es claro que el vivir es común también a las plantas, y lo que buscamos es propio del hombre; ha de hacerse a un lado, entonces, la vida de la nutrición y el crecimiento».[351] Hay funciones vegetativas, que todos tenemos; pero no pueden ser lo propio nuestro, pues igual se hallan en los vegetales. Luego señala: «La siguiente sería la forma sensitiva de vida, pero es claro que también ella es común al caballo, al buey y a todo animal».[352] No podemos ser felices viviendo como un caballo, como un buey o como cualquier otro animal bruto, una vida sensitiva nada más, de percepciones, de deseos, de satisfacción de los deseos sensibles. Por lo tanto, y alejándose de las funciones que el hombre posee en comunidad con el resto de los seres vivos, Aristóteles concluye:

Queda, por último, cierta vida activa propia del ente que tiene razón; y éste, por una parte, obedece a la razón; por otra parte, la posee y piensa. Y como esta actividad se dice de dos maneras, hay que tomarla en acto, pues parece que se dice primariamente ésta. Y si la función propia del hombre es una actividad del alma según la razón o no desprovista de razón, y por otra parte decimos que esta función es específicamente propia del hombre y del hombre bueno, como el tocar la cítara es propio de un citarista y de un buen citarista, y así en todas las cosas, añadiéndose a la obra la excelencia de la virtud (pues es propio del citarista tocar la cítara, y del buen citarista tocarla bien), siendo esto así, decimos que la función del hombre es una cierta vida, y ésta una actividad del alma y acciones razonables, y la del hombre bueno estas mismas cosas bien y primorosamente, y cada una se realiza bien según la virtud adecuada; y, si esto es así, el bien humano es una actividad del alma conforme a la virtud, y si las virtudes son varias, conforme a la mejor y más perfecta, y además en una vida entera. Porque una golondrina no hace verano,

---

351   *EN*, I, VII, 1098a2.
352   *EN*, I, VII, 1098a3.

ni un solo día, y así tampoco hace venturoso y feliz un solo día o un poco tiempo.[353]

Aristóteles vincula, por lo tanto, la excelencia de una cosa con el cumplimiento de su función. El citarista tiene una función y, por tanto, es mejor, en cuanto citarista, en la medida en que mejor toca la cítara. Lo mismo pasa con el ser humano. Lo propio del ser humano es la razón. Luego, esta imagen, esta idea del hombre como animal racional conlleva una consecuencia acerca de dónde está la plenitud del hombre: en una vida conforme a la razón. Esa vida conforme a la razón puede ser más o menos conforme a la razón. Mientras más conforme a la razón es, mayor es la excelencia de esa vida. En griego, la palabra *areté* significa excelencia y virtud. Por lo tanto, hay excelencia o virtud humana en la medida en que hay una actividad que se conforma a la regla de la razón, que es lo propio de la virtud humana en cuanto humana. Aristóteles desarrolla toda la *Ética a Nicómaco* sobre esta base. La ética es una ciencia que ordena la acción hacia la vida plena. Si hemos descubierto que la vida plena tiene que ver con la realización de una actividad conforme a la razón, y que eso es la virtud humana, entonces toda la ética es una indicación de cómo son las virtudes, cuáles son los tipos de virtudes, qué virtudes son mejores que otras, para poder practicarlas y de esa manera llegar a la plenitud.

Esta visión del hombre y de su felicidad, así como de la ética como sabiduría práctica ordenada a la vida lograda, tiene más consecuencias de lo que parece a primera vista. La idea del hombre no es solo una divagación filosófica que está en los libros. Tampoco es solo una cuestión cultural, como si fuera absolutamente determinante una cierta idea del hombre adoptada por la cultura en la que vivimos. Desde luego que las visiones fundamentales sobre el mundo, el hombre y Dios, definen la identidad de toda cultura. Sin embargo, también se trata de una cuestión personal, y la suma de convicciones personales da forma a la cultura. Nosotros podemos tener una idea baja de nosotros mismos, y, si eso sucede, probablemente no aspiraremos a cosas grandes; o podemos tener una idea extralimitada de nosotros mismos, y, en ese caso, quizás aspiraremos a cosas que nos exceden, para las cuales no estamos capacitados. Hay que alcanzar, pues, una idea justa. Asimismo, a

---

353   *EN*, I, VII, 1098a3-20. Se cita por la edición bilingüe y traducción de María Araujo y Julián Marías. Centro de Estudios Constitucionales, Madrid, 1994, pp. 8-9.

nivel antropológico no es bueno pensar que el hombre es una bestia. Ese pensamiento lleva a vivir como bestias. Es una profecía autocumplida: uno se concibe como igual que los animales brutos; uno se resigna a ser una bestia, y termina viviendo como una bestia, y siendo como una bestia, o, en ocasiones, menos que las bestias. Tampoco debemos concebir al hombre como una especie de ángel, que es puro espíritu y que siempre tiene una buena intención, y que, por tanto, siempre hace las cosas lo mejor que puede. Conforme con esa visión angelical del ser humano, igual se cometen errores al definir lo que es la virtud y sus posibilidades; por ejemplo, se descarta la necesidad de la lucha moral, de rectificar, de pedir perdón, de alejarse de los malos ambientes... Y se termina exigiendo que la sociedad apruebe como virtudes angelicales lo que no son más que vicios bestiales. Somos seres intermedios. Somos racionales, con una inteligencia y voluntad libre –como los ángeles, pero muy inferiores a ellos–, y somos corporales, como las bestias, y tenemos inclinaciones, pasiones, sentimientos y reacciones, que muchas veces se oponen al orden de la razón. Una visión equilibrada de lo que somos nos puede hacer ver que tenemos muchas más posibilidades que las que generalmente pensamos a nivel personal, y también a nivel colectivo, y nos puede llevar a sacar consecuencias de orden práctico, en la ética, en el derecho, en la política. «El hombre no es ni ángel ni bestia, y la desgracia quiere que quien haga el ángel haga la bestia».[354]

Por eso nos hace tan bien, para aspirar alto, sin ingenuidades, afincar en nuestra inteligencia la idea clásica del hombre. Esta idea tiene muchos presupuestos metafísicos, como los que hemos estudiado antes. La intuitiva verdad y belleza de esta visión del hombre, a su vez, habla a favor de la verdad de los presupuestos metafísicos en que se apoya. Por otra parte, la idea clásica del hombre implica muchas consecuencias éticas y políticas. Por lo tanto, la antropología filosófica se sitúa entre la filosofía más especulativa y la filosofía más práctica. La metafísica, cuyo objeto es más universal y más elevado que el ser humano –llega hasta Dios, con la teología natural–, es fundamental también para comprender al hombre en su ser más profundo y en su posición en el cosmos. La filosofía moral, jurídica y política, a su vez, es la extensión del conocimiento más especulativo sobre el hombre hacia los asuntos humanos, el ámbito de lo práctico. En sentido inverso, cualquier error que cometamos en este nivel antropológico puede repercutir en que cambiemos nuestra

---

354 *Pensées*, 678.

imagen del mundo entero, por esa correspondencia que hay entre *logos* y *physis*, de la que ya hemos hablado,[355] y puede repercutir también en que cambiemos nuestras conclusiones prácticas acerca de cómo debemos vivir. Si nos conocemos mejor, tendremos un poderoso apoyo intelectual para vivir mejor, para acercarnos a la vida lograda, plena, feliz.

---

[355]   Cf. *supra* cap. 19.

30. LA UNIDAD DE LA PERSONA HUMANA: CUERPO Y ALMA

La visión clásica y cristiana del ser humano, vista desde la perspectiva filosófica, incluye solo aquellos rasgos que podría comprender una persona –en principio– con su razón humana natural, sin el auxilio de la fe cristiana. Sin embargo, desde un punto de vista histórico no se puede negar que los trazos más profundos de esa imagen del hombre fueron incorporados a la tradición filosófica perenne por influjo del cristianismo. Pensemos, por ejemplo, en una ideología actual, el liberalismo político democrático, que se edifica sobre la base de que todos los ciudadanos tienen igual dignidad y libertad, y, según pretenden deducir de ahí –en realidad, desde el punto de vista lógico, no se sigue–, un derecho igual a la participación en las decisiones públicas y a ser tratados con justicia por parte de la autoridad. Un pagano, antes de Cristo o en una cultura no permeada por el cristianismo, se ríe a carcajadas, a mandíbula batiente, de semejante presupuesto ontológico. El liberalismo político contemporáneo pretende no tener ningún fundamento metafísico, y ningún fundamento religioso. En efecto, John Rawls afirma:

No hay necesidad de invocar *doctrinas teológicas o metafísicas* en apoyo de sus principios [de justicia] ni de imaginar otro mundo que compense y corrija las desigualdades que los dos principios permiten en éste. Las concepciones de la justicia deben ser justificadas por las condiciones de nuestra vida, tal como nosotros la conocemos, o no lo serán en absoluto.[356]

---

356 Rawls, John. *Teoría de la justicia* (María Dolores González, traductora), Fondo de Cultura Económica, México DF, 2006, p. 411.

Se engaña porque, en realidad, parte de una imagen del hombre impregnada de religión y de metafísica. Esa idea de la dignidad y esa concepción de la libertad –deformadas en la ideología liberal– no existían sobre la faz de la tierra antes del cristianismo. Por eso, cabe decir que el liberalismo político es una filosofía, y, como tal, racionalmente elaborada; pero que se ha fundado en la filosofía cristiana precedente, donde la dignidad y la libertad de todos ya constituían una verdad racional adquirida gracias al fermento de la fe cristiana. Es verdad que ya en Platón y Aristóteles, que son los pilares paganos de la síntesis posterior cristiana, la alta concepción del bien y de la belleza, del hombre y de Dios, de las virtudes morales y de la vida lograda, lleva implícitas unas ideas de dignidad y de libertad. Aunque se discute si Aristóteles en realidad concibe la libertad de la voluntad tal como la concebimos nosotros, lo cierto es que analiza la idea de una elección deliberada (*proaíeresis*).[357] La ética aristotélica es muy difícil de pensar si no se presupone alguna forma de libertad de elección, que permita atribuir los actos a las personas y asignarles responsabilidad por sus virtudes y sus vicios.[358] No obstante, la idea de la libertad adquirió unas connotaciones grandiosas, que en Aristóteles no posee, en la época cristiana. Atribuir nuestra idea de la libertad a Aristóteles puede ser considerado anacrónico. Luego, al parecer, no se puede negar que incluso esa filosofía política contemporánea que muchas veces pretende no tener ninguna raíz en una concepción religiosa del mundo, o en una concepción metafísica del mundo, toma como dos pilares estas ideas que vienen de ahí: libertad, dignidad. Por eso, los musulmanes identifican Occidente con el cristianismo. Los cristianos occidentales tratamos de disipar ese error, diciéndoles que no confundan los planos, porque en Occidente ha habido muchas derivaciones culturales, ideológicas, filosóficas, etcétera, que hunden sus raíces en el cristianismo, como estas ideas de libertad y dignidad, pero que después han abandonado el cristianismo, y que son visiones agnósticas o ateas, o de otras religiones. En parte tenemos razón en decir eso, pero en parte tienen razón los musulmanes cuando replican que, si comparamos todo ese conjunto de ideas occidentales y sus formas de vida con la visión islámica y con otras visiones orientales, la diferencia es neta, nítida, y se debe al fermento de la fe cristiana.

---

357   Cf. *EN*, III, 3, 1113a2-10 y Vigo, *Aristóteles, op. cit.*, p. 186.
358   Cf. *Ret.*, I, 6, 1362b10-28; *EE*, VIII, 3, 1248b18 y *EN*, I, 7, 1097b1-21.

Sin olvidar la verdad histórica de esos presupuestos originados en la revelación judía y cristiana,[359] vamos a explorar la imagen clásica del hombre en cuanto tiene de racionalmente asequible para cualquiera que esté dispuesto a detenerse a reflexionar. Esta exploración racional es determinante para algunas de las inquietudes más acuciantes de nuestra época, como las relacionadas con el poder de disposición del hombre sobre su cuerpo y sobre los cuerpos de los demás. El debate sobre el aborto, por ejemplo, ¿puede resolverse sin saber cuándo comienza a ser humano el cuerpo de un embrión? En el caso de la eutanasia, ¿podemos decir que todavía estamos frente a una persona humana cuando su cuerpo vive, pero su racionalidad ha desaparecido? ¿Y cabe admitir, en el caso del suicidio, que una persona plenamente capaz disponga de su vida como si fuera dueña de una cosa? Por otra parte, ¿podemos separar el «yo» del cuerpo en el que actúa? ¿Se reduce ese «yo», entonces, a la serie de sensaciones, deseos, experiencias cognitivas, unidas por la memoria, de manera que no seríamos la misma persona si quedáramos reducidos a un cuerpo vivo con pérdida de sus facultades mentales? En fin, ¿cómo sería lícito tratar el cuerpo de otra persona, sin afectar su conocimiento, cuando lo miramos o lo tocamos? ¿Y en qué medida es lícito consentir en un uso del propio cuerpo para fines comerciales o hedonistas, sin afectar la dignidad del «yo»?

Comencemos, pues, por la antropología del cuerpo humano. Si uno dice: «Yo soy dueño de mi cuerpo», ¿qué está pensando? Al parecer, introduce una división del todo corpóreo-espiritual: yo soy una cosa, un ser poseedor, y mi cuerpo es otra cosa, sobre la cual puedo ejercer dominio. ¿Cómo se justifica esa dualidad, esa objetivación o reificación externa del cuerpo? A este respecto, no existe una única tesis clásica precristiana. Varias son las visiones en pugna. El cristianismo termina por inclinar la balanza hacia una de ellas como central, aunque no ha logrado llevarla a todas las culturas.

Por una parte, está la visión dualista, que tiene dos grandes representantes en la historia de la filosofía: Platón, en la Antigüedad, y Descartes, en la Era Moderna. Platón piensa que el hombre es su alma, un alma espiritual, inmortal, que preexiste al cuerpo y lo gobierna.

---

359   Cf. Finnis, John. *Ruptura, transformación y continuidad en la tradición de la razón y la justicia* (Cristóbal Orrego, traductor). Inauguración del año académico 2013 de la Facultad de Derecho de la Pontificia Universidad Católica de Chile, *pro manuscripto*, p. 13.

Míralo también con el enfoque siguiente: siempre que estén en un mismo organismo alma y cuerpo, al uno le prescribe la naturaleza que sea esclavo y esté sometido, y a la otra mandar y ser dueña. Y según esto, de nuevo, ¿cuál de ellos te parece que es semejante a lo divino y cuál a lo mortal? ¿O no te parece que lo divino es lo que está naturalmente capacitado para mandar y ejercer de guía, mientras que lo mortal lo está para ser guiado y hacer de siervo?[360]

Descartes, a su vez, piensa que en el mundo hay tres tipos de sustancias: Dios, la *res cogitans* o cosa pensante, que es el alma de cada uno, o cada uno como ser espiritual, y la *res extensa* o cosa extendida en el espacio, la realidad material exterior a la mente, cuyo modo de ser real es geométrico (solo en nuestro pensamiento le añadimos cualidades no medibles, como los colores, sabores, etcétera). Dentro de esa *res extensa* está el cuerpo de cada uno. El hombre es pensamiento y materia, pero como dos sustancias unidas de manera accidental. El gran misterio, para Descartes, es que el *sentido común* y nuestras impresiones más realistas y evidentes me dicen que yo soy una sola cosa; yo me experimento como una sola realidad unitaria. Y, con todo, la filosofía –i.e., todos sus razonamientos abstractos y rigurosos– me dice, según Descartes, que soy dos cosas: el intelecto que piensa y quiere, que es espíritu, y esta materia que es mi cuerpo. ¿Cómo se produce, pues, la unión entre estas dos cosas? ¿Dónde está el alma? Tal es la gran pregunta de Descartes.

El dualismo enfrenta problemas insolubles en su contraste con el sentido común, como advierte Descartes. Es de lamentar que el filósofo moderno, cuando tiene que optar entre su filosofía y su sentido común, a menudo prefiere su filosofía. Por cierto, la filosofía y las ciencias tienen como misión formar y corregir el sentido común, porque no todo lo espontáneo o lo arraigado en la cultura corresponde a la verdad. Sin embargo, cuando una filosofía se aleja demasiado de la evidencia más palmaria, que es el núcleo duro y universal del sentido común, ya podemos empezar a sospechar de esa filosofía. Acertadamente dice Mariano Artigas, en defensa del sentido común: «Cualquier hombre que no haya violentado su inteligencia por malas disposiciones –la soberbia, por ejemplo– o por malos hábitos morales, es capaz de afirmar la existencia real de los seres que le rodean, de conocer la necesidad de un Hacedor de los seres

---

360   *Fedón*, 80a.

de la naturaleza, de saber que habrá un más allá, etc., sin que haya tenido que estudiar filosofía. La filosofía, sin renegar de ese conocimiento espontáneo –al contrario, de acuerdo y en continuidad con él–, estudia esas realidades de un modo científico, considerando su naturaleza y sus fundamentos: puede, por ejemplo, aducir argumentos para demostrar la existencia de Dios o del alma, algunos de ellos ya afirmados por el conocimiento espontáneo. Es decir, la filosofía, fundándose en ese conocimiento espontáneo, lo desarrolla (precisando, distinguiendo, explicitando, eliminando falsos elementos de la cultura ambiental, etcétera), y no debe contradecirlo, ya que el razonar científico se realiza con las mismas facultades cognoscitivas y parte de las mismas evidencias primeras que tiene cualquier hombre. Pretender que la filosofía sea un 'empezar de nuevo', como si no existiera ningún conocimiento válido anterior, no es legítimo, e históricamente ha dado resultados amargos, alejados de un auténtico conocimiento de la verdad, de la realidad del mundo y del hombre».[361] El dualismo, por lo tanto, no se apoya en nuestra experiencia. No refleja cómo nos experimentamos nosotros mismos al movernos, al sentir y aun al pensar. De eso se dieron cuenta incluso los autores dualistas, pero prefirieron sus vanos pensamientos a su clara intelección de lo real.

Algunos otros pensadores, para salvar ese inconveniente, incurrieron en una visión contraria, que es el materialismo. La principal posición contraria a la visión clásica y cristiana del hombre no es el dualismo; por lo menos, no lo es de forma explícita, aunque el dualismo está incluido en algunos planteamientos específicos contrastantes con la visión cristiana del hombre, como esa idea de que el cuerpo es una máquina, o de que podemos ser dueños de nuestro propio cuerpo, o de que la persona es distinta de su propio cuerpo. Todas esas ideas presuponen un cierto tipo de dualismo, que subsiste así en nuestra cultura; pero más opuesto a la visión clásica y cristiana es el materialismo, la creencia en que todos los seres son solo materia, y, por lo tanto, que los seres humanos no somos esencialmente distintos de una ameba.

A este reduccionismo materialista, tanto como al dualismo platónico, se opuso el hilemorfismo de Aristóteles. Aristóteles descubrió esa estructura metafísica de materia y forma –ya lo hemos visto– en toda la realidad física: en un pedazo de oro, en un árbol, en un gato y también en el hombre.[362] El

---

361   ARTIGAS, Mariano. *Introducción a la Filosofía*, Eunsa, Pamplona, 1995, pp. 16-17.

362   Cf. *supra* cap. 23.

hombre es materia, sin duda; pero es evidente que esa materia está organizada y vivificada por un principio organizador distinto al de un gato. Si esos principios organizadores fueran iguales, los hombres no tendríamos inteligencia o el gato la tendría, y poseeríamos garras y maullaríamos.

Aristóteles llama alma (en griego, *psique*; en latín, *anima*), según el lenguaje de su tiempo, a esa *forma sustancial* cuando da la vida; es decir, cuando no solo da el ser –un ser inerte–, sino la vida. Los escolásticos repetían: *Vita viventibus esse*, que la vida es el mismo ser para los vivientes, pues es un grado de ser superior, capaz de automovimiento o de realizar operaciones inmanentes. El principio vital recibe ese nombre especial: *psique, anima, alma*. Como Aristóteles usa las nociones de acto y potencia, y la forma es lo que actualiza a la materia, entonces podemos formular esta definición de alma: el *acto primero de un cuerpo natural orgánico que tiene la vida en potencia*. «Es forzoso, entonces, que el alma sea una sustancia en el sentido de forma de un cuerpo natural que en potencia tiene vida»,[363] nos dice el Estagirita en primer lugar. Y poco más adelante añade: «Si, efectivamente, hay que mencionar una característica común en todo tipo de alma, esa sería que el alma es la actualidad primera de un cuerpo natural orgánico».[364]

Esto equivale a decir que el alma es la forma sustancial del ser vivo, cuya materia sería cualquier cosa si no tuviera esa forma sustancial; pero, como tiene esa forma sustancial, esa materia prima se constituye en un cuerpo, con distintos órganos, con distintas partes que funcionan como un todo coordinado, vivo. Por eso, es extraño para la filosofía aristotélica que se plantee la cuestión de *demostrar* la existencia del alma. En efecto, el nombre «alma» (*anima, psique*) no es más que el nombre de la causa intrínseca de la vida de una cosa, de un ser vivo. Por lo tanto, la única demostración de la existencia del alma –si nos olvidamos de la imagen fantasmagórica del dualismo: el alma concebida como una cosa etérea metida en un cuerpo– es el principio de causalidad. Todo efecto tiene una causa: todo lo que comienza a existir, aunque sea un pequeño cambio en un ser ya existente, exige un ser distinto que lo haga existir o cambiar.

Ahora bien, vemos este montón de materia que, en lugar de ser un montón de materia inerte, es un montón de materia viva, que existe en un solo sujeto

---

363   *DA*, V, 2, 412a20.
364   *DA*, V, 2, 412b6.

unitario, de un tipo específico: un manzano, una espiga de trigo, un delfín, un ratón, un hombre. Hay una diferencia entre las dos cosas: el montón de materia y el cuerpo vivo de determinada especie de viviente. Esa diferencia es intrínseca, está en la cosa misma, y es activa, actúa para organizar la materia de esa forma. Démosle, pues, un nombre. Podríamos darle cualquier nombre. Podríamos denominarla la *diferencia* o el *acto diferenciador* o el *principio activo vital*. Aristóteles la llama *psique*, pues tal es la palabra vigente en el lenguaje corriente de su tiempo. Nosotros llamamos *alma* al principio vivificador interno. Como la palabra *alma* está, por decirlo así, influida por el dualismo platónico y por el dualismo cartesiano, nosotros tendemos a asociarla con una sustancia etérea, que está metida en alguna parte del cuerpo y que desde ahí lo controla. Como esa concepción no calza con nuestra experiencia, nos parece muy raro hablar del *alma*. En cambio, si nos despojamos de ese dualismo y nos atenemos a la argumentación aristotélica, tenemos que concluir que las plantas tienen alma, que los animales irracionales tienen alma y que los seres humanos tenemos alma. No somos nuestra alma, ni somos nuestro cuerpo, sino que somos el ser compuesto de alma y de cuerpo. Podemos decir, si queremos enfatizar que el cuerpo no es distinto de nuestro ser, que cada uno *es su cuerpo* y no solo que *lo tiene*. Asimismo podemos decir, si queremos enfatizar que el alma no constituye nuestra persona completa –pues somos también nuestro cuerpo–, que cada uno tiene un alma y no solo que es su alma.

El adagio latino *corpore et anima unus* significa que hay una sola cosa o sustancia constituida por cuerpo y alma. Es la tesis hilemórfica de que el alma es la forma sustancial del cuerpo vivo. Los seres vivos tienen su modo específico de ser por esa forma sustancial, por su alma. Esto se aplica a un vegetal, a un animal irracional y al hombre. Esos son los tres niveles de la vida o los tres tipos de alma: la vida vegetativa o alma vegetativa, la vida sensitiva o alma sensitiva y la vida humana o alma racional. No es que haya tres almas en el ser humano, dos almas en el animal irracional y un alma vegetal, sino que hay un principio vital cada vez más intenso, más rico, en la medida en que ascendemos en los grados de vida. El ser humano tiene una sola alma racional que incorpora las funciones vegetativas y las funciones sensitivas, y que posee como exclusivas las funciones racionales, en una unidad absoluta de alma y cuerpo. De esta concepción unitaria del ser humano, ni dualista ni materialista, se siguen muchas consecuencias. Una es que la unidad misma del conjunto de esos componentes materiales no se puede explicar por los componentes materiales, sino que exige la existencia del alma humana, igual que la materialidad del perro y del gato exige la existencia de su alma perruna o gatuna. Entiendo también que, como suele hablarse del alma como aquello que subsiste tras la muerte del hombre, por ser sustancia espiritual, suene extraño hablar del alma de los árboles y de los perros; pero la correcta comprensión del principio vital –del significado de «alma»– implica referirlo a todos los vivientes, aunque no todos, sino solo el hombre, posean un alma inmortal.

Un experimento mental, que parecerá infantil a los filósofos profesionales, puede ayudar a comprender que los elementos materiales no pueden explicar la unidad del compuesto vivo. Se dice que el ser humano está constituido por tres cuartas partes de agua y el resto de otros elementos: carbono, hidrógeno, zinc, etcétera. Tomemos una bolsa grande de plástico, de esas que se usan para los cadáveres, y echemos ahí setenta y cinco litros de agua, y después unos cuantos pedazos de carbón, oxígeno, etcétera; atémosla bien y movámosla hasta que se mezcle todo de modo perfecto, hasta que podamos decir con toda exactitud, si hemos respetado las proporciones químicas de la biología humana, que ahí hay, desde un punto de vista material, lo mismo que en un ser humano. Abramos la bolsa, a ver qué sale. Hagamos el experimento miles de millones de veces. Nunca surgirá un humano, ni un chimpancé, ni nada. Incluso en la hipótesis de que en un laboratorio, mediante una causalidad externa, se lograra producir un pequeño ser vivo, habría una diferencia radical entre ese ser vivo y el conjunto de materiales usados para construirlo. La hipótesis es extravagante porque se asume que podría existir la potencia tecnológica humana para producir el principio vital permanente en una materia que no tuviera esa potencialidad, algo que es distinto por completo de solo tomar seres vivos y a partir de ellos producir otros seres vivos, como cuando tomamos una rama de un árbol y la plantamos.

La diferencia entre el viviente y la materia inerte, o entre una especie de viviente y otra, exige una causa, y no solo una causa externa que le dé la vida y la especie a esa materia, sino una causa interior o intrínseca que de continuo haga ser y ser de tal especie a ese montón de materia. La misma necesidad de explicación causal vale para la diferencia entre vivientes de especies distintas. Decir que un mono es en esencia igual que un ser humano es tan erróneo como decir que una bolsa de plástico para envolver cadáveres, llena de agua y de pedazos de carbón, oxígeno e hidrógeno, es lo mismo que un mono. Es igual de tonto. ¿Por qué? Porque la diferencia no viene por la materia, sino que viene por el alma. Por lo tanto, si hay una diferencia de organización intrínseca, hay una diferencia de especie, y, en consecuencia, una diferencia esencial. Que la diferencia sea esencial no significa que no pueda haber semejanzas. Podemos encontrar muchas más analogías y semejanzas entre un mono y un ser humano, que entre un mono y un árbol o que entre un árbol y un montón de agua con carbón. Esto es evidente, pero la unidad del cuerpo y del alma implica que toda diferencia permanente típica en la organización de la materia implica una diferencia esencial de alma.

Otra consecuencia de la unidad hilemórfica es que, como hemos visto, en cierto sentido *nosotros somos nuestro cuerpo*. Entonces, si esta expresión se toma como una referencia a la totalidad de lo que somos, donde no hay cuerpo no hay «yo». Sin embargo, hay una discusión filosófica –y profundas convicciones religiosas– acerca de la subsistencia del alma humana después de la muerte, y en consecuencia sobre la subsistencia del «yo» personal, que no se identificaría totalmente con el cuerpo que él es. No se da esa discusión respecto de los animales irracionales. Si el animal muere, la forma sustancial suya, que era el alma sensible, desaparece. No se da el debate sobre la inmortalidad respecto de las plantas. Si la planta muere, la forma vegetativa desaparece, porque la corrupción, que es la muerte, consiste en que la materia pierde su forma sustancial y adquiere otra. Cuando quemamos un pedazo de papel, no subsiste la forma sustancial papel, invisible, y surge entonces la forma sustancial ceniza y la forma sustancial humo. El papel se transforma en ceniza y en humo. La misma materia pierde la forma sustancial de papel, que desaparece, y adquiere la forma sustancial de ceniza y la forma sustancial de humo. De manera que en el ciclo natural permanente de generación y corrupción de los seres materiales, inertes o vivos, de la misma potencialidad de la materia surgen formas sustanciales cuando se generan seres, y desaparecen formas sustanciales cuando los seres se corrompen, y siempre se dan simultáneamente la corrupción y la generación.

Entonces es objeto de debate que, cuando un ser humano muere, no pase lo mismo que pasa con el papel, con el árbol o con el mono, y que se diga que sigue existiendo su alma. Esto se parece al dualismo de Platón o de Descartes. Vamos a dejar ese tema para un capítulo posterior.[365] Ahora nos interesa ver cómo la discusión sobre la inmortalidad del alma ilumina la naturaleza del cuerpo humano. Es muy fácil admitir la inmortalidad del alma humana en una perspectiva platónica; y es muy fácil de admitir en un contexto

---

[365]   Cf. *infra* cap. 35.

cartesiano. Incluso en la perspectiva de Kant, que negaba la posibilidad de *demostrar* la inmortalidad del alma especulativamente,[366] es necesario admitir la inmortalidad del alma por razones morales, no por razones metafísicas.[367] En cambio, en el contexto aristotélico no es tan fácil aceptar la inmortalidad del alma humana. Los textos de Aristóteles son de interpretación controvertida,[368] aunque hay varios que favorecen la idea de la inmortalidad del alma.[369] La concepción hilemórfica hace discutible la subsistencia de un coprincipio (en este caso, del alma) separado del otro (en este caso, de la materia que junto con el alma constituye un cuerpo vivo). La corrupción del compuesto implica la *no comparecencia*, en esa materia, de la causa (la forma sustancial) que le daba el ser y la vida. Luego, una vez que el principio de causalidad, que exigía afirmar la existencia de la forma sustancial y, para los vivientes, del alma, ya no exige afirmar esa existencia (pues el compuesto ha muerto), la existencia del alma separada (inmortalidad) exige una prueba distinta, no basada en la realidad del compuesto. Esa prueba no existe respecto de ninguna forma sustancial o alma vegetativa o sensitiva, y es difícil de conocer en el caso del alma humana.[370] En este marco, donde la inmortalidad del alma es lo discutible, lo que no es discutible es que la persona, mientras vive, es su cuerpo vivo, incluso si tiene alma inmortal. Si me cortan un brazo, *yo* he sido mutilado; si me escupen la cara, *yo* he sido ultrajado.

El alma inmortal no es la persona, sino una parte de la persona. Por eso, Santo Tomás, que es muy aristotélico, y que afirma la inmortalidad del alma, sostiene también, sin embargo, que, cuando el hombre muere, ha muerto la persona.[371] La *persona* ya no existe; subsiste *su alma* y, en ella, su *identidad personal*, que nos autoriza a hablar de ella por su nombre y a afirmar su continuidad ontológica *in aeternum* (para los cristianos, hasta el día de la resurrección). ¿Por qué ya no existe la persona? Porque la persona es el todo: *homo est anima et corpore unus*. Esto puede chocar a los cristianos modernos, que tienden a ser cartesianos y platónicos; pero está definido como dogma

---

366   Cf. *KrV*, A 351.

367   Cf. *KpV*, AA V, 122.

368   Cf. BOERI, Marcelo. "Introducción" a ARISTÓTELES. *Acerca del alma*, Colihue, Buenos Aires, 2010, pp. CIX-CXXIII.

369   Cf. *infra* cap. 35.

370   Cf. *infra* caps. 31 y 35.

371   Cf. *S. Th.*, I, q. 29, a. 1.

de fe por el IV Concilio de Letrán y reafirmado por el Concilio Vaticano I: que el hombre consta de dos partes *esenciales*: el cuerpo material y el alma espiritual.[372] En el mismo sentido el Concilio de Viena señala:

> Reprobamos como errónea y enemiga de la verdad de la fe católica toda doctrina o proposición que temerariamente afirme o ponga en duda que la sustancia del alma racional o intelectiva no es verdaderamente y por sí forma del cuerpo humano; definiendo, para que a todos sea conocida la verdad de la fe sincera y se cierre la entrada a todos los errores, no sea que se infiltren, que quienquiera en adelante pretendiere afirmar, defender o mantener pertinazmente que el alma racional o intelectiva no es por sí misma y esencialmente forma del cuerpo humano, ha de ser considerado como hereje.[373]

Así, pues, que el cuerpo y el alma son una sola cosa, y que el alma es la forma sustancial del cuerpo, fue definido como dogma de fe por el Magisterio de la Iglesia católica. Con esa verdad clara, el Magisterio eclesiástico pudo enfrentar con solidez las herejías maniqueas, que se nos meten cada cierto tiempo dentro de la Iglesia, que separan completamente el cuerpo del alma, que piensan que el cuerpo no tiene la dignidad propia de la persona.

La imagen clásica y cristiana del hombre, varón y mujer, es la de una persona corporal. No se trata solo de una cuestión de fe, aunque los dogmas católicos refuercen la convicción de los creyentes. Es la visión de sentido común y la tesis aristotélica, asumida por la Iglesia católica en su formulación dogmática sobre el alma como forma sustancial del cuerpo vivo. Yo soy mi cuerpo y soy mi alma, siempre en la unidad completa de una sola sustancia: el yo personal. Al morir, subsiste mi identidad personal en mi alma espiritual: yo subsisto en mí mismo, aunque no con todo mi ser propio. Robert Spaemann dice, en el mismo sentido:

> El hombre no es una subjetividad descarnada que disponga de un organismo natural. El cuerpo humano es el hombre mismo. La contraposición entre naturaleza y persona olvida que la persona finita es en sí misma

---

[372]   Cf. Dz. 428 y 1783.
[373]   Cf. Dz. 481.

una naturaleza en la que se representa la persona, en la que la persona se puede contemplar y tocar.[374]

Una tercera consecuencia de esa visión unitaria del hombre es que la persona se manifiesta a través de su cuerpo. Existe un lenguaje del cuerpo. Nosotros hablamos con el cuerpo. Por eso podemos manifestarnos verazmente a través del cuerpo, pero también mentir con el cuerpo. La persona puede tener una profundidad casi infinita por su alma espiritual, pero, como esa alma es la forma del cuerpo, toda esa profundidad también se manifiesta a través del cuerpo. Su cuerpo nunca es solo su cuerpo, sino siempre, al mismo tiempo, su persona total, su ser *corpore et anima unus*. La antropología del cuerpo, por lo tanto, resalta la dignidad de la persona en su cuerpo. Nuestro cuerpo es algo digno con la excelencia del ser humano. Se habla hoy tanto de la dignidad humana, pero esa dignidad no se debe separar de la dignidad del cuerpo. El cuerpo no puede ser considerado como una cosa sobre la cual se ejerce un dominio. Por supuesto que hay un sentido, en la ética clásica, según el cual se puede hablar del objeto, y del cuerpo como objeto, y aun de la persona como objeto. Esas categorías y ese lenguaje no tienen que ver con considerar a la persona como una cosa, sino que se refieren a que los actos humanos pueden recaer sobre la persona (también sobre su cuerpo), y aquello sobre lo cual recae un acto se llama, en el lenguaje técnico filosófico, *objeto*.[375] Yo puedo besar a mi madre, y entonces ella es el objeto de mi beso. Esto no tiene nada que ver con el uso de la palabra objeto con el sentido de cosa exterior a la persona, objeto de dominio. Yo no me adueño de mi madre cuando le doy un beso. Al contrario, estoy manifestando mi entrega filial, mi cariño. Por lo tanto, la antropología del cuerpo, cuando se entiende de esta manera, impide que convirtamos a las personas en objetos, en el sentido de cosificarlas, aunque puedan ser *objetos* en un sentido técnico, que se usa en la moral o que se usa en el derecho más clásico. En el derecho moderno no se emplea la categoría de objeto para las personas, porque el derecho moderno separa el sujeto del objeto, y pone a las personas como sujetos y a las cosas como objetos; pero, en el lenguaje moral clásico, y en el lenguaje jurídico más clásico, no hay inconveniente en decir que la persona puede ser objeto en

---

374 Spaemann, *Felicidad y benevolencia, op. cit.*, p. 248.
375 Cf. Widow, José Luis. *Introducción a la ética*, Globo Editores, Santiago, 2009, pp. 156-162.

cuanto que término de un acto humano. En este sentido, Dios mismo es el objeto de las tres virtudes teologales (fe, esperanza y caridad).[376] Si uno utiliza la palabra objeto en el sentido moderno, en cambio, no puede decir que la persona sea objeto. En efecto, *objetificar* a la persona es *cosificarla*, degradarla. Asimismo, no se puede *objetificar* el cuerpo de una persona sin degradar a la persona, porque la persona es el cuerpo.

No es difícil extraer las consecuencias políticas y morales de esta visión clásica y cristiana de la persona y de su cuerpo, el cuerpo que ella tiene como se posee una parte del propio ser, y que, por tanto, ella indisolublemente es. En efecto, el trato debido a las personas se ha de traducir en el respeto a su vida desde el mismo momento de la concepción de su cuerpo –donde está el cuerpo vivo está la persona entera–; en la ayuda a la vida digna, tanto en sus condiciones materiales como en sus exigencias espirituales; en una política ordenada al bien común, constituido como un orden de la convivencia que facilita la perfección corporal y espiritual de los miembros de la comunidad; en la correcta ordenación de la moralidad pública, sin permitir que el cuerpo humano sea instrumentalizado y explotado como objeto de consumo o de propaganda; en el cuidado de las personas en sus estados más débiles –enfermos, ancianos, niños–, donde se manifiesta que la dignidad personal no depende de la fortaleza del cuerpo o de la utilidad simplemente material de sus fuerzas, porque la dignidad del espíritu penetra todo el ser corporal de la persona.

---

[376] Cf.. *S. Th.*, II-II, q. 1, a. 1; q. 17, a. 2 y q. 25, a. 1, sobre el objeto, respectivamente, de las virtudes teologales de fe, esperanza y caridad. Véase además PIEPER, Josef. *Las virtudes fundamentales* (Carlos Melche, traductor), Rialp, Madrid, 1990, pp. 26-27.

31. LOS GRADOS DE VIDA
Y LAS FUNCIONES VITALES

El problema ético-jurídico de la llamada «muerte cerebral», como criterio para determinar si una persona está efectivamente muerta, constituye un debate de actualidad con la única consecuencia práctica –importante, desde luego– de que, al paciente declarado muerto, se le pueden extraer sin escrúpulos los órganos para trasplantarlos. La cuestión es: ¿está realmente muerto o está vivo? ¿Por qué hay tanto debate? Porque la apariencia externa es que está vivo; sin embargo, hay un diagnóstico que, apoyándose en el cese irreversible de las funciones encefálicas, afirma que, en realidad, está muerto. La muerte en sí no se puede observar sensiblemente, porque es un instante en el que deja de estar presente el alma en el cuerpo, y esa unión de alma y cuerpo es una realidad metafísica, que conocemos por sus consecuencias: que el ser vive, realiza operaciones inmanentes. En el capítulo precedente, al hablar de si se puede demostrar la *existencia* del alma, dijimos que la pregunta misma es un poco extraña, porque, en realidad, llamamos alma a aquello que hace que un conjunto de materia, que sería otra cosa, en realidad sea este ser concreto y vivo, que tenemos delante de nosotros. En efecto, precisamente porque vemos, experimentamos, ese automovimiento del organismo, a lo que llamamos estar vivo, entonces deducimos, por aplicación del principio de causalidad, que tiene que haber una causa de aquello, y a esa causa la llamamos alma, *psique*, *anima*. En el caso de la muerte, pasa lo mismo: porque observamos alguna realidad, que es incompatible con que el ser esté vivo, afirmamos que ya está muerto, que entonces el alma no está presente en ese conjunto de materia. Si queremos no tener ninguna duda acerca de que un ser está muerto y no vivo, simplemente hay que esperar. La putrefacción es una señal clara de que el organismo está muerto. No obstante, suele ser necesario saberlo antes de que comience la putrefacción. Entonces, los diagnósticos de la muerte se han acercado más al instante de la muerte. Por ejemplo, de alguien a quien ha dejado de latirle el corazón y ha dejado de respirar decimos que está muerto, pero quizás el cadáver está tibio, y hay una inercia solo biológica por la cual algunos aspectos de la actividad vegetativa siguen aconteciendo. Después se ha descubierto la no reacción de las pupilas ante la luz como una señal de que de manera efectiva ya ha dejado de funcionar el organismo. Una forma de diagnóstico más reciente, desde mediados del siglo XX, acerca todavía más el diagnóstico de la muerte a un momento anterior a los procedimientos precedentes: putrefacción, cese irreversible de la función cardiorrespiratoria, pupilas que no reaccionan. Se afirma que el organismo no funciona como un todo, y que, por tanto, ha muerto, cuando se produce la llamada muerte encefálica, el cese irreversible del funcionamiento de todo el encéfalo y el tronco encefálico. Los médicos partidarios de este método prefieren hablar de diagnóstico encefálico de muerte, porque, en su opinión, la persona está muerta de verdad.[377] No vamos a zanjar el debate, donde hay sólidos argumentos para las dos posiciones –la que afirma y la que niega el valor del diagnóstico encefálico para conocer la muerte real–; pero sí podemos observar que no se puede resolver bien esta controversia sin algún conocimiento antropológico anterior acerca de qué significa estar vivo. La vida causa el funcionamiento del organismo como un todo, y no solo de alguna de sus partes. En asuntos de este tipo cobra relevancia una profundización no solo en el concepto de vida, sino también en las funciones que manifiestan la vida.

Los grados de vida son tres: la vida vegetativa, la vida sensitiva y la vida intelectiva. Se diferencian de modo esencial entre sí, no solo como las especies biológicas dentro de cada grado, sino más aún, porque observamos tipos de funciones completamente nuevas al dar el salto de un grado de vida al otro. Así como la vida en general se caracteriza por el automovimiento, la capacidad de realizar operaciones inmanentes, y un grado consiguiente de interioridad y de espontaneidad, cada grado superior de vida añade niveles de operaciones inmanentes y de interioridad.[378]

---

377   Cf. CHAGAS, Carlos (editor). *The artificial prolongation of life and the determination of the exact moment of death*, Pontificia Academia Scientiarvm, Ciudad del Vaticano, 1986.

378   Más detalles en VERNEAUX, *Filosofía del hombre, op. cit.*, pp. 27-31; 85-95.

La vida vegetativa se caracteriza por tres funciones: la nutrición, el crecimiento y la reproducción, que implican un nivel de interioridad del ser, un nivel de autonomía y de espontaneidad en su acción que lo independiza del medio, pero no tanto como los grados de vida superiores. Con eso basta para que haya un vegetal. La relación entre estas tres funciones es necesaria para que exista una especie biológica, es decir, de individuos que se generan y se corrompen. Con la nutrición y el crecimiento se basta el individuo a sí mismo: toma elementos del mundo circundante y los transforma en su propio ser, y con eso puede desarrollar su potencia hasta llegar a la plenitud posible para cada individuo dentro de la especie. Eso es nutrirse y crecer. Si un individuo hiciera eso y nada más, en algún momento se corrompería, moriría y desaparecería. Tiene que haber reproducción, la cual, como se advierte de manera fácil, no se ordena al bien del individuo, sino al bien de la especie. La reproducción, por lo tanto, es una función vegetativa que hace posible la existencia de especies biológicas. Estas se perpetúan en el tiempo gracias a esta función.

La vida sensitiva es la vida de los animales *irracionales*, también llamados *brutos*. Este grado de vida añade tres funciones o potencias operativas: el conocimiento sensible, el deseo o apetito o inclinación sensible y la locomoción. Estas tres funciones inauguran un mundo vital por completo novedoso y mucho más interior, mucho más profundo que el del mero vegetal, porque el animal bruto, ya con el conocimiento sensible, puede relacionarse con un mundo mucho más amplio, y no solo mediante la asimilación de elementos materiales que incorpora su propio ser, sino mediante el conocimiento, la captación de cualidades sensibles, colores, olores, sabores, etcétera. El viviente adquiere así una mayor autonomía respecto del medio. Precisamente porque conoce esas cosas que están distantes, puede tener una reacción interior respecto de ellas. Esa reacción puede ser de agrado o inclinación hacia lo conocido, captado de alguna manera como conveniente, o de desagrado o inclinación contraria (huida, rechazo, ataque) con relación a lo conocido, captado como inconveniente. Tales potencias de reacción ante lo conocido son los apetitos sensibles o tendencias sensibles. Y, por supuesto, esas dos realidades serían incompletas si el animal no pudiera moverse, si el león pudiera ver a la cebra y desear comérsela, pero estuviera clavado al piso como un árbol. Por eso existe la capacidad de moverse, de cambiar de lugar, de acercarse a ese elemento externo que se ha percibido como agradable. Los animales irracionales pueden conocer y desear, y actuar con relación a esas cosas que conocen y desean, cambiando de lugar, moviéndose, y, en fin, matando, comiendo, usando aquellas cosas que necesitan para realizar las demás funciones que están presentes de un modo nuevo en el animal. El animal posee también las potencias vegetativas, pero de una forma más alta. Se nutre, crece y se reproduce de una manera distinta a como lo hacen los vegetales, porque ahora las potencias sensitivas (conocimiento, apetito, locomoción) intermedian o dirigen la actualización de las funciones vegetativas. El animal no podría nutrirse, crecer y reproducirse, si no viera y oyera, si no padeciera el hambre y la sed, si no experimentara deseos y temores, y si no se moviese, impulsado por esos deseos y temores, en un medio más amplio (se entiende que hablamos aquí de los animales superiores, pero por analogía se puede decir lo mismo de animales sentientes con menos sentidos externos e internos)..

Por último, la vida intelectiva se caracteriza por añadir, a todas las potencias anteriores, la capacidad de conocer de manera abstracta (*i.e.*, la inteligencia) y la capacidad de desear o tender hacia aquello que hemos conocido de manera abstracta (*i.e.*, la voluntad o apetito intelectual).

La vida intelectiva es mucho más intensa, mucho más interior todavía que la vida sensitiva, porque el conocimiento se puede proyectar de manera infinita y eso es también una capacidad de replegarse dentro de sí de modo potencialmente ilimitado. Como seguimos siendo animales, esa potencialidad no la podemos actualizar de forma plena, porque tenemos que conocer cosas sensibles, alimentarnos, etcétera. Somos mortales y necesitamos realizar una serie de actividades prácticas que van más allá del apetito y del conocimiento intelectual.

Las funciones o potencias del alma humana son todas –hasta las más elementales funciones de la persona, de este ser corpóreo-espiritual del que hemos hablado antes– distintas de como se dan en los vegetales o en los irracionales, porque están mediadas o dirigidas por nuestra inteligencia y nuestra voluntad. De forma esquemática podemos verlo de la siguiente manera.

Las potencias vegetativas funcionan, a cierto nivel, automáticamente, sin intervención de las potencias superiores; pero, considerado el ciclo completo de su funcionamiento, requieren de la dirección racional. Los seres humanos también tenemos que absorber elementos que están fuera de nosotros, y asimilarlos y transformarlos en fuente de energía para la subsistencia de nuestro propio ser. Eso es nutrirse. Sin embargo, necesitamos conocer sensiblemente los alimentos, igual que un león o un gato. Con todo, eso tampoco nos basta para nutrirnos.

Nosotros conocemos esos alimentos, además de por los sentidos, con nuestra inteligencia, y podemos seleccionarlos a voluntad. Toda la actividad humana de nutrirse está penetrada de inteligencia y de libertad. Nunca comemos como un animal irracional. Para bien o para mal, la inteligencia está metida hasta en una función tan elemental como alimentarse. Hay gustos culinarios, que no son solo sensibles. La gastronomía misma es un arte humano en el que se refleja toda la mentalidad de una persona, de una familia, de una cultura. A veces se dice que una persona come como una bestia, pero no existe tal persona. Se le dice así porque engulle todo lo que se le pone por delante, vorazmente, como un león; pero, cuando una persona come así, es porque su inteligencia y su voluntad buscan en la comida un infinito, que el león no busca. El león se sacia y ya está, va a otra cosa. En cambio, el humano puede comer y comer, y llegar al extremo de los romanos, con sus plumillas y sus vomitorios, o al extremo de otras personas, que usan métodos variados para seguir comiendo y bebiendo más y más. ¿Por qué podemos incurrir en excesos más allá de toda medida racional, pero también más allá de toda medida animal? Porque nos nutrimos con nuestra inteligencia, que tiene una penetración infinita; porque, cuando queremos con la voluntad el alimento, nunca podemos querer solo el aspecto material del alimento. Siempre queremos alguna otra cosa, hasta el punto de que la persona golosa en el fondo busca la felicidad, la felicidad infinita. Eso busca al comer más y más. No la va a encontrar, pero esa es la forma en que somos los seres humanos: así abordamos la nutrición, una función vegetativa.

Hay una serie de operaciones que ocurren en nosotros y que no están mediadas por la inteligencia, pero incluso en ellas podemos intervenir, como el crecimiento. El crecimiento se produce de forma vegetativa, solo por alimentarse, pero uno se puede alimentar bien o mal. Los padres, cuando el niño no crece lo suficiente, se preocupan: hay que alimentarlo más, llevarlo al médico o hacer que haga deporte. Incluso del crecimiento, que puede parecer algo vegetativo y automático, y que lo es en gran medida, nos ocupamos de manera intelectual. La medicina, la dietética y la educación mental y física tienen que ver con el crecimiento, pues crecer para un ser humano no es solo crecer de forma vegetativa, sino que también crecemos física, anímica, psíquica y espiritualmente; todo esto es crecimiento. El crecimiento puede parecer una potencia solo vegetativa, pero se aplica a todos los niveles.

La procreación humana está todavía más mediada por la inteligencia y la voluntad. El cardenal Ratzinger, en su intervención en la Universidad Católica en 1988, explicó la diferencia entre *reproducción* y *procreación*.[379] Se pueden *reproducir* las cosas meramente materiales, como se fabrican mil ejemplares de un automóvil. Asimismo se pueden *reproducir* los animales y los vegetales, porque cada uno de ellos es solo un individuo dentro de una especie, intercambiable por otro individuo. La situación es distinta en el caso del ser humano: por la espiritualidad del alma,[380] cada individuo es un fin en sí mismo; es *al mismo tiempo* un individuo de la especie y un ser que trasciende su propia especie. Los seres humanos *no se reproducen* simplemente, sino que *procrean*, participan en la creación al poner las condiciones biológicas para que comience a existir un ser que es corporal y también espiritual, indisolublemente. Las consecuencias de reducir la procreación a la reproducción no son triviales, sino que privan de sentido a la misma discusión racional, que se cierra a comprender el nivel superior. Así dice Ratzinger:

> Si yo considero como algo real únicamente la *reproducción* y juzgo todo lo que sobrepasa ese nivel, y que se expresa en el concepto de *procreación*, como perteneciente a un lenguaje inexacto y científicamente sin importancia alguna, ¿no he negado quizás en ese modo la existencia de lo que es específicamente humano en el hombre? Pero entonces, ¿quién puede discutir todavía verdaderamente con alguien y para qué sirve hablar aun de la racionalidad del laboratorio y de la racionalidad misma de la ciencia?[381]

La procreación humana está mediada no solo por el conocimiento sensible y por el deseo que le sigue (*i.e.*, por el sentimiento y la pasión amoroso-sexual que mueven al animal bruto, macho y hembra), sino también, además, por el conocimiento intelectual y por el apetito intelectual, que es la voluntad. Por eso, la procreación en el ser humano no es una mera actividad sexual disparada de modo automático por el conocimiento sensible y por un deseo irracional, que sigue de forma instintiva a ese conocimiento sensible. En parte es eso, aunque muy mitigadamente en comparación con los brutos, pero es mucho

---

[379] Cf. RATZINGER, Joseph. "Una mirada teológica sobre la procreación humana", *Cuaderno Humanitas*, n. 20, 2008.

[380] Cf. *infra* cap. 35.

[381] RATZINGER, Joseph. "Una mirada teológica sobre la procreación humana", *op. cit.*, p. 22.

más que eso. Nosotros podemos ordenar nuestra procreación de una manera que supera infinitamente el instinto, no para hacer de la actividad sexual algo menos intenso, sino para hacer de ella algo más intenso y placentero que el sexo instintivo del bruto, algo más extendido en el tiempo y más configurador de la vida. Esta es una verdad antropológica, que tiene sus consecuencias en el orden racional del acto humano procreador. No hay una moral de la procreación humana –la ética matrimonial– que se nos imponga, como desde afuera, a los seres humanos, como si fuéramos unos animales llenos de instintos naturales y espontáneos, a los que alguien mete en una jaula racional, que es la moral. Si alguien se siente así, es que vive como un hámster.

Algunas realidades antropológicas muestran el carácter intrínsecamente racional, éticamente ordenado, de la procreación humana. Consideremos, en primer lugar, el sentido del pudor, que nos inclina a cubrir la intimidad. Los animales brutos no se cubren sus partes íntimas; no se visten. Nosotros sí lo hacemos, porque podemos hacer una diferencia entre los ámbitos en los que va a tener un sentido humano el mostrar, el entregar, el entregarse en esa intimidad, y otros ámbitos en los cuales esa exhibición anula la intimidad y desvaloriza públicamente la entrega corporal. La diferenciación entre lo privado e íntimo y lo público y visible está directamente surcada por la conciencia de un grado muy alto de actividad personal, que es la procreación. Para el animal bruto, en cambio, reproducirse no es algo especialmente elevado en relación con alimentarse o cumplir cualquier otra función biológica. En cambio, el ser humano advierte en la procreación –incluso de manera intuitiva, intelectual y sensible a la vez– algo que es muy elevado y, por tanto, que debe ser tratado con un respeto especial. Entonces se cubre, manifiesta o no su intimidad según unas circunstancias especiales. Esa particular conciencia de la intimidad da origen al pudor. El pudor es una virtud moral, pero no es la virtud lo primero, sino que lo primero es la realidad antropológica del cuerpo humano como una manifestación de la persona, que en realidad es la persona misma, que tiene distintos niveles de intimidad. No es lo mismo mostrar la cara –aunque en la cara hay un gran nivel de intimidad también– que mostrar los órganos sexuales. Entre lo más visible del carácter público de la persona, que es su rostro y su mirada, y lo más representativo de su máxima intimidad, que es su órgano genital oculto a las miradas, hay distintos niveles de vinculación con el ámbito de la intimidad: los brazos y las piernas, por ejemplo, se ocultan en situaciones públicas formales y representativas, pero no en el deporte; los pechos femeninos, que marcan una diferencia sexual, se ocultan más que el torso masculino; incluso la cabellera puede adquirir connotaciones de intimidad en las culturas más pudorosas. El sentido del pudor revela, pues, que la actividad procreadora y lo que a esa intimidad se acerca está mediada por la conciencia intelectual del propio ser y de su profundidad metafísica.

Atendamos, en segundo lugar, a una circunstancia que no es solo física, ni casual, que diferencia el acto procreador humano de la actividad reproductora animal. Los seres humanos, cuando procrean, involucran toda la superficie de sus cuerpos, y lo hacen de frente. En cambio, los animales irracionales solo necesitan poner en contacto sus órganos genitales. Lo demás es irrelevante. Si la finalidad objetiva, de la que el bruto es inconsciente, es solo reproducirse para conservar la especie, y si no hay una unidad profunda de los individuos que realizan el coito —esa unidad propia del amor espiritual entre los cónyuges—, lo único que se necesita es poner en contacto los órganos sexuales. En cambio, en el ser humano el contacto es de frente. La cara, los pechos, los órganos genitales, las piernas, todo entra en contacto y todo simboliza y realiza la unión de las personas que se complementan en la entrega recíproca de la intimidad corporal. La persona es la totalidad, no es una parte del cuerpo (ni mucho menos un yo independientemente definido respecto de su cuerpo). Luego, la procreación involucra a la persona entera, hasta el punto de que, como dice la expresión del *Génesis*: «Por eso deja el hombre a su padre y a su madre y se une a su mujer, y se hacen una sola carne».[382] La procreación está mediada por la identidad espiritual de las personas y por sus potencias racionales: el conocimiento intelectual de la otra persona como única e irrepetible y la donación amorosa que afirma su existencia como digna de un compromiso espiritual previo al intercambio corporal. El acto procreador —el coito con toda su elaboración cultural—, en lo que puede parecer más animal y que mucha gente lo trata como si fuera irracional e instintivo, representa lo que es más espiritual: la unión de conocimiento y de amor entre dos personas, un varón y una mujer, que se complementan afectiva, sexual, biológica, psicológica y espiritualmente. De esta manera se niega todo dualismo, que el espíritu y el cuerpo estén cada uno por su lado, pues hay unidad de cuerpo y espíritu. Toda una serie de instituciones sociales, culturales, etcétera, son intrínsecamente constitutivas del acto procreador al modo humano. Así como existen la gastronomía y los restaurantes para la

---

382   *Gn.*, 2: 24.

nutrición, existen también el cortejo, el noviazgo, la boda, el matrimonio con sus exigencias, la protección social de la familia, etcétera, como creaciones culturales y naturales a la vez, enraizadas en el cumplimiento de una función que aparentemente es solo biológica, la procreación. Lo más alto se apoya en lo más bajo, como nos recuerda C. S. Lewis, citando el clásico de espiritualidad católica *La imitación de Cristo*: «Lo más alto, dice la *Imitación*, no se sostiene sin lo más bajo».[383] No lo anula, sino que lo eleva a un nivel superior; no lo rebaja, ni prescinde de él, sino que lo necesita y así lo eleva. No deja de ser verdad que la procreación tiene como finalidad intrínseca, racional, la conservación y propagación de la especie humana; pero cada nacimiento es una novedad absoluta, es un origen nuevo, pues ese niño tiene valor en sí mismo, es un fin en sí mismo, con un sentido que no disminuiría aunque desapareciera toda la especie humana.[384]

En definitiva, incluso las funciones vegetativas existen en los seres humanos como aspectos de su ser corpóreo-espiritual, y se ejercitan mediadas y dirigidas tanto por el conocimiento y el apetito sensibles como por la inteligencia y la voluntad. Las funciones cognitivas y apetitivas, tal como se dan en el ser humano, se manifiestan en los dos niveles, el sensitivo y el espiritual. El nivel sensitivo también se hace presente, como es obvio, en la nutrición, el crecimiento y la procreación; pero el ser humano es capaz de algo más alto, que es el conocimiento intelectual de los objetos de sus inclinaciones sensibles a comer y a procrear. En el caso de la procreación, se conoce de forma intelectual a la otra persona, se descubre un fin en sí mismo –cosa que el animal bruto no puede hacer– en un otro que adquiere prioridad respecto de uno mismo. El apetito intelectual, que es la voluntad, es la fuente del amor espiritual. La palabra amor ha sido tan degradada y hasta pervertida que el Papa Benedicto XVI consideró necesario escribir una encíclica sobre el amor. El Papa intentó rescatar el amor, que está en el núcleo identitario del cristianismo, de profundas confusiones, de reducciones, de interpretaciones

---

383   LEWIS, Clive Staples. *Los cuatro amores* (María Luz Huidobro, traductora), Editorial Universitaria, Santiago, 1988, p. 12.

384   Véanse explicaciones análogas o complementarias sobre la antropología de la sexualidad y de la procreación en MARÍAS, Julián. *El tema del hombre*, Espasa-Calpe, Madrid, 1981, pp. 20-24; GARCÍA CUADRADO, *Antropología filosófica*, *op. cit.*, pp. 124-139, y GÓMEZ PÉREZ, Rafael. *Problemas morales de la existencia humana*, Editorial Magisterio Español, Madrid, 1980, pp. 129-187.

egoístas. En el extremo, intentó rescatar la misma idea de Dios, que es Amor, de su instrumentalización en servicio del mal:

> En un mundo en el cual a veces se relaciona el nombre de Dios con la venganza o incluso con la obligación del odio y la violencia, éste es un mensaje de gran actualidad y con un significado muy concreto. Por eso, en mi primera Encíclica deseo hablar del amor, del cual Dios nos colma, y que nosotros debemos comunicar a los demás.[385]

La misma inteligencia que permite penetrar en la otra persona y afirmarla como un tú, que media en la función procreadora del ser humano, posibilita también objetivarla, convertirla en objeto de manipulación, de placer egoísta y, por tanto, pervertir la función procreadora: porque esa función procreadora ya no se integra en una entrega amorosa y racional, ordenada; se aleja de su finalidad objetiva personal y social.

Observábamos antes sobre la nutrición que el que se alimenta de modo equilibrado, saludable y elegante, y el que se alimenta como un cerdo, con gula, los dos están penetrando con su inteligencia en eso que es la nutrición, pero uno para realizarla de la mejor manera: ordenada, contenida, virtuosa, y el otro para explotarla en busca de una felicidad que la comida no puede dar. Algo análogo sucede con la procreación. La voluntad humana va a buscar el amor en la procreación de una forma que puede ser ordenada o puede no serlo. De ahí la necesidad de clarificar el sentido verdadero del amor.[386]

En el hombre, aparte de las potencias cognoscitivas sensibles, hay una potencia cognoscitiva intelectual (*i.e.*, la inteligencia), y hay dos potencias apetitivas sensibles y una intelectual (*i.e.*, la voluntad), y la capacidad de moverse y de actuar sobre las cosas exteriores. En esta capacidad de actuar sobre el medio externo somos el animal menos dotado, el más débil de todos los animales. Santo Tomás, comentando a Aristóteles, afirma que nuestra debilidad en el plano biológico se explica porque no tenemos ninguna especialización; como animales no estamos determinados a ser herbívoros o carnívoros, o a ser depredadores de una especie específica, ni a ser depredados por otra; estamos abiertos a todas las posibilidades de dominio, pero también de cuidado de

---

385   BENEDICTO XVI. *Deus caritas est*, n. 1.
386   Cf. PIEPER, Josef. *Las virtudes fundamentales*, *op. cit.*, pp. 463-476.

la naturaleza subhumana, y tenemos, en reemplazo de una piel gruesa, unas garras fuertes, un oído fino, una visión amplia, en lugar de todas esas potencias en las que los animales irracionales nos ganan, tenemos la razón y las manos. La razón permite dominar sobre y cuidar del resto de la creación material, y las manos son el instrumento de todos los instrumentos.[387]

En efecto, «si la mano no desempeña ningún papel 'arquitectónico' toda su actividad puede desplegarse en el ámbito 'funcional', y si no está especializada para ninguna función determinada y tiene por otra parte una movilidad indefinida y una precisión de movimientos muy alta, entonces puede convertirse en el 'instrumento de los instrumentos'. La mano humana aparece así como el correlato somático del intelecto humano: puede aprehenderlo todo, puede manejarlo todo, y tiene –en el ámbito de lo pragmático– una apertura a la infinitud que se corresponde con la del intelecto. Desde este punto de vista se puede comprender bien la tesis de Anaxágoras de que el hombre es 'el ser más inteligente porque tiene manos', y también se puede comprender así la corrección que Aristóteles hiciera de esa tesis formulándola de este otro modo: el hombre no es el ser más inteligente porque tiene manos, sino que tiene manos porque es el más inteligente».[388]

Con estas dos diferencias tan claras –la razón y las manos: la apertura infinita al ser y la capacidad de adaptar la acción a cualquier realización técnica–, podemos suplir todo lo que en nuestra naturaleza biológica parece ser inferior a los animales irracionales. Si fallamos en el uso de la razón, en cambio, podemos parecer –pero nunca ser– las peores de las bestias salvajes. Detengámonos un poco más, pues, en esas potencias propiamente humanas, diferenciadoras, de cuyo buen uso depende la perfección de todas las potencialidades de la persona.

---

387   Cf. CHOZA, *Manual de Antropología Filosófica*, *op. cit.*, pp. 134-135.
388   *Ibid.*, p. 135.

32. LAS POTENCIAS DEL ALMA HUMANA: EL CONOCIMIENTO

Analizaremos las potencias propiamente humanas, primero las cognoscitivas y después las apetitivas.

Comencemos por definir de manera filosófica qué es conocer. La definición clásica de conocimiento refleja, de un modo ordenado, la experiencia que todos tenemos. Si no tuviéramos esta experiencia, de nada serviría dar una definición. En efecto, la definición captura la esencia de la realidad que ya conocemos. Esa definición clásica afirma que el conocimiento es la *posesión intencional e inmaterial de una forma*.[389] Esto significa que un aspecto de la realidad, que es la forma, es poseído interiormente por el animal; pero esta posesión acaece en el interior del animal, como un acto vital suyo —en su potencia cognoscitiva actualizada por el acto de conocer—, sin cambiar para nada la realidad exterior. Por eso decimos que la posesión interior de esa forma externa se realiza de un modo inmaterial. En la nutrición tanto el animal como el vegetal toman materialmente algo de fuera y lo asimilan físicamente. En el conocimiento, en cambio, se toma lo que está afuera en cuanto a un aspecto suyo: su color, su figura, su sabor, su olor, y eso, ese aspecto de lo real, es poseído interiormente de tal modo que la forma producida en el acto de conocer (inmanentemente) nos remite hacia lo externo. Por eso se dice que ese aspecto de lo real es poseído intencionalmente, porque en latín *intentio* viene de *intendere*, que significa «tender hacia».

---

389   Cf. CORAZÓN GONZÁLEZ, *Filosofía del Conocimiento, op. cit.*, pp. 47-53.

Al decir que el conocimiento es una «posesión *intencional* e inmaterial de una forma» no queremos decir que se deba tener la «intención» de conocer, entendida como la voluntad de conocer. Esta posible confusión deriva de que la palabra «intención» tiene varios significados, uno de los cuales, quizás el que más usamos nosotros, es el de un acto de la voluntad que tiende hacia un bien externo como a su fin. Este significado *no es* el que se utiliza en la definición de conocimiento, sino otro de los significados de «intención», más técnico en la filosofía escolástica, a saber, el de aquello que apunta hacia algo más allá de sí. En ese sentido, *tiende a* aquello, pero no ya como la voluntad que sale de sí hacia su objeto, sino como una semejanza interior del objeto externo, que permite asimilar o traer hacia nosotros ese objeto en cuanto conocido. En esta definición, entonces, «intencional» significa *lo que remite a otra cosa distinta*. En el lenguaje corriente, cuando decimos que algo es intencional queremos decir que se ha hecho deliberadamente con la voluntad, que se ha querido hacer. Por ejemplo, golpeo la mesa intencionalmente. Este significado de «intencional» tiene muy poco que ver con el significado de la palabra «intencional» en la definición de conocimiento. Aquí se usa la palabra *intencional* en el sentido de que es algo que remite a lo que está afuera, es decir, la imagen que tenemos en nuestro interior, o la sensación que tenemos en nuestro interior, o el concepto que tenemos en nuestro interior, tiene un carácter muy especial: no es visible directamente, sino que su ser consiste en apuntar hacia lo exterior, su ser es desaparecer para que en él conozcamos lo real. Por eso, las semejanzas interiores (sensación de color, imagen concreta, concepto, etcétera) de las cosas exteriores no son lo que realmente conocemos cuando conocemos, sino que *en ellas* –inconscientes de su existencia mental– conocemos realmente las cosas de manera directa. Solo la reflexión filosófica nos lleva a conocer, de modo indirecto, esos entes de razón que producimos mentalmente en el acto de asimilar de forma cognoscitiva la realidad externa.

Algunos ejemplos pueden arrojar luz sobre esta noción de intencionalidad, que nada tiene que ver con la voluntad. Cuando veo a un jugador de fútbol, lo primero que conscientemente advierto es el jugador de fútbol delante de mí. Después, reflexionando, tengo que darme cuenta de que algo tiene que estar dentro de mí para que yo conozca al jugador de fútbol, porque conocerlo es tenerlo en mí de alguna manera. Esto que está dentro de mí es invisible. Lo que uno ve es el jugador, que está afuera. Otro ejemplo es el del espejo retrovisor del automóvil. Si alguien va en el automóvil, y mira el espejo retrovisor, y le preguntan: «¿Qué ves?», la persona responde: «Un automóvil rojo que se acerca». Solo secundariamente podría decir: «Veo la imagen de un automóvil rojo que se refleja en el espejo retrovisor». Y en la práctica nadie dirá: «Veo el espejo retrovisor». Pero obviamente mira hacia el espejo, y en el espejo ve la imagen del automóvil rojo que se refleja ahí, y gracias a esa imagen conoce –es decir, ve– el automóvil rojo que se acerca. El espejo cumple su función de reflejar una realidad que está lejos, aunque la imagen de ella esté en el espejo. Por lo tanto, de modo espontáneo tendemos a describir lo que vemos no como la imagen en el espejo, sino como la realidad que está atrás. La imagen remite hacia lo real, que es su causa y fundamento. Desde el punto de vista cognoscitivo, si el espejo es bueno y no distorsiona, nos resulta transparente: nuestra mirada se fija directamente en el automóvil rojo a través de su imagen reflejada en el espejo. Si trasladamos la comparación imperfecta al conocimiento, decimos que ese *remitir hacia algo externo* es el ser de la imagen interior: todo su ser en cuanto imagen consiste en tender hacia lo que está afuera, y eso es lo que llamamos intencionalidad en el conocimiento. La intencionalidad del conocimiento, por lo tanto, es distinta de la intencionalidad en la voluntad. La intencionalidad del conocimiento es lo que nos permite afirmar que conocemos las cosas reales tal como son en sí mismas –sin agotar su ser, pero sí adaptándonos a un aspecto real de su ser tal como es en sí mismo–, de forma directa, mediante sus semejanzas interiores cuyo ser consiste en remitir a ellas. Si no concebimos el conocimiento como una adaptación a la realidad, como un conocer de manera directa lo real y solo de modo indirecto las imágenes o los conceptos en los cuales poseemos inmaterialmente lo real, se plantea un problema insoluble: de un conocimiento de entes interiores, directamente habido, como si fueran los cuadros dentro de una habitación, resulta imposible saber si a tales entes interiores (imágenes, conceptos) les corresponden entes exteriores a la mente. Ese punto de partida idealista no se corresponde con nuestra experiencia primaria del conocer, y termina donde comienza: en el encierro de la mente dentro de sí.[390]

La posesión intencional de la forma es, por eso mismo, inmaterial. Cuando uno ve el color verde de la muralla, tiene en sí, en su interior, de una manera inmaterial, el mismo color verde que está físicamente en la muralla. Cuando usted oye el chasquido de mis dedos, hay algo que sucede aquí –el sonido que yo produzco con mis dedos– y que, sin embargo, está luego en

---

[390]   Cf. *supra* cap. 9.

usted, de un modo inmaterial. Que las ondas que transmiten el sonido golpeen en sus oídos y produzcan un efecto material en ellos, eso es todo un proceso previo y necesario, que es distinto del acto que consiste en sentir el sonido. Usted escucha el sonido de las olas del mar, pero no escucha las ondas sonoras ni el movimiento de sus tímpanos, ni la transmisión neuronal de esa actividad en el oído. Con otras palabras, el conocimiento es el acto vital de asimilación de un aspecto de la realidad externa, que no se identifica con ninguno de los procesos biológicos necesarios para que se produzca ese acto vital de conocer.

El conocimiento es, pues, en general, la captación de la realidad mediante un acto vital de posesión, asimilación inmaterial, de un aspecto de esa realidad. Por eso, conocer es siempre adaptarse a la realidad; pero nunca es –salvo en el conocimiento perfecto que posee Dios– captar en su totalidad la realidad. El conocimiento puede ser sensible o intelectual. El conocimiento sensible es la posesión intencional e inmaterial de una forma particular y concreta.[391] Esta es la definición propia del conocimiento sensible, cuyo objeto es un aspecto de la realidad concreto, particular: este sabor, esta figura, este color. Y puesto que tal objeto conocido es algo particular y concreto, siempre se va a captar mediante algún órgano corporal.

El conocimiento sensible comienza por los cinco sentidos externos, que, siguiendo un orden desde lo más elemental, concreto e inmediato, hasta lo más elevado, amplio y mediato, son los siguientes: (i) el tacto, el mínimo sentido imprescindible para que haya vida animal; (ii) el gusto, algo más inmaterial que el tacto, aunque implica contacto con el objeto sentido a través de la boca; (iii) el olfato, que se caracteriza por un alcance más inmaterial todavía, hacia algo más lejano, cuya realidad nos llega bajo ese aspecto que es el olor; (iv) el oído, un sentido todavía más inmaterial, que alcanza objetos más lejanos que los que podemos oler, cuya realidad nos llega bajo ese aspecto que es el sonido; y (v) la vista, que alcanza objetos máximamente lejanos en comparación con los otros sentidos, en la medida en que su realidad nos puede llegar, mediante la luz, bajo ese aspecto que es el color. La vista es el más inmaterial de todos los sentidos, dentro de lo material, pues todos los sentidos son materiales y atrapan algo de la realidad mediante algún medio de contacto que es material.

---

[391]   Cf. MILLÁN PUELLES, *Fundamentos de Filosofía, op. cit.*, pp. 329-335.

Los sentidos externos son la fuente de conocimiento para una elaboración interior, que es realizada por los cuatro sentidos internos: (i) el sentido común o sensorio común, que unifica las sensaciones exteriores (procedentes de los sentidos externos) en una sola percepción interior, formando una imagen unitaria; (ii) la imaginación, que retiene esa imagen unitaria; es capaz de reproducirla o hacerla presente interiormente sin que esté presente la cosa externa de la cual se obtuvo por primera vez la percepción, y es capaz de usar imágenes para completar las percepciones (*v.gr.*, cuando vemos solo una cara de una manzana y la percibimos como esférica), e incluso puede –dirigida por la razón práctica– combinar imágenes para constituir nuevos objetos ficticios; (iii) la memoria, que sitúa las percepciones, las imágenes, en la experiencia vital del animal, y, por tanto, en el tiempo pasado medido según la sucesión de actos del animal; por eso se dice que la memoria es el sentido de lo pasado en cuanto que pasado; y (iv) la estimativa natural de los animales brutos, o la cogitativa de los seres humanos, un sentido interior que capta en la percepción o imagen lo que hay de conveniente o inconveniente para la propia naturaleza del animal. Puesto que las reacciones apetitivas –amor, odio, deseo, aversión, placer, dolor y otras– dependen de que el objeto conocido sea percibido como bueno o malo, la estimativa natural desencadena y de alguna manera dirige los apetitos y los movimientos que de los apetitos proceden. Por eso se dice que la estimativa natural es como la sede del instinto animal, porque el animal, mediante este sentido interior, capta algo que le permite reaccionar. La estimativa conecta el conocimiento con todas las pasiones, porque, si es algo conveniente, despierta el deseo; si es algo inconveniente, despierta la aversión, y así con todas las pasiones. Por todo esto, se considera a la estimativa natural como una especie de inteligencia sensible, el instinto animal, que opera de modo admirable y que tantas veces nos lleva a atribuir en forma metafórica la inteligencia a los animales brutos (*v.gr.*, cuando decimos que un perro es más inteligente que un burro). En el caso del ser humano, la cogitativa recibe ese nombre derivado del verbo latino *cogitare*, que significa pensar, porque este sentido interno no capta de manera solo instintiva lo bueno y lo malo, ni dirige de forma automática la acción, sino que conecta los sentidos y las pasiones con la razón humana y la voluntad. No es que carezcamos de una advertencia cuasi-instintiva de lo conveniente o inconveniente en los objetos materiales, porque un olor o un sabor repugnantes nos llevan, por principio, a rechazar el objeto; o un sonido amenazador, a sentir miedo y a huir. Sin embargo, la cogitativa puede dirigirse de modo racional, no está determinada de manera necesaria, y así podemos pasar por encima de nuestra primera inclinación solo sensible: tomarnos una medicina amarga, reírnos de un ruido tenebroso en un contexto artístico, etcétera.[392]

Debido a la conexión de todo el conjunto de los sentidos y de los apetitos sensibles con la inteligencia y con la voluntad, las personas humanas somos animales racionales y no podemos sentir ni desear como simples brutos. De hecho, solo podemos conjeturar cómo será la experiencia de sentir y desear propia de los brutos, porque sabemos que ellos conocen y apetecen sin poder reflexionar luego acerca de lo que conocen y apetecen. Un perro herido puede aullar y expresar el dolor, pero no puede detenerse a decir «me duele». Nosotros, por el contrario, podemos reflexionar sobre nuestro sentir y nuestro desear, y podemos sentir más y desear más y hasta exceder todos los límites de las naturalezas meramente sentientes; pero también podemos abstraernos de los sentidos y de las pasiones, y sentir y desear menos mediante el control racional. Toda esta superioridad racional tiene, por cierto, sus límites, como han demostrado los regímenes totalitarios al manipular a las personas humanas mediante diversas formas de control, de exacerbación de las pasiones y de torturas físicas y morales.

El conocimiento sensible es la puerta de entrada para el conocimiento intelectual, que se da en los seres humanos. Tomando la definición general de conocimiento y viendo que su objeto es distinto, se aplica aquí el adagio escolástico: las potencias se conocen (o definen o especifican) por sus actos, y los actos se conocen por sus objetos. Donde hay un objeto distinto, hay un acto distinto, hay una potencia distinta. El conocimiento intelectual, por lo tanto, es la posesión intencional e inmaterial de una forma universal y abstracta.[393] No se trata de una forma particular y concreta, que corresponde a un aspecto material del mundo, captado por los sentidos, sino de una forma universal y abstracta, que corresponde a un aspecto de la realidad no captable por los sentidos. ¿Y cómo sabemos, entonces, que hay conocimiento intelectual? En primer lugar, porque lo hemos experimentado, y la explicación de esa experiencia como un conocimiento esencialmente distinto del conocimiento

---

[392] Sobre los sentidos externos e internos, véanse MILLÁN PUELLES, *Fundamentos de Filosofía, op. cit.*, pp. 336-349 y GARCÍA CUADRADO, *Antropología filosófica, op. cit.*, pp. 51-61.

[393] Sobre el conocimiento intelectual, cf. CORAZÓN GONZÁLEZ, *Filosofía del Conocimiento, op. cit.*, pp. 47-53.

sensible –distinto y superior por su objeto– es la explicación que mejor da cuenta de todas las características de esa experiencia nuestra. Con otras palabras, reflexionando acerca de nuestro conocimiento –de nuestra experiencia vital de asimilar la realidad– nos damos cuenta de que poseemos objetos que no corresponden a ninguna de las imágenes que hemos obtenido a través de los sentidos, o que hemos creado en nuestra imaginación, sino que las superan todas, se elevan por encima de todas.

Nos basta pensar en el triángulo o el caballo,[394] o en cualquier tipo de ser que representamos en un concepto abstracto. Siempre podemos pensar ese objeto, advertir que alguna imagen va a acompañar a ese pensamiento, y darnos cuenta, al mismo tiempo, de que esa imagen no representa de modo completo a ese objeto. La imagen de un triángulo –nítida o difusa– que acompaña a mi acto de pensar el triángulo no puede ser, a la vez, un equilátero y un isósceles, pero no es problemático pensar el concepto de triángulo que abarca cualquier figura de tres lados. Es irracional negar el carácter universal y abstracto de nuestros conceptos, y asimilarlos al conocimiento sensible imaginario. Incluso los conceptos universales y abstractos de tipos de cosas que en la realidad solo existen de manera particular y concreta (*v.gr.*, el de caballo o el de cocodrilo) trascienden cualquier imagen asociada.

La inteligencia realiza tres tipos de actos: la simple aprehensión, el juicio y el raciocinio. Mediante la simple aprehensión se pasa de lo imaginario, de lo sensible, a lo intelectual, a lo abstracto. Este proceso de abstracción ha sido descrito por la filosofía clásica en una serie de pasos: (i) Primero se captan las cualidades sensibles de un objeto, mediante los sentidos externos; (ii) después se unifican esas sensaciones en una sola imagen, en la cual los sentidos internos captan diversos aspectos; (iii) la imaginación, la memoria y la cogitativa añaden aspectos adicionales, que pueden formar imágenes cada vez más esquemáticas de un tipo de cosas; (iv) terminada la captación sensible de una cosa, interviene la inteligencia, con dos funciones distintas: (a) el intelecto agente y (b) el intelecto paciente.

a) El intelecto agente es la misma potencia intelectual en cuanto que actúa sobre la imagen que la imaginación y la cogitativa le presentan. Su modo de actuar ha sido comparado por Aristóteles con una luz –la luz de la inteligencia– que ilumina la imagen y la despoja de sus

---

[394] Cf. *supra* cap. 14.

características particulares, de manera que aparece ante la inteligencia solo lo universal y abstracto, es decir, una forma inteligible que estaba contenida en potencia en la imagen sensible, en la medida en que esa imagen procedía de una realidad externa inteligible. El intelecto agente, por tanto, hace desaparecer la imagen en cuanto imagen y hace aparecer como inteligible en acto el modo de ser universal de la cosa a partir de la cual se formó la imagen. Por ejemplo, en la imagen de un perro, tomada sensiblemente de un perro real, se contiene de manera implícita la esencia o naturaleza universal del perro, es decir, lo que significa ser perro con independencia de ser tal o cual perro. Si fuéramos animales irracionales, al desaparecer la imagen se borraría todo lo que hay en la mente animal; pero con la inteligencia pasa algo curioso: podemos hacer desaparecer la imagen concreta y retener su idea universal y abstracta. A esa forma universal y abstracta apenas hecha inteligible en acto por el entendimiento agente los escolásticos la llamaron especie intelectual impresa, porque, una vez desvelada por el intelecto agente, se imprime en la inteligencia considerada como potencia receptora del objeto.

b) La inteligencia ejerce ahora una función pasiva o receptora, y por eso se la llama intelecto paciente o pasivo, y es que en su función receptora recibe la representación abstracta de la cosa, y se actualiza con ella como la cera se actualiza con la forma del sello que se imprime en ella. Al actualizarse con la especie impresa, el intelecto posible es en parte pasivo (recibe la forma procedente de la imagen gracias a la iluminación intelectual) y en parte activo, porque produce un concepto, profiere una palabra interior en la cual conoce la esencia universal de la cosa. La palabra «concepto» viene del latín *conceptus*, que significa «lo concebido», es decir, estamos ante una imagen tomada de la procreación: la idea interior, en la cual conocemos lo más íntimo de la realidad en sí misma, es como un hijo de la inteligencia. La inteligencia (el intelecto paciente) en parte actúa captando de manera pasiva lo inteligible, existente de modo potencial en las imágenes y actualizado por el intelecto agente en la especie intelectual impresa, y en parte actúa reproduciendo activamente esa forma inteligible al pensar el concepto. La inteligencia reproduce en su interior, concibe una semejanza universal y abstracta de la realidad. Por eso, la inteligencia conoce las cosas exteriores a ella y distintas de ella misma en lo que tienen no de particular y concreto, sino de universal y abstracto, es decir, de común con todas las demás cosas del mismo tipo. Por último, la inteligencia vuelve a conectar sus conceptos con imágenes concretas que los ejemplifican. Los escolásticos llamaron a este proceso final la *conversión a las imágenes* o vuelta o retorno a las imágenes (*conversio ad phantasmata*), pues consiste en que la inteligencia piensa la idea abstracta y la refiere a las imágenes particulares; es decir, incluso cuando piensa acompaña el acto de pensar con imágenes. Asimismo reconoce en las imágenes particulares lo universal que en ellas ha conocido antes mediante la abstracción. Por eso, cuando uno ve tal caballo concreto, quizás por primera vez, lo conoce *sensiblemente*, sin duda, pero además *intelectualmente*, porque reconoce en él la idea universal y abstracta de caballo: «Esto es un caballo».

Con distintos conceptos se pueden formular juicios. Al afirmar los juicios la mente se conforma o no con la realidad: ahí está la verdad o la falsedad.[395] Mientras tenemos solo conceptos en la inteligencia, pero no afirmamos el ser, no puede haber verdad ni falsedad, adecuación o inadecuación de la mente con la realidad. Si yo digo «¡mesa!», mi acto de habla no puede ser calificado como verdadero ni como falso. En cambio, si digo «la mesa es roja» o «la mesa existe», entonces, al afirmar el ser en mi inteligencia, si mi afirmar interior coincide con lo que hay fuera de mí, entonces afirmo la verdad; pero, además, yo conozco la verdad, conozco que estoy adecuando mi mente a la realidad.

Por último, con varios juicios distintos podemos realizar la tercera operación intelectual, que es el raciocinio. A partir de varios juicios particulares, que correspondan a una observación suficiente de la realidad, podemos formular un juicio universal sobre esa realidad. Este raciocinio se llama *inducción*, y es la base del conocimiento de los primeros principios de la filosofía y del progreso en todas las ciencias. Por ejemplo, calenté un pedacito de metal y se dilató; calenté otro pedazo de metal y también se dilató; calenté uno y otro y otro pedazo de metal, y siempre sucedió lo mismo, y al final me aburrí de calentar pedacitos de metal y todos se dilataban, entonces puedo formular la ley universal: el calor dilata a los metales. Le di cianuro a un gato y murió; le di cianuro a otro gato y murió; le di cianuro a un tercer gato... y murió. Yo sería muy poco inteligente si no indujera de ahí que el cianuro mata a los gatos; y quizás también a otros animales, dependiendo de la dosis. Después,

---

[395] Cf. *supra* cap. 6.

con un suficiente conocimiento de verdades universales combinadas con otras verdades universales o con verdades particulares, uno puede progresar en el conocimiento mediante la deducción, cuya forma clásica es el silogismo. Lo que el silogismo hace es explicitar cosas que de alguna manera están implícitas en las premisas. Por tanto, el inicio del conocimiento intelectual siempre es la inducción, y su desarrollo y su perfeccionamiento se pueden lograr mediante la deducción.[396]

Si el conocimiento parte por los sentidos, pero termina en la intelección de contenidos no sensibles, ¿cómo se relacionan las experiencias mentales con los cambios materiales en el cerebro? Existe un apasionado debate sobre la relación entre la mente y el cerebro, porque tenemos una experiencia interior subjetiva de los sonidos, los olores, los sabores, los colores, las imágenes de las cosas, y vemos que todo eso se produce utilizando órganos corporales. Si se daña el órgano corporal, se impide el conocimiento sensible; pero, ¿se reduce el conocimiento sensible a la actividad del órgano corporal o tiene una dimensión adicional subjetiva, que es distinta del funcionamiento del órgano? De la misma manera, las imágenes necesarias para que la inteligencia discurra, pero que, como hemos visto, no se identifican con sus conceptos, juicios y raciocinios, requieren del uso del órgano corporal básico para la imaginación, el cerebro; por eso, un daño cerebral impide realizar actos intelectuales; pero, ¿se identifica el acto intelectual de pensar con los movimientos cerebrales que lo acompañan, o existe una subjetividad mental no reducible al movimiento neuronal? Este es el debate actual sobre la relación entre mente y cerebro, o entre mente y órganos corporales. En la tradición clásica se decía que siempre que el conocimiento es particular y concreto, aunque tiene algo de inmaterial que excede al órgano corporal, se realiza de modo esencial mediante el órgano corporal. No hay que identificar lo cualitativo (*v.gr.*, la sensación subjetiva de ver, mediante la cual conocemos en realidad los colores) con lo cuantitativo (*v.gr.*, las ondas luminosas que impactan la retina y la transmisión nerviosa desde ahí hasta el cerebro), aunque los dos aspectos del proceso cognitivo se den unidos de forma indisoluble.

En el caso del conocimiento intelectual hay algo más. Estamos frente a una novedad, y es que los órganos corporales preparan la captación de

---

[396] Sobre los actos de la inteligencia, cf. CORAZÓN GONZÁLEZ, *Filosofía del Conocimiento, op. cit.*, pp. 75-87 y *supra* cap. 12.

una idea, pero la idea es inmaterial, es decir, no se puede reducir de ninguna manera al movimiento del órgano corporal. Entonces, ¿qué función cumple el órgano corporal? Proporciona la base material de un acto espiritual. Si se nos daña el cerebro, dejamos de pensar, porque el pensamiento parte de las imágenes y después vuelve a las imágenes. Sin embargo, el pensamiento en sí mismo no es singular y concreto; por lo tanto, supera la imagen. Esto significa que la inteligencia como potencia no tiene órgano corporal.[397]

Sobre las relaciones entre el cerebro y la mente ha hecho observaciones interesantes John Eccles, premio Nobel de Medicina en 1963, uno de los científicos contemporáneos que acepta la tesis clásica de que –aunque sea como un misterio– no se puede identificar la experiencia interior subjetiva con los movimientos exteriores cuantificables del cerebro, aunque vayan en paralelo.[398] Por ejemplo, cuando veo el color amarillo, hay algo que se mueve en mí. Desde el momento en que recibo la luz en el ojo, hay procesos fisiológicos, químicos, que cerebro realiza como parte del acto de ver. La neurofisiología puede investigar y descubrir que en la parte posterior del cerebro, en el lóbulo occipital, se procesan las sensaciones cognoscitivas visuales. Experimentos más detallados muestran qué lugares se activan más cuando una persona está pensando con una actividad intelectual, recordando o teniendo sentimientos de tal o cual clase. Todo esto se puede mostrar en un mapa cerebral iluminado, como el que en diciembre de 2013 mostró las diferentes conexiones neuronales en los cerebros de hombres (enfocados a una sola cosa) y de mujeres (enfocadas de manera simultánea a varias tareas).[399] Pero subsiste la diferencia entre experimentar algo de modo subjetivo y esos movimientos fisicoquímicos, esa actividad corporal. Es la diferencia que hay entre la cualidad y la cantidad. En los seres materiales, la cantidad y la cualidad se dan siempre unidas, lo que no significa que una se reduzca a la

---

397   Cf. GARCÍA CUADRADO, *Antropología filosófica, op. cit.*, pp. 84-85, y CHOZA, Jacinto. *Manual de Antropología Filosófica, op. cit.*, pp. 118-127 y 255-262.

398   Cf. POPPER, Karl R. y ECCLES, John C. *El yo y su cerebro* (Carlos Solís Santos, traductor), Editorial Labor, Barcelona, 1980, en especial pp. 41-57 y pp. 399-423.

399   Noticia del experimento publicada en *El Mercurio*, A 12, miércoles 4 de diciembre de 2013. La publicación original puede verse en Madhura Ingalhalikar, Alex Smith, Drew Parker, Theodore D. Satterthwaite, Mark A. Elliott, Kosha Ruparel, Hakon Hakonarson, Raquel E. Gur, Ruben C. Gur, Ragini Verma, "Sex differences in the structural connectome of the human brain", en *Proceedings of the National Academy of Sciences*, Jan 2014, 111 (2) 823-828; DOI:10.1073/pnas.1316909110 (consultado 15 de julio de 2019).

otra. En el caso de la inteligencia es donde se ve más claro, porque todas las actividades que tienen un objeto particular y concreto se realizan mediante una potencia que tiene también un sujeto particular y concreto, que es el órgano corporal de la respectiva potencia. Así, por ejemplo, vemos los colores con la vista, que reside en los ojos y todo su sistema cerebral. En cambio, el conocimiento intelectual se realiza sin órgano corporal. ¿Cómo se sabe esto? Se sabe porque los actos tienen que ser proporcionados a los objetos sobre los que versan, y las potencias son proporcionadas a los actos que realizan. Entonces, si un objeto es independiente de la materia, como hemos visto que lo es el concepto, el acto que versa sobre ese objeto también es en sí mismo independiente a la materia. Aristóteles y todos los filósofos clásicos y racionalistas se dieron cuenta de esto. Para alguno de estos filósofos era un misterio cómo se podía relacionar este acto intelectual independiente de la materia con todo el proceso físico anterior, que es dependiente de la materia.

Las hipótesis que se han dado son variadas y lo estrambóticas de algunas de ellas atestigua la dificultad del problema. Algunos filósofos racionalistas, como Leibniz, llegaron a pensar que, en realidad, la sustancia intelectual tiene desde el comienzo de su existencia todas las ideas dentro de sí: son ideas innatas.[400] Platón creía que el alma separada había contemplado las ideas, y que después, al caer en un cuerpo, las había olvidado. Por eso, para él todo conocer es recordar (reminiscencia).[401] Averroes, comentarista árabe de Aristóteles, dice que hay un solo intelecto universal, que está separado del cuerpo de cada hombre, que es común a todas las personas.[402] Aristóteles pensaba que el entendimiento era algo que venía de fuera del cuerpo.[403] Averroes se inspiró en esa tesis aristotélica para proponer la idea, en realidad muy distinta, del entendimiento común, separado de los hombres concretos. En cambio, según la interpretación de santo Tomás de Aquino, la tesis aristotélica del entendimiento como algo divino que viene de afuera de cada hombre se parece más a la idea de la creación del alma intelectual de la nada por Dios.[404] ¿Qué es lo que está detrás de estas interpretaciones? Aristóteles se da cuenta

---

400   Cf. VERNEAUX, *Historia de la filosofía moderna, op. cit.*, pp. 105-106.

401   Cf. *Menón*, 82a.

402   Cf. SARANYANA, José Ignacio. *Historia de la filosofía medieval*, Eunsa, Pamplona, 1989, p. 183.

403   Cf. *DA*, III, 3, 429b5.

404   Cf. BEUCHOT, Mauricio. *Introducción a la filosofía de Santo Tomás de Aquino*, UNAM, México DF, 2000, pp. 93-94.

de que lo que hace la inteligencia al pensar lo universal y abstracto no es hecho, ni podría ser hecho, por el cuerpo, sino solo por la inteligencia sin el cuerpo. Sin embargo, lo que hace la inteligencia presupone toda una actividad sensible, y, además, siempre va acompañado por una imagen. El concepto se abstrae a partir de lo sensible y se piensa acompañado de una imagen. No obstante, somos capaces de darnos cuenta de que el pensamiento es distinto a la imagen. Aunque como va acompañado y precedido de una imagen, entonces va acompañado y precedido de una actividad orgánica, que es la que sustenta la captación de las cualidades sensibles exteriores, la formación y el uso de las imágenes, los recuerdos, las sensaciones, etcétera, así como la relación de lo pensado con imágenes ulteriores (*conversio ad phantasmata*). Tal es la explicación más realista de que el entendimiento pueda ser al mismo tiempo independiente de la materia y que su actividad vaya acompañada por una actividad corporal concomitante: la actividad cerebral.

Las relaciones entre mente y cerebro se siguen estudiando hasta hoy, tanto en la psicología y la fisiología como en la filosofía de la mente y de la acción. Se estudian con experimentos y observaciones empíricas. Está comprobado que los daños orgánicos, puesto que imposibilitan una actividad que precede y acompaña a la intelección, pueden imposibilitar la intelección misma. Por eso se ve gente que sufre una lesión y que no puede hablar, pero igual puede entender. Otras veces no sabemos si la persona enferma puede entender o no, por su estado de incomunicación con el mundo.

33. LAS POTENCIAS DEL ALMA HUMANA: LOS APETITOS O TENDENCIAS

Los animales se mueven impulsados por inclinaciones que responden al conocimiento que han adquirido de los objetos convenientes o inconvenientes. Tras haber analizado el conocimiento tanto sensible –parecido al que se da en los brutos– como intelectual o racional –propio de los humanos–, nos corresponde ahora estudiar los apetitos o tendencias. El análisis ha de situarse en el marco de una *noción genérica* de apetito. En un sentido técnico, el apetito es la inclinación o tendencia que tiene una cosa, cualquier cosa, hacia un bien que la perfecciona. Las cosas se mueven, pasan de la potencia al acto,[405] lo cual significa que, en su mismo modo de ser limitado, existe una tendencia hacia la actualización del ser: su perfección. Los seres tienen tendencias, inclinaciones a moverse, a actuar de cierta manera, que dependen de su propia forma de ser, de su propia naturaleza.[406] En este caso hablamos de *inclinaciones naturales* o de *apetitos naturales*. El apetito natural es aquello a lo que tiende una cosa solo por ser como es, es decir, aquello hacia lo que se mueve –o hacia lo que cambia– en virtud de su forma sustancial.[407] Una cosa puede tender, por ejemplo, a caerse o a elevarse, a calentar o a enfriar, a mojar o a secar, y a eso va a tender, salvo que algo se lo impida. La naturaleza de cada cosa es principio o causa intrínseca de sus operaciones, que podrán no actualizarse si falla la naturaleza (*v.gr.*, una enfermedad en un animal) o si

---

405   Cf. *supra* cap. 22.
406   Cf. *supra* cap. 28.
407   Cf. supra cap. 23.

interviene una causa externa contraria (*v.gr.*, el agua no alcanza a mojar porque se evapora por el fuego). Entonces, todas las cosas que tienen movimiento tienen un movimiento según su modo de ser. Así como el obrar presupone el ser o existir (*operare sequitur esse*), de un *modo de ser* sigue un *modo de obrar*, lo que significa que hay una tendencia natural a obrar de cierta manera: el fuego quema; el ácido corroe un metal, y así sucesivamente. Las cosas naturales poseen *inclinaciones naturales*. Los seres vivos también tienen inclinaciones naturales, es decir, tendencias a moverse y a actuar derivadas de su modo de ser. Así podríamos decir, por ejemplo, que una planta tiene la inclinación natural a extender sus raíces para buscar humedad y alimento. Y los animales igual poseen inclinaciones naturales, derivadas de su modo de ser; pero además surge en ellos un segundo tipo de inclinación, que se actualiza ante un objeto conocido sensible o intelectualmente.

Las inclinaciones o tendencias derivadas del conocimiento de objetos, percibidos como convenientes o inconvenientes respecto de la propia naturaleza del animal, se denominan «apetitos *elícitos*». La expresión *elícito* procede del verbo latino *elicere*, que significa «atraer».[408] Los podríamos llamar en español «apetitos *provocados*», pues son despertados por el objeto conocido, que los atrae, hacia el cual se inclinan. El apetito elícito es una inclinación que tiene un ser vivo cognoscente (un animal) en virtud no solo de su naturaleza, sino de una forma que ha conocido y que despierta en él la inclinación, es decir, que lo atrae. Dentro de los apetitos provocados surge la distinción de dos niveles, según los tipos de conocimiento, porque el apetito elícito es provocado por lo que antes ha sido conocido. Lo que se conoce despierta el apetito y lo atrae. ¿Cuál es la noción que surge de esta experiencia, en la que lo conocido, un ser externo, atrae nuestro apetito? La noción de bien: lo que todas las cosas apetecen.[409] A las nociones de ser (o ente) y de verdad, que están en el plano del conocimiento y que son primarias, se añade la experiencia del apetecer, del sentirse atraído hacia la realidad previamente conocida como real y verdadera. Como nos vemos atraídos por algo, entonces formamos la noción de lo bueno como el término objetivo y la causa de nuestra inclinación. No es que la cosa sea buena porque nos atrae, sino que nos atrae porque es buena (o lo parece, en los casos de engaño); pero, si no nos viéramos atraídos, entonces

---

[408]   Cf. MILLÁN PUELLES, Antonio. *Léxico filosófico*, Rialp, Madrid, 2002, p. 618.
[409]   Cf. *supra* cap. 25.

nunca sabríamos que la cosa es buena. En efecto, la inteligencia humana no experimenta sus propios apetitos –tanto los sensitivos como el intelectual o voluntad– como actos originarios que de manera activa dotan de bondad a los objetos, sino, por el contrario, percibe el despertar del apetito como una respuesta a un objeto conocido; es decir, experimenta la actualización del apetito como un efecto de la presencia del objeto en la facultad cognoscitiva, y, entonces, a la causa la concibe como apetecible, que es lo que llamamos bueno.[410]

Con otras palabras, surge un apetito de una cosa conocida, y la noción de lo bueno, que es el objeto del apetito, se puede generalizar, y después elevar a lo más universal posible, hasta formar la noción trascendental del bien, que la metafísica estudia.[411] Aquí recordamos esta noción de lo bueno para captar que hay unos apetitos, tendencias o inclinaciones, que surgen del conocimiento. Ya hemos visto que son dos los niveles de conocimiento: el sensible y el intelectual. Puesto que el apetito es la respuesta del animal ante el conocimiento, habrá, entonces, dos niveles esencialmente distintos de apetitos: el apetito sensible y el apetito intelectual.

El apetito sensible es la tendencia que sigue al conocimiento sensible, es decir, la que tiene por objeto un bien particular y concreto, que es presentado por los sentidos tanto externos como internos. En cambio, el apetito intelectual es una inclinación que tiene por objeto un bien universal y abstracto, presentado por la inteligencia.

El apetito sensible se subdivide en dos clases o especies, que dependen de dos tipos de bienes concretos y particulares: (i) el *apetito concupiscible* o inclinación a los placeres, y (ii) el *apetito irascible* o reacción ante las dificultades. El apetito concupiscible tiene por objeto el *bien deleitable*, esto es, aquel bien que, cuando lo poseemos, nos produce un placer de tipo físico. En efecto, hablamos ahora de apetitos sensibles, que tienen por objeto bienes sensibles, cuyo conocimiento y disfrute es realizado mediante órganos corporales. A su vez, el apetito irascible tiene por objeto el *bien arduo* o *difícil*, es decir, un bien que conlleva una dificultad para conseguirlo. El apetito irascible se apoya

---

410   Cf. Millán Puelles, *Fundamentos de Filosofía, op. cit.*, pp. 371-376, y Vial Larraín, Juan de Dios. *Inteligencia y libertad en la acción moral*, Ediciones Universidad Católica de Chile, Santiago, 2002, pp. 23-25.

411   Cf. *supra* cap. 25.

en el concupiscible, lo presupone, porque un bien *arduo* implica que detrás de la dificultad –o removido el obstáculo– se encuentra un bien placentero. Hay un obstáculo que se interpone y por eso se transforma en un bien arduo.

Tenemos estas dos potencias: el apetito concupiscible y el apetito irascible. ¿Cómo conocemos estas dos potencias? Por sus actos y por sus objetos, según lo que ya hemos expuesto: *las potencias se conocen por sus actos, y los actos se conocen por sus objetos.* Nosotros tenemos la experiencia de actos interiores que nos impulsan hacia los bienes sensibles. Un grupo de esos actos tiene que ver con bienes deleitables; otro grupo, con bienes arduos. Por eso, distinguimos dos potencias que se actualizan mediante diversos actos referidos a dos objetos distintos, aunque semejantes en cuanto que pertenecen al mismo género del bien sensible: el bien deleitable y el bien arduo. Los actos de los apetitos sensibles son las *pasiones*. Se llaman pasiones porque se actualizan con una *autonomía relativa* respecto de la voluntad, por lo cual experimentamos dichas actualizaciones de los apetitos como algo que nos sucede, que padecemos, aunque en el nivel sensible es también algo que obramos. En el mundo humano, donde las pasiones están influidas por la inteligencia y la voluntad, usamos asimismo nombres más suaves que el de *pasión*: sentimientos, afectos, emociones... Todos estos nombres indican un tipo de realidad que corresponde a la actualización de la capacidad de reaccionar frente a los bienes sensibles que conocemos.

Los autores clásicos hicieron una tabla detallada con todas las pasiones. Distinguieron seis pasiones del apetito concupiscible, que son formas distintas de relacionarse con el bien placentero: el amor, el deseo y el placer, y sus contradictorios: el odio, la aversión y el dolor (sufrimiento, tristeza). Se trata de un mapa de los modos de reaccionar frente al bien placentero. El amor es la reacción básica ante el bien deleitable en sí mismo, con independencia de cualquier otra circunstancia. En cambio, el deseo surge como inclinación, basada en el amor, respecto del bien *ausente* en cuanto que aún no es poseído: es conocido o representado interiormente, pero sin tenerlo a la mano. El gozo o placer o alegría surge en el mismo apetito concupiscible cuando el bien deseado es poseído, es decir, está presente no solo al conocimiento, sino a la potencia capaz de actualizarse con ese bien. Tanto el deseo como el placer presuponen que su objeto es amado, pues el amor es la pasión básica ante el bien. No se puede desear ni gozar algo que no se ama. El amor también está en la base del odio, porque odiar es sentir el rechazo de un objeto percibido como malo; pero el mal es la privación de un bien, respecto del cual existe el amor; por lo tanto, no es posible odiar un mal sin amar el bien contrario. La reacción adecuada contra el mal sensible, considerado en sí mismo, es el odio. Si ese mal se lo considera como ausente, la pasión que surge es la aversión, que presupone un deseo (*i.e.*, el deseo del bien contrario, opuesto). Si ese mal afecta actualmente al animal, surge el dolor o la tristeza o el desagrado o el sufrimiento (*v.gr.*, si el animal recibe un golpe o una herida).

El apetito irascible tiene distintas manifestaciones, que se relacionan con el obstáculo o la dificultad que se interpone en la búsqueda de un bien o en la huida de un mal (pues evitar el mal es un bien). Este bien –o la evitación del mal contrario– sería simplemente deleitable si no existiera la dificultad anexa. Así surgen las cinco pasiones del apetito irascible: (i) la esperanza, ante un bien que se percibe como *difícil pero alcanzable* (*i.e.*, el obstáculo parece superable); (ii) la desesperación o desánimo, que lleva a cesar en el intento, ante un bien arduo que se percibe como *imposible de alcanzar* (*i.e.*, el obstáculo parece insuperable); (iii) la audacia, ante un mal difícil de evitar cuando se percibe que es posible vencerlo (*i.e.*, la dificultad, en este caso para evitar el mal, se percibe como superable); (iv) el temor, ante un mal difícil de evitar cuando se percibe que es imposible vencerlo (*i.e.*, la dificultad para derrotar ese mal se percibe como insuperable), y (v) la ira, que es la reacción inmediata ante el mal presente considerado como difícil de evitar; el mismo mal padecido produce tristeza en el apetito concupiscible, pero provoca ira en el irascible, pues la ira es como un movimiento hacia la destrucción de ese mal que nos afecta, percibido como injusto. La ira se produce cuando el animal es afectado por un mal que es difícil sacárselo de encima, cuando está sufriendo una injusticia. Por analogía se puede aplicar la noción de injusticia al animal, en cuanto que una realidad o fuerza externa se opone al bien propio del animal de manera violenta, aunque el animal no tiene ninguna conciencia de injusticia. Así puede verse que se explican todos los movimientos: la esperanza mueve a buscar o proseguir el bien; la audacia, a atacar el mal; la desesperación, a cesar en el esfuerzo; el temor, a huir del mal; y la ira, a revolverse contra el mal presente, mediante la venganza. No existe una pasión opuesta a la ira, porque si lo que está presente no es un mal, sino un bien, ya no es arduo. El bien presente presupone que la dificultad fue superada, y solo da origen a placer. Y si se trata de un mal presente respecto del cual no cabe reaccionar, solo se siente dolor sin ira.

En la base de todas estas pasiones está el amor del bien, pues sin la inclinación básica y natural hacia el bien no pueden surgir las inclinaciones respecto del mal, que es la privación del bien, ni respecto de los obstáculos que se oponen a la consecución de lo bueno o la evitación de lo malo. No hay motores más básicos que el amor, incluso en el nivel sensible. Por desgracia, una cultura que trata al amor como sinónimo de tantas cosas distintas, ya no puede comprender en qué sentido es un motor de la vida. Por contraste, ya decía el Dante que es *el amor lo que mueve al sol y a las otras estrellas*.[412]

En el ser humano se dan todas las pasiones sensibles, que tenemos en común, de manera análoga aunque muy superior y profunda, con los animales brutos. No obstante, por encima de los apetitos sensibles, en el ser humano se da el *apetito intelectual*, es decir, una tendencia que se despierta en relación con un bien *inteligible*, imposible de captar por los sentidos. Tradicionalmente, «voluntad» es el nombre del apetito intelectual. Aristóteles habla de un *intelecto desiderativo* o un *deseo inteligente*,[413] porque se da cuenta de que es un deseo que está muy unido a la inteligencia. Los autores que vienen después le dieron el nombre de «voluntad»; pero también se dieron cuenta de que el apetito intelectual está tan unido a la inteligencia, que la voluntad está en la inteligencia y la inteligencia está en la voluntad.[414] Aunque hay tradiciones filosóficas en las que no se distinguen la inteligencia y la voluntad, y algunas –como el empirismo de David Hume– que no distinguen el deseo racional del deseo sensible, nosotros, después de tantos miles de años e insertos en la tradición del realismo filosófico, podemos distinguir de modo claro. Podemos decir: «Yo sé esto, pero no lo quiero». Asimismo nos damos cuenta de que, al hablar del querer, podemos aplicar al nivel de la voluntad todas las distinciones que surgen en el nivel de las pasiones. Hay un amor de la voluntad, un deseo de la voluntad, y así sucesivamente: odio y aversión, gozo y alegría, esperanza y desesperación, audacia y temor, e ira, como actos de la voluntad. Hablamos entonces por analogía, pues la voluntad siempre va a querer un objeto presentado por la inteligencia. Ese objeto, en cuanto bueno o malo, fácil o difícil, ausente o presente, etcétera, admite actos voluntarios descritos con los mismos nombres de las respectivas pasiones. En este nivel del espíritu, de la voluntad, el amor de la voluntad es también el acto primario y fundamental.

---

412   Cf. ALIGHIERI, Dante. *La Divina Comedia*. Editorial Porrúa, México D.F., p. 328 (*Paraíso*, Canto XXXIII).

413   Cf. *EN*, IV, 2, 1139b5. Cf. VIGO, *Aristóteles*, op. cit., pp. 110-114.

414   Cf. *S. Th.*, I-II, q. 9, a. 1 y q. 82, a. 4.

34. LA VOLUNTAD Y EL LIBRE ALBEDRÍO

La imagen clásica y cristiana del hombre lo destaca como cumbre de la creación material, por ser imagen y semejanza de Dios. Se distingue así de todas esas visiones que o bien exaltan al hombre como si fuera un dios, totalmente autónomo respecto de su Creador y respecto de la naturaleza humana, o bien lo reducen a ser un animal más, no esencialmente superior a los otros. Algunos unen esas dos visiones en una sola amalgama irracional: se creen como autónomos y dueños del mundo y de su propio ser, y, a la vez, como nada más que un montón de materia organizada como cualquier otro animal, sin verdadera libertad interior. Nosotros pensamos, en cambio, que las dos potencias espirituales –la inteligencia y la voluntad– fundamentan una radical superioridad del hombre sobre los otros seres materiales, y le permiten, además, hallar su plena realización no en una autonomía utópica, sino en la orientación hacia Dios como fin último.

Esa dignidad eminente se manifiesta de modo especial en la libertad de la voluntad y de la razón, por la cual somos dueños de nuestros propios actos y responsables de nuestro perfeccionamiento personal y social. En este capítulo vamos a tratar, pues, del apetito intelectual o voluntad, y, de manera particular, de la libertad de la voluntad o libre albedrío, que los materialistas han negado de forma sistemática a lo largo de la historia.

¿Cómo conocemos la existencia de la voluntad? De nuevo, recordemos el principio clave: las potencias se conocen por sus actos, y los actos por sus objetos. Si examinamos nuestra experiencia, descubrimos en nosotros un deseo intelectual, es decir, deseamos cosas, tendemos a cosas que conocemos de manera universal y abstracta. No deseamos solo cosas que conocemos de modo concreto e individual, sensible, como una manzana o un poco de agua. Alguien podría pensar: «Quisiera vivir ciento veinte años (en buenas condiciones)». Este es un objeto altamente abstracto, pues implica una proyección hacia el futuro y una medida matemática que se separan completamente de nuestra experiencia sensible. Un animal desea vivir por la inclinación natural a perseverar en el ser, que es un apetito natural de todos los seres, incluso inertes. Es un instinto básico que tiene por objeto preservar un bien muy concreto que ya se experimenta, que es la vida. En cambio, desear vivir ciento veinte años implica una medida matemática, abstracta, universal. Los ejemplos se podrían multiplicar: deseamos las ciencias abstractas; amamos a las personas más allá de su apariencia física; proyectamos un matrimonio y una familia, o la realización de otros sueños complejos no reducibles a una suma de sensaciones físicas.

Aparte de considerar el objeto abstracto y universal, independizado ya de las condiciones materiales, se puede ver la existencia de la voluntad considerando la oposición entre el deseo intelectual y el deseo sensible, sea que predomine uno o el otro. Todos nosotros experimentamos deseos sensibles, pero también nos damos cuenta de que podemos querer ese deseo sensible tanto como podemos rechazarlo. Esta es la experiencia de un deseo contrario al deseo. Esto puede suceder de dos maneras. Podemos experimentar dos deseos sensibles contrarios entre sí, en el sentido de que no podemos satisfacerlos a la vez: tengo ganas de comer y tengo ganas de dormir. Los dos son *deseos sensibles*. Si solo hay eso, el más fuerte de los deseos ganará la batalla. El animal irracional, si tiene más ganas de dormir que de comer, duerme. Si le da hambre, se despierta, caza y come. Un ser humano que viviera dominado habitualmente por el deseo sensible más fuerte, podría tener el triste pensamiento de que quizás, después de todo, él no es más que un gato o un mulo. Algunos son afectados por esta sospecha, a la vista de su vida materialista, y se entristecen. Los filósofos cristianos les tenemos una buena noticia. Podemos hacerles reflexionar y descubrir que en ocasiones, aunque no haya sido esa la tónica de su agitada vida, han querido algo por encima de la urgencia inmediata de un deseo apremiante. Los humanos experimentamos otra forma de oposición al deseo sensible. Sin duda que experimentamos la contraposición entre los deseos sensibles, y nos podemos decir a nosotros mismos: «Tengo tanto sueño que me voy a ir a dormir sin comer» o, al contrario: «Tengo tanta hambre que voy a comer bien antes de ir a dormir». Pero también experimentamos un querer que puede no sentir nada, estar motivado por algo que no sentimos y, sin embargo, se sobrepone –lo sobreponemos de manera libre– a lo que sí sentimos. Esta experiencia es un poco más difícil de captar, porque muchas veces vivimos períodos largos optando entre deseos sensibles. Con todo, la experiencia es frecuente entre quienes estudian, porque el bien del estudio no es sensible. El objeto del estudio es un conocimiento abstracto, que va a reportar quizás un beneficio en el futuro y va acompañado de un sentido del deber –otra realidad no sensible–, una conciencia del deber en virtud del cual podemos querer estudiar a pesar de que nos asaltan las ganas sensibles de hacer una cosa distinta: pasear, dormir, jugar, comer. En esos momentos se experimenta de forma mucho más clara que tenemos un deseo racional que se impone al deseo sensible. El asunto se complica, por cierto, porque somos una unidad indisoluble de alma y cuerpo. Los deseos sensibles acompañan a la actividad intelectual. Por ejemplo, uno descansa hasta físicamente leyendo, o disfruta estudiando. El deseo intelectual se puede alinear con el deseo sensible. Es lo que todos querríamos: que al bien inteligible, querido por la voluntad, no se opusiera el deseo sensible. Entonces resulta más difícil hacer la distinción. La experiencia de la discrepancia entre el deseo sensible y el deseo intelectual, por el contrario, muestra a las claras que tenemos una instancia superior capaz de dominar al deseo sensible, que nos hace experimentar la libertad frente a las pasiones, los sentimientos y los afectos.

La dicotomía entre querer libre y deseo sensible también se experimenta en la situación inversa, cuando se reconoce de forma intelectual la derrota de la voluntad por el deseo sensible. A eso se le llama debilidad de la voluntad. La inteligencia se da cuenta de que ha sucedido algo que uno no querría que hubiera sucedido; y ha sucedido porque uno lo ha hecho, aunque querría no haberlo hecho. El estudiante que se propone estudiar tres horas por la tarde, pero a la hora comienza a pensar casi de modo obsesivo en el dulce de leche que está en el refrigerador, y en el agua refrescante del mar, y en definitiva va al refrigerador y se come el dulce de leche, y eso lo desvía a revisar Facebook, y luego baja a la playa... y al final esa tarde estudió solo una hora: eso fue una derrota. La ruda experiencia de la derrota revela la realidad de la voluntad, porque no podríamos experimentar eso como derrota si no hubiera una capacidad de vencer. Si una ciudad enemiga está vacía, y entra nuestro ejército y la ocupa, eso no es una victoria; pero si está llena de soldados armados, y se la toma por asalto, entonces hablamos de una victoria, porque había una instancia de resistencia. De manera análoga, la derrota que nosotros experimentamos a manos de las pasiones siempre la experimentamos como debilidad de la voluntad, y es un testimonio de que esa instancia de resistencia a las pasiones existe: la voluntad. Se experimenta la instancia superior –la voluntad– tanto cuando vence a la instancia inferior –la pasión– como cuando es derrotada por ella. Los griegos tenían una palabra: *akrasía*,[415] que literalmente significa falta de control o de dominio, y de forma más frecuente se ha traducido como incontinencia o como debilidad de la voluntad. Es uno de los temas más actuales en la filosofía analítica de la acción, porque estos autores, sobre todo anglosajones como Donald Davidson, han estudiado la debilidad de la voluntad para, a partir de ese análisis, descubrir las características de la acción voluntaria.[416] Estas características se advierten de una manera paradójica por contraste, por las características de la acción en las que la voluntad ha sido derrotada. El de la *akrasía* es un tema que en la filosofía clásica refleja de modo claro la distinción entre deseo intelectual y apetito sensible, y que ayuda a conocer la estructura de la acción humana.

Una tercera forma de descubrir la existencia de la voluntad es considerando que su actualización es un deseo que es paralelo al conocimiento intelectual. Así como hay un conocimiento sensible que provoca un apetito sensitivo, hay un conocimiento intelectual que suscita un correspondiente apetito: el apetito intelectivo. La estructura del acto humano, en el que interviene la inteligencia junto con un deseo que en ella se encuentra, revela la existencia de la potencia de tender hacia el objeto inteligible. Esta revelación de la voluntad en la acción plantea la cuestión del libre albedrío y de la responsabilidad por los actos. La noción de responsabilidad procede del verbo responder (*i.e.*, dar respuesta a una pregunta), y nosotros podemos responder de nuestros actos cuando somos capaces de dar razones del obrar, cosa que se plantea solo si se ha superado el nivel del comportamiento irracional e instintivo.

Si pensamos en el acto humano nos damos cuenta de que tiene una estructura compleja. Los autores escolásticos –los más analíticos y precisos en este tema– han distinguido hasta doce pasos en los que se estructura el acto humano: seis actos de la inteligencia y seis actos de la voluntad que se implican recíprocamente. Nosotros vamos a presentar una visión simplificada. Primero tenemos el conocimiento de un bien inteligible, abstracto, que nos

---

415   Cf. *EN*, I, 13, 1102b14-20.

416   Cf. DAVIDSON, Donald. "¿Cómo es posible la debilidad de la voluntad?", en *Ensayos sobre acciones y sucesos* (Olbeth Hansberg, traductora), UNAM-Crítica, Barcelona, 1995.

atrae, y que, por lo tanto, se constituye como fin: el objeto del deseo es al mismo tiempo bien y fin. Para que de modo efectivo se convierta en fin de la acción no nos basta con conocerlo, sino que tenemos que realizar un acto de la voluntad, que es quererlo. Querer algo como fin es proponérselo, intentarlo. Por ejemplo, si estamos muy cansados, porque hemos estudiado mucho, y sabemos que yendo a la playa se puede descansar, poseemos un conocimiento intelectual de un bien: descansar, ir a la playa. La voluntad interviene poniéndolo como fin; pero luego, teniendo ese fin ya como objeto de la intención de la voluntad, la inteligencia empieza a buscar los medios, es decir, a *deliberar* acerca de los medios. Si la inteligencia fuera dejada a sí misma, estaría analizando posibilidades sin cesar: sopesando los medios. Pero en un momento determinado interviene la voluntad, poniendo término a la deliberación mediante la elección. A la deliberación sobre los medios (acto intelectual) sigue la *elección*, por la voluntad, de uno de esos medios. Enseguida, la razón y la voluntad dirigen la puesta en práctica de lo que se ha elegido (imperio y ejecución). Aunque este análisis es muy imperfecto –es una simplificación de los doce pasos escolásticos–, sirve para nuestros propósitos actuales: nos muestra que para actuar no necesitamos solo conocer, sino también desear de una manera distinta del deseo meramente sensible. A este desear intelectual lo llamamos querer.[417]

Descubierto el deseo racional se plantea un problema: el del libre albedrío. Está claro que los apetitos sensibles no son libres; surgen ante el objeto sensible, y, si no hubiera otro objeto sensible en competencia, la acción del animal buscaría ese objeto. Nosotros mismos experimentamos las pasiones en parte como algo que nos sucede y que controlamos solo de forma indirecta; es decir, el dominio del acto, en el que consiste la libertad, no está en las pasiones, sino sobre las pasiones. Ahora bien, cuando interviene la voluntad, ella hace que podamos ser libres con respecto al apetito sensible. Nos podemos liberar, mediante el dominio de la voluntad, de la esclavitud de las pasiones. Así lo experimentamos; pero, ¿de verdad somos libres o la voluntad depende, a su vez, de otros factores? Esta es la gran discusión sobre el libre albedrío.

---

417   Cf. el análisis del acto voluntario que propone santo Tomás en *S. Th.*, I-II, qq. 6 a 18. Los doce pasos del acto voluntario han sido reconstruidos de manera diferente por diversos autores tomistas. Véase la reconstrucción propuesta por FINNIS, John. *Tomás de Aquino: Teoría moral, política y jurídica* (Fabio Morales, traductor), Instituto de Estudios de la Sociedad, Santiago, 2019, pp. 78-90.

La palabra *libertad* tiene muchos sentidos. Hay un sentido de la libertad que todo el mundo acepta: la libertad meramente exterior, que consiste en no estar inmovilizado y en ser capaces de moverse por distintas partes, de realizar ciertas actividades exteriores sin que una fuerza externa nos lo impida. En este sentido, puede decirse que un león se mueve de manera libre por la selva, sin que le atribuyamos dominio de sus propios actos. El león puede ser exteriormente libre y, a la vez, moverse determinado por sus instintos.

El gran problema es el de la libertad interior de la voluntad, que se define como la capacidad de la voluntad para autodeterminarse respecto del bien. Es una característica de la voluntad por la cual ella actúa (*v.gr.*, elige una acción) en último término porque quiere y no determinada totalmente por una causa exterior a ella misma. También es evidente para todos que nuestra voluntad está situada en contextos de acción, y que, por lo tanto, hay un flujo de causas exteriores a nosotros mismos (*v.gr.*, el frío y la lluvia, la pobreza o la riqueza, el influjo de la sociedad, etcétera) o de causas interiores en nosotros (*v.gr.*, nuestro temperamento y constitución biológica, genética, o nuestros conocimientos o creencias, o los hábitos adquiridos, etcétera) que son exteriores a la voluntad como potencia. Todo esto influye en la voluntad. La cuestión es: ¿determina de modo completo cómo es la elección o hay un margen de indeterminación que explica que la voluntad pueda y tenga que autodeterminarse, dentro de ese marco?

Sobre este asunto, que tiene una profundidad misteriosa, es necesario alcanzar convicciones firmes de amplias consecuencias para la vida.[418] Las dos posiciones básicas son: (i) la tesis libertaria, que es la posición clásica defensora del libre albedrío, y (ii) la tesis determinista, que incluye muchas variantes (*i.e.*, los diversos determinismos), según la cual hay causas distintas de la voluntad que explican de manera completa el acto de la elección (aunque sea un acto de la voluntad, esta lo realiza movida necesariamente, a su vez, por otras causas). La variedad de determinismos depende de que distintos pensadores se han fijado en distintas causalidades que influyen en la voluntad humana, y, fuertemente impactados por el descubrimiento de ese influjo, le han atribuido una capacidad de mover totalmente y de

---

[418] Para reflexiones más profundas, que ayudan a pensar la libertad y la responsabilidad a fondo en el marco del juego serio de la vida personal y política, me remito a mi maestro Jorge Peña en PEÑA VIAL, *Ética de la libertad, op. cit.*, pp. 97 a 166.

manera necesaria a la voluntad. La forma más fuerte de determinismo es, a mi modo de ver, el determinismo teológico. Este afirma que Dios, como es la causa primera de todos los seres y de todos los movimientos en el universo, también determina el movimiento de la voluntad humana, es decir, no solo mueve a la voluntad como primer motor, sino que la mueve con necesidad hacia el objeto. Por lo tanto, el ser humano no es libre, sino que elige lo que Dios ha determinado que elija. De lo contrario, Él no sería la causa primera de todos los movimientos. El determinismo teológico se basa en la verdad esencial sobre la causalidad universal de Dios, *i.e.*, en la verdad metafísica del concurso divino, que significa que Él concurre como causa primera de manera concomitante con todos los actos y movimientos, y los dirige al bien común del universo (gobierno divino y Providencia). A veces se refuerza el argumento con la apelación a la ciencia divina de los futuros contingentes, es decir, a la verdad de que Dios conoce todo, incluso el futuro, incluidas las acciones por venir de los hombres. Luego, si las cosas sucederán tal como Dios sabe que sucederán, sucederán necesariamente. No hay espacio para que sucedan como lo decide, con verdadera autodeterminación, una criatura: la criatura decidirá elegir lo que Dios sabe que decidirá elegir. Este es el determinismo más difícil de discutir en términos metafísicos, porque parte de premisas verdaderas. Una vez que se acepta la existencia de Dios, tan poderoso y omnisciente, es difícil compatibilizar su infinitud omnipotente, su sabiduría providente e infalible y su certísima presciencia, con la libertad humana. Santo Tomás de Aquino trata con detalle estas cuestiones y sostiene que la causalidad y la ciencia divinas son supereminentes, es decir, que operan sin anular las causalidades segundas, incluyendo la causalidad relativamente indeterminada de la voluntad humana. Dios mueve a los seres necesarios como necesarios; a los contingentes, como contingentes, y a los libres como libres. De manera que da el impulso para obrar, y, en este sentido, es la causa primera de toda acción humana; pero respeta el margen de autodeterminación de la voluntad, que le permite desviar el impulso divino hacia un objeto desordenado, incurriendo en el pecado, que es un acto moralmente malo. Dios es causa de lo que en ese pecado hay de acto, porque concurre con todo lo que tiene ser; pero no es la causa del pecado en sí mismo, es decir, de lo que en ese acto hay de desorden, que procede de modo exclusivo de la voluntad perversa del hombre. De la misma manera, Dios conoce infaliblemente los actos futuros, pero no porque no hubieran podido ser de otra forma, sino porque Él está fuera del tiempo y ve en presente lo que de hecho ha sido libremente elegido por cada hombre en cada instante de su historia temporal.[419]

Otras formas de determinismos son más sencillas y hasta infantiles. El determinismo histórico, por ejemplo, piensa que los acontecimientos de la historia se entrelazan de tal modo que los sucesos que acaecen hoy están determinados causalmente por todos los sucesos anteriores, y no se pueden evitar. Está todo determinado históricamente, y no se puede hacer nada para evitar que venga el futuro que ha de venir. El determinismo histórico se ha usado mucho para paralizar a los que quieren dirigir la historia para mejorar las cosas, a la vez que, curiosamente, muchos deterministas históricos actúan de manera frenética, incluso con violencia, para conseguir que acontezca lo que, según ellos, va a suceder de manera inevitable.

Y así podríamos seguir considerando otras formas de determinismos. Los determinismos sociológicos afirman que las circunstancias sociales que rodean a una persona van a determinar lo que va a ser ella en su vida. Los determinismos psicológicos, en el sentido de la psicología empírica, pondrán el énfasis en cómo nuestro temperamento, carácter o personalidad nos lleva a obrar de una manera determinada. Los determinismos biológicos reducen las explicaciones de nuestra conducta a nuestra estructura física o genética: porque tenemos tales genes, tal enfermedad o tal predisposición arraigada en nuestra realidad física y corporal, necesariamente obraremos de cierta forma. Los determinismos económicos piensan que, en general, lo que sucede está determinado por las leyes infalibles de la economía. Un determinismo más completo y más creíble será, en realidad, el que afirme que la combinación de todas esas causas externas a la voluntad determinan su elección de acciones externas, que serían, por ende, causadas en su totalidad por esas causas precedentes en el orden físico.

Desde la perspectiva del libre albedrío, de quienes afirmamos la capacidad de la voluntad de autodeterminarse a pesar de esas múltiples causas externas a ella misma, se le responde al determinista más o menos así: lo que usted puede mostrar es lo que todos aceptamos, a saber, que hay causas que determinan el

---

[419] La reflexión sobre estas verdades filosóficas debería comenzar por los textos de santo Tomás de Aquino, en *S.Th.* I, qq. 19, 22, 23, 44, 45 y 49 y CG, II, caps. 47- 48. Véanse además GONZÁLEZ, Ángel Luis. *Teología Natural*, Eunsa, Pamplona, 1995, pp. 308-316, y GARCÍA LÓPEZ, Jesús. *Metafísica tomista: ontología, gnoseología y teología natural*, Eunsa, Pamplona, 2001, pp. 691-710.

marco dentro del cual se puede elegir o que influyen en la voluntad; pero usted nunca ha demostrado que ese marco se limite sistemáticamente a una sola opción o que el influjo en la voluntad, aunque real, la anule en su totalidad a ella misma como causa decisiva.

Por lo tanto, nadie es esclavo de sus *condicionamientos*. Cuando tal pérdida de la libertad acaece, y nadie niega que puede suceder, se trata de la excepción. Los partidarios del libre albedrío preferimos hablar de *condicionamientos* y no de *determinismos*, porque todos los antecedentes de nuestras acciones fijan el marco o contexto para el desenvolvimiento de nuestras vidas, pero no fijan a cada paso lo que vamos a hacer. Las causas externas a la voluntad influyen en la persona, pero la voluntad también es causa, o, mejor dicho, la persona es *causa de sí misma en el orden operativo*,[420] precisamente por medio de su razón y de su voluntad. Que la decisión se dé dentro de un marco ya fijado e influida por otras causas no significa que no sea libre. Significa tan solo que nuestra libertad está situada, es concreta y limitada; no es la libertad de un dios, sino la de un hombre. Está vinculada a la verdad sobre nosotros mismos, y, aunque podemos obrar contra esa verdad, no podemos evitar que el mal escogido con libre albedrío nos dañe.

Los que defendemos el libre albedrío contamos con tres argumentos racionales para demostrar que somos libres. Ellos prueban que la voluntad opta entre alternativas abiertas, dentro de un marco de condicionamientos externos; *i.e.*, que de verdad podemos elegir entre obrar o no obrar, entre obrar de una u otra manera, y que, en consecuencia, podríamos haber actuado de otra forma, en la generalidad de los casos.

El primer argumento a favor del libre albedrío apela a la simple experiencia psicológica. Nosotros nos experimentamos como libres cuando obramos, aun examinando las causas que nos condicionan y las restricciones reales a nuestras acciones. Si una experiencia tan inmediata, tan evidente, como que elegimos entre dos alternativas abiertas fuera falsa, no tendríamos razón para confiar en ninguna de las otras experiencias. Si no confiamos en ninguna experiencia, tenemos que abandonar la filosofía; en realidad, tenemos que abandonar toda ciencia, porque todas las ciencias, incluida la filosofía, se

---

420   Cf. CG, II, c. 48, n. 3. Véase Peiró Pérez, María Juliana y Zorroza, María Idoya, "La noción de libertad como *causa sui* en Tomás de Aquino", *Revista Cauriensia*, Vol. IX, 2014, pp. 435-449.

apoyan en experiencias básicas. Hay que profundizar en la fenomenología de la libertad, en cómo experimentamos la libertad. Se experimenta más cuando las opciones son más radicales, cuando influyen más en nuestra vida. Cuando elegimos una carrera o cuando contraemos matrimonio, tras haber deliberado y considerado muchas circunstancias y argumentos, experimentamos de modo más claro que estamos en manos de nuestro libre albedrío, que cuando elegimos un sabor de helado o un postre, o una película el fin de semana.

El segundo argumento se funda en la naturaleza de la voluntad y de su objeto, que es el bien, y es el argumento más difícil de comprender, debido a su profundidad metafísica. La voluntad tiene por objeto el bien universal. Por lo tanto, siempre es atraída por el bien. Todo cuanto quiere, lo quiere en cuanto es bueno. Sin embargo, así como la inteligencia está abierta a la plenitud del ser, la voluntad solo puede ser saciada por la plenitud del bien. Si la inteligencia le presentara un bien infinito, entonces el objeto colmaría de forma completa a la voluntad, y ella no podría elegir algo distinto como alternativa (sí podría querer algo adicional al bien infinito, pero ordenado a él). Por eso todos queremos ser felices –entendiendo la felicidad como un bien pleno, que satisface toda necesidad y aplaca todo deseo– con un deseo natural y necesario de la voluntad. Así también quiere la voluntad, de manera necesaria, todo cuanto sea objeto de una inclinación natural. *A contrario sensu*, cuando la inteligencia le muestra a la voluntad un bien finito, algo que da alguna alegría pero no la felicidad completa, entonces la voluntad queda atraída en parte y suelta en parte. En parte es movida por este objeto; pero en parte queda indeterminada con respecto de este mismo objeto. Con una fórmula sencilla: en relación con cualquier bien finito, la voluntad puede quererlo porque es bueno, y la atrae; pero también puede no quererlo, porque es limitado, y lo que tiene de limitado no la atrae. Esta situación fundamenta el que la inteligencia, fuera de los casos de deseos naturales como el deseo natural de la felicidad, presente alternativas inteligibles como buenas. La experiencia que tenemos –que siempre nos relacionamos con bienes limitados– es la experiencia que funda metafísicamente la realidad del libre albedrío. La voluntad puede elegir incluso lo que parece un bien menor, con preferencia a lo que parece un bien mayor, porque el bien menor tiene algo de bueno que ese bien mayor no tiene, y ese bien mayor tiene algo de finito o limitado, que puede hacerlo menos preferible respecto de ese otro bien supuestamente menor bajo otros aspectos. Por eso no basta el conocimiento teórico de que un bien es mayor que otro para que estemos determinados a elegirlo. La inteligencia puede enfocar su atención –movida por la voluntad– cada vez más en el bien supuesta o realmente menor, pero solo en lo que tiene de bien o en el aspecto bajo el cual es o parece mayor, y así puede perder de vista ese otro bien alternativo, el supuesto o real bien mayor. La inteligencia puede enfocarse de esa manera porque incluso el bien mayor es limitado.

Así podemos reflexionar sobre el gran misterio del mal moral. Una persona sabe que lo que está eligiendo es moralmente malo, y que, por tanto, lo que tenga de bien –un placer o un beneficio material– es siempre menor que la opción moralmente buena. Sin embargo, la persona que se acerca a elegir el mal moral mira cada vez menos hacia la opción buena, y deja de lado o desconsidera voluntariamente lo que hay de desordenado en la opción mala, y así le empieza a aparecer, en su proceso de elección, como en cierto sentido un bien mayor. En ese acto moralmente malo tiene que haber algo de bueno, porque, si no hubiera un bien, no habría un objeto que atrajera a la voluntad. Detrás del mal moral siempre hay un bien que uno busca. Se comprueba la tesis de la libertad incluso cuando se elige un mal moral. Somos responsables de ese mal porque lo elegimos en forma libre, aunque la elección del mal nos vaya haciendo cada vez menos libres en un sentido más profundo, menos libres interiormente, en cuanto que nos debilita la voluntad y la ata a los vicios; es decir, la libertad ejercitada en el mal nos esclaviza, se autodestruye.

El tercer argumento a favor del libre albedrío se apoya en la existencia de un orden moral, político y jurídico. Este argumento da por sentada la convicción de sentido común según la cual tiene sentido racional que existan las leyes, las normas, los consejos, los castigos, las instituciones, etc., que configuran ese orden racional de la conducta. Y entonces, según este argumento, si no fuésemos libres para elegir entre diversos cursos de acción, no tendrían sentido esas leyes, los premios y los castigos, y otras instituciones que se proponen dirigirnos en un sentido determinado. Todo el ordenamiento moral, jurídico y político presupone que somos capaces de seguir o de no seguir esas reglas y que, precisamente porque podríamos obrar de maneras múltiples e incompatibles necesitamos reglas de coordinación y de orientación racional. Si obráramos determinados por causas necesitantes de cualquier tipo, habría que crear sistemas de control físico o de condicionamiento externo, como los que usamos para controlar a los animales brutos. Las leyes nos dan orientaciones, articuladas lingüísticamente y dirigidas a nuestra inteligencia, porque podríamos obrar de esa manera o de la contraria. El castigo tiene sentido como una actividad moral de justicia solo si la persona podría haber hecho lo contrario, si podría haber actuado de otra manera. La responsabilidad presupone la capacidad de elegir. De lo contrario, sería injusto tanto castigar como premiar a alguno por sus obras. Por eso, el mismo Kant, un pensador alemán que creyó que no se podía demostrar de manera teórica o especulativa la libertad de la voluntad, afirmó que el libre albedrío debía ser postulado como condición de inteligibilidad de la praxis moral, es decir, por exigencia de la razón pura práctica.[421]

---

[421]   Cf. *KpV*, AA V, 7-8. Véase, además, en general, sobre los argumentos escolásticos para el libre albedrío, MILLÁN PUELLES, *Fundamentos de Filosofía*, *op. cit.*, pp. 380-386.

35. EL ALMA HUMANA:
ESPÍRITU INMORTAL

El tema del alma humana, considerada como espiritual e inmortal, constituye un problema difícil de la antropología filosófica clásica y moderna. El fuerte influjo del materialismo cientificista de los siglos XIX y XX, por otra parte, ha agudizado el carácter problemático del lenguaje mismo sobre el alma. Incluso en ambientes cristianos ha dejado de hablarse del «alma», porque les parecía a muchos que la connotación platonizante del término llevaba a olvidar al hombre –cuerpo y alma–, con todas sus realidades materiales cotidianas, y a espiritualizar de tal manera la vida que se olvidaba el valor de las cosas de este mundo. No se puede negar que mucho de esto sucedía, con la consiguiente separación artificial entre la vida del espíritu y la vida corriente, llena de exigencias y necesidades materiales. Sin embargo, tras casi un siglo de insistir en sentido contrario y de silenciar la espiritualidad del alma, entrados ya en el siglo XXI, nos parece que se ha olvidado tanto la existencia del alma inmortal que incluso los cristianos viven como si no hubiera vida eterna. Muchos han reducido su religión a una organización filantrópica –bastante sentimental– para el socorro de las urgentes necesidades de la vida presente. Se ha perdido mucho. Desde la filosofía, afirmando la unidad radical del organismo vivo, también podemos recordar que su causa es la unión entre alma y cuerpo, como forma sustancial y materia prima, en un solo ser vivo. Mas en el hombre sucede algo singular.

Todos los seres vivos son compuestos de cuerpo y alma, o de materia prima y una forma sustancial especial, que es el principio vital del ser, de la especie y de todas las operaciones del viviente. Los vegetales y los animales brutos (irracionales) tienen un alma que se agota en darle la vida a ese cuerpo, a esa sustancia viva, y en ser el principio de sus operaciones inmanentes mediante las potencias corporales. En el ser humano, en cambio, esa alma es algo más que la simple forma sustancial del cuerpo. Sobre este asunto hay en la actualidad una continuada discusión filosófica, aunque es verdad que la inmensa mayoría de la humanidad, durante toda su historia, ha manifestado alguna creencia en la subsistencia de la persona después de la muerte. Una de las formas de reconocer que unos restos de seres vivos, quizás de hace cientos de miles de años, pertenecen a seres que ya eran humanos, y no simples homínidos todavía irracionales, es el enterramiento de los muertos con cierta forma de creencia en el más allá, como, por ejemplo, dejarles vasijas con alimentos, rendirles alguna manera de culto, memoria o veneración y otras de ese tipo. ¿Se puede demostrar en términos filosóficos que esa alma es inmortal, es decir, que algo de la persona difunta subsiste de modo invisible? ¿O se trata, por el contrario, solo de una creencia religiosa, y en términos filosóficos solo cabe el agnosticismo? ¿O más bien se trata de una creencia falsa, cuya falsedad cabe demostrar en términos filosóficos?

La cuestión nos atañe a todos, en la medida en que, por una parte, sabemos que vamos a morir, y, por otro lado, participamos con frecuencia en funerales religiosos. ¿Se trata de ritos inútiles, de consuelos infantiles? Las legítimas creencias en un más allá de la muerte, ¿son irracionales o tienen un sustento racional, anterior incluso a la fe revelada? Consciente de que las explicaciones filosóficas no son fáciles, animo al lector a adaptar su mirada interior a un análisis que, por cierto, no está en sintonía con el lenguaje contemporáneo. De él dependen consecuencias de vida o muerte.

Hay autores muy importantes que creen en la inmortalidad del alma, pero piensan que es una cuestión solo de fe. Un famoso comentarista de la obra de santo Tomás, el dominico Tomás de Vío (Cayetano), pensaba que no se podía demostrar que el alma fuera inmortal, que eso se creía solo por fe.[422] Él lo creía por fe, como es natural, porque era católico. En cambio otros, como el mismo santo Tomás, piensan que se puede demostrar la espiritualidad y la consiguiente inmortalidad del alma usando los argumentos basados en la filosofía de Aristóteles. También hay autores modernos, como Kant, que piensan que no se puede demostrar la inmortalidad del alma con un razonamiento especulativo; pero que debe creerse en ella como un postulado de la razón

---

422   Cf. SARANYANA, *Historia de la filosofía medieval*, op. cit., pp. 325-326.

práctica, porque no tendría sentido la ética si el hombre no fuera de alguna forma inmortal y capaz de alcanzar la felicidad como premio de la virtud. Si la virtud, que en esta vida se adquiere obrando conforme al deber y solo por el motivo del deber, no alcanzara la felicidad en la otra vida, quedaría sin sentido la ética.[423] Por supuesto, hay autores posteriores a Kant que asumen las consecuencias: si es verdad que la no existencia de Dios, de la libertad y de la inmortalidad, dejan sin sentido a la vida humana; y es verdad que no hay Dios, ni libertad ni inmortalidad, entonces, más que postular la existencia de esas cosas –que la razón no puede demostrar–, hay que tener el coraje de afirmar que no tiene sentido la vida, ni la ética.[424]

Como se ve, se trata de una discusión filosófica en la que estamos ante una opción vital. Si no tenemos esa argumentación metafísica, especulativa, para afirmar la espiritualidad del alma, entonces cualquiera de las dos opciones es por igual lógica. Una puede ser más desesperanzadora, angustiante; pero no es ilógica, no es incoherente. Sartre dice que su filosofía consiste en sacar todas las consecuencias de la no existencia de Dios, y así es como concluye que el hombre no es más que un poco de nada entre una nada infinita, antes que él, y otra nada infinita, después, y que, por lo tanto, la vida no tiene un sentido, sino que tenemos una libertad absoluta para hacer lo que queramos, para configurarnos como nos dé la gana en este instante que dura nuestra existencia. El pensador francés, responsable intelectual de tanta violencia nihilista en el mundo –aunque él haya sido un simple burgués–, no es ilógico. Más bien él ayuda a sentir –a los seres humanos que lo leen– la angustia vital que resulta de negar la trascendencia. Esa angustia vital puede llevar a sacar consecuencias desagradables del nihilismo, como hicieron en la práctica algunos de sus discípulos. Se puede pensar que la libertad total no está atada a un sentido prefijado de la vida, sino que todo el sentido que se le puede dar al mundo –un sentido que el mundo no tiene en sí, por naturaleza– ha de dárselo mediante la construcción de una sociedad nueva desde sus cimientos, de la que surja el hombre nuevo. Esa tarea exige eliminar todas las trazas del mundo antiguo. Eso lo llevó a la práctica Pol Pot, quien bebiera su ideología

---

423   Cf. *KpV*, AA V, 122. Cf. además Sanz Santa Cruz, Víctor. *Historia de la Filosofía Moderna*, Eunsa, Pamplona, 1991, pp. 472-480.

424   Cf. Cruz Prados, Alfredo. *Historia de la filosofía contemporánea*, Eunsa, Pamplona, 1987, p. 190.

en París, influido por Jean-Paul Sartre junto con muchos otros intelectuales de la época.

Como los textos de Sartre se difundían ampliamente, en especial entre los jóvenes, se convirtió entonces en el padrino de muchos movimientos terroristas que comenzaron a abrumar a la sociedad a partir de fines de la década de los sesenta... Su influencia en el sudeste de Asia, donde estaba terminando la guerra de Vietnam, fue aún más funesta. Los crímenes horrendos perpetrados en Camboya desde abril de 1975 en adelante, que incluyeron la muerte de entre un quinto y un tercio de la población, fueron organizados por un grupo de intelectuales francoparlantes de clase media conocido como Angka Leu (La Organización Superior). De sus ocho líderes, cinco eran maestros, uno profesor universitario, otro funcionario de Estado y otro economista. Todos habían estudiado en Francia en la década del cincuenta, ya allí no habían pertenecido al partido comunista, pero habían absorbido las doctrinas de Sartre, de activismo filosófico y «violencia necesaria». Estos asesinos fueron sus hijos ideológicos.[425]

Una pálida representación de su drama totalitario puede verse en la película *Los gritos del silencio*,[426] sobre el genocidio en Camboya, donde el Khmer Rouge –el partido liderado por Pol Pot– asesinó a dos millones de personas entre 1975 y 1979. La justificación intelectual fue elaborada en Occidente, por filósofos con poca metafísica y bien protegidos por el Estado de bienestar y la calefacción de París.

La tradición clásica y cristiana, en cambio, que acepta la realidad y trata de adaptar la inteligencia a ella, afirma la espiritualidad y la inmortalidad del alma con una argumentación racional, válida sin recurso a la revelación divina. La existencia de un alma espiritual –y, por lo tanto, inmortal– en el hombre se prueba con un argumento que, sintetizado en forma silogística, dice así: (I) Premisa mayor: el obrar sigue al ser; el modo de obrar, al modo

---

425   JOHNSON, Paul. *Intelectuales* (Clotilde Rezzano, traductora), Vergara, Buenos Aires, 2000, p. 208. Cf. la misma idea en JOHNSON, Paul. *Tiempos Modernos* (Aníbal Leal, traductor), Javier Vergara Editor, Buenos Aires, 1988, pp. 657-658.

426   *The Killing Fields*, 1984, dirigida por Roland Joffé.

de ser. (II) Premisa menor: el alma intelectual humana realiza operaciones intrínsecamente independientes de la materia (los actos de la inteligencia y de la voluntad). (III). Conclusión: el alma humana es en sí misma independiente de la materia. Esto significa ser espiritual. La consecuencia de ser, *i.e.*, de *existir* con independencia de la materia, es la inmortalidad, porque al morir *el hombre* –*i.e.*, al corromperse su ser corpóreo-espiritual– no deja de existir su alma espiritual.

El argumento, una vez descubierto, es sencillo de comprender. Cada una de las premisas ha sido probada con detalle.

La primera premisa es algo que comprobamos y que podemos pensar de manera racional con mucha facilidad. En efecto, *el obrar sigue al ser* porque no podría haber acción si no hubiera algo que actuara. Por tanto, es obvio que el obrar sigue al ser. ¿Qué es obrar? Obrar es actualizar las potencias que tiene una cosa. Por lo tanto, el modo de obrar de una cosa depende de las potencias que ella tiene, las cuales son comunes a cada especie o naturaleza (*v.gr.*, los perros ladran): el modo de obrar sigue al modo de ser. De forma que la premisa mayor es la más fácil, por decirlo así. Es una premisa que casi nadie estaría dispuesto a discutir. Los autores nihilistas, quienes niegan frívolamente la noción de una naturaleza fija, la conexión entre ser y obrar, la existencia misma del *ser real* fuera de las construcciones mentales, en realidad no pueden tolerar el debate racional y lo reemplazan por el sarcasmo, el argumento de autoridad y hasta el insulto. Aparte de casos filosóficamente patológicos, nadie está dispuesto a negar la premisa mayor.

La más discutible es la premisa menor. La premisa menor se basa en un análisis de un modo de obrar humano, que es el término medio de este silogismo. ¿Cuál es este modo de obrar? Se trata, en primer lugar, del acto de la inteligencia. Podría usarse el acto voluntario, que también es espiritual; pero la espiritualidad –independencia de la materia– del acto de la voluntad se conoce a partir de su objeto, que es propuesto por la inteligencia. Por eso, el modo de obrar que sirve primaria y principalmente en este argumento es el acto de simple aprehensión, o abstracción intelectual del concepto. Este es el acto más sencillo realizado por el intelecto. En la concepción clásica, se advierte que la inteligencia hace algo que excede las potencialidades de la materia, pues conoce un objeto que no se puede reducir a ninguna representación concreta, es decir, un objeto por completo separado de la materia. Ya lo hemos explicado al hablar de la simple aprehensión o del proceso de abstracción, ese primer acto de la inteligencia que capta, en una imagen concreta, una idea universal.[427] La idea del triángulo o del cocodrilo –y así cualquier idea– no se identifica con un triángulo o cocodrilo en particular, sino que se eleva por encima de todas las peculiaridades para abarcar a todos los individuos de ese tipo. La reflexión acerca de en qué consiste nuestro conocimiento intelectual demuestra que la inteligencia, cuando opera, llega a un objeto independiente de la materia, aunque todo el proceso antecedente sea dependiente de la materia. En terminología escolástica se dice que la inteligencia realiza su acto propio de una manera intrínsecamente independiente de la materia, sin órgano corporal, pero extrínsecamente dependiente de la materia porque todos los procesos anteriores de la sensibilidad y de la imaginación dependen de algún órgano corporal. Ahora bien, la potencia se define por aquello que es capaz de hacer intrínsecamente. Luego, puesto que las potencias se conocen por sus actos y los actos por sus objetos, el objeto intrínsecamente independiente de la materia revela la realización de un acto intrínsecamente independiente de la materia. La inteligencia obra con independencia de la materia.

De ahí se sigue la conclusión. El acto o modo de obrar de la inteligencia revela, a su vez, un modo de ser que es intrínsecamente independiente de la materia. El ser que es capaz de realizar este acto es intrínsecamente independiente de la materia. Y ese ser, en el que reside la potencia intelectual, es el alma humana. En efecto, los actos dependientes de la materia, como ver y oír, son realizados por potencias del alma unidas a un órgano corporal, como la vista y el oído, que residen en los ojos, los oídos y el sistema nervioso. Lo mismo se ha de decir de todas las potencias sensitivas y vegetativas. En tales casos, el sujeto de los actos es el compuesto: este individuo compuesto de alma y cuerpo, que actúa mediante sus órganos corporales, usando su alma y su cuerpo unidos. En cambio, los actos independientes de la materia son realizados por las dos potencias espirituales (*i.e.*, la inteligencia y la voluntad), sin un órgano corporal. En tales casos, el sujeto de los actos no es el compuesto, sino solo el alma espiritual: este individuo, sí, pero sin usar su cuerpo para actuar, sino solo su alma. El alma humana sola, sin el cuerpo, es el sujeto de la potencia intelectual, que es el sujeto del acto intelectual. Por lo tanto, el alma humana es espiritual, a la vez que el individuo compuesto es corporal.

La palabra *espíritu* significa un *ser subsistente independiente de la materia*. Nuestra alma es espiritual en todo momento. Mientras vivimos como personas

---

427   Cf. *supra* cap. 32.

humanas (*corpore et anima unus*),[428] somos un compuesto de materia y espíritu, y somos el todo unitario. Cada uno es su propio cuerpo, pero también es más que su propio cuerpo. Por eso podemos decir que tenemos un cuerpo y un alma, y podemos hablar de nuestro cuerpo como hablamos de nuestra alma, siempre que excluyamos el error de pensar que somos dueños de nuestro cuerpo o de nuestra alma como de una cosa exterior a la persona, al yo, cuando en realidad es algo constitutivo de la persona, del yo.[429] El alma espiritual, entonces, existe a la vez como forma sustancial del cuerpo humano y como ser espiritual que actúa con independencia de ese cuerpo al que informa dándole el ser y el obrar.

De la demostración de la espiritualidad del alma humana se sigue con relativa facilidad la demostración de su inmortalidad. Los seres humanos somos mortales; pero si esta forma sustancial es al mismo tiempo una cosa en sí misma, una sustancia en sí misma, entonces, al morir cada uno de nosotros, se corrompe la materia y sigue subsistiendo el alma espiritual. Y eso es ser inmortal. El alma misma no está compuesta de materia y forma, y, por tanto, ella misma, en sí misma, no se puede corromper. Este razonamiento abre, por una parte, la posibilidad de confirmar de forma metafísica –i.e., con el máximo rigor y profundidad intelectual– lo que es intuición casi general del sentido común en todas las culturas: que el alma subsiste después de la muerte. Al mismo tiempo, la convicción de la inmortalidad del alma –a pesar de nuestra mortalidad como individuos de la especie *animal racional*– abre interrogantes profundos, dramáticos, que también han afectado a todas las culturas: una honda y a veces angustiosa oscuridad respecto de... ¿Y qué pasa después? El alma espiritual separada, ¿puede seguir conociendo cosas nuevas o pensando con, y sobre, las ya conocidas antes? Si mientras estamos vivos, como hombres completos, todo nuestro pensamiento, en sí mismo espiritual, va acompañado con imágenes producidas por un sentido corporal, ¿podemos pensar sin las imágenes? Si el alma separada no tiene los sentidos, en los cuales comienza el proceso cognoscitivo que termina en la inteligencia, ¿podrá conocer cosas nuevas?

La filosofía, que demuestra de modo racional la existencia de Dios,[430] puede emprender reflexiones en el orden de la teología racional sobre las

---

428   Cf. *supra* cap. 30.
429   Cf. *supra* cap. 30.
430   Cf. *infra* cap. 38.

relaciones del alma separada con su Creador, y proponer ideas similares a las que la teología de la fe ha desarrollado sobre los ángeles. En realidad, desde el punto de vista filosófico, la oscuridad es enorme. La filosofía se asoma aquí a la necesidad que la razón experimenta de abrirse a la luz de la fe, aunque por cierto son más las verdades racionales que podrían defenderse acerca de las almas separadas. Es difícil pensar que, existiendo en sí mismas como sustancias intelectuales –aunque sea como sustancias imperfectas, por no estar unidas a la materia que deben vivificar–, y siendo inmortales, estén en un estado de completa inactividad e inconsciencia, como dormidas, ante la indiferencia eterna del Creador. Parece más racional pensarlas –aun prescindiendo aquí del dato revelado– como espiritualmente activas, pensando y queriendo, y relacionándose con el Creador, que sigue siendo su fin último.

La principal consecuencia de la espiritualidad del alma es su inmortalidad, que le da un sentido trascendente e ilimitado a la vida terrena. ¿Acaso puedo seguir llevando una vida de hámster, si en realidad debería preparar mi alma para una vida eterna? Si soy inmortal, ¿puedo temer más a la muerte corporal que a la indignidad de cometer una injusticia, o al deshonor de huir del peligro como un cobarde, o al egoísmo de desentenderme de las miserias ajenas? Si es tan alta la dignidad de todos –todos mis hermanos los hombres se dirigen, aun sin saberlo, a un destino eterno–, ¿por qué a veces los trato como si fueran instrumentos de mi propio egoísmo?

Otra consecuencia posee, junto con la anterior, gran relevancia para nuestra concepción del ser humano y para la ética filosófica. Nos referimos a la cuestión del origen del alma de cada ser humano. Platón pensaba que las almas tenían que preexistir al cuerpo. No pueden proceder del cuerpo, porque la materia no puede causar algo superior a ella. De ahí que el alma, siendo espiritual, tiene que existir sin depender del cuerpo. La visión dualista de Platón, unida a su desconocimiento de la creación de la nada (*ex nihilo*), le lleva a creer en la preexistencia de las almas.[431] Aristóteles, que ya no es dualista como su maestro, sino que piensa que hay una unidad intrínseca entre cuerpo y alma, se da cuenta de que el intelecto tiene que venir desde fuera del hombre y ser superior a la materia: «Queda, entonces, que el intelecto solamente entre desde fuera y que él solo sea divino».[432] Con todo, el gran

---

[431]   Cf. *Menón*, 81a; *Fedón*, 72e-78b y *Fedro*, 249e-250c.

[432]   *De gen. an.*, II, 3, 736b27-29.

filósofo de Estagira no alcanzó, al parecer, la idea de creación de la nada. Él no sabía muy bien cómo explicar esta realidad. Su inteligencia le decía que esta realidad del intelecto no puede proceder de la materia, tiene que venir de afuera, y que es como algo divino, porque lo propio de la divinidad es la espiritualidad, la contemplación intelectual de la verdad; pero nos deja en la oscuridad acerca de cómo ha llegado a existir este intelecto en nosotros, esta alma intelectiva que es «aquello por lo que vivimos, sentimos y razonamos primaria y radicalmente».[433]

Por eso algunos autores aristotélicos se enfadan un poco cuando viene después un autor cristiano, como Tomás de Aquino, y le atribuye de forma directa a Aristóteles la tesis ya pulida y precisa de la filosofía cristiana, o cuando algún autor actual toma las citas de Aristóteles y afirma que en ellas el Estagirita dice lo mismo que el Aquinate. En parte es así, porque este se apoya en esos pasajes aristotélicos; pero en parte no es así, porque santo Tomás es mucho más claro, más neto que su gran predecesor griego. La claridad del Doctor Angélico está en su demostración rigurosa de que el alma espiritual tiene que ser creada por Dios de la nada. No es solo una doctrina religiosa adquirida por la fe, aunque la fe también enseñe esta verdad como doctrina revelada. Es una tesis filosófica, racional, que incluso en la revelación del Antiguo Testamento no está del todo clara en los primeros estadios de la historia de la revelación, aunque hacia el final, en el heroico libro de los Macabeos —uno de los últimos libros del Antiguo Testamento—, ya aparece con refulgente claridad la inmortalidad del alma, su origen en Dios, la futura resurrección.

La misma idea de creación de la nada —no un simple hacer algo usando una realidad ya existente, sino producir todo el ser de una cosa sin nada que preexista— es de una metafísica muy profunda, que aparece por primera vez no en la filosofía, sino en la revelación judía: «En el principio creó Dios el cielo y la tierra».[434] El argumento filosófico de santo Tomás sobre la creación *ex nihilo* del alma humana es una aplicación del principio de causalidad: «Todo efecto tiene su causa», «todo lo que comienza a existir exige otro ser que lo haga existir». No se puede producir el efecto (*i.e.*, aquello que no solo es, sino que comienza a ser) si no interviene una causa con la capacidad, el poder,

---

433   *DA*, II, 2, 414a13-14.
434   *Gen.*, 1:1.

de producir ese efecto. Un efecto tiene que ser proporcionado a la causa. Un rinoceronte no puede cantar boleros. Por lo tanto, de una causalidad puramente material no puede proceder un efecto que trasciende la materia, espiritual. Lo mismo sucede con el conocimiento: no se puede alcanzar el conocimiento de un objeto independiente de la materia (la esencia de una cosa representada en un concepto universal y abstracto) solo mediante los órganos sensitivos. Por eso sabemos, como hemos dicho,[435] que tenemos una potencia cognoscitiva independiente de la materia, que es la inteligencia, porque –reiteramos una vez más– las potencias se conocen por sus actos y los actos por sus objetos.

En relación con el origen del alma humana sucede algo parecido: si hemos establecido que el alma es espiritual, independiente de la materia, entonces, por mucho que modifiquemos la materia, no podemos causar la existencia del alma espiritual. De ahí que, cuando la materia está organizada de tal manera que constituye un ser humano –hasta ahora, mediante la unión de los gametos del padre y de la madre–, entonces el alma espiritual, que vivifica esa materia, tiene que venir de afuera; es decir, es creada de la nada por Dios, e infundida de modo inmediato en la materia bien dispuesta. Ese origen del alma espiritual en Dios, que en esta época nuestra de ateísmo posmoderno suena a creencia puramente religiosa, es una verdad racional, que se alcanza mediante un argumento filosófico. Por lo tanto, hay que discutir este argumento a nivel filosófico, independiente de si una religión específica lo cree o no. De hecho, muchas religiones creen en la inmortalidad del alma por el sentido común –por un conocimiento espontáneo que el alma tiene de sí misma, y cada hombre de su propia dignidad trascendente–, sin haber llegado al nivel de clarificación filosófica, propiamente metafísico, alcanzado por santo Tomás.

El alma espiritual es el principio intrínseco organizador de la materia para constituir un cuerpo humano vivo, es decir, una persona humana. La creación del alma humana directamente por Dios, por tanto, implica que el hombre –no solo la especie humana, sino cada persona– es creado por Dios. Por cierto, su materia procede de la materia de sus padres, lo mismo que en cualquier otro animal; pero los padres no son capaces de entregar ese plus, que hace que una persona humana trascienda toda la materia. Respecto de los demás animales podemos decir que cada animal es solo un miembro más

---

435 Cf. *supra* cap. 32.

de su especie biológica. Respecto del ser humano, en cambio, decimos que cada uno es por completo único e irrepetible, y que supera, por decirlo así, a la especie en su sentido biológico. Pero, ¿cómo puede ser esto? Si nos vemos en términos solo biológicos, como un montón de materia, no somos únicos e irrepetibles, o lo somos en el mismo sentido en que lo es un gato. El gato hijo tiene una identidad genética distinta del gato padre y de la gata madre. En ese sentido trivial, un ser humano es único; pero en ese sentido biológico no es nada especial, como no lo es un gato en comparación con otro gato. No es en ese sentido que por lo general decimos que cualquier ser humano es irrepetible, único, superior a toda la naturaleza, etcétera. Solo puede poseer una dignidad tan alta si es único como ser espiritual, superior a la suma de la materia toda del universo. Así, al sabernos creados por Dios y únicos e irrepetibles ante su mirada, accedemos a una conciencia filosófica de nuestra dignidad personal, una conciencia basada en la razón natural, coherente con la revelación divina que se acoge por la fe. Sabernos creados uno a uno por Dios es algo que, por supuesto, puede situar a la mente humana a las puertas de aceptar esa tradición de creencia y convicción que, como la cristiana, pretende ser una revelación divina y nos dice que Dios es nuestro Padre y que a cada uno lo ha esculpido en el ser como a un hijo único: hemos sido hechos a mano por Dios.

36. SOBRE HOMBRES Y SIMIOS

Desde el siglo XIX, con las teorías de Charles Darwin, ha sido cada vez más importante la cuestión antropológica sobre el lugar del ser humano en el cosmos. La relevancia psicológica, moral y política del asunto no puede resaltarse bastante.

Dos errores contrapuestos nos pueden iluminar acerca de la gravedad del asunto. Por una parte, se puede cometer el error cartesiano, combinado con el utilitarista, de creer que toda la naturaleza no es más que una gran máquina, que está a nuestra disposición. Así nosotros podemos tratar las cosas de una manera opuesta al carácter preciso que tienen como especies dentro del universo. Por ejemplo, se puede tratar a las plantas y a los animales como si fueran cosas inertes, sin atender a su carácter especial de seres vivos. Se obra así contra la naturaleza de algunos seres específicos, por considerar que toda la naturaleza es una materia uniforme a disposición del poder manipulador humano. Se puede así uniformar la mirada sobre todas las cosas que no son humanas, vistas como materia sujeta a la explotación. Después hay un paso muy corto para aplicar el mismo proceso desnaturalizador a la naturaleza humana.

El legado del progresismo, como ideología del progreso indefinido y sin límites (*i.e.*, una deformación del ideal racional del progreso), incluye cierta visión prometeica del hombre como el ser capaz de dominar y transformar toda la naturaleza, de cualquier modo que le resulte útil. Un pequeño paso adicional consistió en extender esta visión al hombre mismo, concebido como una materia que está disponible para su manipulación. Esta visión progresista no admite ninguna crítica de tipo moral. Cuando alguien plantea una objeción a alguna de las manipulaciones tecnológicas de los seres humanos (*v.gr.*, selección embrionaria, manipulación genética, clonación), la visión progresista replica que no se puede censurar a la ciencia, o que no podemos repetir el caso Galileo, o alguna falacia por el estilo. Entonces uno puede mencionarles –disculpas sean dadas por la ironía– otros *grandes avances* de la ciencia manipuladora de la naturaleza, como las bombas atómicas arrojadas sobre Hiroshima y Nagasaki, que tanto ayudaron a terminar rápido la guerra contra Japón; o las cámaras de gas, un invento muy eficaz para asesinar a millones de judíos juntos; o la guillotina, que aceleró las ejecuciones y las hizo menos dolorosas, un invento tecnológico humanitario que facilitó el terror durante la Revolución francesa. Siempre habrá que preguntarse, pues, si la ética no pusiera ningún límite, ¿adónde nos llevarían algunas derivaciones de la ciencia? El progresista simplifica las cosas; su argumento es muy sencillo: *la ética no tiene por qué entrometerse en la ciencia; no tiene por qué censurar a la ciencia.* Por eso es menester recordarle los casos en que la ciencia ha sido usada para algo distinto a lo que está defendiendo él, y que él mismo puede reconocer como maligno. Lo que hay detrás de la inclinación progresista a no reconocer los límites éticos no es una malicia especial, sino una postura filosófica acerca de la naturaleza (aunque por desgracia, cuando se obra en consecuencia, se puede generar una malicia especial). Con esa visión errada, el dominio que el hombre ejerce sobre la naturaleza en algún momento se vuelve contra sí mismo.

El otro error posible consiste en asimilar al hombre con los animales irracionales en tal medida que no se vea la especial dignidad de la persona humana, cómo ella merece un trato esencialmente mejor al de los seres meramente sentientes, incluso al de los brutos superiores. Esta perspectiva también concluye, como la primera visión dominadora de la naturaleza, en que se pueda trasladar hacia el ser humano la actitud dominadora o manipuladora; pero tiene un origen distinto, un origen sobre todo en la teoría de la evolución de Charles Darwin, ideológicamente manipulada. Charles Darwin fue un hombre honesto. Durante gran parte de su vida fue un buen cristiano. Después, con la teoría de la evolución, que él mismo formuló –de manera simultánea con Alfred Russell Wallace–, pensó que ese nivel de explicación implicaba muchas dudas acerca de la necesidad de postular un Creador. Si las especies venían unas de otras, y quizás esta idea de la evolución se puede extender a todo lo que existe, parece que no se necesita afirmar la existencia de un Creador. De modo que, sin abandonar su moral victoriana –su honestidad estricta–, incurrió en una especie de escepticismo: a veces parece creer en un Creador y otras veces parece ponerlo en duda o negarlo.[436]

Algunos intelectuales de Occidente, después de él, como Aldous Huxley, pensaron que la teoría de la evolución les ofrecía una oportunidad y un alivio respecto de las creencias religiosas, de modo que ya contaban con algo que les permitía ser ateos con un buen nombre. Nótese el momento histórico en el que nos situamos: en la Inglaterra victoriana, todavía muy puritana, donde se sigue percibiendo la gravedad del ateísmo como posición vital. Hoy, en los albores del siglo XXI, han pasado más de ciento cincuenta años y las cosas son distintas. Ahora nadie tiene la necesidad de ser *ateo con buen nombre*. Así, si soy ateo, soy ateo sin excusas: eso ya tiene un buen nombre; si soy agnóstico, soy agnóstico y punto: no debo buscar ninguna teoría científica para basar mi postura religiosa. Sin embargo, lo que muestran estas biografías de hombres como Huxley es que no son casos aislados, sino que se formaron asociaciones de personas más o menos intelectuales que encontraban en ellas y en esas ideas «científicas» (en realidad, ideológicas) el sustento social para poder adoptar y cultivar esas creencias radicales, que iban en contra del orden social oficial. La teoría de la evolución, por lo tanto, tuvo un impacto moral y político inmediato, aparte del impacto que produjo en el cambio de mentalidad de muchísimas otras personas que no usaron la teoría de la evolución como refugio para sus creencias ateas, personas que mantuvieron la fe que tenían y buscaron una forma de hacerla compatible con la teoría de la evolución en lo que tuviera de científica.[437]

Cuando surge la teoría de la evolución, algunas iglesias cristianas la condenaron, las más literalistas en la interpretación de la Biblia, usualmente llamadas *fundamentalistas*. Otras iglesias la condenaron solo por un tiempo, como algo escandaloso, como hizo la Iglesia de Inglaterra. Por lo tanto, para los anglicanos no fue tan difícil aceptar la teoría de la evolución. La Iglesia católica no se pronunció sobre el tema durante algunos años, mientras no se estudiara a fondo el asunto. Es la actitud habitual de la Iglesia: se demora un tiempo en pronunciarse sobre cuestiones que implican algo científico y algo

---

436   Cf. FINNIS, *Ruptura, transformación y continuidad...*, *op. cit.*, pp. 19-21. En relación con Charles Darwin, véase REALE y ANTISERI, *Historia del Pensamiento Filosófico y Científico*, *op. cit.*, tomo III, pp. 336-341.

437   Cf. ORREGO, Fernando. "Juan Pablo II y La Teoría de la Evolución", en *Humanitas*, n° 5, 1997, pp. 79-80 y ARTIGAS, Mariano. *Las Fronteras del Evolucionismo*, Libros MC, Madrid, 1985, pp. 78-79.

moral o de fe religiosa. En este caso, los cristianos vieron de modo claro que la teoría de la evolución iba históricamente unida a un camino de increencia y a una nueva visión acerca del hombre. La teoría en sí misma quizás podía rescatarse, pero el hecho histórico fue que se usó como un arma intelectual para convencer a mucha gente de que no se necesita la llamada «hipótesis de Dios» porque tenemos esta nueva ciencia que nos explica el origen de las cosas. Entonces es comprensible el impulso inicial de todas las tendencias religiosas a decir que esta teoría evolucionista estaba en el error. La Iglesia católica evitó caer en esa tentación y esperó a examinar bien los conocimientos científicos para ver qué aspectos eran hipotéticos y cuáles eran rigurosos. Después de estudiar el asunto, lo dejó como una cuestión de libre investigación científica. Más adelante, varias décadas después, cuando se volvió a plantear el tema en el ámbito católico y cuando mucha gente utilizó la teoría de la evolución para afirmar que el ser humano en su totalidad no era más que materia que cambiaba, entonces la Iglesia intervino con la encíclica *Humani generis* (1950), del papa Pío XII. Allí se afirma lo siguiente:

> El Magisterio de la Iglesia no prohíbe el que —según el estado actual de las ciencias y la teología— en las investigaciones y disputas, entre los hombres más competentes de entrambos campos, sea objeto de estudio la doctrina del *evolucionismo*, en cuanto busca el *origen del cuerpo humano* en una materia viva preexistente —pero la fe católica manda defender que las almas son creadas inmediatamente por Dios—. Mas todo ello ha de hacerse de manera que las razones de una y otra opinión —es decir, la defensora y la contraria al evolucionismo— sean examinadas y juzgadas seria, moderada y templadamente; y con tal de que todos se muestren dispuestos a someterse al juicio de la Iglesia, a quien Cristo confirió el encargo de interpretar auténticamente las Sagradas Escrituras y defender los dogmas de la fe. Pero algunos traspasan esta libertad de discusión, obrando como si el origen del cuerpo humano de una materia viva preexistente fuese ya absolutamente cierto y demostrado por los datos e indicios hasta el presente hallados y por los raciocinios en ellos fundados; y ello, como si nada hubiese en las fuentes de la revelación que exija la máxima moderación y cautela en esta materia.[438]

---

438 Pío XII. *Humani generis*, n. 29.

La teoría de la evolución, como teoría científica opinable, se refiere de forma exclusiva al cambio y a la evolución de la materia del mundo, incluso al origen que puede tener el cuerpo humano. Esto es algo que puede investigarse de manera libre en el ámbito científico. El Papa les dice así, a los católicos, que no hay nada contradictorio con la fe católica en todo ese conjunto de hipótesis evolucionistas, si se las refiere solo al cambio de la materia. Tal es el llamado evolucionismo mitigado, que hace que la ciencia se confine solo a su ámbito explicativo, que es el del cambio de las realidades materiales, las únicas que la ciencia puede medir. A la vez, en esa misma encíclica, el Papa condena lo que se llamó después el evolucionismo extremo o la ideología evolucionista, que ya no es ciencia. En efecto, si se pretende usar esta teoría para explicar el origen del alma, que no es algo material sino espiritual, o para explicar si Dios existe, entonces se extralimita una supuesta ciencia, ya no es una ciencia rigurosa porque va más allá de su objeto. Siempre se debe afirmar, no solo por fe sino también por razón natural,[439] que cada alma humana es creada por Dios *ex nihilo*, y que, por tanto, no hay ninguna teoría científica que pueda servir de excusa para negar la existencia de Dios –como lo hacían esos científicos del siglo XIX– o para refutar la espiritualidad e inmortalidad del alma racional.

Uno puede leer el estado actual de la discusión acerca de estas teorías y puede ver que hoy hay un debate a nivel científico acerca de cuál es el verdadero alcance de la teoría de la evolución. Van desde los que admiten formas de evolución al interior de especies muy semejantes entre sí, pero nada más allá de eso, hasta los que piensan que la teoría de la evolución debe aplicarse al universo entero, lo cual significa usar la palabra evolución de una manera muy analógica.[440]

Ahora bien, cuando la teoría de la evolución tiene este impacto en la mentalidad corriente, que diluye la diferencia entre el hombre y los animales irracionales, entonces estamos en presencia de una operación ideológica y cultural de vasto alcance, que afecta primero a nuestra comprensión de nosotros mismos como especie, pero luego también a nuestro aprecio de la propia individualidad. Cada uno va a tener problemas mucho mayores que los que

---

439   Cf. *infra* cap. 38.

440   Cf. ARTIGAS, Mariano. "Desarrollos recientes en evolución y su repercusión para la fe y la teología", en *Scripta Theologica* 32, 2000, pp. 249-273.

antes tenía cualquier persona para ser consciente de su propia identidad y de su dignidad eminente. Digámoslo de la siguiente manera. En una época muy cristianizada, por ejemplo en el siglo XII, decirle a un niño, en el Catecismo, que todos los seres humanos somos imagen y semejanza de Dios, era algo claro y sencillo. Está en la Biblia; es lo que enseña la Iglesia, y, en fin, tú mismo ves la diferencia que hay entre los hombres y los animales que andan por ahí en el campo: estamos muy por encima de ellos y nuestra inteligencia es un chispazo de la inteligencia divina. Somos imagen y semejanza de Dios, como simples criaturas, y después, como cristianos por la gracia, somos hijos de Dios. No hay un problema de identidad ontológica del niño, nada de crisis de identidad, o cosas por el estilo tipo siglo XX. O más bien las crisis de identidad están al nivel que en la actualidad igual vemos, cuando un niño no sabe quién es su padre, por ejemplo, o no ha tenido afecto familiar, y, por tanto, eso influye en su propia capacidad de lo que muchos llaman hoy «autoestima». Esto también pasaba en otras épocas. Cuando alguien ve quebrado lo más preciado que tiene, que es su propia familia, y ve rotos los vínculos con su propio origen, esa es una de las causas más profundas, a nivel antropológico y psicológico, de las crisis del sentido de su propia valía y de identidad personal. Pero hay un nivel más profundo, que es el de si uno puede conocerse a sí mismo con independencia de saber quién es su padre o su madre o ambos; si uno, con independencia de esos lazos parentales tan preciosos, más allá de ellos, puede considerarse a sí mismo como algo más que un simple animal domesticable, manipulable, como algo más que un simple resultado azaroso de la mezcla de la materia. La fe cristiana y la razón natural estaban muy unidas, aunque la fe cristiana introdujo un cambio en la visión clásica del hombre y una gran profundización. Después de la ideología de la evolución, en cambio, tras ese gran movimiento de personas que abusaron de las evidencias científicas para configurar una imagen del hombre reductivista, entonces sí que surge un problema de identidad personal, de crisis de recta seguridad en uno mismo. De hecho, a uno que tiene la visión clásica del hombre, apoyada en la fe y en la razón, le llama mucho la atención que haya tantos que encuentren el motivo para estar satisfechos o contentos consigo mismos en cosas materiales externas, esos millones de personas haciendo filas para comprar un *iPod*, o el primer *iPhone*, durmiendo a la salida de las tiendas de Apple. *I need one!*, *I need one!*, gritan, con un alarido histérico que parece sustituir esta serena convicción: *yo soy imagen y semejanza de Dios.* Se cumple en cada persona lo que dice Karl Jaspers sobre la filosofía en general y la cultura: «Si suprimo algo que es absoluto para mí, automáticamente otro absoluto ocupa su puesto».[441] Muchas veces es solo tener dinero o poder lo que lleva a alguien a comportarse con una seguridad en sí mismo que no procede de la conciencia de su propia dignidad como imagen y semejanza de Dios, sino de algo externo.

Hay una visión de sí mismo que está corrompida. La riqueza y el poder son los dos grandes corruptores del alma, en todas las épocas y en todos los lugares; pero que esa imagen degradada se haya enraizado en toda una teoría acerca de lo que es el hombre, eso nos ha venido, en la modernidad, con la teoría de la evolución. El hombre visto como un simio evolucionado, y nada más, es una falta de pensamiento. Es curiosa la coincidencia de dos autores ateos, Martin Heidegger y su discípula Hannah Arendt, ella judía y atea, y Heidegger un antisemita ateo, con el papa Benedicto XVI. Los tres afirman que una de las explicaciones más importantes de la crisis de la modernidad ha sido la falta de pensamiento,[442] es decir, el no ir a fondo en las cuestiones, porque en este tema antropológico tampoco hay que ser un genio para darse cuenta de las diferencias esenciales entre el hombre y un hámster.

Un famoso experimento pone un tazón con azúcar, que atrae a las abejas exploradoras, dan vueltas alrededor, vuelven al panal, hacen su danza y después llegan todas las demás abejas exactamente al mismo lugar. Se demuestra que las abejas se comunican entre sí y que emiten señales basadas en su movimiento. Son señales que indican un lugar preciso. Nosotros nos demoramos cientos de miles de años en llegar al GPS; las abejas, nada. El experimento tiene una segunda parte: se pone el tazón con azúcar, viene la abeja exploradora, lo descubre, vuelve feliz a comunicar su hallazgo; pero, entre tanto, los científicos ponen el tazón con azúcar a medio metro de distancia, y otro tazón vacío en el lugar donde estaba el pote lleno de azúcar. Cuando llegan las otras abejas se dan vueltas un rato sobre el tazón vacío y se vuelven a su panal. No reparan en el otro. ¿Qué pasa? Sucede que no tienen capacidad para despegarse de lo concreto de lo comunicado.[443]

---

441   JASPERS, Karl. *Filosofía* (Fernando Vela, traductor), Ediciones de la Universidad de Puerto Rico, Madrid, 1958, vol. I, p. 285.

442   Cf. BENEDICTO XVI. *Caritas in veritate*, n. 19; GA 9, p. 314; y ARENDT, *Los orígenes del totalitarismo, op. cit.*, pp. 27-28.

443   Cf. MILLÁN PUELLES, *Fundamentos de filosofía, op. cit.*, pp. 336-339 Sobre el experimento, cf. VON FRISCH, Karl. *The Dance Language and Orientation of Bees*, Harvard University Press, Cambridge, Mass., 1993 [1.ª ed. 1967] y GOULD, James L. "Honey bee recruitment: the

En otro experimento, a un mono lo ponen en una balsa, con un balde de agua, le muestran que eso es agua, lo mojan un poquito, y después ponen un obstáculo de fuego entre él y la comida. Entonces el mono toma el agua y apaga el fuego y llega a la comida. Luego hacen el mismo experimento, pero dejan el balde vacío. El mono se desespera ante el fuego, y no puede apagar el fuego, aunque tiene agua debajo de la balsa.[444] No es capaz de darse cuenta de que él está flotando arriba del agua y de que ella le ayudaría a apagar el fuego. El agua, para él, es una superficie lisa, cristalina, que refleja el sol. No se da cuenta de que es el agua que sirve para apagar el fuego. No tiene capacidad de abstracción. Hay experimentos científicos para mostrar el alcance de la *inteligencia* en estos animales. Y no tienen esa capacidad de abstraer. Los científicos que piden que los delfines sean catalogados como *personas no humanas*, entonces, reducen la inteligencia a la capacidad de relacionar elementos, es decir, a la capacidad de resolver problemas. La verdad es que algunos problemas se pueden resolver sin la inteligencia, solo con los sentidos internos.

En efecto, de la razón, como algo distinto al conocimiento sensible, derivan un montón de diferencias que se pueden descubrir entre el hombre y el animal bruto: la libertad de elegir, es decir, de ponernos por encima de nuestros instintos; la cultura, esa capacidad de que, a partir de lo que somos en nuestra naturaleza biológica, podemos añadir realidades artificiales, pero que están en continuidad con esa naturaleza biológica. Nada de esto se da en los animales. Entre las categorías metafísicas, hay una que llamamos posesión o *habitus*, que solo tenemos los seres humanos, según Aristóteles, y que consisten en llevar algo, como llevar anteojos, vestido, etcétera. Los animales irracionales no tienen eso, porque ellos están bien dotados por su instinto y por sus características biológicas para el cumplimiento de sus actividades solo biológicas: alimentarse, crecer, reproducirse... Los que más se acercan a crear cosas que van más allá de la individualidad siempre lo hacen de la misma manera, como con una programación instintiva; por ejemplo, los pájaros, que hacen nidos. Hay unas especies de pájaros que hacen nidos y son monógamos. Las abejas hacen sus panales. Pero el ser humano crea en otro sentido (nunca en su sentido absoluto, de hacer algo *ex nihilo*), y crea realidades e instituciones que van más allá de todo lo que está en su biología. No hay nada en su biología

---

dance-language controversy", *Science*, vol. 189, n. 4204, 1975, pp. 685-693.

[444]   Cf. PARDO, Antonio. *Cuestiones básicas de bioética.* Ediciones Rialp, Madrid, 2010, p. 82.

que lo predetermine a construir una ciudad o un edificio, o un avión o una computadora. Su biología es la base de muchas realidades culturales, pero no las explica del todo. El matrimonio, por ejemplo, y la familia, como instituciones culturales, trascienden y a la vez integran los datos biológicos. Los animales más gregarios, cuando establecen relaciones de pareja, lo hacen por instinto, no por una institución culturalmente conformada o concretada, como pasa con el ser humano. Nosotros tenemos que pensar cuál será la mejor manera de organizar socialmente la procreación y la educación de los hijos. Y entonces, por encima de la inclinación sexual y en continuidad natural y racional con esa inclinación, hay una configuración cultural del matrimonio y de la familia, que son instituciones a la vez naturales y culturales. Eso hace posible que fallemos, como podemos construir aviones que se caen. Podemos constituir matrimonios que fallen, en su particularidad, a pesar de regular adecuadamente la institución matrimonial, como asimismo instituciones matrimoniales que fracasen, como, por ejemplo, se ha visto en las culturas poligámicas o divorcistas.

La música, el arte, todo eso es cultura, se crea por encima de lo biológico e instintivo.

Después, el ser humano es en esencia religioso. El siglo XX es el primer siglo en el cual ha habido masas de gente que se consideraba atea, es decir, muchísima gente que en forma explícita se declaraba atea. Sin embargo, la religión renace allí donde se la quiso destruir. La religión está ínsita en la naturaleza racional del ser humano: porque tiene razón, el hombre es capaz de ir más allá de lo sensible. Por lo tanto, intenta buscar una conexión con el origen último de toda esta realidad que existe. Los antropólogos empíricos, allí donde encuentran cultura, arte, religión, saben que esos huesos no son de simios superiores, sino de humanos. La religión va unida a la creencia en Dios o en dioses y usualmente también a la creencia en la inmortalidad del hombre, de su alma, de su espíritu. Asimismo los signos de creencia en la inmortalidad, como lo son ciertas formas de enterramiento, de culto a los antepasados, etcétera, son tomados por los antropólogos como una señal de que allí se encuentra un asentamiento humano, por muy primitivo que haya sido. El hombre es, pues, un animal religioso porque es racional.

Enseguida, Aristóteles dice que el hombre es un animal político. Hay animales gregarios, es decir, que forman una sociedad, porque viven juntos en manada, pero la politicidad del hombre no se refiere a las simples relaciones instintivas de una manada, sino que se refiere a relaciones personales que dan origen, cuando se llega a la culminación, a la constitución de una ciudad.

El matrimonio y la prohibición del incesto, en la especie humana, originan relaciones del todo únicas, que no se dan en ninguna otra especie biológica, de ser padre e hijo, hermano, primo, marido y mujer, y así se va extendiendo la sociedad siempre en relaciones interpersonales. En las especies biológicas hay apareamiento entre macho y hembra, pero después la sucesión de los pequeños simios engendrados, por ejemplo, no establece ninguna relación entre ellos. En el ser humano, surgen formas de autoridad que no son equivalentes al dominio del macho más fuerte sobre la manada. Hay algunos filósofos que piensan que eso es la política, el dominio del más fuerte sobre la manada. En la medida en que los humanos se han convertido en una masa amorfa, manipulable, esta tesis se convierte en una realidad (una profecía autocumplida). Pero no es que sea así la política en su esencia. Por el contrario, la política es esencialmente autoridad de hombres libres sobre hombres libres con vistas al bien común. Incluso se pueden turnar en el mando, y no es contrario a la dignidad de ninguno de ellos el mandar ni el obedecer. Eso implica un politicidad esencial, que pone al hombre por encima del animal. Por eso también los filósofos políticos ven una cierta degradación en el hombre que es puramente privado, o sea, el hombre que se dedica solo a sus negocios, y a comer, crecer, reproducirse. ¿Qué diferencia hay entre esto y una planta, o entre esto y un simio? Los filósofos políticos piensan que todavía falta algo, algo esencial: la filosofía, la contemplación de la verdad, el tiempo fuera del negocio, y la política, pues la mirada hacia los asuntos públicos y la acción directiva hacia el bien común ponen al hombre por encima del animal. En este punto es superior el progresismo al liberalismo. Los liberales tienden a privatizarse, mientras que los progresistas piensan que el ciudadano no puede ser plenamente ciudadano si se privatiza; debe estar en el ámbito público de alguna manera. El hombre es un animal político, y eso lo destaca por sobre los animales gregarios. En una comunidad política también podemos distinguir entre aquellos seres humanos que viven interesados en los asuntos públicos —no siempre ejerciendo cargos públicos, sino también viviendo como ciudadanos activos— y aquellos que viven solo como animales gregarios. Aristóteles pensaba que esto era vivir como esclavos, aunque fueran libres de manera aparente.

Por último, cabe mencionar el lenguaje como diferencia esencial entre el hombre y los animales irracionales. En sentido estricto, más allá de la analogía de la comunicación sensible entre los brutos, solo el animal racional habla. Por cierto, cabe hacer una comparación. Los animales irracionales se comunican por señales, y sus señales son siempre una voz concreta o un movimiento concreto que expresa otra realidad concreta, pero que no pasan por la significación de algo abstracto. Por eso, los signos que usan los animales son naturales, es decir, son los mismos en todos los individuos de la especie. Las señales que hacen las abejas son iguales en todas las abejas, para indicar cosas muy concretas. Los animales que nosotros conocemos más, que son los animales domésticos, también expresan su interior mediante signos exteriores, concretos. Los seres humanos también lo hacemos; por ejemplo, podemos gritar de dolor, o llorar. Un perro puede aullar, pero cuando aúlla expresa algo que le pasa por dentro. En los animales irracionales hay comunicación de estados interiores mediante la expresión de señales exteriores e incluso hay comunicación entre ellos utilizando estas voces. Un perro puede ladrar a otro comunicándole ira, una amenaza de lucha, o al revés, temor si va huyendo, y los delfines igual. Es curioso: los científicos que hacen experimentos con delfines han descubierto estos códigos tan precisos, tan increíbles, como medios exteriores de comunicación, pero hay algo que no han descubierto, y es que haya grupos de delfines con idiomas distintos, o sea, que tengan signos convencionales. Nosotros los seres humanos tenemos signos convencionales, es decir, son sonidos concretos, pero aquello que significan depende de un acuerdo, de una convención. Dos seres humanos a los que les den un martillazo en el pie van a emitir un signo natural más o menos similar, un grito y una expresión de ira, quizás, o de dolor o tristeza; pero si quieren expresar eso lingüísticamente lo van a hacer de modo distinto dependiendo del idioma que hablen. En castellano, vamos a decir, por ejemplo, «me duele»; pero *me duele* es la expresión abstracta de una cosa muy concreta. La diferencia entre la labor del médico y la del veterinario, o entre el médico y el pediatra, es que el animal bruto por naturaleza no posee la habilidad del lenguaje y el niño pequeño todavía no ha desarrollado su lenguaje abstracto. El lenguaje del hombre con uso de razón expresa el dolor, pero lo expresa pasando por una convención y un concepto abstracto, el concepto abstracto de dolor. Hay un dolor concreto, pero también un concepto abstracto de dolor. Yo puedo decir: «Me duele», «me alegra». Por eso los humanos podemos mentir, y los animales no pueden mentir. ¿Por qué no pueden mentir los animales? Porque no pueden separar la expresión que emiten de aquello que sucede en su interior. En cambio, nosotros podemos hacerlo, y no solo porque seamos libres de mentir, sino que podemos de hecho mentir porque poseemos la capacidad de separar nuestro lenguaje de lo que está dentro y que es expresado por el lenguaje. El hombre es el único animal que habla.

37. DIOS, DIOSES Y HOMBRES

La teología natural estudia, desde una perspectiva solo racional, el problema del origen y el sentido último del universo en que nos encontramos. Por lo tanto, la teología natural es una parte de la filosofía que se distingue de la teología de la fe. Como nosotros vivimos en una época cristiana –o postcristiana, más o menos, según los lugares–, estamos muy acostumbrados a oír la expresión «teología» sin apellido para referirse al estudio racional de las cuestiones que se saben por fe, por una revelación sobrenatural. Las universidades, incluso cuando son seculares pero pluralistas, ofrecen cursos sobre teología de la fe; pero la palabra «teología» ya se usaba en la época precristiana. Aristóteles la emplea para referirse a la filosofía primera, que más tarde fue llamada *metafísica*, que tiene como uno de sus temas el estudio de la causa primera que llamamos Dios.[445] Por lo tanto, hay una teología que no es asequible de manera inmediata a todo el mundo, que es la teología de la fe, que presupone aceptar algo como revelado por Dios y a partir de ahí indagar, preguntarse: ¿cómo será posible todo esto, qué implica, cómo se entiende rectamente? La teología de la fe es una ciencia que se apoya en algo que no es ciencia, que son los *artículos de la fe*, las verdades reveladas o conexas con ellas de modo necesario. En cambio, la teología natural es un conocimiento que está abierto en principio a todo el mundo, puesto que es una parte de la filosofía. Todas las culturas se han planteado de alguna manera esta cuestión, la cuestión sobre el origen del mundo, el sentido de la existencia, la trascendencia del hombre más allá de lo que vemos y tocamos, y

---

445   Cf. *Met.*, I, 2, 983a8-11.

más allá del espacio corto de una vida humana. Ese impulso humano, racional, da origen a la religión como una realidad cultural. *Religio* viene de *re ligare*, que significa «volver a unir», porque es el esfuerzo humano por unirse con Dios, con la divinidad, con los dioses, dependiendo de cómo haya sido concebida esa realidad trascendente. Hay un impulso natural hacia esa búsqueda y esa unión, y por eso en todas las culturas hay religión.[446] En el siglo XX sucedió algo muy malo, horrible, que fue el intento de establecer el ateísmo desde el Estado mediante la violencia sistemática. Los regímenes totalitarios –los que más duraron fueron los comunistas y, entre ellos, el soviético, de setenta años–, con una ideología estatal atea, con épocas más duras de persecución religiosa y otras más blandas, siempre sostuvieron la misma idea: que el Estado asume una ideología atea y procura liberar a sus súbditos de la religión. Como todo mal, el ateísmo estatal tuvo su lado bueno, a saber, que, a pesar de todo ese esfuerzo, los seres humanos tornaban a levantarse una y otra vez. La religión resurgía; era aplastada y resurgía, porque lo que la ideología totalitaria atea veía como una forma de esclavitud, es decir, la religión, las personas, que querían practicar esa religión de modo libre, lo veían, al contrario, como la verdad que libera, como una libertad y fuente de liberación.

La libertad religiosa está en el origen de todas las demás libertades, de todos los demás derechos naturales desde el punto de vista de su evolución histórica, y tiene como fundamento la dignidad de la persona humana que se expresa en esa religiosidad natural en el ser humano. La religiosidad natural es compatible con que se cometan muchos errores en materia religiosa, y por eso es necesaria también la filosofía sobre la religión, es decir, que la indagación racional purifique a las religiones naturales de los posibles errores en los que puedan incurrir. Como dice Josef Ratzinger, «en la religión hay patologías altamente peligrosas que hacen necesario considerar la luz divina de la razón como una especie de órgano de control por el que la religión debe dejarse purificar y regular una y otra vez, cosa que ya pensaban los Padres de la Iglesia».[447] Ya como Papa Benedicto XVI reiteró la idea: «la religión tiene

---

446   Cf. Choza, *Manual de Antropología Filosófica*, *op. cit.*, pp. 515-537; De Carli, Martino. *Dos amigas frente al misterio. Fe y ciencia en diálogo sobre el hombre y su destino*, Ediciones UC, Santiago de Chile, 2015, pp. 105-112, y González, *Teología Natural*, *op. cit.*, pp. 13-16.

447   Ratzinger, Joseph. "Lo que cohesiona el mundo. Las bases morales y prepolíticas del Estado", en Habermas, Jürgen y Ratzinger, Joseph. *Dialéctica de la secularización. Sobre la razón y la religión*, Madrid, Encuentro, 2006, pp. 49-68, en p. 66-67.

siempre necesidad de ser purificada por la razón para mostrar su auténtico rostro humano».[448] No es lo mismo usar la razón para purificar la religión que usar la razón para aplastar la religión. Lo primero es un uso de la razón favorable a la religión, pues la mejora, por decirlo así; lo segundo, en cambio, que es el ateísmo militante, es ya una postura de carácter religioso, aunque negativo, que quiere aplastar a las religiones. Por otra parte, también cabe tener presente esta observación complementaria, a saber, que la misma racionalidad natural necesita, a su vez, ser purificada mediante una crítica inspirada en la fe, siempre que esté además argumentada: «La razón necesita siempre ser purificada por la fe, y esto vale también para la razón política, que no debe creerse omnipotente».[449]

La confrontación plantea a nivel solo racional, filosófico, la cuestión de si existe Dios, de si lo divino es uno (*i.e.*, si hay un solo Dios o es múltiple), de si Dios o los dioses se ocupan o no de las cuestiones humanas, y, por tanto, de qué sentido tiene la religión como forma de acercamiento a Dios. En el centro del problema está la pregunta por los argumentos racionales para demostrar la existencia de Dios.

Todos los pueblos, como tienen una religión, poseen también una creencia en lo divino. Las personas van a recibir esa creencia de una narración, de un mito, sin usar esta palabra en sentido despectivo, sino solo como relato en el cual se incluye el aspecto religioso. La cuestión que se pregunta el filósofo es: ¿corresponde este relato a una realidad? Algunos de los sofistas llegaron a la conclusión de que no, de que sobre los dioses nada se puede saber; pero los filósofos como Sócrates, Platón y Aristóteles, llegaron a una conclusión que, aun siendo contraria a la religión de su época, era teísta: el monoteísmo. Al monoteísmo se puede llegar por la revelación, por supuesto, como lo hizo el pueblo hebreo, que, a pesar de ser entonces un pueblo tan primitivo como todos los de esa zona geográfica y época, posee una idea muy alta de Dios. Después la filosofía ha explicado esa alta concepción de Dios, pero los judíos la tenían antes. En la revelación de la zarza ardiendo, Moisés pregunta, cuando es enviado por Dios a rescatar a su pueblo: «Si voy a los

---

448   BENEDICTO XVI, Enc. *Deus caritas est*, 29 de junio de 2009, n. 56.

449   *Ibidem*, n. 56. Para un comentario más desarrollado de estas ideas, cf. ORREGO, Cristóbal. "Los fundamentos religiosos de los principios morales a la luz de la teoría de la ley natural", en SQUELLA, Agustín y LAVADOS, Jaime. *El origen de los principios morales* (Santiago: Corporación de Promoción Universitaria, 2014), 13-36.

israelitas y les digo: 'El Dios de vuestros padres me ha enviado a vosotros'; y ellos me preguntan: '¿Cuál es su nombre?', ¿qué les responderé?»; y Dios, mediante esa teofanía, que es la zarza ardiente, le dice: «Yo Soy el que Soy... Así dirás a los israelitas: 'Yo soy' me ha enviado a vosotros».[450] A un grupo humano muy primitivo, inclinado al politeísmo y la idolatría, Dios le da una definición de Sí mismo muy abstracta: Dios es el que es, el Ser. Es tan abstracta que a todos nosotros, cuando llegamos a estos temas, a pesar de haber nacido en una cultura judeocristiana, nos cuesta mucho entenderlos. Preferimos quedarnos en discusiones sobre, por ejemplo, lo bueno y lo malo, la libertad, la verdad y el error, las ciencias, los asuntos políticos, que son más fáciles de entender. Cuando nos llevan hacia algo más elevado (*v.gr.*, el acto y la potencia, la sustancia y el accidente, el ser y la esencia), nos sentimos un poco perdidos. Y Dios eligió revelar su nombre de esa forma tan alta que no ha sido superada desde el punto de vista metafísico. El filósofo, independiente de cuál sea la tradición religiosa en la cual nazca, comienza a preguntarse si acaso no hay una explicación racional de estas realidades, de lo divino, y por eso va a tener que preguntarse si lo que su razón alcanza coincide con lo que el relato bíblico le dice. Sócrates, Platón y Aristóteles concluyeron que lo que su razón les decía no coincidía con lo que el relato mitológico les decía sobre los dioses. Por supuesto, ellos hablan de dioses, en plural, cuando tratan de muchas cosas, siguiendo el modo habitual de hablar en su cultura; pero también hablan de Dios, en singular.

Los argumentos sobre la existencia de Dios, que se elaboraron en forma posterior, y en especial la síntesis que se ha hecho durante la época medieval y moderna de estos argumentos, tienen todos alguna base en Platón y en Aristóteles. Vamos a considerar algunos de estos argumentos. Algunos parten de una realidad humana, de una experiencia humana que no se explica a sí misma. Por ejemplo, el argumento de las verdades eternas afirma que hay verdades que nosotros hemos descubierto, pero, una vez que las descubrimos, nos damos cuenta de que son eternas, es decir, que eso es verdad con independencia de que yo lo conozca o no: que dos más dos son cuatro, que la suma de los ángulos internos de un triángulo es 180 grados, o que el todo es mayor que la parte; o el principio de contradicción (*i.e.*, nada puede ser y no ser al mismo tiempo y en el mismo sentido), y así otras

---

450   *Ex.*, 3: 13-14.

verdades que, aunque descubiertas en algún momento, siempre han sido verdaderas. ¿Cómo puede haber sido siempre verdad aquello, si no hay una inteligencia en la cual eso es verdadero? De nuestra propia mente, que es finita, limitada, no puede proceder una verdad que es infinita, ilimitada, eterna. Por lo tanto, esa verdad eterna tiene que existir en otra mente. Esa otra mente, infinita, ilimitada y eterna, es lo que llamamos Dios. El argumento parte de la experiencia humana de la verdad. La idea de verdad, que lleva a la idea de Dios y además de un solo Dios que es una inteligencia eterna, es una idea muy espiritual, muy abstracta, y ha dado origen a todo tipo de debates, incluso no teológicos. Por ejemplo, en la filosofía de las matemáticas, Frege se plantea si existiría una verdad matemática antes de que la descubriéramos, y responde que sí, que existe antes de que la descubramos y con independencia de que la pensemos; pero, ¿cómo es compatible eso con la idea de que la verdad se da en el intelecto cuando este se adapta a la realidad?

Otro argumento se llama eudemonológico, porque se apoya en el deseo de felicidad. En griego *eudaimonía* significa felicidad, plenitud, vida lograda. Este argumento se basa en que todos experimentamos un insaciable deseo de felicidad. De modo continuo buscamos la felicidad en las acciones que realizamos, y, puesto que en cada acción hay un bien limitado, siempre quedamos insatisfechos. Podemos proyectar esta experiencia a toda nuestra vida y decir que en realidad vamos a estar siempre insatisfechos, y que, por mucho que mejoremos en esa plenitud de vida imperfecta, siempre vamos a desear más. Aquí la cuestión es: la naturaleza, que en todos los demás seres cumple sus fines, ¿será inútil y vana en el caso de los seres humanos? Un adagio filosófico antiguo dice: *la naturaleza no hace nada en vano*.[451] Es la expresión en una confianza en la inteligibilidad y en el sentido de la naturaleza, que ayuda a descubrir por qué algo es así en la naturaleza, y también a comprender los fallos en la naturaleza como tales, como fallos, y no como una versión más de lo natural, sino como una deficiencia en la naturaleza: un ternero que nace con dos cabezas... No es que la naturaleza no tenga un sentido, sino que ha habido un fallo o error en la naturaleza. Por sí mismas, las potencias propias de la naturaleza tienen un sentido. Ahora bien, si uno aplica esa idea de que la naturaleza no hace nada en vano al deseo humano de felicidad, que se da en todos y no en algún caso marginal azaroso, tiene que decir: «Este deseo

---

451   Cf. *Pol.*, I, 2, 1253a9.

de felicidad no puede ser en vano»; luego, tiene que haber algún bien capaz de dar la felicidad. El hombre ha de ser capaz no solo de desear la felicidad, sino también de adquirirla, de gozarla. La alternativa es, por tanto, o existe ese bien infinito, hacia el cual está inclinada la voluntad humana, toda la naturaleza humana con su deseo de felicidad, y la vida toda tiene un sentido inteligible, o, por el contrario, no existe ese bien infinito, y, por consiguiente, la vida humana como un todo no tiene un sentido. Esta es la alternativa radical. Por supuesto, uno puede vivir en un cierto nivel de inconsciencia, y decir: «Voy a encontrar pequeños sentidos parciales a mi vida, en cada momento»; pero esa persona no va a poder detenerse un día y pensar: ¿qué estoy haciendo?, ¿para dónde voy? No podría hacerlo mientras siga decidida a vivir en esa inconsciencia, en ese no pensar en el todo, en el destino final, en la felicidad; mientras no se decida a pensar, sobre todo, en la muerte. En cambio, los filósofos más radicales ven la opción y se la toman en serio. Los filósofos cristianos, puesto que además tienen la ayuda de la fe, van a decir: «Sí, la vida tiene un sentido, pero ese sentido no es inmanente a la propia vida temporal, sino que es trascendente». En esta vida podemos alcanzar una felicidad limitada, que es como un preludio de una felicidad ilimitada hacia la cual está inclinada nuestra naturaleza.

Los filósofos ateos más radicales también se han tomado en serio la opción. Jean-Paul Sartre afirma que la vida no tiene ningún sentido. Si uno dice que tenemos un deseo infinito de felicidad, y que eso postula la existencia de un bien infinito, al que llamamos Dios, que nos va a dar esa felicidad, pues de no ser así la vida no tendría ningún sentido, entonces Sartre nos responde que eso no demuestra que Dios existe, sino que la vida no tiene ningún sentido. Su razonamiento también es lógico. Yo soy un poco de nada entre una nada infinita y otra nada infinita, y este poco de nada puede elegir con una autonomía radical. ¿Con qué fin? Con ningún fin.[452] Este planteamiento ateo radical tiene cierto atractivo, mayor que el del ratón escéptico que no quiere mirar lo que tiene por delante, que renuncia a tomarse la vida en serio. Por lo menos, el ateísmo radical es profundo, no se toma la vida a la ligera, aunque arribe a la conclusión de que la vida no tiene ninguna finalidad absoluta que le dé sentido. Y entonces, de modo paradojal, produce esos seres que se abandonan al sinsentido y se toman en serio, sin pensar demasiado, la

---

[452]   Cf. SARTRE. *El existencialismo es un humanismo, op. cit.*, pp. 84-86.

tesis de que la vida no hay que tomársela en serio. De la tragedia del ateísmo radical se cae en los brazos suaves del ateísmo posmoderno.

Para la mayor parte de la gente es muy difícil aceptar de forma reflexiva esta idea de que la vida no tiene ningún sentido; pero vivir conforme a ella en una deriva hedonista no es tan difícil. Para el filósofo lo importante es la verdad, y lo que plantea esta supuesta demostración de la existencia de Dios es que la verdad no puede estar en medio. No podemos pensar que no hay Dios pero igual vamos a alcanzar la felicidad. No, no seamos ingenuos: si no hay Dios podemos tener una sucesión de placeres durante esta vida, una vida más o menos tranquila y ya está. Luego, morirnos. Nada más. Sin trascendencia no es pensable algo que responda a ese deseo profundo de felicidad, que tenemos todos. El argumento eudemonológico, por lo tanto, no es un argumento perfecto; no es plenamente demostrativo, porque siempre está la alternativa de afirmar que la vida no tiene ningún sentido, y que la felicidad no es algo en realidad alcanzable. Sin embargo, desde la experiencia de quienes han alcanzado algo de la felicidad posible en el cultivo de los bienes humanos, en especial cuando se ha vivido la amistad y el amor, el nacimiento de un hijo o el descubrimiento de la verdad, aceptar la apertura a una trascendencia divina se hace más probable que encerrarse en una inmanencia nihilista y desesperanzada.

Un tercer argumento es el llamado *deontológico* o argumento ético. En griego, *deontos* significa deber. La deontología es el conocimiento acerca del deber. Afirma este argumento que nosotros experimentamos, en nuestra conciencia, el sentido de deberes absolutos, categóricos, que no creamos nosotros mismos, que se nos imponen. Nosotros, con nuestra voluntad, nuestra inteligencia, somos finitos, limitados, condicionados. ¿Cómo podría un deber absoluto fundarse en una inteligencia limitada, o en una voluntad limitada? Eso no es posible. Solo es posible que haya un deber de tipo absoluto si hay un legislador absoluto. Luego, la conciencia del deber, que, como dice Kant, es un *factum rationis*,[453] un hecho de la razón que no se puede negar, no es más que un reflejo de una ley divina. En la filosofía cristiana se explica de esa manera la idea de la ley natural. La ley natural, que es la ley moral humana, es una *participación de la ley eterna en la criatura racional*,[454] en nuestra inteligencia y

---

453 Cf. *KpV*, AA V, 31.
454 *S.Th.*, I-IIae, q. 91, a. 2.

nuestra voluntad; pero nuestra inteligencia no tendría ninguna capacidad de obligarnos si no fuera el reflejo de una ley más alta. Dicho de otra forma, si el precepto moral no fuera más que una obligación que yo me impongo a mí mismo, en vista de mi propia dignidad, yo me podría eximir también a mí mismo de esa obligación. No la experimentaría como absoluta, incondicionada y, en cierto sentido, externa. Luego, tiene que existir Dios como supremo legislador moral. ¿Es demostrativo este argumento? Alguien puede aceptar que hay una vinculación entre las dos cosas; pero, de modo semejante al argumento anterior, en lugar de afirmar que existe este absoluto legislador, sostener que en realidad no existe este deber moral absoluto, que tenemos la ilusión de que existe. De ahí que algunos, como uno de los personajes de Dostoievski, afirman que *si Dios no existe, todo está permitido*.[455] Esta tesis admite dos lecturas. Si afirmamos la convicción fuerte y de sentido ético común según la cual *no todo está permitido*; si reconocemos que hay acciones humanas absolutamente prohibidas; entonces, al remontarnos al fundamento último de un orden moral estable, objetivo, absoluto y perentorio, afirmamos la existencia de Dios como supremo legislador moral. En cambio, otros arriban a la consecuencia inversar: *si Dios no existe, todo está permitido; pero Dios no existe; por lo tanto, todo está permitido*. Abandonan así la convicción primigenia de que existe un orden moral al que debemos adherirnos, que nosotros descubrimos y que no podemos derogar.

Por último, dentro de este tipo de argumentos basados en realidades humanas, está el llamado argumento histórico o argumento por el consenso de la humanidad. Lo usa Cicerón y desde entonces se repite en muchos contextos distintos. Se vincula con esa realidad antes mencionada de la religión como un elemento de toda cultura, que ni siquiera ha sido posible erradicar con los mayores esfuerzos del estado totalitario. Este argumento dice que todos los hombres han creído en la existencia de dioses, como afirma Cicerón: «Así pues, el sentimiento más elevado se mantiene entre todos los de todas la naciones. En efecto, en todos está innato y como esculpido en el alma que los dioses existen».[456] Aunque todos los hombres podrían estar equivocados, mientras más importante es un asunto y más reflexión se le

---

455   DOSTOIEVSKI, Fiodor. *Los hermanos Karamazov* (Natalia Ujánova, traductora), Crítica, Barcelona, 2000, p. 941.

456   *De natura deorum*, II, 5, 12.

destina, menos probable es que todos se hayan equivocado por tanto tiempo. Por consiguiente, el argumento histórico es como una apelación a lo difícil que sería que estuviera equivocado un consenso universal de la humanidad sobre un asunto tan relevante. A nadie le extrañaría admitir que sí, que la humanidad ha estado equivocada sobre un problema moral, por ejemplo, o sobre alguna concepción del universo físico; pero que toda la humanidad esté equivocada pensando que hay dioses, creando y recreando una y otra vez la religión, como la forma de intentar relacionarse con los dioses o con Dios, esto parece más difícil de admitir. Tampoco es un argumento demostrativo; es un argumento probable.

Santo Tomás de Aquino propone otros argumentos, que veremos en el próximo capítulo. No se apoya en estos argumentos antropológicos, probables, aun cuando no seguros desde un punto de vista metafísico, porque él suele proceder al revés. La existencia de Dios no es evidente; necesita ser demostrada. Si necesita ser demostrada, tenemos que acudir a un método científico, en el sentido de *racional* (no el sentido de las ciencias empíricas), el cual utiliza las relaciones de causa y efecto. Por lo tanto, habrá que partir de los efectos, y esto implica arrancar no ya de cualquier realidad que se da en el ser humano, sino de efectos objetivos en el mundo externo, un mundo que, si hay Dios, tiene que proceder de Él. Solo después de demostrada la existencia de Dios puede utilizarse este hecho probado para explicar qué relación hay entre Dios y la verdad, qué relación hay entre Dios y la ley moral, qué relación hay entre Dios y la felicidad, qué relación hay entre Dios y las religiones históricas. En la filosofía de santo Tomás, acudir a estos cuatro argumentos de tipo antropológico como algo primario sería poner la carreta delante de los bueyes. Sin embargo, por cuanto el hombre también es criatura, imagen y semejanza de Dios, tomar su experiencia como punto de partida para remontarse al Creador también constituye un camino válido como aproximación posible, a veces la primera para quienes no están preparados para los argumentos más difíciles en el orden metafísico.

38. LA DEMOSTRACIÓN METAFÍSICA
DE LA EXISTENCIA DE DIOS

La metafísica es la cumbre de la especulación filosófica y como su núcleo más difícil. Por eso, el acercamiento de la mente humana a la existencia de Dios o de alguna forma de divinidad ha procedido, en general, o bien desde la primitiva revelación –de alguna manera preservada, con mezcla de errores–, o bien a partir de un raciocinio metafísico de sentido común (no formulado de forma rigurosa), porque la inteligencia humana es por naturaleza metafísica. Desde la niñez consideramos las experiencias más elementales del mundo para interrogarnos por sus causas. Oímos hablar de Dios (o de dioses) y, cuando preguntamos, acogemos con naturalidad la respuesta de la religión o de los sabios, a través de nuestros padres: o que no hay un Dios, como les dicen a algunos niños, o que los dioses son de tal o cual manera, según las diversas fábulas y mitos como los de Homero, o, en fin, que Dios es un Ser Perfecto y Único, Creador del Cielo y de la Tierra, como afirma la tradición judía y cristiana. Los que se convierten de la increencia a la aceptación de Dios, sea como un gran relojero o Causa Primera sin relación personal con nosotros, sea como un Creador y Padre en el marco de una experiencia religiosa, por lo general han debido pasar por una combinación de experiencias interiores muy humanas y vitales –el sufrimiento abre los ojos–, pero también han considerado –en algún nivel de abstracción– los argumentos a favor y en contra de adoptar esa nueva creencia en un Ser Supremo o de aceptar una tradición como auténtica revelación de Dios.

Las disposiciones personales hacia un cambio de vida conllevan una apertura del propio ser a la realidad en sí misma, es decir, una actitud metafísica que reafirma la prioridad de la realidad sobre las ideas. Por el contrario, la experiencia de cerrarse en las propias ideas y excluir de plano la búsqueda de la verdad sobre Dios suele ir de la mano con malas disposiciones morales para asumir el cambio ético que la existencia de Dios conlleva: la sumisión de la mente, la libertad y la conducta, al Creador y a su Ley. No obstante, incluso si removemos las malas disposiciones y si las experiencias vitales positivas nos acercan a afirmar la existencia de Dios —y aun de su revelación en la historia—, la actitud razonable sigue siendo la de considerar, aunque sea de manera elemental, los argumentos objetivos que prueban ese hecho metafísico trascendente.

Este capítulo y el siguiente abordan, desde una perspectiva sobre todo lógica y metafísica, la demostración racional de la existencia de Dios y de los principales atributos o características que permiten hablar de cómo es Dios, es decir, de la esencia del Ser Supremo. Son dos capítulos difíciles, en los cuales nuestra pretensión no es exponer los argumentos de la manera más rigurosa posible, sino presentarlos de forma sencilla —y, no obstante, difícil— para su uso como introducción a estas cuestiones. Aun así, el esfuerzo metafísico será considerable, y su grado de abstracción se eleva bastante por encima del modo de hablar, vivir y sentir de nuestros contemporáneos, en especial de los más jóvenes. Pienso que el empeño vale la pena. Por otra parte, la síntesis de cada argumento implica que, tal como se presentan en estas páginas, no alcancen toda su fuerza demostrativa. Nuestra intención es ser fieles a la sustancia de cada argumento, para enseñar al lector en qué consisten en su conjunto y cómo pueden constituir pruebas que confluyen en una misma dirección. Como en el resto de los capítulos, nos remitimos a la bibliografía citada para que los lectores más interesados —o más urgidos por la cuestión real entre manos— puedan profundizar en cada aspecto aquí esbozado.

Los argumentos quizás más probatorios de la existencia de Dios son de carácter lógico o metafísico. Uno de ellos parte de la idea misma de Dios para arribar a la pretendida demostración de que ese Ser existe en la realidad. Aunque santo Tomás rechaza el argumento, hasta hoy muchos filósofos lo admiten. Los otros cinco argumentos son las cinco vías de santo Tomás de Aquino para demostrar la existencia de Dios, que parten de los efectos en las criaturas para remontarse al Creador, apoyándose en la metafísica de Platón y de Aristóteles.

El argumento que el Aquinate refuta fue inventado por san Anselmo de Canterbury, un teólogo del siglo XII, monje, que llevaba mucho tiempo reflexionando acerca de cómo podría dar un razonamiento que hasta la persona más atea se viera obligada a aceptar como demostrativo de que Dios existe. Así llegó a formular lo que después fue denominado *argumento ontológico* para demostrar la existencia de Dios, o también argumento *a priori* o argumento *a simultaneo* para demostrar que Dios existe.[457] Dice san Anselmo, citando un Salmo, que el insensato afirma en su corazón: «Dios no existe»;[458] pero incluso el insensato, cuando afirma que Dios no existe, piensa en Dios para decir que no existe; y, al pensar en Dios, ¿en qué piensa? Según san Anselmo, el insensato piensa –o se le puede llevar a pensar como concepto de Dios– en *aquel ser mayor que el cual nada cabe pensar.*[459] Eso es lo que queremos significar cuando decimos *Dios*. Algunos afirmamos que existe ese *ser mayor que el cual nada cabe pensar*, fórmula algo intrincada que significa un ser tal, de tal infinita perfección, que es imposible pensar en otro ser mayor que él. Otros, como el insensato del Salmo, afirman que Dios no existe, es decir, que *un ser mayor que el cual nada cabe pensar no existe.* Y por eso quien así piensa es un insensato, porque, si uno afirmara que *no existe* el ser *mayor que el cual nada cabe pensar*, tendría que reconocer que de hecho *cabe pensar* algo mayor, a saber, cualquier cosa fuera de nuestra mente: pues cualquier cosa fuera de nuestra mente sería, por existir fuera de la mente, mayor que el ser mayor que el cual nada cabe pensar que, en la hipótesis de que Dios no existe, existiría solo en la mente. Sucedería entonces que podría pensarse en algo mayor que aquello respecto de lo cual nada mayor se puede pensar. La contradicción es patente. Si Dios solo existe en nuestra mente, entonces el ser mayor que el cual nada cabe pensar no sería pensado como el ser mayor que el cual nada cabe pensar. Él tiene que existir, por lo tanto, también fuera de nuestra mente, porque, si no, no podemos pensarlo como el ser mayor que el cual nada cabe pensar.

A este ingenioso argumento replicó otro monje, Gaunilo de Marmoutier: *Usted puede pensar en la Isla de las Delicias, ese lugar paradisíaco en el que no falta nada, que es perfecto, y, por mucho que lo piense como algo a lo que no le falta nada, ese lugar puede no existir; de hecho, no existe la Isla de las Delicias.* Sus palabras textuales son, en realidad, más irónicas:

---

457   Cf. Millán Puelles, *Fundamentos de Filosofía, op. cit.*, pp. 543-549, y González, *Teología Natural, op. cit.*, pp. 71-76.

458   *Salmo* 53:1.

459   Cf. *Proslogion*, III.

Se dice que en una parte del océano hay una isla a la cual por la dificultad; o mejor, por la imposibilidad de encontrar lo que no existe, llaman algunos Perdida, y de la cual se cuentan más cosas que las que se atribuyen a las Islas Afortunadas; se aprecia su inestimable abundancia de todas las riquezas y delicias, y no estando habitada aventaja absolutamente a todas las demás tierras que habitan los hombres por la abundancia de productos. Yo entendería fácilmente a cualquiera que me dijera esto, en cuya comprensión no hay ninguna dificultad. Pero si, entonces, como si sacara alguna consecuencia, añadiera: No puedes dudar en adelante que esta isla, superior a todas las tierras, existe realmente en algún lugar. Ella existe también en tu entendimiento, y no de modo dudoso, y porque es la más importante, no existe solo en el entendimiento, sino también en la realidad; le es, pues, necesario existir, porque si no existiera, cualquier otra tierra existente en la realidad sería más importante que ella, y ella misma, entendida por ti como la más importante, no sería la más importante. Si por estas palabras aquél quisiera convencerme de que no debía ser puesta en duda, desde entonces, la existencia de aquella isla, yo creería o que se burlaba de mí, o no sabría a quién juzgar como más estulto: si a mí, si lo admitía, o a él, si juzgara haber afirmado con alguna certeza la existencia de aquella isla, a no ser que hubiera enseñado que existía la misma superioridad de la isla como una cosa verdadera o indudablemente existente, y, de ningún modo, como algo falso o incierto en mi entendimiento.[460]

San Anselmo le respondió que hay una diferencia fundamental entre pensar en cualquier cosa perfecta en su género, máxima, sin límite, como una isla por ejemplo, y pensar un ser sin límite, más allá de todo género especial de seres, porque respecto de cualquier otra cosa uno puede decir que existe sin límite solo en mi mente, pero de un ser sin límite —aunque él siempre usa la expresión *un ser mayor que el cual nada cabe pensar*— no se puede decir que existe solo en la mente, porque, si alguien dijera que existe solo en la mente, cabría pensar algo mayor, a saber, lo que existe también fuera de la mente. En efecto, de una isla o cualquier otra cosa, aunque se diga que se la piensa como perfecta *en cuanto isla* —y así con cualquier otra cosa perfecta en cualquier

---

460   *Liber pro insipiente*, 6.

otro género–, no se dice que se la piensa como perfecta en cuanto ser. En cambio, es obvio que lo que existe tanto en la mente como fuera de la mente es mayor que lo que existe solo en la mente, y, por lo tanto, si uno piensa en un ser mayor que el cual nada cabe pensar necesariamente tiene que pensarlo como existiendo a la vez en la mente y fuera de la mente.[461]

Toda la discusión, partiendo por la fórmula del concepto pensado de Dios, es intrincada y reclama nuestra paciencia. Quizás por eso los autores posteriores redujeron este argumento, que en san Anselmo es muy riguroso, a fórmulas más sencillas. René Descartes, por ejemplo, afirma:

Y cuando considero que dudo, o que soy una cosa incompleta y dependiente, se me presenta una idea muy clara y distinta del ente independiente y completo, es decir, de Dios; y por el solo hecho de que tal idea esté en mí, o de que yo, que tengo esa idea, exista, concluyo con tanta claridad que Dios también existe, y que de él depende cada uno de los momentos de toda mi existencia, que estoy convencido de que la inteligencia humana no puede conocer nada más evidente, ni nada más cierto.[462]

Y en otro lugar:

Examinando de nuevo la idea que tenía de un ser perfecto, veía que en ella estaba comprendida la existencia, del mismo modo, e incluso con más evidencia, que en la idea de triángulo está comprendido que la suma de sus tres ángulos es igual a dos rectos, o en la de una esfera que todas sus partes equidistan de su centro. Y en consecuencia es por lo menos tan cierto que Dios, que este ser perfecto, existe, como puede serlo cualquier demostración geométrica.[463]

El argumento, más cercano ya a Descartes, puede simplificarse así: *tenemos la idea de Dios como el Ser Perfecto; si lo pensamos como perfecto, tenemos que pensarlo como existente, porque existir es una perfección; por lo tanto, si lo pensáramos*

---

461   Cf. *contra Gaunilo*, III.
462   *Meditationes*, AT, VII, 53.
463   *Discours*, AT, VI, 36-38.

como perfecto y como no existente lo pensaríamos al mismo tiempo como perfecto y como imperfecto, y eso es contradictorio; ergo, el Ser Perfecto, es decir Dios, existe.

En la forma más silogística y simplificada, tal que nada más simple cabe pensar, el argumento podría resumirse así: (1) Pensamos la idea de un Ser Perfecto; (2) Existir fuera de la mente es una perfección; (3) Por lo tanto, la idea del Ser Perfecto incluye en sí que existe fuera de la mente; (4) Ergo, Dios (el Ser Perfecto) existe fuera de la mente.

Es curioso que un autor realista y cristiano como san Anselmo inventa este argumento, y que otro autor, idealista y asimismo cristiano –Descartes era un buen católico: algunos dicen que deberían canonizarlo–, acepta el argumento. Y después un sucesor de san Anselmo, que es teólogo como él, santo Tomás de Aquino, cristiano y realista, lo refuta, y un sucesor de Descartes, que es Kant, idealista y cristiano luterano, lo refuta. Aunque hay una distinción neta entre idealismo y realismo,[464] cuando se entra a discutir argumentos específicos pueden estar de acuerdo autores que están separados por esa gran división.

Santo Tomás de Aquino dice que es verdad que *en sí misma* la idea de Dios incluye la idea de existencia: *Dios es por esencia su propia existencia;* pero eso nosotros no lo sabemos mientras no demostremos de otra manera que Dios existe. Aunque la proposición «Dios existe» es *per se nota quoad se,* es decir, evidente por sí misma y en sí misma, en cuanto que el predicado está contenido en el significado del sujeto, sin embargo no es *per se nota quoad nos,* es decir, no es evidente por sí misma para nosotros, según nuestro modo de conocer, porque nosotros no pensamos de forma directa el significado de Dios como implicando lógicamente el ser en su sujeto.[465] Por lo tanto, de la pura idea de Dios no podemos deducir su existencia; es un salto ilógico desde lo mental a lo real. Kant dice que *la existencia no es un predicado real,* es decir, que la existencia no es una perfección más que se añade a la esencia de las cosas, sino que es un hecho que no modifica la esencia de las cosas. De ahí su famosa frase: *entre cien táleros reales y cien táleros pensados no hay ninguna diferencia esencial.* No hay ninguna diferencia en cuanto a las perfecciones que tienen los cien táleros (*i.e.,* los cien dólares). La diferencia es existencial, no de una perfección que se le añade, sino del simple hecho de que esa esencia,

---

464   Cf. *supra* cap. 9.
465   Cf. *S. Th.* I, q. 2, a. 2.

con todas sus perfecciones, comienza a estar en el mundo de los fenómenos.[466] Santo Tomás también establece una diferencia real entre el *acto de ser* y la *esencia* de una cosa.[467] Por lo tanto, uno puede describir todas las perfecciones de una cosa (i.e., de su esencia) y la existencia le viene como algo externo, distinto (i.e., como acto primerísimo que le da la existencia: *actus essendi*). La existencia no es una más de las perfecciones de las cosas y por eso no vale el argumento que dice tenemos la *idea* de Dios como ser *perfecto*; la existencia es una perfección; luego, Dios tiene que existir, porque, si no, no lo pensaríamos como perfecto. No vale el argumento porque la descripción de un ser, también de Dios, incluye todas sus perfecciones, *pero no la existencia*. La descripción completa de la cosa es la misma independiente de que exista o no exista, solo que, respecto de Dios, después de demostrar su existencia *de otra manera*, descubrimos que su esencia se identifica con su existencia.[468]

Tal es el argumento ontológico para demostrar la existencia de Dios. Por cierto, es uno de los más difíciles; pero también es uno de los que mayor gozo intelectual proporciona al discutirlo. En forma personal, estoy más inclinado, la mayor parte de las veces, a pensar como Tomás de Aquino y como Kant, es decir, que la existencia tiene algo de particular, que no es una perfección más que se puede pensar como las otras, y que haría contradictorio pensar en un ser perfecto y después pensar que no existe. Más bien me parece que tengo que pensar a Dios con una cierta definición, que no incluye la existencia, y después, con argumentos externos distintos, demostrar que existe o que no existe.

Eso es lo que santo Tomás lleva a cabo con sus famosas cinco vías para demostrar la existencia de Dios. No las expondremos aquí con detalle, sino que procuraremos mostrar la estructura lógica que es común a estas cinco vías, a saber, una aplicación rigurosa del principio de causalidad. Aunque solo una de las vías se refiere a la causa eficiente, las demás vías también usan el principio de causalidad.

La primera vía es la *vía por el movimiento* o por el cambio, que se basa en la noción filosófica de cambio[469] como *el paso de la potencia al acto*. Para

---

466   Cf. *KrV*, A 598/B 626.
467   Cf. *supra* cap. 27.
468   Cf. *infra* cap. 39.
469   Cf. *supra* cap. 22.

que se produzca un cambio algo que está en acto tiene que hacer que lo que está en potencia pase al acto. Santo Tomás dice que vemos cambios que suceden ahora, y eso tiene que ser originado por algo que ya está en acto; de lo contrario, no habría cambio ahora; pero si esa otra cosa, que está ya en acto, a su vez pasó de la potencia al acto, este movimiento también exige de otra cosa que esté en acto, y así sucesivamente. La cuestión es que si lo primero que hay en esta cadena de movimientos movidos o causados por un motor a su vez movido es la potencia, nunca habría habido ningún cambio; por tanto, lo primero que está en esta cadena debe ser algo en acto, pero, si es acto y es lo primero, entonces no puede ser algo que haya pasado de la potencia al acto; tiene que ser algo que siempre esté en acto, y ese ser que está siempre en acto, moviendo a los demás de la potencia al acto, es lo que todos llaman Dios. Después, santo Tomás va a sacar las consecuencias de qué significa tener un ser que sea puro acto, que mueve a los demás sin cambiar él mismo.[470]

El mismo esquema argumental es aplicado por el Aquinate a la causa eficiente (segunda vía). Una *cosa no puede ser causa de sí misma*. Si es causada, debe haber sido causada por otra, y esta, si a su vez es causada, debe haber sido causada por otra, y así sucesivamente hasta llegar a una *primera causa eficiente de todo lo que existe*. Lo contrario sería pensar que lo primero es la nada; pero de la nada no se puede seguir nada (*ex nihilo nihil fit*); por tanto, no habría nada ahora, si no hay una causa eficiente de todo lo que existe.

Asimismo, la tercera vía se basa en la necesidad y en la contingencia de los seres. Nosotros vemos seres contingentes, es decir, que se generan y que se corrompen. Si se generan y se corrompen, tiene que haber algo que los mantenga en su ser de suyo contingente. La materia prima tiene algo de permanente en el universo; pero, ¿cómo puede existir en forma permanente la materia prima, que es lo más contingente que existe en realidad, si no hay algo necesario que le da el ser? Eso necesario, a su vez, o es un ser necesario por sí mismo o es necesario por otro, es decir, que no puede corromperse, pero recibe su ser de otro ser. Y aquí santo Tomás aplica otra vez el argumento aristotélico de que no puede haber una cadena infinita de seres cuya necesidad (o incorruptibilidad) les viene dada por otro ser. Así se llega a afirmar que ha de existir un *ser necesario por sí mismo*, al que todos llaman Dios.

---

[470] Cf. *infra* cap. 39.

Después, la cuarta vía se basa en los grados de perfección de los distintos seres, que se consideran perfecciones participadas, en cuanto que son limitadas y, siguiendo la tesis platónica de la participación, reflejan de manera limitada una perfección que en sí es ilimitada. En efecto, se observa que hay seres más perfectos que otros en cuanto a perfecciones puras (*i.e.*, perfecciones cuyo significado no implica de suyo límite). Por ejemplo, la belleza y la bondad pueden pensarse en sí mismas sin referencia a ninguna limitación; pero, en los seres que conocemos, limitados como son, estas perfecciones son también belleza y bondad limitadas. No vale este argumento respecto de perfecciones que de suyo implican limitación, como el peso o la fuerza física, porque ellas no pueden existir como participación de una perfección máxima, sino siempre como un modo por sí mismo limitado de ser. Por eso nos da risa la objeción de que, con la cuarta vía, deberíamos argumentar que, puesto que hay seres gordos o pesados o peludos debería existir un Ser máximamente Gordo y Pesado y Peludo.[471] Pues bien, santo Tomás observa que la graduación de las perfecciones puras es relativa a su máximo ilimitado: «Este más y este menos se dice de las cosas en cuanto se aproximan más o menos a lo máximo».[472] Ahora bien, según el principio de causalidad, *lo más perfecto es causa de lo más imperfecto*, porque *nada da lo que no tiene*: un grado de ser superior no puede proceder de un grado inferior, sin intervención de una causa superior que supla la diferencia. De aquí se sigue que tiene que haber algo que sea sumo en el ámbito de la belleza, la bondad, la verdad, etcétera, porque cada grado inferior exige una causa superior, y, en definitiva, la causa ha de ser esa perfección en su grado máximo posible, sin ningún límite. Ese ser sumamente perfecto es lo que llamamos Dios. La cuarta vía es especialmente compleja y aquí solo podemos ofrecer una síntesis de la orientación general del argumento.

Y la última prueba, que es la más popular en los tiempos modernos, es la prueba por el orden del universo o por el gobierno del mundo: el orden y la belleza del universo nos remiten a una gran inteligencia ordenadora; el movimiento finalista, objetivamente inteligente, de seres no racionales exige una inteligencia que dirija esos movimientos. Vemos que las cosas obran de un modo ordenado, pero obrar según un orden hacia un fin exige conocer

---

471 Cf. FESER, Edward. *The Last Superstition. A Refutation of the New Atheism*, St. Augustine's Press, Indiana, 2008, pp. 98-100.

472 *S. Th.* I, q. 2, a. 3.

el fin, porque *el fin es lo primero en la intención y lo último en la ejecución.* Los seres que no tienen inteligencia obran, no obstante, siempre del mismo modo, lo cual implica una finalidad hacia la que tienden y una inteligencia que las ordena al fin; luego, esa inteligencia debe ser externa a esos seres. Esa inteligencia externa a todos los seres y que ordena y gobierna el universo es lo que llamamos Dios.

Tal es el resumen de las cinco vías.[473] En todas las cinco vías está el desafío intelectual de descubrir si se aplica de manera adecuada el principio de causalidad o no. Los que destruyen el principio de causalidad, como David Hume, se ven abocados a pensar que todas estas vías son inválidas. Los que piensan, como Kant, que la causalidad no es más que una categoría conceptual que relaciona juicios intelectuales sobre fenómenos o apariencias, pero no un principio explicativo de las realidades externas, entonces también tienen que pensar que estas vías son inválidas, porque se utiliza el principio de causalidad como si fuera una realidad en sí, cuando no es más que algo que pone nuestra inteligencia para relacionar fenómenos, y, por tanto, no puede servir para conocer cosas que van más allá de los fenómenos, como Dios. Por eso Kant postula la existencia de Dios como exigencia del orden moral (*i.e.,* de la razón pura práctica) y cree en Dios también por fe, pero piensa que no se puede demostrar que Dios existe usando la inteligencia especulativa, es decir, metafísicamente.

Las dificultades son comprensibles, porque la metafísica supera el pensamiento fenoménico y nos exige pensar más allá de la imaginación. Por ejemplo, Dios como acto puro, sin potencia, está de modo continuo moviendo todo el universo creado, pero Él mismo no cambia, o sea, Él no pasa de la potencia al acto. Eso es para nosotros imposible de imaginar, ya que la imaginación opera con las cosas sensibles, con realidades que están en movimiento o cambio perpetuo. Sin embargo, más allá de la imaginación podemos pensar en un ser que no cambia, que no se mueve como la Tierra y el universo, que no cambia nada en sí mismo y que, sin embargo, produce cambio fuera de sí. Eso es difícil o imposible de imaginar, pero es el punto de llegada de las cinco vías. La cuarta vía, por ejemplo, llega a Dios como ser perfecto.

---

473   La síntesis de estas vías está en *S. Th.* I, q. 2, a. 3. Véanse las exposiciones de MILLÁN PUELLES, *Fundamentos de Filosofía, op. cit.,* pp. 549-559; GONZÁLEZ, *Teología Natural, op. cit.,* pp. 113-159, y GARCÍA LÓPEZ, *Metafísica tomista, op. cit.,* pp. 529-574.

Un ser perfecto no puede cambiar, porque cualquier cambio implicaría dejar de ser algo que se es y ser algo que antes no se era, por tanto, movimiento, o cambio de lo perfecto a algo menos perfecto, o de lo menos perfecto a lo más perfecto. Por lo tanto, aquí toda nuestra imaginación colapsa; todo lo que hacemos cuando pensamos en cosas triviales, que es acompañarlas con imágenes adecuadas (*v.gr.*, ¿adónde voy a ir el fin de semana?, ¿qué es lo que voy a estudiar?), no podemos hacerlo cuando llegamos aquí, cuando tenemos que pensar en las realidades metafísicas, pensar en algo que no corresponde a ninguna imagen. Por eso estas vías llegan a que Dios no tiene materia, porque todo lo que tiene materia está compuesto de la materia y de la forma, y eso implica potencia, que es la materia, y acto, que es la forma.[474] Y si algo es acto puro no puede tener materia. Entonces estas demostraciones, que en lo fundamental consisten en aplicar el principio de causalidad a las cosas materiales, se remontan a un ser no material y perfecto, y esto es muy difícil de pensar. Por eso Dios, en la metafísica clásica, es algo que prácticamente como que *no se puede pensar*, y así también en la teología católica fue definido: que respecto de Dios es mucho más lo que no entendemos que lo que entendemos, es decir, que incluso cuando captamos un poco es mucho más lo que no comprendemos, infinitamente más lo que no entendemos. Según Tomás de Aquino, «nosotros no podemos captar de Dios lo que Él es, sino solo lo que no es, y cómo los otros seres se sitúan con relación a Él».[475]

Por eso no es reemplazable la idea de Dios, a la que se llega de forma metafísica, con solo la idea del conjunto del universo. Un panteísta dice que el conjunto del universo es lo que llamamos Dios; pero un metafísico, como Aristóteles, dice que no, que el conjunto del universo cambia continuamente, y, por lo tanto, es imperfecto. Dios no es una cosa más en el universo, sobre la cual discutimos si existe o no existe sin que esta cuestión afecte al modo mismo de concebir el universo entero. La teoría de conjuntos aquí parece que nos traiciona, porque, si uno aplica la teoría de conjuntos, dice: el universo móvil más Dios, en realidad esto es el universo. Si Dios es un elemento más en el conjunto, el conjunto entero es todo lo que existe más Dios, y eso es el universo. En cambio, la metafísica nos dice algo distinto –sin negar la validez de la teoría de conjuntos referida a objetos abstractos–: que el universo es una

---

474   Cf. *supra* cap. 22.
475   CG, I, cap. 30.

cosa y Dios no es un ítem dentro del universo. Como dice Alasdair McIntyre, a veces pensamos que la discusión entre ateísmo y catolicismo, o entre el teísmo y el ateísmo, es solo la cuestión de que estamos de acuerdo acerca del universo, a través del conocimiento científico, pero estamos en desacuerdo acerca de la existencia de un ítem más en este universo. Según esta visión, en este universo lleno de innumerables ítems tenemos un desacuerdo con respecto a uno, que es Dios. Según MacIntyre, esto reduce el desacuerdo sobre Dios al mismo tipo de desacuerdo acerca de si existen neutrinos o no, o si existe vida inteligente fuera de la Tierra o no (¡ya es difícil probar que exista en la Tierra!). Y no es así, porque este Ser, si existe, no es un elemento más del universo. En efecto, la aceptación de la existencia de Dios cambia nuestra comprensión de todo el universo creado.[476] MacIntyre ha sido ateo y católico; posee la experiencia de haber creído las dos cosas en su misma biografía. Un católico de cuna puede entender el argumento de MacIntyre, pero nunca lo ha experimentado. Lo interesante de su caso es haber experimentado el creer en un universo ateo y creer en el universo teísta. Una persona que ha sido atea desde muy niño tampoco tiene la doble experiencia: su visión es solo la del universo sin este ítem, y por eso puede pensar que este no es más que un ítem sobre el cual hay que discutir si existe o no existe con argumentos racionales, pero que no cambia la comprensión del universo. Sin embargo, más allá de la biografía de cada uno, puedo entender el argumento de MacIntyre porque comprendo la idea metafísica de Dios, y, con la idea metafísica de Dios, me doy cuenta de que yo comprendería el universo de una manera distinta si no tuviera esta idea de Dios. Pero, ¿cómo es Dios?

---

[476] Cf. MACINTYRE, Alasdair. *God, Philosophy, Universities. A Selective History of the Catholic Philosophical Tradition*, Rowman & Littlefield, Maryland, 2009, p. 6.

39. LA ESENCIA DE DIOS

Una definición mínima de Dios es necesaria para preguntar si acaso Dios existe. Aunque los expertos en filosofía discrepan acerca de cuál puede ser de forma exacta esta definición mínima, anterior a una determinación de los atributos divinos que completan el conocimiento humano de su esencia, me parece que la pregunta por la existencia de la divinidad se refiere a alguna realidad que, como mínimo, sea superior al universo visible (incluyendo a los seres humanos y su mundo) y que ejerza sobre este un control desde esa superioridad. No se prejuzga así si lo divino es un solo ser (monoteísmo) o son muchos seres que, en su conjunto, son superiores y de quienes depende el mundo visible (politeísmo, con dioses para los océanos, los cielos, la fertilidad, etc.). No se prejuzga si ese dios o esos dioses o la divinidad en su conjunto es una realidad física o espiritual, si es libre o no, si está en el tiempo o fuera de él. Se trata de una noción mínima para plantear la pregunta por la existencia de lo divino, apenas como un punto de partida para comenzar a indagar sobre su esencia.

Con más precisión, apoyándonos en un texto de santo Tomás, podemos decir que lo divino, la divinidad o el Dios sobre cuya existencia preguntamos ha de tener estas tres características mínimas: (i) *superioridad* respecto de todo el universo (no solamente respecto de los seres materiales o de los seres humanos: seres extraterrestres no humanos, mil veces más inteligentes y fuertes, no serían por eso dioses); (ii) *trascendencia en el ser*, es decir, que existe más allá de la realidad inmediata visible y, de modo especial, de los seres humanos, que son quienes buscan esa divinidad o se preguntan por ella; y (iii) *dependencia no recíproca*: el mundo —incluidos los hombres— debe depender de la divinidad y no a la inversa, ya sea en su origen (aun cuando después la divinidad no se ocupara del mundo), ya en su continuación en el ser, ya en su obrar. Santo Tomás ofrece esta definición mínima de Dios cuando afirma: «Este nombre [Dios] fue impuesto para significar algo que existe por encima de todas las cosas, que es principio de todas las cosas y que está separado de todas las cosas».[477] En efecto, la pregunta recurrente en la humanidad es sobre la explicación inteligible del mundo visible y de los acontecimientos por una fuente última y trascendente, y sobre nuestra relación con esa fuente de la que dependemos.

De esta manera, la respuesta afirmativa sobre la existencia de la divinidad deja abierta la posibilidad de negar la existencia de un dios o de dioses concebidos de una forma más determinada. Por ejemplo, alguien puede negar que Dios existe porque entiende por tal un ser del que se le ha dicho que quiere el mal para los hombres, o que es mentiroso. Si tales fueran los únicos dioses de su cultura, podría pasar por ateo o por blasfemo, cuando en realidad su razón natural podría aceptar la existencia del Dios verdadero. Lo dicho significa que personas, culturas y religiones muy diversas pueden estar de acuerdo en que existe la divinidad, en el sentido mínimo ya indicado, a la vez que procuran relacionarse con lo divino discrepando de modo profundo acerca de cómo es. La distancia puede ser tal que, juzgadas desde la filosofía conforme a la recta razón y desde la religión verdadera, que concibe a Dios según la verdad y tal como Él se ha revelado, podría concluirse que algunas religiones falsas tributan el culto, que se debe al Dios verdadero, a una divinidad desfigurada o a dioses falsos, ídolos, construcciones de su imaginación, invenciones de figuras llenas de vicios y de maldad, e incluso a los verdaderos demonios. Una persona podría incluso adherir –por la fe– a la verdadera religión (*i.e.*, a la religión católica) y, sin embargo, cometer errores privados en su concepción de cómo es Dios. Por ejemplo, un católico que adhiere a la fe de la Iglesia y, en ella, a todo cuanto Dios ha revelado y que la Iglesia propone para creer como tal, podría haber sido mal instruido y cometer el error privado de creer que Dios no premia a los buenos ni castiga a los malos, o que no fue libre para crear el universo, o que no interviene en la historia humana. De ahí que, para

---

[477] *S.Th.*, I, q. 13, a. 8, ad 2. Véase el detallado tratamiento y la discusión contemporánea en TWETTEN, David B. "To Which 'God' Must a Proof of God's Existence Conclude for Aquinas?", en *Laudemus viros gloriosos. Essays in Honor of Armand Maurer, CSB* (R. E. Houser, editor), University of Notre Dame Press, Notre Dame, Indiana, 2007, pp. 146-183. Agradezco al profesor Santiago Orrego la orientación en esta materia.

una correcta aproximación a la verdad sobre lo divino, la razón natural debe proseguir, más allá de las conclusiones positivas sobre la existencia de Dios, hacia la determinación de cómo es Dios en sí mismo.

Ya Platón, en el segundo libro de su *República*, da indicaciones sobre cómo se debe hablar de Dios: como «Dios es bueno»[478] no puede decirse que cause el mal, ni se le pueden atribuir vicios como la lujuria o la mentira.[479] La razón natural puede, en consecuencia, refutar las religiones falsas; pero también es capaz de ayudar a la fe de los creyentes a purificarse de interpretaciones erradas de la revelación divina. En efecto, como afirmó Benedicto XVI, «la religión tiene siempre necesidad de ser purificada por la razón para mostrar su auténtico rostro humano».[480] Al mismo tiempo, la revelación divina –auténticamente interpretada por el Magisterio de la Iglesia– confirma las verdades racionales y rectifica los errores de la razón humana: «La razón necesita siempre ser purificada por la fe, y esto vale también para la razón política, que no debe creerse omnipotente».[481] Por eso, más allá de presentar un esbozo de las clásicas pruebas de la existencia de Dios, en el capítulo precedente, ofrecemos ahora una síntesis de la especulación filosófica clásica sobre cómo es Dios en sí mismo.

De manera tradicional se habla de la *esencia de Dios* para aludir a *cómo es Dios en sí mismo*, en la medida limitada de cuanto podemos saber una vez que sabemos que existe. Las pruebas de la existencia de Dios[482] no son pruebas de tipo científico-positivo, científico-experimental. No son pruebas en el sentido de las ciencias particulares, como la física, la química, la astronomía; ni tampoco son pruebas en el sentido de las matemáticas. A Dios no se puede llegar por el camino de las matemáticas de modo directo, aunque la belleza de las matemáticas, como la de cualquier otro sector del ser, puede ser un punto de partida para elevarse al Ser de Dios. Las pruebas de la existencia de Dios son científicas en el sentido clásico de la palabra: son racionales y rigurosas. Tienen un carácter metafísico, esto es, aplican el principio de causalidad más allá de todos los fenómenos observables. A partir del punto de llegada de las pruebas, que es la existencia de ese Ser al que todos llaman Dios, una

---

478   *Rep.* II, 379c.

479   Cf. *Rep.* II, 379c-383c.

480   Benedicto XVI. *Deus caritas est*, n. 56.

481   *Ibid.*

482   Cf. *supra* cap. 38.

reflexión adicional demuestra las características de este Ser Superior, perfecto, que se ha descubierto.

En este tema se ven las convergencias y las distancias que puede haber entre fe y razón, porque, aunque el Dios al que llega la razón natural es el Dios de la fe verdadera (*i.e.*, no es que uno sea el *dios de los filósofos* y otro *el dios de los teólogos*, como dos seres distintos o que pudieran tener características contradictorias), sin embargo aquello que podemos saber por la fe es muchísimo más que aquello que podemos saber por la razón. Aun así, lo que se puede decir de Dios es siempre muy limitado. Los teólogos a veces hablan de una *teología negativa*, para reafirmar la tesis de que respecto de Dios *es infinitamente más lo que no sabemos que lo que sabemos*. Incluso cuando afirmamos cosas verdaderas respecto de Dios, son verdaderas en un sentido muy distinto –aunque análogo y verdadero– del que esas palabras, descriptivas de diversas propiedades, tienen de forma ordinaria en el lenguaje humano. A este modo de hablar respecto de Dios, consciente de nuestros límites, se lo denomina la *triple vía de la afirmación, la negación y la eminencia*, que consiste en que se toma alguna de las perfecciones creadas –de aquellas que pueden referirse a Dios porque no suponen de suyo imperfección–, se *afirma* respecto de Dios en cuanto reflejo suyo en lo creado, después se *niega* que en Dios se dé esa perfección de la misma manera que se da en las cosas creadas, y, por último, se *eleva* al infinito.[483]

Hay perfecciones que no se pueden predicar de Dios. Por ejemplo, no podemos decir que Dios es pesado o liviano, porque esas características son propias del ser material. No podemos predicar de Dios que tenga fuerza física, porque eso también está dentro del ámbito de lo material. En cambio, hay perfecciones que nosotros podemos ver en las cosas materiales, como la bondad o la belleza, o que se dan en el ser humano, que es material y espiritual, como la inteligencia y la voluntad. Y estas perfecciones no están intrínsecamente atadas a algo material. Por lo tanto, se pueden predicar respecto de Dios, que es espiritual. Podemos decir que Dios es bueno, es bello, es inteligente. Se afirma la perfección, porque, de lo contrario, la conclusión sería afirmar que Dios no es inteligente, o que Dios no es bueno, y eso contradice la misma demostración de la existencia de Dios como ser superior al universo que es

---

[483] Cf. GONZÁLEZ, *Teología Natural, op. cit.*, pp. 178-181, y GARCÍA LÓPEZ, *Metafísica tomista, op. cit.*, pp. 586-587.

efecto de su poder. Después de afirmar las perfecciones divinas, en un segundo paso, tenemos que decir que Dios *no es bueno* como las criaturas son buenas; que *no es bello* como las criaturas son bellas; que *no es inteligente* como los seres humanos somos inteligentes. En efecto, esas cualidades, tal como se dan en la realidad creada, que es la que conocemos de modo directo, son muy imperfectas, nos revelan poco respecto de qué es Dios, y, por lo tanto, es preciso negar que en Dios se encuentren con todas esas limitaciones. Por consiguiente, en el tercer paso se afirma que Dios es súper bueno, súper bello, súper inteligente, en el sentido de que sus perfecciones están más allá de toda medida de lo que nosotros conocemos. La eminencia de las perfecciones divinas justifica de forma racional –no solo como una cuestión de fe sobrenatural– que aceptemos la sabiduría de los designios misteriosos y dolorosos de la Divina Providencia y del gobierno del mundo.[484]

No obstante este modo de hablar de Dios –el de la teología negativa, que afirma algo de Dios aunque sea más lo que niega–, podemos y debemos afirmar las perfecciones divinas que se apoyan en un punto de partida que es el punto de llegada de las cinco vías de Tomás de Aquino. ¿Adónde llega la primera vía de santo Tomás para demostrar la existencia de Dios? A que Dios es un *acto puro*, es decir, que Él no es algo que esté cambiando; no es un movimiento continuo, sino actualidad continua. Él *está siempre siendo lo que es*, pues, si pasara de la potencia al acto (*i.e.*, de no ser algo a serlo), sería movido por otro ser en acto, y eso es precisamente lo que niega la primera vía. Dios está siempre causando el movimiento y el cambio en los demás seres.

Si algo es *acto puro* –es decir, no tiene nada de potencialidad, de poder pasar a ser algo distinto de lo que ya es–, y la metafísica muestra que *acto* significa *ser ahora*, a diferencia de *poder ser pero todavía no ser*, entonces se sigue que la primera de todas las perfecciones divinas, lo que los metafísicos llaman la *esencia metafísica de Dios*, es decir, su *perfección fundamental*, es que Dios es el mismo Ser subsistente en sí mismo. En latín suena muy bien: *Deus est Ipsum Esse Subsistens*. Esta es una cuestión metafísica muy difícil de pensar. Es tan difícil de pensar porque nosotros no conocemos el ser *en sí mismo*, sino que conocemos *cosas* que *son*, que existen, que tienen el ser como aquello que las actualiza de manera radical. Por lo tanto, siempre conocemos modos

---

484   Cf. *Leyes*, IV, 715e-716d.

de ser limitados, cosas limitadas que tienen ser. Conocemos una mesa, un árbol, un gato, una persona humana, un planeta, el sol, una galaxia, pero el ser mismo siempre es algo que le adviene a la esencia de la cosa. Entonces, ¿cómo se podría pensar el ser mismo, sin pensar en una cosa específica que existe? Pues bien, precisamente lo que se está diciendo respecto de Dios, cuando se llega a Él en la primera vía, es que es acto puro. Se afirma así que Dios no tiene ningún modo de ser específico, porque la esencia es potencia; la esencia es potencia de ser, algo que en realidad existe porque existe el ser. La dificultad metafísica estriba en que llegamos a un Ser que solo es ser, y no es algo específico que tiene ser. Dios es ser, es el máximo ser posible; pero no tiene potencia de ser, porque la potencia es imperfección. Esto es lo tremendo de esta tesis metafísica, que Dios es *el mismo ser subsistente en sí mismo*. Todos los demás seres que existen son seres que subsisten en una sustancia que tiene potencia, mientras que Dios no es nada determinado sino puro Ser sin fronteras que lo definan como esto o aquello. Esta tesis metafísica coincide con la fe, porque, en la revelación judía, ya está presente la misma tesis en el Dios que al parecer rehúsa definirse. En efecto, cuando Moisés pregunta, ante la zarza ardiendo, qué debe decir cuando le pregunten quién lo envía, Dios le dice: «Yo Soy el que Soy».[485] Esa respuesta significa: no puedo decirte nada específico que restrinja la plenitud de mi Ser; por lo tanto, solo puedo decirte que *yo soy*. Es notable advertir cómo coincide la fe, aparentemente sencilla y primitiva de la primera revelación judía, con la cumbre de la razón metafísica. La tesis es mayoritaria en la Escolástica. «La mayoría de los filósofos de la Escuela estiman que el 'ser-por-sí' es el constitutivo formal o esencia metafísica de Dios; para lo cual suelen ampararse en la interpretación de un texto de santo Tomás, en el que se afirma que el nombre que mejor conviene a Dios es aquel que le llama '*el que es*' [cf. *S. Th.* I, q. 13, a. 11], con lo que se expresa que no 'tiene' el ser causado por otro, sino que 'es' el ser por sí, el ser subsistente, razón de ser de sí mismo».[486]

De esta perfección fundamental de Dios, su Ser actual e ilimitado, se siguen las demás perfecciones, que constituyen la esencia divina. Todas son consecuencias de que Dios es acto puro de ser, sin límite.

---

485   *Ex.* 3: 14.

486   MILLÁN PUELLES, *Fundamentos de Filosofía, op. cit.*, pp. 568-569 [he eliminado énfasis en el original]. Cf. además GONZÁLEZ, *Teología Natural, op. cit.*, pp. 197-200.

Mencionemos algunas de esas perfecciones, yendo desde lo más metafísico a lo que más relación tiene con el mundo nuestro.

Que Dios sea puro acto de ser implica que en Dios no hay ninguna división interna. Él es por completo unitario, del todo simple. En los seres creados materiales hay diferencia entre materia prima y forma sustancial,[487] y esa diferencia no se puede dar en Dios porque implica imperfección, acto y potencia. Por lo tanto, Dios tiene que ser espíritu puro. Los ángeles también son espíritus puros; no tienen materia. Pero en un ángel hay diferencia entre su *modo de ser* —su esencia, pues cada ángel tiene la suya— y el que sea de hecho —el acto de ser, que podría no haber tenido, por ser criatura—. Esto ya implica imperfección, porque el ser está limitado a un modo de ser específico. Por lo tanto, en Dios no puede haber diferencia entre *esencia* y *ser*. Esto se puede decir de una manera más radical: *Dios no tiene esencia*, porque Él es puro ser. La esencia es limitación del ser; es potencia. El ser es acto. Puesto que Dios es puro acto sin potencia (motor inmóvil, causa incausada, etcétera), en Dios no hay esencia.

Por eso, cuando decimos que la *esencia metafísica* de Dios es el puro acto de ser, esto es lo mismo que decir que Dios no tiene esencia, sino solo ser. La respuesta de Dios a Moisés, ya aludida, es: «No puedo decirte una esencia mía porque no tengo; soy puro ser, sin ninguna descripción que me limite». Cualquier cosa que describamos, que definamos, es limitada o delimitada por esa descripción, por esa definición. La respuesta de Dios al hombre que pregunta por la identidad del Dios verdadero es: «Tú no me puedes describir; no me puedes limitar o atrapar en una definición; mi definición es que no tengo definición, porque soy puro ser». Como los seres humanos tenemos un modo muy imperfecto de comprender, nos parece que, al decir que Dios es puro ser, lo estamos definiendo; pero, si entendemos lo que es definir, que es dar los límites de una cosa, tenemos que darnos cuenta de que aquí estamos haciendo justo lo contrario, es decir, afirmar que a Dios no lo podemos definir.

La simplicidad divina, total, absoluta, del ser puro, va unida a su *inmutabilidad*. Dios no cambia. Cambiar es *pasar de la potencia al acto*. Dios no puede cambiar, porque nada en Él está en potencia de ser algo distinto. Dios causa el cambio en otras cosas, pero lo hace sin cambiar Él mismo. Esto es muy difícil de pensar porque nosotros, cuando causamos, nos movemos o

---

487 Cf. *supra* cap. 23.

cambiamos nosotros mismos. Dios hace cuanto quiere sin cambiar Él mismo. De ahí se sigue también que *Dios es eterno*. En la imaginación nuestra, la eternidad significa que Dios ha existido siempre en el pasado, existe ahora y existirá siempre en el futuro; pero este modo de decirlo implica un ser que transcurre, y que parte de lo que él es o era queda en el pasado, otra parte de su ser está ahora presente –es Dios ahora–, y todavía le queda algo por ser, que es lo que será en el futuro. Eso implica *cambio*, implica un tiempo que transcurre. Si Dios fuera eso, Dios estaría dentro del tiempo. Por tanto, Dios sería imperfecto. Por eso, para pensar el ser de Dios fuera del tiempo y del cambio, se crea este concepto de *lo eterno*, que no es un tiempo infinito sino la negación del tiempo. La eternidad es un *ahora* en el que se posee todo lo que se es, sin pasado ni futuro. La eternidad es *la posesión simultánea y total de una vida interminable*,[488] y, por tanto, solo puede existir en Dios. Decir que Dios es eterno no es decir que existió en el pasado y existirá en el futuro, sino que todo lo que Él es *lo es de modo simultáneo*, sin pasado ni futuro, en un presente infinito, porque su ser no tiene límites.

Consideremos ahora lo que podemos pensar de Dios en relación con lo creado. Primero, que Dios es creador, es decir, que ha hecho las cosas de la nada (*ex nihilo*). Al no ser Dios simplemente un ítem más en el universo, sino un ser por completo distinto, el resto de lo que existe tiene que proceder de un acto creador de Dios. No es como una emanación de Dios, como piensan los panteístas, que convierten a Dios en una sustancia que emana cosas, sino que Dios, sin cambiar Él mismo, produce todo de la nada. Es creador y, respecto de la creación, es omnipotente: puede hacerlo todo. De la nada al ser hay un salto infinito. Por ello solo un ser infinito puede crear, y un ser infinito, con un poder infinito, puede hacerlo todo. Cuando se desciende del nivel metafísico al coloquial se plantean preguntas divertidas: si acaso Dios podría hacer una piedra tan pesada que ni siquiera Él pudiera levantarla; si Dios podría mandarle a alguien que hiciera algo malo; y otras cosas por el estilo. Algunas de estas hipótesis suscitan problemas difíciles. Santo Tomás da una respuesta genérica para todo este tipo de problemas: Dios es perfecto, y, por lo tanto, puede hacerlo todo; pero hay cosas que no pueden ser hechas, porque son contradictorias, y Dios no puede hacer lo contradictorio. No es un problema de falta de potencia activa, de carencia de poder infinito, sino

---

488 Cf. *S. Th.* I, q. 10, a. 1.

que, al contrario, es la otra cara de la medalla de su infinita perfección. Es como si alguien preguntara si Maradona es capaz de fallar un penal. Pues, no, Maradona es incapaz de fallar un penal.[489] Cuando lo ha fallado es porque lo ha querido, pero por sí mismo no puede fallar. Salvando la distancia –según los argentinos, no es excesiva–, Dios no puede hacer nada contradictorio, igual que Maradona no puede fallar un penal. Dios no puede hacer ni mandar nada malo, porque eso sería contradictorio con su bondad y perfección. Dios es infinitamente bueno. Por eso es asimismo infinitamente bello, pues la belleza es lo que agrada a la contemplación, y la contemplación de Dios agrada. De hecho, esa es la definición que la fe da del cielo: contemplar a Dios cara a cara.

Dios, con su inteligencia infinita, lo conoce todo. Puesto que en Dios no hay diferencia entre su esencia y su ser, ni entre su ser y su obrar, cuando Aristóteles define a Dios como *pensamiento que se piensa a sí mismo*,[490] coincide con lo más alto de la especulación teológica y filosófica cristiana: Dios es su propio pensar. Nosotros tenemos la inteligencia como una potencia distinta de nosotros mismos, que a veces ejercitamos y otras veces no; pero, como Dios es acto puro, no puede tener una potencia que a veces se actualiza y a veces está en potencia. Por tanto, su inteligencia siempre está en acto, y no es distinta de su propio ser. De ahí se sigue que Dios se conoce a sí mismo perfectamente, y tiene que conocer perfectamente todo lo demás; pero Dios no conoce lo demás por adaptar su intelecto a la realidad, como nosotros, que

---

489   La referencia a Diego Armando Maradona sirva de ejemplo imperfecto, puesto que nunca fue en realidad infalible. En Italia 90, Maradona erró, desde los 12 pasos, en la definición a penales contra Yugoslavia en cuartos de final –definición que consagró a Sergio Goycochea como *ataja penales*–, sin perjuicio de anotar en la definición contra Italia en semifinales. Memorable es una de las ocasiones en que el *Pibe de Oro* tuvo dicha responsabilidad, jugando en el Boca Juniors de Carlos Salvador Bilardo (Campeonato de Clausura 1996). Maradona *falló cinco penales consecutivos*. La *nefasta serie* se inició contra Newell's Old Boys en Rosario, con un tiro en el palo; continuó contra Belgrano y Rosario Central, donde se vistieron de héroes Labarre y Castellano, respectivamente; siguió con un tiro en el vertical izquierdo (cuyo rebote aprovechó su compañero Claudio Paul Caniggia) ante River Plate y terminó frente a Racing con una espléndida atajada de Nacho González. Maradona puso término a la lamentable secuencia de errores en el *Apertura 97*, convirtiéndole a Estudiantes de La Plata desde el punto penal. El lector comprenderá que la erudición de esta nota no se debe al autor del libro. Agradezco, pues, a Juan Leonardo Lagos estas aclaraciones fundamentales para la comprensión de la teología natural. En todo caso, me permito añadir de manera modesta que Diego Armando Maradona sigue siendo el ídolo *casi infalible* de los argentinos.

490   Cf. *Met.* XII, 9, 1074b30-35.

para conocer debemos adaptarnos a la realidad, sino que Dios lo conoce todo *en sí mismo*, como el Creador de las cosas. Nosotros conocemos las cosas en sí mismas, adaptando nuestra mente a ellas; Dios, en cambio, conoce las cosas en sí mismo, en Él mismo, en su propia esencia, en su propio ser. Él conoce todo lo que Él mismo crea y hace. Esto es así porque Dios es omnipresente respecto de las criaturas, porque está dando el ser de forma continua. Él crea las cosas, pero no como el gran relojero, que las fabrica, las deja andando y se va, como pensaban los deístas del siglo XVIII. Esto no puede ser, pues la idea metafísica de Dios, a la que se llega por las cinco vías, es la de un Ser que está de forma continua actuando como primer motor de la realidad y causa primera de su ser. Por tanto, si el primer motor y causa primera dejara de estar en contacto con la realidad, la realidad dejaría de existir.

Así como vemos que hay inteligencia en el hombre y tenemos que predicar eso de Dios, vemos también que en el hombre hay una inclinación que sigue a la inteligencia, que es la voluntad, y entonces tenemos que afirmar que en Dios hay una voluntad, un querer. Ese querer de Dios no es una potencia que pueda *estar en potencia*, sino que es su mismo ser, visto desde este otro punto de vista: en cuanto que se inclina a querer una cosa u otra. Dios se quiere necesariamente a sí mismo, puesto que su querer es su ser. Su acto de ser divino es un acto de voluntad infinita. Como el acto propio de la voluntad es el amor, se dice que Dios es un acto infinito de amor. El amor de Dios a sí mismo *no puede ser egoísta*, porque el egoísmo no es el amor a uno mismo, sino el amor desordenado a uno mismo. También nosotros nos queremos a nosotros mismos, y eso es bueno. De hecho, el mandamiento de querer al prójimo como a uno mismo y la regla de oro de la moralidad (*i.e.*, hacer a los demás como querríamos que hicieran con nosotros) presuponen *un recto amor de sí mismo*. De manera que, si Dios se ama a sí mismo, y su amor se identifica con su ser, eso es ordenado, no tiene ningún tipo de desorden. Si, por un imposible, el Ser Perfecto quisiera antes o más que a Sí mismo cualquier otra realidad, una creatura, incurriría en un desorden irracional, cometería un pecado: sería un dios malo, como esos dioses paganos que cometen adulterios y mentiras.

La voluntad divina es por completo libre respecto de todo lo que sucede en el universo creado. Por eso Dios podría no haber creado nada, y de todos los universos posibles puede crear cualquiera. Ha habido un gran debate filosófico sobre si Dios ha hecho el mejor mundo posible o no. Leibniz pensaba que, como Dios es perfecto, tuvo que haber hecho *el mejor mundo posible*, puesto que, si hubiera hecho un mundo menos perfecto que el más perfecto posible, eso revelaría imperfección por parte de Dios. Dios habría omitido el bien perfecto, y eso sería una imperfección. Santo Tomás de Aquino pensaba todo lo contrario. Puesto que solo hay un ser perfecto, no es posible crear el mejor mundo posible. Es contradictorio, por lo cual Dios no puede crearlo. En efecto, cualquier cosa que Dios cree va a ser imperfecta, ya que, por ser creada, es limitada, dependiente: un modo de ser actualizado por el acto creador de Dios. Entonces, entre esa cosa –un universo entero– y Dios mismo va a haber una distancia infinita. Por tanto, siempre podría crearse algo más perfecto. Luego, el mundo en realidad existente siempre será menos perfecto que algún otro mundo posible. *El mejor mundo posible es imposible.* Esta es la respuesta de santo Tomás a la tesis de Leibniz, desde el punto de vista argumental, no cronológico, puesto que el Aquinate (siglo XIII) es anterior a Leibniz (siglos XVII-XVIII).[491] La tesis de santo Tomás es más compatible con el hecho de que nosotros podríamos imaginar mundos posibles más perfectos que el que tenemos, como a veces hacemos cuando pensamos en el paraíso –lo que hubiese sido el mundo, si no hubiera existido el pecado original–, o en el cielo. Por tanto, en la imaginación cristiana está la idea de que este mundo no es el mejor mundo posible; al contrario, es bastante imperfecto, pero tiene algo en especial bueno, que Dios ha querido, que es la criatura humana con la libertad creada, que explica en parte las cosas malas que hay en este mundo: nuestra miseria y nuestra grandeza. De modo que hay voluntad en Dios, y la voluntad divina se identifica con su ser, es libre respecto de las criaturas y dirige a las criaturas mediante un plan que es la Providencia Divina.

Dios es creador, conserva las cosas y las ordena hacia el fin último del universo. Este orden se llama la Providencia Divina y su ejecución es el gobierno divino del mundo. Afirmar la Providencia Divina, decir que Dios es providente y que es gobernador del mundo, es lo mismo que decir que su inteligencia infinita contiene el plan del progreso de todo el universo hacia el fin último, y que lo ejecuta de manera continua. Entre la Providencia y el gobierno divino hay una diferencia, que es que la Providencia está solo en la mente divina, como el plan de todo lo que existe, mientras que, para el gobierno divino, Dios se puede valer de las criaturas, como causas segundas. Unas criaturas pueden gobernar a otras. Por eso se dice, en la doctrina cristiana,

---

491   Sobre Leibniz, cf. FERNÁNDEZ y SOTO, *Historia de la Filosofía Moderna, op. cit.*, p. 139, y REALE y ANTISERI, *Historia del Pensamiento Filosófico y Científico, op. cit.*, tomo II, pp. 403-405.

que todo poder viene de Dios, y que los gobernantes son ministros de Dios para el gobierno de la comunidad que les toca gobernar.[492] Esta tesis metafísica fue interpretada, por algunas personas de algunas épocas pasadas, en el sentido de adscribir al poder humano un carácter divino en el sentido de supremo y absoluto; pero significa, en realidad, todo lo contrario: es una participación del poder de Dios, al que se ha de someter. Antes de esta concepción de Dios, en muchos pueblos se pensaba que los mismos gobernantes eran dioses, y eso a los gobernantes les convenía mucho. Hasta la Segunda Guerra Mundial, los japoneses pensaban que su emperador era un dios. En cambio, esta concepción cristiana del gobernante como alguien que participa del gobierno, pero que está al servicio de un gobierno divino que es superior, en realidad le quita el carácter de poder divino al poder humano. Lo desdiviniza, porque el gobernante está al servicio de un bien que él no inventa, al servicio del bien común. Por eso, si el gobernante se aparta de la regla moral, si es injusto, si es tiránico, en casos extremos puede haber el derecho de rebelarse contra él, usando la fuerza de las armas.

La Providencia Divina es perfecta. Nada se le escapa. Por eso, el mal en el mundo, como el sufrimiento de los inocentes, es un gran misterio (*mysterium iniquitatis*), para el cual *no hay una respuesta racional convincente o plenamente satisfactoria*. Desde el punto de vista de la razón, lo único que sabemos es que no sabemos, que no se entiende cómo puede ser el orden de la Providencia Divina compatible con el mal, en especial con el mal moral. Sabemos que Dios es infinitamente perfecto y moralmente bueno, y que es providente, por lo cual solo puede tolerar el mal en la medida en que puede sacar de él un bien mayor para todo el universo y de modo especial para las criaturas racionales. Sin embargo, cuando uno sufre el mal o cuando contempla atónito el indecible sufrimiento de los inocentes, esa explicación, sin duda muy racional, no nos quita el sufrimiento, ni el desconcierto. No disipa el misterio; no aminora la tentación de rebelarse o de entregarse al nihilismo. En cierto sentido, la explicación lógica de cómo es compatible el mal moral que hay en el mundo –la iniquidad–, que de ninguna manera es causado por Dios, no proporciona una verdadera comprensión de la sabiduría que se esconde tras unos planes misteriosos. La convicción cristiana de que el plan divino termina bien, de que el mal no tiene la última palabra, se apoya en todo el conjunto

---

[492]   Cf. *Rom.* 13: 1-7 y *Catecismo de la Iglesia Católica*, n° 1884.

de la fe: desde la concepción de Dios Creador y Padre hasta la confianza en la resurrección de los muertos, el premio eterno para los elegidos y el justo castigo para los hombres inicuos, la nueva creación en la recapitulación de todas las cosas en Cristo. Todo esto excede las fuerzas de la razón natural.[493]

---

493   Cf. *Catecismo de la Iglesia Católica*, nn. 37 y 302 y ss.

40. DIOS Y LA ÉTICA

Cómo se concibe la naturaleza influye en cómo se concibe la política. La imagen que tenemos del hombre repercute en las concepciones que tenemos de lo bueno y de lo malo, y al revés: nuestras convicciones sobre lo bueno y lo malo también afectan la imagen que tenemos de nosotros mismos. Si uno se convence, por ejemplo, a nivel moral, de que *es bueno lo que maximiza el placer y minimiza el dolor* —si se adopta una ética hedonista—, entonces, lo más probable es que uno se conciba a sí mismo como un hámster, cuyo horizonte fundamental de vida es maximizar el placer y minimizar el dolor. En cambio, si a nivel ético uno capta la diferencia entre el bien *inteligible*, el bien *honesto*, los bienes *sensibles*, los placeres y la evitación del dolor, y subordina lo sensible a lo inteligible en su concepción moral y en su práctica de vida, entonces uno comienza a concebirse a sí mismo como un Sócrates. Hay una *retroalimentación* entre cómo me concibo a mí mismo y cómo concibo la moral, la política y la antropología filosófica. El influjo va en los dos sentidos.

Lo mismo pasa con Dios. Cambia la concepción del universo entero según que admitamos o no la existencia de Dios y según cómo concibamos a Dios. Si no hay Dios, el sentido mismo del universo es distinto: es irracional pensar que el universo manifiesta la gloria de Dios y que no hay Dios; es irracional asimismo pensar en las cosas que nos circundan, en las personas que nos rodean, como criaturas, es decir, como seres dependientes de Dios y que llevan a Dios, si no hay Dios. Eso presupone que hay Dios, con cierto nivel de perfección. Ahora supongamos que hablamos de personas que aceptan la existencia de lo divino, de algún tipo de realidad sobrehumana y sempiterna o inmortal. Asimismo es distinto concebir a un Dios bueno y perfecto que concebir una multitud de dioses, algunos de los cuales son crueles, mentirosos, adúlteros. Platón pensaba que había que eliminar de la educación de los niños a los dioses griegos, ya que solo pervertían a la gente.[494] Por tanto, no cualquier divinidad puede fundamentar una ética racional. Por el contrario, la filosofía —una de cuyas partes es la ética racional— puede purificar a una religión de un defecto en su acceso a la divinidad.

La concepción de Dios también retroalimenta la imagen que tenemos del universo y del hombre, así como la noción que tenemos del orden moral y político. El orden moral y la vida no pueden ser iguales según que vivamos para maximizar los bienes de este mundo o que vivamos para una vida eterna, es decir, para recibir un premio ultraterreno en nuestras almas inmortales.[495] Por eso mismo, no puede ser igual la ética si procedemos de Dios, de quien somos imagen y semejanza, que si Dios no existe. No resulta la misma sabiduría práctica según cuál sea el fin último o el bien sumo, hacia el cual han de dirigirse las acciones para alcanzar la felicidad: el que busca la felicidad en los placeres, es un hedonista y vive para sí mismo; el que la busca en las riquezas, es un avaro; pero, ¿qué significa buscar la felicidad, la plenitud humana, en la amistad con Dios? Todo el orden moral cambia según se haga o no presente Dios mismo como su origen y su fin. Si Dios gobierna el universo, hacer el bien y evitar el mal en nuestros actos libres, mediante los cuales nos dirigimos a nuestro fin en ese universo, es participar en un orden divino.

La presencia o ausencia de Dios afecta también al orden político. No es lo mismo concebir el poder político como ministro de Dios para el orden justo del universo, como hace san Pablo,[496] donde la autoridad tiene una legitimidad vinculada con la justicia, que concebir al poder político como la representación de la soberanía popular, donde lo justo o lo injusto dependen de la voluntad del pueblo. En este caso, la legitimidad de los gobernantes se torna algo difuso, difícil de reconocer, porque no es fácil ver la conexión entre el supuesto pueblo soberano y el hecho macizo de que somos gobernados por muy pocos seres humanos iguales a nosotros. Yo no sé qué cosa requiere de más fe: si creer que toda potestad proviene de Dios o que toda potestad proviene del pueblo. Si yo fuera un cínico, que no creyera en nada, diría que

---

494   Cf. *Rep.* II, 377a-378a.
495   Cf. *supra* cap. 37.
496   Cf. *Rm.* 13: 1-3.

de ninguna de las dos, que el poder es un hecho bruto de dominación. Por cierto, ese cinismo quita motivación para la obediencia. Se hace muy difícil ejercer la autoridad al no tener el respaldo de una legitimidad. Sin embargo, Dios y la idea de Dios intervienen en este problema de la legitimidad. Por eso hay filósofos políticos del siglo XX, contemporáneos nuestros, que han tratado de encontrar sustitutos de la idea del poder como participado de Dios mediante formas de generar legitimidad a través de procedimientos que permitan pensar –fingir, diría yo– que un pueblo se gobierna a sí mismo.[497]

La ética en su conjunto, la existencia de una obligación moral, y, luego, de una obligación política y jurídica, cambia según que se halle o no su fundamento en el Absoluto, y según cómo se conciba ese Absoluto. Pero hay más, pues enseguida cabe pensar que los contenidos concretos de la moral, del derecho y de la política, también pueden tener un fundamento en la visión que se tiene de Dios, y viceversa. Si los padres representan, de alguna manera, a Dios dentro de la familia, es distinto concebir al padre como un dominador y al hijo como una cosa del padre, que concebir al padre como un bienhechor que se debe al cuidado de sus hijos. La imagen de Dios influye en cómo concebimos la misión de un padre de familia; pero, al revés, es difícil comprender en profundidad la imagen de un Dios bueno como padre si no se ha experimentado la bondad de un padre de carne y hueso, esa bondad sin *bondadosidad*: firme y segura, tierna y serena a la vez.

En la actualidad hay una gran discusión sobre el carácter sagrado de la vida humana. ¿Por qué debería exigirse un respeto sacrosanto de toda vida humana, si resulta que cada uno de nosotros no es más que un montón de materia igual que la de un perro o la de un árbol? Porque hay una concepción antropológica distinta –el hombre como *imago Dei*– y en último término también hay una concepción de Dios como garante de la vida humana.

Asimismo, el matrimonio, en todas las culturas, ha sido concebido como una institución religiosa; pero, ¿por qué esta vinculación entre la procreación, que es el núcleo del matrimonio, y la religión, Dios? ¿Qué consecuencias para la vida personal, familiar y social, puede tener desacralizar el matrimonio? Podemos convertirlo en algo cada vez menos vinculado a lo trascendente,

---

497   Cf. RAWLS, *Teoría de la justicia, op. cit.*; RAWLS, John. *Liberalismo político* (Sergio Madero, traductor), Fondo de Cultura Económica, México DF, 2006; y HABERMAS, Jürgen. *Facticidad y validez* (Manuel Jiménez Redondo, traductor), Trotta, Madrid, 2010.

con una eternidad, simbolizada en un compromiso definitivo; pero, ¿qué consecuencias puede tener eso? Ahora ya mucha gente dice: ¿para qué casarse?; ¿para qué hacer un papeleo y después divorciarse y hacer otro papeleo?; ¿qué sentido tiene? Es curioso este razonamiento. Se le oye ahora a mucha gente, y, en realidad, si el matrimonio no es algo sagrado, si es solo un papel, ¿por qué poner a Dios por testigo y qué tiene que meterse la autoridad humana? Así son las posiciones más coherentes en esta materia: o algo sagrado, que el ser humano puede recibir como un don, pero no manipular a su agrado; o bien, la provisionalidad del amor libre, mientras cada uno quiera que dure.

Lo que quiero mostrar es que el tema de Dios aparece en la ética, en sus fundamentos; aparece en la familia, en el matrimonio; afecta al respeto debido a la vida. Incluso la veracidad está afectada por la presencia de Dios. ¿Qué hace una sociedad cuando quiere asegurar el máximo de veracidad en lo que se dice? Exige un *juramento*, y jurar (cuando se trata de un acto serio) es poner a Dios por testigo de lo que se afirma o promete. Se nos cuela Dios en la ética. Si alguien no cree en Dios, se le pide que prometa decir la verdad. Ahora bien, el juramento tenía una importancia tan grande en siglos pasados, que había autores que decían que no había que tolerar a los ateos en la comunidad política, porque no podían dar juramento. John Locke decía que la tolerancia no era debida ni a los ateos ni a los católicos.[498] Los ateos no deben ser tolerados porque no pueden probar su lealtad al Estado, porque no pueden jurar. Si juran, lo hacen en falso. Y en realidad no se sabe dónde está su lealtad más profunda. Los católicos no deben ser tolerados porque son obedientes a una potencia extranjera, que es el Papa. Este argumento fue usado en Estados Unidos, algunos de cuyos estados, hasta el siglo XIX, no toleraban a los católicos. En el siglo XIX se terminó con las discriminaciones contra los católicos en ese país, igual que en Inglaterra. En China, hay hostilidad contra los católicos hasta hoy. El argumento de los chinos es occidental, en la misma línea de Locke, que es que los católicos no son plenamente leales con el Estado porque deben mayor obediencia a un poder extraño, el del Romano Pontífice.

De manera que la concepción religiosa influye en la ética, en el derecho y en la política. Curiosamente, las dos opciones extremas, según Locke, son las

---

498   Cf. LOCKE, John. *Escritos sobre la tolerancia* (Luis Prieto Sanchís y Jerónimo Betegón Carrillo, editores), Centro de Estudios Políticos y Constitucionales, Madrid, 1999, p. 142; y FERNÁNDEZ y SOTO, *Historia de la Filosofía Moderna, op. cit.*, p. 169.

que durante el siglo XX alcanzaron el máximo de confrontación: el ateísmo, en sus versiones totalitarias o anticlericales (persecuciones sangrientas en Rusia, Alemania, España, México, Cuba y China), y el catolicismo. El cardenal Newman advirtió la seriedad de la oposición: catolicismo o ateísmo. En efecto, san John Henry Newman llegó «a la conclusión de que, en verdadera filosofía, no hay medio entre ateísmo y catolicismo, y que un entendimiento perfectamente lógico, en las circunstancias en que se encuentra aquí abajo, debe abrazar lo uno o lo otro».[499] Los católicos y los ateos han pensado lo que implica aceptar la existencia de Dios. No es lógica –aunque sea comprensible humanamente– una opción intermedia, que no sea radical, la de creer en Dios solo como un señor al que le rezo cuando estoy nervioso, cuando estoy en apuros. Tomadas en serio, se entiende por qué son las dos opciones difíciles de tolerar. Quizás es más intolerable el catolicismo que el ateísmo, porque, si el catolicismo es falso, tiene a mucha gente creyendo cosas demenciales, como la Santísima Trinidad o que Jesucristo es Dios. El catolicismo es verdadero o es idolátrico, si es falso. Si es verdadero, Jesucristo es Dios; pero, si alguien cree que el catolicismo es falso, debería ser comprensivo con Stalin. El catolicismo induce a millones de personas a ponerse de rodillas delante de un pedazo de pan, salvo que sea verdad lo que los católicos creen sobre lo que parece ser un pedazo de pan, o sea, que la presencia de Cristo en la Eucaristía es real, verdadera y sustancial, con su Cuerpo, su Sangre, su Alma y su Divinidad.[500] Luego vienen los mandamientos, que son también exigentes. Cada vez que el Papa dice algo sobre un tema exigente (*v.gr.*, matrimonio, familia, justicia), se alza un clamor en el mundo de los ateos, en los diarios más liberales, y dicen que el Papa condena esto o lo otro, que a nosotros nos gusta tanto. Es la gran paradoja de una autoridad moral que va siendo el único obstáculo a la dominación de una ideología liberal planetaria. Un anciano vestido de blanco, en Roma, tiene preocupado a todo el mundo occidental porque dice que el matrimonio tiene que ser entre un hombre y una mujer, asunto que hasta los

---

499   NEWMAN, John Henry. *Apología "Pro vita sua": historia de mis ideas religiosas*, Editorial Universitaria, Santiago, 1994, p. 166. La idea es explicada mejor en NEWMAN, John Henry. *An Essay in Aid of a Grammar of Assent*, Longmans, green, and co., London, 1903, pp. 495-503. Véase también NEWMAN, John Henry. *Discursos sobre la fe* (José Morales, traductor), Ediciones Rialp, Madrid, 2000, pp. 280-281, donde plantea la opción lógica entre el catolicismo y el escepticismo.

500   Cf. *Catecismo de la Iglesia Católica*, n° 1333.

paganos más sueltos de cuerpo afirmaban en la antigüedad. ¿Por qué sucede esto? Porque el del Papa es un poder extraordinario sobre la tierra, y, por lo tanto, si alguien piensa que es un poder falso, que se basa en mentiras, en el engaño, tiene razón en combatirlo.

Intento, con estas palabras, que se entienda la cuestión de lo que es el catolicismo y lo que es el ateísmo, las dos posiciones más coherentes y extremas. Por supuesto, las personas que adhieren a cualquier religión, como los islámicos, los mormones, los judíos, etcétera, tienen derecho a preocuparse por una cultura atea, porque si los ateos fueran coherentes con sus planteamientos, quizás tendrían que ser como Stalin. El ateo bonachón no es del todo coherente con su ateísmo, aunque es de agradecer esa incoherencia, por lo usual debida al trasfondo cultural cristiano, de caridad y de justicia, en el que ha vivido. El ateo coherente es el que lleva hasta las últimas consecuencias la negación de la existencia de Dios, y, por tanto, se comprende que quiera erradicar la religión de la faz de la tierra. Pol Pot, quien absorbió la influyente ideología de Sartre en París, cuando vuelve a Camboya, va a liberar a su país de sus taras ancestrales. En el fondo, los ateísmos radicales son los más coherentes. Por cierto, tras los totalitarismos del siglo XX se han dado cuenta de que es muy difícil desarraigar la religión. Hay un repliegue histórico del ateísmo militante y violento; pero se usan otros métodos, los de una dictadura suave y difusa. Se procura mantener la religión a raya, recluida en la vida privada de la gente, en el fondo de su conciencia. Así es el ideal de un ateísmo coherente, y es comprensible, porque está en juego la cuestión del carácter público de la verdad. Por la misma razón, la lógica desde el otro lado, el de las religiones, exige que procuren una proyección pública. La existencia de Dios y la concepción que tengamos de Dios tiene luego consecuencias en la filosofía moral y en la filosofía política, porque toda la configuración de la vida humana, personal y social, depende de una postura conscientemente adoptada acerca de la verdad sobre Dios y su presencia entre los hombres.

EPÍLOGO: BREVES CONSIDERACIONES PARA UN ESTUDIANTE DE DERECHO

Thomas Hobbes, uno de los más influyentes pensadores políticos y teológicos de la modernidad, escribió un pequeño libro titulado *A Dialogue Between a Philosopher and a Student of Jurisprudence* (*Un diálogo entre un filósofo y un estudiante de derecho*). El filósofo logró, en pocos siglos, cambiar el modo de pensar del jurista. La sociedad dejó de verse como algo natural, para concebirse como un artificio, un pacto social al servicio de la composición de intereses y de la paz entre hombres que por naturaleza son antisociales, lobos para el hombre, ávidos de dominar a los demás y siempre temerosos. La ley dejó de ser, a los ojos de la mayoría de los juristas, un orden racional para el bien común, fundado en la justicia, en una ley natural de la razón. Comenzó a ser, en cambio, el mandato del soberano absoluto, único fundamento de la justicia en la comunidad política. El jurista ha dejado de ser el hombre prudente al servicio del derecho y de lo justo, para ser –a los ojos de muchos de ellos– un técnico de las leyes y de los tribunales para la defensa de los intereses más variados. El pragmatismo más brutal ha desolado la nobleza de la profesión jurídica, de tal manera que, desde su más tierna infancia en las escuelas de derecho, los estudiantes aprenden a despreciar la filosofía y las altas especulaciones.

De la filosofía, con todo, es difícil reírse por demasiado tiempo sin perder la propia humanidad. De hecho, muchos jueces y abogados, cuando maduran y, pasado el tiempo de los éxitos profesionales, empiezan a percibir la vaciedad de la vida, buscan de nuevo alguna fuente más profunda de sabiduría: la participación en actividades universitarias, alguna sociedad religiosa de cierta altura intelectual, las reuniones de las logias masónicas, el tiempo dedicado a la política, y hasta las lecturas científicas, culturales y filosóficas. La filosofía vuelve por sus fueros perdidos. Con todo, algunos estudiantes de derecho han sido más afortunados: aquellos que, desde los primeros años universitarios, encontraron una filosofía rigurosa y llena de sentido trascendente, una sabiduría varias veces milenaria que además les ha puesto a las puertas de la verdadera revelación divina y del sentido último de sus vidas. Yo he visto esos cambios, esas luces nuevas, ese recuperarse de los excesos del *rock & roll* (alcohol, sexo y drogas) y emprender la lucha sobria y valiente por ideales más altos: sociales, políticos, intelectuales, religiosos.

Este libro tuvo su origen en la enseñanza del curso Fundamentos Filosóficos del Derecho. Sin embargo, los estudiantes de primer año de derecho no son demasiado diferentes de cualquier otro universitario de su edad. Seguramente algo análogo les sucede a los estudiantes de otras disciplinas, separadas de la profundidad filosófica: la ingeniería, la economía, la medicina… Por eso querría terminar intentando vincular los temas tratados con las preocupaciones más cotidianas del estudiante universitario, tanto de derecho –sin duda la profesión más apasionante y, después del pecado original, una de las más necesarias y lucrativas– como de las otras carreras de alguna manera secuestradas por un pragmatismo mostrenco. Hablaré sobre todo para juristas, con la esperanza de que otros estudiantes puedan aplicarse a sí mismos consideraciones análogas. Estas reflexiones no han sido escritas, en efecto, solo para abogados, sino que constituyen una introducción elemental a la tradición filosófica más clásica, de modo especial inspirada en esa cumbre que fue Tomás de Aquino.

La primera consideración es que las opciones fundamentales (caps. 1-10), que llevan a hacerle un espacio en la vida a la filosofía realista, son también las que fundamentan el sentido común de los juristas. Es verdad que muchos son pragmáticos, pero enfrentados a problemas difíciles, en la profesión y en la política, acuden a principios de justicia más o menos universales: a cada uno lo que merece; nadie puede ser juez y parte; el derecho tiene por fin la justicia; aunque las cosas sean discutibles, es posible argumentar de manera racional, y otros por el estilo. La mente del jurista es por naturaleza realista.

En segundo lugar, la aproximación a la lógica y a la retórica (caps. 11-18) resultará atractiva a cualquier proyecto de abogado, incluso a aquel que, por no asimilar la metafísica, piense en dar un uso inadecuado al buen orden mental y a la capacidad de hablar de modo persuasivo. Ahora bien, la lógica y la retórica son más afines a la verdadera filosofía que a las filosofías escépticas y a la sofística, porque una inteligencia ordenada, que acepta la estrictez de la lógica, ya admite –en el fondo– que debe someterse a unas reglas objetivas, que la superan. La misma retórica, que sirve al sofista –tantas veces vence este al verdadero sabio, a los ojos de las multitudes–, es más afín al sabio y a la verdad, porque la finalidad natural de la palabra es manifestar la verdad. A la larga, también las personas más sencillas, al inicio engañadas por trucos contrarios a la lógica –los sofismas– y por maniobras oratorias, desarrollan un instinto básico que les permite repudiar a los hombres de iniquidad. El jurista joven, como el médico e incluso el ingeniero, puede saltar del rigor mental al rigor ético y a los grandes ideales de la política y la religión. Todavía más: podría incluso superar su horror a la metafísica.

En tercer lugar, la comprensión metafísica de la naturaleza (caps. 18-28), que afirma la armonía entre naturaleza y razón, y que lleva a las distinciones entre acto y potencia, materia y forma, sustancia y accidentes, repercute en el entendimiento del mundo de sentido común, y asimismo en una serie de categorías conceptuales propias de las diversas ciencias, incluso del derecho. La suposición de que la naturaleza es inteligible y de que la razón humana puede ordenarla y perfeccionarla es necesaria para el desarrollo de las ciencias y de las técnicas. Las reglas jurídicas asumen esa realidad cuando ordenan la sociedad y la interacción de los hombres entre sí y con la naturaleza. Pero hay más, porque el derecho también usa esas distinciones en su propio ámbito. El derecho distingue entre justicia *material* (*i.e.*, según el contenido de una norma, sentencia, contrato, etcétera) y justicia *formal* (*i.e.*, por seguirse los procedimientos establecidos de manera equitativa o imparcial), de forma que lo justo implica esas dos dimensiones. Distingue entre lo que es *sustancial* o *esencial* y lo que es *accidental* en los contratos, en las disposiciones legales, etcétera. Diferencia entre un derecho que se posee en la actualidad (*i.e.*, en acto) y lo que es una mera expectativa de llegar a tener un derecho (*i.e.*, en potencia) y lo que quizás es un acto intermedio: más que un simple derecho *en potencia* y menos que un derecho *en acto*, como pueden ser las expectativas legítimas en una relación entre los ciudadanos y el Estado. El derecho de responsabilidad por daños y el derecho penal emplean el principio de causalidad y otras nociones metafísicas, aparte de las normas que regulan la libertad, para imputar un daño causado o un delito cometido y exigir la responsabilidad o aplicar el castigo conforme a la justicia.

Asimismo, en cuarto lugar, toda la antropología filosófica (caps. 29-36) proporciona el fundamento de la ética y de las instituciones políticas y jurídicas. Vivimos de hecho en un mundo que transita desde una concepción del hombre como persona, con una dignidad superior a la de los animales brutos y en realidad inviolable, a un mundo donde muchos consideran que no todos los seres humanos son personas, y que, incluso si lo son, no por eso están por encima de la dignidad de ciertos animales brutos. Son temibles las consecuencias en materias como el aborto y la eutanasia, la exaltación de supuestos derechos esenciales de los animales –acompañada de una tiranía contra los seres humanos que no se someten al ecologismo profundo–, o, en sentido contrario, la explotación solo utilitarista y destructiva de los recursos naturales. Desde luego, la misma concepción del bien común y de los derechos esenciales de la persona humana cambia según que se acepte o no la existencia del espíritu, la trascendencia del hombre después de la muerte (cap. 35), su origen en un Dios Creador (cap. 36), el verdadero sentido de su libertad (cap. 34) en armonía con el conocimiento de la verdad (cap. 32). Un jurista sin filosofía –igual que un médico, que no sabe a quién trata cuando lo concibe como un cuerpo sin alma, la *máquina del cuerpo*– es un peligro para sí mismo y para la humanidad. No solemos advertirlo hasta que, en medio de la emergencia cívica –de la barbarie–, los juristas se encuentran de la noche a la mañana como cómplices de regímenes totalitarios o de experimentos libertarios que dañan a los más débiles.

Por último, la cuestión de Dios (caps. 38-40) interesa al hombre como persona. Sin embargo, el derecho también la considera al regular las relaciones entre Iglesia y Estado, o el régimen interno de la Iglesia por medio del derecho canónico, o los contornos de la libertad religiosa como derecho fundamental de los ciudadanos. No da igual regular estas cuestiones como si Dios no existiera –como quien aborda una diversión o una superstición dañina– o hacerlo como si Dios existiera.

El estudiante de derecho, si sabe algo de filosofía clásica, puede salir bien parado ante los Hobbes de nuestros días: los que dicen que el hombre es en esencia egoísta; que solo es justo lo que la ley del soberano establece; que el ordenamiento jurídico de un país está constituido solo por las leyes positivas, porque la ley de la naturaleza solo prepara el pacto social (o no existe, como dirán algunos sucesores de Hobbes). En definitiva, sin embargo, también los jóvenes de cualquier carrera, profesión u oficio, manual o intelectual, e incluso los economistas y los médicos, y más aún los jóvenes monjes benedictinos del Monasterio de la Santísima Trinidad de Las Condes, donde este libro se terminó de escribir gracias a su hospitalidad, deberían estudiar la filosofía clásica de la mano de santo Tomás de Aquino y de sus egregios seguidores a lo largo de los siglos.

BIBLIOGRAFÍA

ACKROYD, Peter. *Tomás Moro* (Angels Gimeno-Balonwu, traductora), Edhasa, Madrid, 2004.

ADLER, Mortimer. *How to Speak, How to Listen*, Touchstone, Nueva York, 1983.

SAN AGUSTÍN. *Confesiones* (Gustavo Piemonte, traductor), Ediciones Colihue, Buenos Aires, 2006.

SAN AGUSTÍN. "De la doctrina cristiana", *en Obras* XV (Balbino Martín, traductor), Biblioteca de Autores Cristianos, Madrid, 1957.

SAN AGUSTÍN. *La Ciudad de Dios* (José Morán, traductor), Biblioteca de Autores Cristianos, Madrid, 1958.

ALIGHIERI, Dante. *La Divina Comedia*. Editorial Porrúa, México D.F, 2012.

ALLISON, Henry. *El idealismo trascendental de Kant: una interpretación y defensa* (Dulce María Granja Castro, traductora), Anthropos-UAM, Barcelona, 1992.

ALVEAR, Julio y CISTERNA, Vanessa. "La sentencia del Tribunal Constitucional sobre la 'píldora del día después': ¿liberalismo posesivo o respeto a la ley natural?", en *Actualidad Jurídica*, n° 18, julio de 2008.

ALVIRA, Tomás; CLAVELL, Luis y MELENDO, Tomás. *Metafísica*, Eunsa, Pamplona, 2001.

SAN ANSELMO DE CANTERBURY. "Apología contra Gaunilo", en FERNÁNDEZ, Clemente (editor). *Los filósofos medievales. Selección de textos*, tomo II, Biblioteca de Autores Cristianos, Madrid, 1979.

SAN ANSELMO DE CANTERBURY. "Proslogion", en FERNÁNDEZ, Clemente (editor). *Los filósofos medievales. Selección de textos*, tomo II, Biblioteca de Autores Cristianos, Madrid, 1979.

ARENDT, Hannah. *Los orígenes del totalitarismo* (Guillermo Solana, traductor), Alianza Editorial, Madrid, 2007.

ARISTÓTELES. *Acerca de la generación y la corrupción* (Ernesto La Croce, traductor), Gredos, Madrid, 1987.

ARISTÓTELES. *Acerca del alma* (Marcelo Boeri, traductor), Ediciones Colihue, Buenos Aires, 2010.

ARISTÓTELES. *Ética eudemia* (Julio Pallí Bonet, traductor), Gredos, Madrid, 1985.

ARISTÓTELES. *Ética nicomaquea* (Eduardo Sinnott, traductor), Ediciones Colihue, Buenos Aires, 2010.

ARISTÓTELES. Física (Marcelo Boeri y Alejandro Vigo, traductores), Biblos, Buenos Aires, 1995.

ARISTÓTELES. *Metafísica* (Valentín García Yebra, traductor), Gredos, Madrid, 1998.

ARISTÓTELES. *Política* (Manuela García Valdés, traductora), Gredos, Madrid, 1999.

ARISTÓTELES. *Reproducción de los animales* (Ester Sánchez, traductora), Gredos, Madrid, 1994.

ARISTÓTELES, *Retórica* (Quintín Racionero, traductor), Gredos, Madrid, 1999.

ARISTÓTELES. "Sobre la interpretación", en *Tratados de lógica II* (Miguel Candel San Martín, traductor), Gredos, Madrid, 1988.

ARTIGAS, Mariano. *Las fronteras del evolucionismo*, Libros MC, Madrid, 1985.

ARTIGAS, Mariano. "Desarrollos recientes en evolución y su repercusión para la fe y la teología", en *Scripta Theologica*, n°. 32, año 2000, pp. 249-273.

ARTIGAS, Mariano. *Filosofía de la naturaleza*, Eunsa, Pamplona, 2003.

ARTIGAS, Mariano. *Introducción a la Filosofía*. Eunsa, Pamplona, 1995.

AUSTIN, John L. "A Plea for excuses", en AUSTIN, J. L. *Philosophical Papers*, Clarendon Press, Oxford, 1961.

BALMES, Jaime. *El Criterio*, Editorial Sopena Argentina, Buenos Aires, 1943.

BENEDICTO XVI. *Caritas in veritate* (2009).

BENEDICTO XVI. *Deus caritas est* (2005).

BENEDICTO XVI, *Discurso a los miembros de la Asamblea General de las Naciones Unidas*, Nueva York, 18 de abril de 2008.

BEUCHOT, Mauricio. *Introducción a la filosofía de Santo Tomás de Aquino*, UNAM, México DF, 2000.

BOBBIO, Norberto. "La resistencia a la opresión hoy", en *El tiempo de los derechos* (Rafael de Asís Roig, traductor), Editorial Sistema, Madrid, 1991.

BOCHENSKI, Iósef María. *Historia de la lógica formal* (Milan Bravo Lozano, traductor), Gredos, Madrid, 1985.

BOECIO. "Sobre la persona y las dos naturalezas. Contra Eutiques y Nestorio", en FERNÁNDEZ, Clemente (editor). *Los filósofos medievales. Selección de textos*, tomo I, Biblioteca de Autores Cristianos, Madrid, 1979.

BOERI, Marcelo. "Introducción" a ARISTÓTELES. *Acerca del alma*, Colihue, Buenos Aires, 2010.

BORDALÍ, Andrés y ZÚÑIGA, Yanira. "Análisis del fallo del Tribunal Constitucional sobre la píldora del día después", en *Anuario de Derechos Humanos*, Santiago, 2009.

BORGES, Jorge Luis. *Nueva antología personal*, Brugera, Madrid, 1980.

BROCK, Stephen L. *Acción y conducta: Tomás de Aquino y la teoría de la acción* (David Chiner, traductor), Herder, Barcelona, 2000.

BRUNSCHWIG, Jacques y LLOYD, Geoffrey. *Diccionario Akal de: El saber griego*, Akal, Madrid, 2000.

CARDONA, Carlos. *La metafísica del bien común*, Rialp, Madrid, 1966.

CARDONA, Carlos. *Metafísica de la opción intelectual*, Rialp, Madrid, 1973.

CASAUBÓN, Juan Alfredo. *Nociones generales de lógica y de filosofía*, Editorial de la Universidad Católica Argentina, Buenos Aires, 2006.

CASSIN, Barbara. *El efecto sofístico* (Horacio Pons, traductor), Fondo de Cultura Económica, México DF, 2008.

SANTA CATALINA DE SIENA, "El diálogo", en *Obras* (José Salvador y Conde, traductor), Biblioteca de Autores Cristianos, Madrid, 1980.

CHAGAS, Carlos (editor). *The artificial prolongation of life and the determination of the exact moment of death*, Pontificia Academia Scientiarum, Ciudad del Vaticano, 1986.

CHESTERTON, Gilbert Keith. *Ortodoxia* (Alfonso Reyes, traductor), Alta Fulla, Barcelona, 1988.

CHOZA, Jacinto. *Manual de Antropología Filosófica*, Rialp, Madrid, 1988.

CICERÓN. *Sobre la naturaleza de los dioses* (Julio Pimentel Álvarez, traductor), UNAM, México DF, 1986.

CLARO HUNEEUS, Francisco. De Newton a Einstein y algo más. Ediciones Universidad Católica de Chile, Santiago, 2008.

COHEN, Morris y NAGEL, Ernst. *Introducción a la lógica y al método científico*, Tomo II *Lógica aplicada y método científico*, Amorrortu editores, Buenos Aires, 1971.

COLLI, Giorgio. *El nacimiento de la filosofía*, Tusquets, Barcelona, 1977.

CONCILIO VATICANO II. *Gaudium et spes* (1965).

COPI, Irving M. *Introducción a la lógica*, Editorial Universitaria de Buenos Aires, Buenos Aires, 1969.

COPI, Irving M. y COHEN, Carl. *Introducción a la Lógica* (Edgar Antonio González Ruiz, traductor), Limusa, México D.F., 1995.

CORAZÓN GONZÁLEZ, Rafael. *Filosofía del Conocimiento*, Eunsa, Pamplona, 2002.

CORRAL, Hernán. "Tomás Moro: un abogado para todas las horas", en *Jorge Iván Hübner Gallo. Estudios en su homenaje* (AA VV), Universidad del Desarrollo, Santiago, 2007.

CORREIA, Manuel. *La Lógica de Aristóteles. Lecciones sobre el origen del pensamiento lógico en la Antigüedad*, Ediciones Universidad Católica de Chile, Santiago, 2003.

COVARRUBIAS, Andrés. *Introducción a la retórica clásica. Una teoría de la argumentación práctica*, Ediciones Universidad Católica de Chile, Santiago, 2003.

CRUZ PRADOS, Alfredo. *Historia de la filosofía contemporánea*, Eunsa, Pamplona, 1987.

DAVIDSON, Donald. "¿Cómo es posible la debilidad de la voluntad?", en *Ensayos sobre acciones y sucesos* (Olbeth Hansberg, traductora), UNAM-Crítica, Barcelona, 1995.

DE CARLI, Martino. *Dos amigas frente al misterio. Fe y ciencia en diálogo sobre el hombre y su destino*, Ediciones UC, Santiago de Chile, 2015.

DE SALISBURY, Juan. *Metalogicus*, III, 4, en SARESBERIENSIS, Ioannis. *Policraticus sive De nugis Curialium, et vestigiis Philosophorum*, libri octo. Accedit huic editioni eiusdem *Metalogicus*, Ex Officina Ioannis Maire, Lugduni Batavorum, CID IDC XXXIX [1639].

DE SALISBURY, JOHN. *Policraticus* (Miguel Ladero, traductor), Editora Nacional, Madrid, 1983.

DENZINGER, Enrique. *El Magisterio de la Iglesia* (Daniel Ruiz Bueno, traductor), 31ª edición, Herder, Barcelona, 1995.

DERRICK, Christopher. *Huid del escepticismo*, Ediciones Encuentro, Madrid, 1997.

DESCARTES, René. *Meditaciones acerca de la Filosofía Primera. Seguidas de las objeciones y respuestas* (Jorge Aurelio Díaz, traductor), Universidad Nacional de Colombia, Bogotá, 2011.

DESCARTES, René. *Reglas para la dirección del espíritu* (Juan Manuel Navarro Cordón, traductor), Alianza, Madrid, 1984.

DIELS, Hermann y KRANZ, Walther. *Die Fragmente der Vorsokratiker*. En español: *Los filósofos presocráticos* (Conrado Eggers Lan et al., traductores), Gredos, Madrid, 1982.

DOSTOIEVSKI, Fiodor. *Los hermanos Karamazov* (Natalia Ujánova, traductora), Crítica, Barcelona, 2000.

DUQUE, Félix. *Historia de la filosofía moderna. La era de la crítica*, Akal, Madrid, 1998.

DUMMET, Michael. "Realism", en *Truth and Other Enigmas*, Harvard University Press, Cambridge, MA., 1978.

DWORKIN, Ronald. *El imperio de la justicia* (Claudia Ferrari, traductora), Gedisa, Barcelona, 2008.

FERNÁNDEZ, José Luis y SOTO, María Jesús. *Historia de la Filosofía Moderna*, Eunsa, Pamplona, 2004.

FESER, Edward. *The Last Superstition. A Refutation of the New Atheism*, St. Augustine's Press, Indiana, 2008.

FINNIS, John. *Absolutos morales* (Juan José García Norro, traductor), Eiunsa, Barcelona, 1992.

FINNIS, John. "Aristóteles, Santo Tomás y los absolutos morales" (Carlos I. Massini, traductor), en *Persona y Derecho*, 28, 1993, pp. 9-26.

FINNIS, John. *Ley natural y derechos naturales* (Cristóbal Orrego, traductor), Abeledo Perrot, Buenos Aires, 2000.

FINNIS, John. *Ruptura, transformación y continuidad en la tradición de la razón y la justicia* (Cristóbal Orrego, traductor). Inauguración del año académico 2013 de la Facultad de Derecho de la Pontificia Universidad Católica de Chile, Santiago, 2013.

FINNIS, John, *Tomás de Aquino. Teoría moral, política y jurídica* (Fabio Morales, traductor), IES, Santiago, 2019.

FLEW, Antony y VARGHESE, Roy Abraham. *There is a God: How the World's Most Notorious Atheist Changed His Mind*, HarperCollins, Nueva York, 2007.

FLEW, Anthony y HABERMAS, Gary. "My Pilgrimage from Atheism to Theism: A Discussion between Antony Flew and Gary R. Habermas", en *Philosophia Christi*, vol. 6, n°. 2, 2004.

FORMENT, Eudaldo. *Metafísica*, Palabra, Madrid, 2009.

FRAILE MARTÍN, Guillermo. *Historia de la Filosofía*, Biblioteca de Autores Cristianos, Madrid, 1957.

GARCÍA CUADRADO, José Ángel. *Antropología filosófica*, Eunsa, Pamplona, 2001.

GARCÍA-HUIDOBRO, Joaquín. *Simpatía por la política*, Centro de Estudios Bicentenario, Santiago, 2007.

GARCÍA LÓPEZ, Jesús. *Metafísica tomista: ontología, gnoseología y teología natural*, Eunsa, Pamplona, 2001.

GAUNILO DE MARMOUTIER. *En favor del insensato* (Manuel Fuentes Benot, traductor), Aguilar, Buenos Aires, 1970.

GILSON, Etienne. *El realismo metódico* (Valentín García Yebra, traductor), Rialp, Madrid, 1963.

GÓMEZ-LOBO, Alfonso. *La ética de Sócrates* (Andrea Palet, traductora), Editorial Andrés Bello, Santiago, 1998.

GÓMEZ PÉREZ, Rafael. *Problemas morales de la existencia humana*, Editorial Magisterio Español, Madrid, 1980.

GONZÁLEZ, Ángel Luis. *Teología natural*, Eunsa, Pamplona, 2008.

GOULD, James L. "Honey bee recruitment: the dance-language controversy", *Science*, vol. 189, n. 4204, 1975.

HABERMAS, Jürgen. *Facticidad y validez* (Manuel Jiménez Redondo, traductor), Trotta, Madrid, 2010.

HART, H. L. A. *El concepto de derecho* (Genaro Carrió, traductor), Abeledo Perrot, Buenos Aires, 1977.

HEGEL, Georg Friedrich Wilhelm. *Líneas fundamentales de la filosofía del derecho* (María del Carmen Paredes, traductora), en *Hegel II*, Gredos, Madrid, 2010.

HEIDEGGER, Martin. *Introducción a la Metafísica* (Emilio Estú, traductor), Editorial Nova, Buenos Aires, 1959.

HEIDEGGER, Martin. *Carta sobre el humanismo* (Helena Cortés y Arturo Leyte, traductores), Alianza, Madrid, 2009.

HERVADA, Javier. *Introducción crítica al derecho natural*, Eunsa, Pamplona, 2001.

HEWITT, Paul G. Física Conceptual (Victoria Augusta Flores Flores, traductora), Pearson Educación, México, 2007.

HUME, David. *Investigación sobre el entendimiento humano* (Vicente Sanfélix, traductor), Istmo, Madrid, 2004.

HUSSERL, Edmund. *Ideas relativas a una fenomenología pura y una filosofía fenomenológica* (José Gaos, traductor), Fondo de Cultura Económica, México DF, 1962.

IBÁÑEZ, José Miguel. *El marxismo: Visión crítica*, Ediciones Universidad Católica de Chile, Santiago, 1981.

IBÁÑEZ, José Miguel. *Teología de la liberación y lucha de clases*, Palabra, Madrid, 1985.

IBÁÑEZ LANGLOIS, José Miguel. *Poemas dogmáticos II*, Editorial Universitaria, Santiago, 1994.

IBÁÑEZ, José Miguel. *La creación poética*, Editorial Universitaria, Santiago, 1969.

INCIARTE, Fernando. "El problema de la verdad en la filosofía actual y en Santo Tomás", en J.J. RODRÍGUEZ y P. RODRÍGUEZ (editores). *Veritas et Sapientia: En el VII Centenario de Santo Tomás de Aquino*, Eunsa, Pamplona, 1975.

INNERARITY, Daniel. Praxis e intersubjetividad. La Teoría Crítica de Jürgen Habermas, Eunsa, Pamplona, 1985.

JASPERS, Karl. *Filosofía* (Fernando Vela, traductor), Ediciones de la Universidad de Puerto Rico, Madrid, 1958.

JOHNSON, Paul. *Tiempos Modernos* (Aníbal Leal, traductor), Javier Vergara Editor, Buenos Aires, 1988.

JOHNSON, Paul. *Intelectuales* (Clotilde Rezzano, traductora), Vergara, Buenos Aires, 2000.

JUAN XXIII. *Mater et magistra* (1961).

JUAN XXIII. *Pacem in terris* (1963).

JUAN PABLO II. *Centesimus annus* (1991).

JUAN PABLO II. *Ex Corde Ecclesiae* (1990).

JUAN PABLO II. *Fides et ratio* (1998).

JUAN PABLO II. *Sollicitudo rei socialis* (1987).

KALINOWSKI, Georges. *Lógica de las normas y lógica deóntica* (Roque Carrión Wam, traductor), Universidad de Carabobo [Editorial], Valencia (Venezuela), 1978.

KANT, Immanuel. *Crítica de la razón práctica* (Dulce María Granja Castro, traductora), Fondo de Cultura Económica-UAM-UNAM, México DF, 2011.

KANT, Immanuel. *Crítica de la razón pura* (Mario Caimi, traductor), Ediciones Colihue, Buenos Aires, 2009.

LADERO, Miguel Ángel. "Introducción" a JOHN DE SALISBURY. *Policraticus*, Editora Nacional, Madrid, 1983.

LAMAS, Félix Adolfo. *El Hombre y su conducta*, Instituto de Estudios Filosóficos "Santo Tomás de Aquino", Buenos Aires, 2013.

LEÓN XIII. *Rerum novarum* (1891).

LEWIS, Clive Staples. *Los cuatro amores* (María Luz Huidobro, traductora), Editorial Universitaria, Santiago, 1988.

LLANO, Alejandro. *Gnoseología*, Eunsa, Pamplona, 1991.

LLANO CIFUENTES, Carlos. *Las formas actuales de la libertad*, Editorial Trillas, México D.F., 1990.

LOCKE, John. *Escritos sobre la tolerancia* (Luis Prieto Sanchís y Jerónimo Betegón Carrillo, editores), Centro de Estudios Políticos y Constitucionales, Madrid, 1999.

LOCKE, John. *Ensayo sobre el conocimiento humano* (Edmundo O'Gorman, traductor), Fondo de Cultura Económica, México DF, 2005.

MACINTYRE, Alasdair. *God, philosophy, universities. A Selective History of the Catholic Philosophical Tradition.* Rowman & Littlefield, Maryland, 2009.

Madhura Ingalhalikar, Alex Smith, Drew Parker, Theodore D. Satterthwaite, Mark A. Elliott, Kosha Ruparel, Hakon Hakonarson, Raquel E. Gur, Ruben C. Gur, Ragini Verma, "Sex differences in the structural connectome of the human brain", en *Proceedings of the National Academy of Sciences*, Jan 2014, 111 (2) 823-828; DOI:10.1073/pnas.1316909110 (consultado 15 de julio de 2019).

MARÍAS, Julián. *El tema del hombre*, Espasa-Calpe, Madrid, 1981.

MARITAIN, Jacques. *Introducción a la Filosofía* (Leandro de Sesna, traductor), Club de Lectores, Buenos Aires, 1948.

MARTÍNEZ MARZOA, Felipe. *Historia de la filosofía antigua*, Akal, Madrid, 1995.

MARX, Karl. "Tesis sobre Feuerbach", en *Obras escogidas*. Editorial Progreso, Moscú, 1976.

MEDINA ESTÉVEZ, Jorge. *Anotaciones de metafísica: siguiendo a Aristóteles y a Santo Tomás de Aquino*, Universidad Santo Tomás, Santiago, 1995.

MELENDO, Tomás. *Introducción a la filosofía*, Eunsa, Pamplona, 2004.

MILLÁN PUELLES, Antonio. *Fundamentos de Filosofía*, Rialp, Madrid, 2009.

MILLÁN PUELLES, Antonio. *Léxico filosófico*, Rialp, Madrid, 2002.

MUÑOZ MACHADO, Santiago. *Los animales y el derecho.* Civitas Ediciones, Madrid, 1999.

NEWMAN, John Henry. *An Essay in Aid of a Grammar of Assent*, Longmans, green, and co., London, 1903.

NEWMAN, John Henry. *Apología "Pro vita sua": historia de mis ideas religiosas*, Editorial Universitaria, Santiago, 1994.

NEWMAN, John Henry. *Discursos sobre la fe* (José Morales, traductor), Ediciones Rialp, Madrid, 2000.

NIETZSCHE, Friedrich. *La genealogía de la moral* (Andrés Sánchez Pascual, traductor), Alianza, Madrid, 1997.

NUBIOLA, Jaime. "J. L. Austin: análisis y verdad", en *Anuario Filosófico*, 10-2, 1977, pp. 211-224.

ORREGO, Cristóbal. *H.L.A. Hart. Abogado del positivismo jurídico*, Eunsa, Pamplona, 1997.

ORREGO, Cristóbal. *Analítica del derecho justo*, UNAM, México DF, 2005.

ORREGO, Cristóbal. *La doble cara del liberalismo político. Ensayos críticos sobre el debate contemporáneo*, Porrúa-U. Panamericana, México DF, 2010 [Instituto Res Publica, Santiago, 2016].

ORREGO, Cristóbal. *Las instrucciones del microondas. Primicias de la bitácora 'Bajo la lupa'*, Centro de Estudios Bicentenario, Santiago, 2006.

ORREGO, Cristóbal. "La ley natural bajo otros nombres: *de nominibus non est disputandum*", *Anuario de Filosofía Jurídica y Social* [Chile] 23, 2005, pp. 75-90.

ORREGO, Cristóbal. "Los fundamentos religiosos de los principios morales a la luz de la teoría de la ley natural", en SQUELLA, Agustín y LAVADOS, Jaime. *El origen de los principios morales* (Santiago: Corporación de Promoción Universitaria, 2014).

ORREGO, Cristóbal y SALDAÑA, Javier. *Poder estatal y libertad religiosa. Fundamentos de su relación*, UNAM, México DF, 2001.

ORREGO, Fernando. "Juan Pablo II y la teoría de la evolución", en *Humanitas*, n°. 5, 1997.

ORTEGA Y GASSET, José. "Amor en Stendhal", en *Obras completas*, vol. 5, Revista de Occidente, Madrid, 1947.

PABLO VI. *Octogesima adveniens* (1971).

PARDO, Antonio. *Cuestiones básicas de bioética*. Ediciones Rialp, Madrid, 2010.

PARFIT, Derek. *Reasons and persons*, Oxford Clarendon Press, Oxford, 1984.

PASCAL, Blaise. *Pensamientos* (Mario Parajón, traductor), Cátedra, Madrid, 1998.

PAVLOV, Iván P. *El sueño y la hipnosis* (José Macernis, traductor; y José Torres Norry, compilador), Editorial Psique, Buenos Aires, 1987.

PEIRÓ PÉREZ, María Juliana y ZORROZA, María Idoya, "La noción de libertad como *causa sui* en Tomás de Aquino", en *Revista Cauriensia*, Vol. IX, 2014, pp. 435-449.

PEÑA VIAL, Jorge. *Imaginación, símbolo y realidad*, Ediciones Universidad Católica, Santiago, 1987.

PEÑA VIAL, Jorge. *Ética de la Libertad*. Instituto Res Publica, Santiago, 2013.

PERELMAN, Chaïm y OLBRECHTS-TYTECA, Lucie. *Tratado de la argumentación: la nueva retórica* (Julia Sevilla Muñoz, traductora), Gredos, Madrid, 1994.

PIEPER, Josef. *Las virtudes fundamentales* (Carlos Melches, traductor), Rialp, Madrid, 1990.

PIEPER, Josef. *El ocio y la vida intelectual* (Alberto Pérez Masegosa, Manuel Salcedo, Lucio García y Ramón Cercós, traductores), Rialp, Madrid, 1962.

PÍO XII. *Humani generis* (1950).

PÍO XII. *Radiomensaje de Navidad de 1942* (1942).

PLATÓN. "Fedón", en *Diálogos III* (Carlos García, traductor), Gredos, Madrid, 1988.

PLATÓN. "Fedro", en *Diálogos III* (E. Lledó Íñigo, traductor), Gredos, Madrid, 1988.

PLATÓN. "Gorgias", en *Diálogos II* (J. Calonge Ruíz et al., traductores), Gredos, Madrid, 1987.

PLATÓN. *Leyes* (Franco Lisi, traductor), Gredos, Madrid, 1982.

PLATÓN. *Menón* (Alfonso Gómez-Lobo, traductor), Editorial Universitaria, Santiago, 2004.

PLATÓN. *República* (Conrado Eggers Lan, traductor), Gredos, Madrid, 1986.

PLATÓN. *Timeo* (Óscar Velásquez, traductor), Ediciones Universidad Católica de Chile, Santiago, 2004.

POPPER, Karl. *Conjeturas y refutaciones. El desarrollo del conocimiento científico* (Néstor Miguez, traductor), Paidós, Barcelona, 1991.

POPPER, Karl R. y ECCLES, John C. *El yo y su cerebro* (Carlos Solís Santos, traductor), Editorial Labor, Barcelona, 1980.

PUTNAM, Hilary. *Meaning and the Moral Sciences*, Routledge and Kegan Paul, Londres, 1978.

RAMÍREZ, Santiago. *De analogia* (4 vols.), CSIC, Madrid, 1972.

RATZINGER, Joseph. "Una mirada teológica sobre la procreación humana", en *Cuaderno Humanitas*, n°. 20, 2008.

RATZINGER, Joseph. "Lo que cohesiona el mundo. Las bases morales y prepolíticas del Estado", en Habermas, Jürgen y RATZINGER, Joseph. *Dialéctica de la secularización. Sobre la razón y la religion*, Madrid, Encuentro, 2006.

RAWLS, John. *Teoría de la justicia* (María Dolores González, traductora), Fondo de Cultura Económica, México DF, 2006.

RAWLS, John. *Liberalismo político* (Sergio Madero, traductor), Fondo de Cultura Económica, México DF, 2006.

REALE, Giovanni y ANTISERI, Darío. *Historia del Pensamiento Filosófico y Científico* (Juan Andrés Iglesias, traductor), Editorial Herder, Barcelona, 1995.

RICOEUR, Paul. *Freud: una interpretación de la cultura* (Armando Suárez, traductor), Siglo XXI, Buenos Aires, 1970.

Río, Manuel. *Estudio sobre la Libertad Humana: Anthropos y anagke*, Sociedad Anónima de Impresiones Generales, Buenos Aires, 1955.

SANGUINETTI, Juan José. *Lógica*, Eunsa, Pamplona, 2000.

SANZ SANTA CRUZ, Víctor. *Historia de la Filosofía Moderna*, Eunsa, Pamplona, 1991.

SARANYANA, José Ignacio. *Historia de la filosofía medieval*, Eunsa, Pamplona, 1989.

SARTRE, Jean-Paul. *El existencialismo es un humanismo* (Victoria Praci de Fernández, traductora), Edhasa, Barcelona, 1994.

SINEK, Simon. *Start with Why: How Great Leaders Inspire Everyone to Take Action*, Penguin, Nueva York, 2009.

SINGER, Peter. *Ética práctica: segunda edición* (Rafael Herrera Bonet, traductor), Cambridge University Press, Londres, 1995.

SÖCHTING HERRERA, Julio. *Metafísica*, Ediciones UC, Santiago, 2014.

SÓFOCLES. "Las traquinias", en *Tragedias* (Assela Alamillo, traductora), Gredos, Madrid, 1981.

SPAEMANN, Robert. *Felicidad y benevolencia* (José Luis del Barco, traductor), Rialp, Madrid, 1991.

SPAEMANN, Robert. *Personas. Acerca de la distinción entre «algo» y «alguien»* (José Luis del Barco, traductor), Eunsa, Pamplona, 2000.

SPAEMANN, Robert. *Lo natural y lo racional* (Daniel Innerarity y Javier Olmo, traductores), IES, Santiago, 2011.

SPANG, Kurt. *Persuasión. Fundamentos de retórica*, Eunsa, Pamplona, 2009.

SPINOZA, Baruch. *Ética demostrada según el orden geométrico* (Vidal Peña, traductor), Orbis, Buenos Aires, 1983.

SQUELLA NARDUCCI, Agustín. *Introducción al Derecho*, Editorial Jurídica de Chile, Santiago, 2004.

STRAUSS, Leo. *Derecho natural e historia* (Ángeles Leiva y Rita da Costa, traductoras), Círculo de Lectores, Madrid, 2000.

SUÁREZ, Francisco. *Disputaciones metafísicas* (Sergio Rábade Romero et al., traductores), Gredos, Madrid, 1960.

SANTA TERESA DEL NIÑO JESÚS. *Historia de un alma*, Bonum, Buenos Aires, 2007.

SANTO TOMÁS DE AQUINO. *Comentario a la Física de Aristóteles* (Celina Lértora, traductora), Eunsa, Pamplona, 2001.

SANTO TOMÁS DE AQUINO. *Comentario de los Analíticos posteriores de Aristóteles* (Ana Mallea y Marta Daneri-Rebok, traductoras), Eunsa, Pamplona, 2002.

SANTO TOMÁS DE AQUINO. "In XII Libros Metaphysicorum", en FERNÁNDEZ, Clemente (editor). *Los filósofos medievales. Selección de textos*, tomo II, Biblioteca de Autores Cristianos, Madrid, 1979.

Santo Tomás de Aquino. *Suma contra los gentiles* (Laureano Robles Carcedo y Adolfo Robles Sierra, traductores), Biblioteca de Autores Cristianos, Madrid, 1967.

Santo Tomás de Aquino. *Suma de teología*, Biblioteca de Autores Cristianos, Madrid, 1988.

Taylor, Paul W. *Respect for Nature: A Theory of Environmental Ethics*, Princeton University Press, Princeton, 1986.

Torretti, Roberto. *Manuel Kant. Estudio sobre los fundamentos de la filosofía crítica*, Ediciones Universidad Diego Portales, 2005.

Twetten, David B. "To Which 'God' Must a Proof of God's Existence Conclude for Aquinas?", en *Laudemus viros gloriosos. Essays in Honor of Armand Maurer*, CSB (R. E. Houser, editor), University of Notre Dame Press, Notre Dame, Indiana, 2007, pp. 146-183.

Van der Meerch, Maxence, *Santa Teresita. Vida de Teresa de Lisieux, doctora de la Iglesia* (Manuel Morera Rubio, traductor), Palabra, Madrid, 2003.

Verneaux, Roger. *Filosofía del hombre* (María Luisa Medrano, traductora), Herder, Barcelona, 1970.

Verneaux, Roger. *Historia de la filosofía moderna* (Montserrat Kirchner, traductora), Herder, Barcelona, 1977.

Vial Larraín, Juan de Dios. *Inteligencia y libertad en la acción moral*, Ediciones Universidad Católica de Chile, Santiago, 2002.

Vigo, Alejandro. *Aristóteles. Una introducción*, IES, Santiago, 2007.

Von Frisch, Karl. *The Dance Language and Orientation of Bees*, Harvard University Press, Cambridge, Mass., 1993 [1.ª ed. 1967].

Widow, Juan Antonio. *Curso de metafísica*, Globo Editores, Santiago, 2012.

Widow, José Luis. *Introducción a la ética*, Globo Editores, Santiago, 2009.

Yarza, Iñaki. *Historia de la filosofía antigua*, Eunsa, Pamplona, 1983.